约翰·阿丁顿·西蒙兹（John Addington Symonds, 1840–1893）

本书为国家社会科学基金项目（编号：16BSS004）成果

国家社科基金丛书
GUOJIA SHEKE JIJIN CONGSHU

西蒙兹文化观研究

Studies on John Addington Symonds' Ideas of Culture

周春生 著

人民出版社

责任编辑:杨美艳
封面设计:石笑梦
版式设计:胡欣欣

图书在版编目(CIP)数据

西蒙兹文化观研究/周春生 著. —北京:人民出版社,2021.10
ISBN 978－7－01－023299－7

I.①西… Ⅱ.①周… Ⅲ.①西蒙兹(Symonds,John Addington 1840－1893)－
人物研究 Ⅳ.①K835.615.81

中国版本图书馆 CIP 数据核字(2021)第 062633 号

西蒙兹文化观研究

XIMENGZI WENHUAGUAN YANJIU

周春生 著

人民出版社 出版发行
(100706 北京市东城区隆福寺街 99 号)

北京汇林印务有限公司印刷 新华书店经销

2021 年 10 月第 1 版 2021 年 10 月北京第 1 次印刷
开本:710 毫米×1000 毫米 1/16 印张:27
字数:385 千字

ISBN 978－7－01－023299－7 定价:98.00 元

邮购地址 100706 北京市东城区隆福寺街 99 号
人民东方图书销售中心 电话 (010)65250042 65289539

目　　录

亚平宁半岛外的人文回声

——西蒙兹研究随想录

（代序）

　　亚平宁半岛河流纵横。阿诺河源自亚平宁山脉中部，流经佛罗伦萨折而向北，尾端出比萨城注入地中海。这好比文化的传递：近代欧洲的文化在亚平宁半岛复苏，中心是佛罗伦萨，然后向地中海、欧洲腹地等区域传播开来。或者说文艺复兴的故乡是意大利，而文艺复兴的核心即人文主义之声则在亚平宁半岛外的欧洲上空时时作响，甚至远播全世界。史学界亦此状况：在佛罗伦萨等地产生最初一批有近代意识的历史学家，其中有维拉尼、布鲁尼、马基雅维里、本博、奎恰迪尼、瓦尔基，等等。他们研究自己家乡的人和事。往后的情境是，一大批亚平宁半岛外的历史学家凭着崇敬之情书写意大利文艺复兴史。而写得比较有特色的一位便是英国诗人历史学家约翰·阿丁顿·西蒙兹(John Addington Symonds, 1840—1893)。西蒙兹曾写就史诗般巨著《意大利文艺复兴》等众多文化史作品，数量达 30 多卷，好几百万字。但在传统史学的视野下，西蒙兹的人生和学识在亚平宁半岛外多少被疏远了。特别是亚平宁半岛对这位远方学者也不是很领情，几乎看不到有分量的意大利学者研究西蒙兹的专著。国内史学界对西蒙兹更是鲜有提及，只有相关通史类著作偶尔会提及西蒙兹的名字。曾与几位学界熟人相聚，问其然：某答曰，以前老师未有提及,余谓此"不知不作";又左问之,答曰,80年代初就听说国图有其卷帙,但未细阅,此乃"知而不作";再右问焉,答才闻其名、得其著,欲全译之,吾谓之"小知大作"。此等情景,皆不胜感慨。

西蒙兹的名声与亚平宁半岛有千丝万缕的联系。西蒙兹是诗人,也是写散文的高手,其3部意大利游记(《意大利希腊游记》、《意大利游记、研究》、《意大利侧记》)蘸着诗性的笔墨将亚平宁半岛的旖旎风光和人文历史呈现给读者。这份半岛之情伴随着西蒙兹的整个人生旅程。亚平宁半岛北端连着峰峦脊骨的阿尔卑斯山。西蒙兹曾远离故土大不列颠岛,将家安置在阿尔卑斯山麓的瑞士小镇达沃斯,取名 Am Hof,即花木簇拥的庭院。那里成了西蒙兹后期人生的主要栖息之处。西蒙兹还有一个永久的魂灵栖息之地,那就是亚平宁半岛的心脏罗马。安葬处紧邻其生前敬慕的大诗人雪莱墓地。说起瑞士,笔者有不少人生的回忆。念大学期间,听一位受学生尊敬的老师说起他在西南联大读书的诸多故事,其中提到通读英文原版奥斯汀《傲慢与偏见》如何成为英语过关的途径之一。于是后生学步,为了提高英语各项能力"硬啃"以亚平宁半岛为历史背景的英文版小说《牛虻》。书中牛虻亚瑟与教父(实即生父)蒙太尼里游瑞士吕森湖等名胜时的风景、心境描写令当时的我印象深刻。这是自己与意大利、瑞士有缘的起始。但真正与瑞士结下学术之缘则需要提到两位历史学家,他们分别是布克哈特与西蒙兹。可以说,仅仅为了思念这两位历史学家自己才数度造访瑞士。瑞士巴塞尔城是布克哈特的家乡,与达沃斯并不算太远。但两位同时代的文人从未谋面,却共同在亚平宁半岛的接壤地研究意大利文艺复兴的历史。说来奇怪,文艺复兴的故土亚平宁半岛曾在14至16世纪诞生诸多文化巨擘,但赢得后世学术界声誉的文艺复兴史著述却是半岛外的学者所为。布克哈特通过巨著《意大利文艺复兴时期的文化》对文艺复兴与人文主义概念的内涵做了完整的表述,对意大利文艺复兴的历史、社会和文化现象更是做了系统的阐释;西蒙兹的7卷本《意大利文艺复兴》则通过无数巨擘的个性、民族性格及其与文化的关系来透视意大利文艺复兴的文学艺术辉煌景象。尤其是西蒙兹对文艺复兴史、对文化史的研究热情让我的心灵为之震撼。自 1872 年出版《但丁研究导论》起，西蒙兹至少每年创作 1 部作品与读者见面，其中的绝大部分涉及文艺复兴时期的人与事。而其生命最后一篇文字写的仍然是但丁即《但丁研究导论》第 3 版的"序"。每每翻开西蒙兹的《但丁研究导论》，就会想起与但丁名字相关的往事。"文化大革命"中自己在皖南山区的上海黄山茶林场工作，那时喜欢读马克思的《资本论》。1975 年有幸到华东师范大学（其时称上海师范大学）进修。在梯形教室里，一位中年模样的女教师脱稿讲解的是《资本论》第 1 卷。回农场后在业余大学任教，校址是风景优美的"小河口"。那时的我不知天高地厚，把《资本论》第 1 卷中的一些基本概念说给来自各个基层单位的骨干听。我用的是人民出版社 1956 年郭大力、王亚南译本。在《资本论》第 1 卷"初版序"的结尾处，马克思写道，"佛洛伦大诗人的格言，现在还和以前一样对于我是适用的。'走自己的路，让人家去说吧！'"这里的"佛洛伦大诗人"就是但丁。其实我早在梅林的《马克思传》（于 1974 年在上海江宁路南京西路口的旧书店购得）中知悉马克思喜爱但丁作品的情况。而这一名言也成了自己的座右铭，并一直提醒不为俗流冲散，坚定地走认准的路途。说实话，当时没有这句名言还真的很难在孤独环境中坚持下去。要知道，白天没比他人少干活，可到了属于自己的休息时间还自我逼迫读那么多的书。唯一有点人情味的是，领导大概也为难得一见的读书精神所动，终于批准我独享一间极其简陋的小木屋。小木屋的旁边还有一处长满芭蕉树的庭院和院中不少可供静坐自修的天然石凳。在此等环境下，一页页的书批阅而过。在那个蛮劲代表勇力的年代能够有间小木屋、有个天然庭院供业余时间静静读书写字之用，此福分终生难忘。后来知道，亚平宁半岛外的西蒙兹也在但丁的身上寻找精神寄托的元素。西蒙兹笔下的但丁在世俗社会奋力搏击，又充满爱的情怀，并试用本土语言创作。不理解者借此讽刺但丁是"为面包师和鞋匠而写作的诗人"。但正是将人生和文化融于世俗社会中去历练才最终造就了这位大诗人的不平凡境界。

由西蒙兹展示出来的境界更让我见识了一个新的但丁——一个笼罩在新柏拉图主义光环下的大诗人。

在"文化大革命"结束后的莘莘学子读书热中，有一本书值得一提，它就是潘光旦所译的霭利斯《性心理学》。20世纪80年代自己正在读研，准备以《主体感性论》为题，围绕马克思《1844年经济学哲学手稿》的内容，就人学问题做个全方位的论述。为了论文中的心理学部分内容，将当时能够找到的中英文版心理学著述尽量置于案头。其中一本就是《性心理学》。从这本书中得知西蒙兹的名字（书中译为"西蒙"）以及与同性恋相关的生理、心理问题。译著后面的人物小传提及西蒙兹如何与霭利斯合作写书、西蒙兹的家人后来又如何将付印的书稿销毁等情节。西蒙兹的好友、其著作执行人、威尼斯史研究专家布朗曾撰写第1部比较详尽的西蒙兹传记著作。然而，即使是这样一部尽量用西蒙兹自己话语作为底本的传记也动足了心思去隐匿主人公同性恋的内容。上述事实均反映出时代的偏狭容忍度。当时很惊讶西蒙兹是一位带着性倒错生理、心理的文人。用"惊讶"形容一点不过分。在相当长的时间内，中国的社会文化氛围很禁锢，罕有触及性之类的研究话题，大多数人对性的无意识层面基本处于无知状态。特别是"文化大革命"中在两性问题上稍有"不慎"者就有可能受到叫人抬不起头的处分、处罚。社会的基层单位会设置各种障碍来打压谁在性方面的"出格"举动。那时的农场系统有一条不成文的规定，即谁被发现有情侣关系那其中的一位就会在若干年后的"上调"（即回城市生活、工作）问题上受挫。同性恋的举动理所当然会受到社会的冷视、鞭挞，有些同性恋行为甚至会在莫须有的罪名下受到严厉的制裁。即使80年代初出现性学研究的热潮也就是弗洛伊德被学术热炒之际，人们对性倒错现象还是说不上一个所以然，尽管弗洛伊德从学术的角度分析过 homosexuality（同性恋）现象。诸多"禁区"依然没有消除。某日上海社科院礼堂放一场根据劳伦斯《查泰莱夫人的情人》小说改编的电影还算是内部观摩片，只有限定范围内的人士才有一饱眼福的机会。那天同时放映的还有一部更赤裸展示性占有心理的外国影片。巧得很，在观摩电影前不久，我于专门出售内部翻印版外文书籍的黄浦区山东路 200 号那家上海外文旧书店底层四周无窗的门面购得英文版小说《查泰莱夫人的情人》。在此等历史文化境况下，有谁说得清楚存在于西蒙兹身上的那些性倒错纠结之前因后果。自己虽然写了篇颇为得意的关于集体无意识与文化比较的文章《荣格的原型论与老子的道论》，并于 1989 年 10 月刊的《新华文摘》上全文转摘。后来还在拙著《感性的荒野——寻找人的存在根基》中对各种心理学的研究成果进行文化范围的比较分析。然而顾此顾彼到头来还是没有顾到研究同性恋生理、心理及相关文化史问题。其实这何止是笔者的疏漏，那时的中国真缺一本代表 20 世纪研究水准的西方同性恋史专著，甚至缺一本反映上层、底层人群性生活史的社会学专著。自己直到深入地研究西蒙兹其人、其著，对这位性倒错文人及其笔下的人文内涵才有比较透彻的认识。如果说西蒙兹从童年开始萌发性倒错的生理、心理问题，那么少年、青年、婚娶前后乃至整个人生都是在性倒错纠结中度过的。西蒙兹也用足了各种手段来释放、平衡自我的性倒错纠结。1883 年，西蒙兹私人印了 10 本《希腊伦理问题：特别写给医学心理学家、法学家的一项关于性倒错现象的咨询报告》，准备在朋友圈内流传。1891 年，西蒙兹又私人印制 50 本《近代伦理问题：特别写给医学心理学家、法学家的一项关于性倒错现象的咨询报告》，作为前者的补充。这两份咨询报告在西方同性恋问题研究史上有其独特的地位，因为报告从医学、法学、历史、文化的多重角度反思同性恋的问题。仅仅从收藏的角度出发，如果能得到初版的这两个报告文本，那该有多陶醉。但动足脑筋还是一无所获。自知这两个版本的咨询报告不可能觅得，后来想方设法搞到西蒙兹身后两书 100 本私印版，这已经足够满足了。读后得出这样的结论，即两书叠加便是一部西方同性恋文化史。在西蒙兹看来，至少古希腊的文化史向人们表明同性恋与文化、社会的高度发展之间是正向的互动关系。西蒙兹试图将自己身上发生的问题放到整个人类文明的进程中去考虑。这提醒我们：今天撰写有关西蒙兹生平、思想的专门著述时大可不必在同性恋的细节问题上大做文章,以吸引读者的眼球。重点应当落在这样一个点上,即西蒙兹向世人展示具有同性恋生理、心理问题的文学艺术家在文化的园地里如何升华自己的性格表现,并将美的境界当作人生的希望;这些文学艺术家又如何通过创作将自己浸透着神圣之爱的内心世界表现出来,等等。西蒙兹的人生亦充满着爱——一种大爱,即爱自然、爱自然的人性、爱理性、爱信仰中的世界。西蒙兹通过自己诗人历史学家特有的功力让读者了解到,文化史上正是有了那些试图关注性倒错之类人性底层一面的文人劳作,人类文化另一种个性斑斓色彩和精神超越的境界才得以展现出来。按照西蒙兹的这一思路,我查了一些自己平时比较欣赏且有相当知名度的西方文学家、艺术家生平情况,发现不少具有性倒错生理、心理倾向(包括同性恋、双性恋)。稍许罗列如右:画家达·芬奇、米开朗基罗、拉斐尔;思想家伊拉斯谟;剧作家马洛、莎士比亚;音乐家柴可夫斯基;小说家王尔德、普鲁斯特;诗人拜伦、惠特曼;艺术史家温克尔曼;文学批评家佩特、波伏娃,等等。我曾经在大学的课堂里给同学讲解过上述人物的生平、著作。有了西蒙兹的指引,自觉讲解的学术底气更足。上述文化人(包括西蒙兹在内)都或多或少在人生、事业的雕版上刻着些忧郁的情调,同时闪烁着向完美境界攀登的大气。于是在给研究生讲解柴可夫斯基的音乐作品时将其人生的苦楚与优美、细腻、委婉、忧郁、抗争的旋律一节一节地展现出来。曾有研究生听后顿悟:那些性倒错文化人更容易在情感上接近美感世界的丰富底蕴。此顿悟甚是。不过还得补充一句,如果我们能够很惬意地欣赏柴可夫斯基的几部交响曲、协奏曲、舞曲等,那么也能够用情感品味的形式走进西蒙兹《意大利文艺复兴》的历史美感世界。此刻抱歉地说,蒙头故纸堆者未必号得出那些性倒错文化人的创造力和创造成果真脉。做西蒙兹研究的人,或者宽泛地讲每一个做历史研究的人最需要携带的一把心灵钥匙,那就是要有诗人一样的美感和气息。

到了 20 世纪 90 年代,自己将学术研究的重心移向文艺复兴史领域,这自然会十分关注西蒙兹其人、其著的情况。某日到盛泽路上海外文旧书店海掏

(那时上海外文旧书店已经从山东路 200 号迁移至此),恰遇一位经常光顾的书友。万没想到此次他带着雅意迎候多时,并特地送我一本英文"近代丛书"版的西蒙兹译作《切利尼自传》。西蒙兹传神、雅致的译笔让人拍案叫绝。自传中生动的艺术家个性很让人入迷,尤其是那些俗里俗气的大白话更是读来忍俊不禁。随着学业的进展,自己对西蒙兹性格、著作中的问题部分也有了几份了解。作为有性倒错纠结的西蒙兹是一个不尽完善却又是不断向着完善境界攀登的文人。作为文人雅士的西蒙兹衣冠楚楚,高光走动于上流社会。但撕开西蒙兹文质彬彬面具,情况则比较复杂,其中就有混迹底层社会的威尼斯贡多拉船夫福萨托。西蒙兹在回忆录里用整整一章回忆两人的关系。在不时受性倒错激情冲击的境况下,西蒙兹平衡自我、超越自我的途径之一就是用其特有的诗才将盲动的人性宣示出来。这无疑影响到西蒙兹的文化史研究风格。不了解这些的读者会纳闷:何以《意大利游记、研究》的扉页会使用一幅创作于古罗马时期的同性恋雕塑插图?何以撰写但丁传记时要特别论及那种"骑士"(Chivalry)之爱?何以评说马洛时会点一点那种"不可能的爱(Impossible Amour)"?说白了,这就是学术中的"无意识流",也成为西蒙兹学术研究中的一种"偏执"。再说开去,西蒙兹钟情的文化史人物似乎都带着点与生俱来的"偏执":米开朗基罗天生就有些懒散,许多作品时常带点未完成的特性,但正是这些未完成性让人思考米开朗基罗究竟想完成什么;雪莱的浪漫情思使其生活和思考不免某些过激,但正是这些过激让人看到哪里是雪莱憧憬的完美;惠特曼的诗歌什么都想歌颂,甚至歌颂人性的弱点,但正是这些弱点撮合成人性的整体,如此等等。那么西蒙兹闯荡偏激的路途并始终期待着向完美境界行进的领路人又有哪些呢?根据西蒙兹回忆录记载,歌德让西蒙兹懂得投身生活洪荒之流是开掘生命意蕴的最重要途径;黑格尔指点西蒙兹理性思考及理性自身的尊严;达尔文给了西蒙兹文化、历史进步的价值观;导师乔伊特教会西蒙兹懂得何谓学术的天职,如此等等。西蒙兹父亲对美和社会关系的看法更直接滋润西蒙兹文人的心田。大致上西蒙兹的一生恪守家父在这方面的训诫。经过上述精神洗礼,西蒙兹独特的人文精神世界大致铸造完毕。西蒙兹坚持美是一种"构思组合"(composition)状态,是一种心灵的创造。人之为万物之灵就是需要这种精神的升华。虽然性格中的自然部分,甚至性格中驱向美的因素可能我们不得而知,但人需要在文化的状态中获得适宜、雅观的生存。从某种意义上讲,人类历史就是通过文化来陶冶个性、发挥个性的历程。西蒙兹用上述意念来平衡其生活中不时擦出的同性恋火花。这样,一边是同性恋的激情和纠结;另一边是用一生的文化研究和成果来升华人生。而西蒙兹最终的人生目标是情感、理性、信仰的合体。西蒙兹没有说何为这三者的合体底蕴,西蒙兹只是用其人生的所有经历来实践并启示世人如何去体验这个合体的境界。1893 年西蒙兹谢世,在他的墓碑下方刻有其翻译的古希腊斯多葛派哲学家科林西斯(Cleanthes)之诗句:"你们——上帝、法则、理性、情感、生活——指引着我/要用相似的名称来呼唤你们都是徒劳/你们指引我吧,我俯首听命/如果我有何反抗,到头来还是盲从。"这些诗句中蕴涵的思想其实就是西蒙兹一生的座右铭。在西蒙兹的心目中,任何人包括释迦牟尼、苏格拉底、基督等都只能说出宇宙现象的相对一面,而那个恒久的世界是人们看不透的,大家只能听命而行。这里不乏宿命、悲剧精神的意味。

由此学人不难明白,一个亚平宁半岛外的英国文人如此钟情于意大利社会文化的历史,其中有更深层的原因。作为性倒错者的西蒙兹要解答内心深处的困惑;要在意大利文艺复兴的历史中寻找一个个富于个性的人;要理解那些文化巨擘如何升华自我的文化创造过程及其成果。说到底,西蒙兹需要在性格与文化的关系上找到一个人生的平衡点。通过大范围、大容量的学术研究,西蒙兹终于可以向世人展示具有独特思想性和学术性的性格文化论。这是一种将情感、理性、信仰合为一体的性格文化论;是鼓励文化人投身独特文化创作过程的性格文化论;是镌刻着民族、时代精神特征的性格文化论,总体上讲就是倡导文人大气的性格文化论。正是在这样的学术气度下,亚平宁半岛的米开朗基罗艺术形象在西蒙兹的性格文化论评述下复活了。1893 年,西蒙兹的人生快走到终点。但正是大限之年,一部堪称亚平宁半岛内外艺术心灵交融的作品《米开朗基罗传》与读者见面。在西蒙兹的笔下,读者看到了米开朗基罗的一生带着柏拉图主义之爱的情思,又有忧郁、孤独、超越的性格特点。西蒙兹还通过艺术三杰之比较彰显米开朗基罗精神世界的力量:"达·芬奇是巫师或占卜师,文艺复兴因他而提供其神秘感和贡献其魔力。拉斐尔是月神吟唱者,文艺复兴因他而显露其欢愉和陪伴着动人的声音。……米开朗基罗是预言家和先知,文艺复兴因他而展示其精神的劳作、赋予其精神的力量,他也像理想的哥伦布那样夺得文艺复兴的秘密而启程驶过思想孤单的渊流。"此等比喻中的米开朗基罗形象其实就是西蒙兹人生的一面镜子:米开朗基罗的柏拉图主义之爱就是西蒙兹性倒错心理的折射;米开朗基罗将人生最重要的创造力几乎倾注到艺术创作之中,如同西蒙兹在缠绵的诗歌中孤芳自赏;米开朗基罗将美视作宗教般的神圣,西蒙兹则将关联着个体的莫名之神作为自我超越的力量。在心灵深处,米开朗基罗与西蒙兹都有极其忧郁孤独的情结,此情结又往往与死亡的意念联系在一起。但他们最终都走着一条艰难的超越忧郁、死亡之人生路途,这是他们作为文化人的最感人之处。另外像文学三杰等形象也都在西蒙兹的性格文化关系论下复活。还是在大限之年,西蒙兹急促地敲着学术的晚钟:除《米开朗基罗传》外,另有《蓝之抒怀及其他文论》《惠特曼研究》等著作在人生尽头的岸边激起一阵浪花。其中《惠特曼研究》在西蒙兹的文化人生中占有特殊的地位,因为正是惠特曼使西蒙兹懂得必须直面性倒错现象,并为此进行文化层面的自我拯救。

在中国的外国诗歌爱好者群里,知西蒙兹者虽寡,但鲜有不知惠特曼者。可究竟有多少人搞得清楚惠特曼的性倒错倾向,这肯定是个谜。自己在文化史研究的总体布局上曾有"美国新英格兰地区文化史研究"一项内容,还以选修课的名义为本科生开设。为使课程饱满,需要补一点学术养分。那时同济大学有一个"亚洲之桥"购书处,专门低价出售由美国亚洲基金会等免费赠送给中国的书籍。基金会每年都有几个集装箱的丰富书籍运达,当然美国运来的船费由中国方面负责。(这项活动早已停止。)正是在那里,找到了各种新英格兰历史文化的原版书籍。其中有相当部分涉及以爱默生等诗人为代表的超验主义。惠特曼是爱默生倡导的超验主义崇拜者。这种浸透着崇尚自然、崇尚自由、崇尚精神、崇尚民主和个体自我价值内涵的超验主义逐渐成为美国精神的象征。这些是自己留意的"正品"。但《草叶集》(在大陆较流行的有人民文学出版社李野光、楚图南所译上下两卷本)中不少描述同性恋的内容当时未引起我足够的重视。西蒙兹研究启动后才得知两位文人间还发生过一段不愉快的故事:西蒙兹曾就性倒错问题"旁敲侧打"地询问大西洋彼岸的好友惠特曼,惠特曼对此唐突之举心存不爽。为了两位文人的这段情感轶事,自己查阅了好多资料,其中就包括西蒙兹的 3 卷本《书信集》和惠特曼的 6 卷本《书信集》。越查找资料就越感到惠特曼这面的复杂性。于是索性买齐上个世纪由纽约大学出版社出版的英文版 22 卷本《惠特曼全集》,并查个明白、研究个透。自己的评判是:惠特曼的遮遮掩掩反衬出西蒙兹在此问题上的前卫性。

西蒙兹上述点点滴滴的人文情趣使这位诗人历史学家逐渐成为自己学术的主攻目标。要研究就得有十分充足的资料。曾经在密西西比河畔一条通向明尼苏达大学的临街旧书店里觅得 7 卷本《意大利文艺复兴》。那天晴空万里,又获巨作,心情大好。于是索性在书店逗留一下午,用尽最后 1 美元。出店门,坐在绿波荡漾的密西西比河畔一长椅上小憩,啃着面包,哼哼小调,把玩西蒙兹的书籍。此时有几只野鸭飞来蹭食,我分半数面包给这些稀客,也算讨个学术的吉利。到了黄昏时分,只能扛着一袋沉甸甸的书籍,徒步穿过密西西比河大桥。在大桥中央歇脚喘口气的时候,远眺夕阳西下,似乎感觉到世界把一切想诉说的都融化在单调的景色里:长河、铁桥与驻足的学子孤影。旋继续步行走过不知多少个街区,很晚回到旅馆。后来利用去瑞士、德国、意大利等国访学的机会购得更多的资料。可如何消化堆积如山的文献?办法只有一个:细细品读。机会来了,2007 年自己或主动或被动地卸掉所有杂七杂八担责,逐渐远离那个有忙不完应酬的学界前台,转而侧身留到后台并一意念叨读书人的天职。不过此般"退出"不全是为了研究西蒙兹而做出的决定,应该是悟道之后想为接下来的人生建构一个清静的安顿之所。只有在这时,温馨的书房才将存在的意义真正显示出来。那套自称"明尼苏达本"的《意大利文艺复兴》在反复翻阅之下,变得满是标签,勾画批注,书脊开脱,几乎成了工作本。对于藏家来讲,工作本是书籍损伤的代名词。心中安慰的是,反正手中的那套《意大利文艺复兴》7 卷本是一个不同出版社于不同年代印制的混合本,暗暗思忖着就随心翻动并随意做各种读书标记吧,今后再买齐各种版本以飨藏家之乐。这确实做到了,当下陋室书柜上整齐地摆放着各种已经面世的西蒙兹《意大利文艺复兴》重要版本:老斯密斯出版社一版一印;作者授权美国版一版一印;老斯密斯新版一版一印,等等。在今天网络数字化时代再来回忆这些围绕西蒙兹研究的购书、藏书经历似乎不合时宜。其实不然,网络无法呈现某本书籍所蕴含的文化全貌。书籍中的文字、图表、数字等承载着特定的文化,而书籍的装帧、版权、板式、发行、保存、流传等亦是上述文化存在、传播的构件要素,从某种意义上讲它们自身就是一种文化。例如,西蒙兹的《惠特曼研究》初版时有两种版本,一种是 16 开本,另一种是大开本(large paper edition)。16 开本全书用的是很少见的加厚铜版纸,这在西蒙兹所有著作的印制中绝无仅有。大开本则用考究的手工纸限量印制发行。该书在作者和出版社的文化地位由此可见一斑。又例如西蒙兹的《但丁研究导论》生前共有 3 个版本,去世后的 1899 年又出了第 4 版,版权前后易手 3 次。第 1 版(1872 年)的扉页有一幅但丁的石膏像,是另贴上去的。到了第 2 版(1890 年)则将石膏像直接印制在扉页上,并在石膏像的下方注有西蒙兹亲笔书写的石膏像来由说明字迹。西蒙兹为第 3 版(1893 年)写了"序",却未能见到自己最后精神产品的面世。因此第 3 版极其珍贵,本人所藏的第 3 版是出版社为西蒙兹预留的本子,更是珍之珍。另外陋室所藏《但丁研究导论》第 1 版还刻有西蒙兹少年求学时故地克里夫顿一位书商的钢印签章,书前空页处留有 3 位 19 世纪文人于

1872 年、1878 年、1893 年的签名。所有这些都从特定的角度体现出一本书在作者、在那个时代心目中的文化价值。它不仅呈现当时的阅读史、传播史状况，也会引导后来阅读者、研究者对相应文化存在价值的思考取向。还得举个例子，西蒙兹所译《切利尼自传》于 1888 年出版后一时洛阳纸贵。豪华装帧的第 1 版尽管价格不菲，仍很快销售一空。为应付需求，出版社于同年将豪华本改为无插图的普通装帧小开本继续发行，还是售罄。于是 1889 年出版社将无插图的两卷合成 1 卷出版以飨读者，面世后再度一书难求。如此盛况促使出版社于西蒙兹身后的 1896 又出了 1 卷本的第 4 版，并从学术的角度考虑重新附上了插图。这些情况从一个侧面反映出当时读书界对文艺复兴历史、对西蒙兹译本的重视程度，或者说《切利尼自传》在西蒙兹译笔下于 19 世纪再度复活了。至于那些贴着西蒙兹藏书票的稀缺私藏图书则是当年作者书房文化和学术眼力的一种折射。笔者能够搜到此类文本真是大幸，每每触摸那些藏书票就会浮现西蒙兹当年坐在 Am Hof 书房全神贯注做学术研究的身影。此类版本均有无可替代的文化价值。这里不能不提到库雷拉博士（Dr. Hans Kurella）私藏的布朗《西蒙兹传》。当年霭利斯与西蒙兹合著《性倒错》一书，为了避嫌不得不首先在德国用德语出版，编辑就是库雷拉博士。正是这位博士编辑后来将《西蒙兹传》赠予友人，并在扉页处留下这样的题词"To As Good with Love"（献给至爱即善者）。而"至爱即善"这曾经的柏拉图乃至古希腊文化精髓不正是西蒙兹的人生写照吗？得此名言如同点亮一盏西蒙兹研究的指路明灯，或者说找到了最为关键的学术主题词。整个写作的思路豁然开朗，写作过程亦如春潮一泻千里。因此捧读千辛万苦搜到的库雷拉博士私藏本时的文化心理反射、学术获益感是诵读其他版本所不能比拟的。这样，搜集西蒙兹珍本书的过程就成了西蒙兹研究一个不可或缺的组成部分。光凭网络世界的照相拷贝怎能体验到上述书籍版本、书籍符号中的文化心灵气息？总之，历史上印制并刻着独有文化符号的纸质书籍就像一件件艺术品，它在供你欣赏的同时还带来各种文化启迪。

　　搜集资料的过程充满情趣，还带来围绕西蒙兹的知识扩展。为了写好西蒙兹对大洛伦佐的看法，像"捡漏"一样买到当年威廉·罗斯科《大洛伦佐传》的第 1 版珍贵文献。说它"珍贵"一点不假，因为手头的这本传记是当年罗斯科亲笔在醒目处签下名字后赠予其朋友、银行家诗人、文坛庇护人萨缪尔·罗杰斯的私藏。1856 年（即罗杰斯去世的第 2 年）由克里斯蒂拍卖行公开叫拍出售。几经辗转，最终由陋室接纳。捧着这本当年两位诗性味十足的文人亲手传递的书籍引起了我另一个想法，当年罗杰斯因其银行家、赞助人等特殊的身份与许多钟情意大利及意大利文艺复兴时期文化的文学家、艺术家有交往，并给予物质上的支持。那么罗杰斯四周一大群具有诗性智慧的文人是如何看文艺复兴的呢？或者说今人有必要去询问西蒙兹所在的 19 世纪文人何以那么热衷于意大利、热衷于文艺复兴的文化？这就涉及新史学中的心态史领域。于是再打开罗杰斯的诗作《意大利：一部诗篇》（这部文学作品由当时著名画家透纳为其插画），那些诗意很浓但不算太艰涩的句子让人看到这位诗人、艺术收藏家是如此销魂于佛罗伦萨、罗马、威尼斯的美景。透纳也因其《意大利：一部诗篇》插画而名声大作，并成为"前拉斐尔派"的代表拉斯金的崇拜对象。作为引领 19 世纪文学批评潮流的英国文人拉斯金对透纳的崇敬态度与其批判性地对待文艺复兴时期的艺术创作有密切关系。拉斯金对文艺复兴时期的某些艺术创作倾向心存不满，他向往神圣性，而又追求真诚、自然艺术审美情趣。他钟情中世纪的威尼斯建筑艺术，写下《威尼斯的石头》等艺术批评名著。19 世纪因大量翻译涉及文艺复兴时期历史文化之作品而出了名的托马斯·罗斯科（即威廉·罗斯科的儿子）也喜欢一个个城市地品赏意大利的人文地理景观，出版社特意为其开辟一个景观研究系列，其中就包括 4 卷《意大利景观年鉴》。再回看西蒙兹的 3 部意大利游记，那又是一种境界。西蒙兹用传神的文笔将游记的即时情趣与历史文化研究做了线与点的熔合，难怪《布里斯托及其名人》誉其为西蒙兹著述中最有吸引力的作品。撒下如此大的文化搜索之网，结论只有一个：19 世纪曾有一股"意大利热"。在这个意大利热的背后，我们需要从心态史的角度来反思西蒙兹那一代文人所处的社会境况及其感怀时代的深层用意。那些对意大利感怀颇深的文人们对文艺复兴历史的心态各异，多少带着点浪漫的情思。19世纪是工业文明正处于生命力的旺盛时期，当然文明的许多病态也已显露。文人要追溯近代文明生命力的源流，也需要以批判的目光来审视曾经发生的一切。那些被烟囱的浓浓黑雾熏得无处躲藏的文人，试图在留着中世纪田园风光及文艺复兴遗迹的意大利寻找人的栖息之地。懂得西蒙兹等19世纪文人的上述心态，我们才能更好地理解由他们解释过的文艺复兴历史，而我们这些喜好书写文艺复兴历史的学者又带着些什么心态出场的呢？可能在很多方面前人留给我们的是文艺复兴时期佛罗伦萨、意大利乃至欧洲的历史虚影。我们需要透过虚影，看到实景。就这样，知识扩展了再扩展，该有个范围了。西蒙兹几个女儿的各种回忆录等著作应该要关注，那么其他呢？西蒙兹小姨子玛丽安尼·诺斯是植物学家、环球旅行家、达尔文的挚友；西蒙兹的侄子帕斯顿则广泛交结19世纪英国文化圈的名流，如此等等，还有不计其数的旁及者，各方的著述都得搜罗殆尽吗？显然以提供解读西蒙兹信息者为限，于是玛丽安尼的3卷本《幸福生活回忆录》、帕斯顿《约翰·墨雷文学群记》之类的著述就在搜罗、研究之列，因为它们或多或少有西蒙兹的生平记录。尤其需要提及的是大出版商、文人约翰·墨雷。墨雷家族几代人都与出版事业有关，其中事业顶峰象征性的人物就是第3代传人约翰·墨雷。墨雷三世与西蒙兹结识后为这位相见恨晚的朋友重新翻印出版诸多学术代表作，对扩展西蒙兹的学术影响提供了不可小觑的文化定力。有墨雷三世这样的出版家是西蒙兹，亦是19世纪文人的大幸。多年来我一直有个愿望，即把某位著名历史学家当做西方文化、文艺复兴学术史知识大背景的雷管，真正引爆一次能震撼心灵的思想文化炸药。谢谢西蒙兹，你让我实现了这个愿望。

现在是到了离亚平宁半岛甚远的中国学人来谈谈意大利历史的时候了。数度到亚平宁半岛做学术访问，有些情景很出乎意料。我曾经与不少意大利友人聊关于文艺复兴时期的历史,但对方不是对马基雅维里之类政治思想家不屑一顾,就是对瓦萨利这样的艺术史家知之甚少,更不用说提到西蒙兹的名字时那种不置可否的神态。我去意大利罗马经常住在拉特兰大街上的一家修道院旅馆。(现在罗马的许多修道院都利用剩余楼舍改建旅馆,进行商业运营。)有一次去旅馆所在的拉特兰大街东面尽头处圣乔万尼大教堂拜见枢机主教,谈话间未见其有多少兴趣于文艺复兴的教堂艺术创作。倒是我这位亚平宁半岛外的学人不时侃侃谈起那些艺术杰作。又有一次(2010年)经我的意大利好友引荐去佛罗伦萨圣马可修道院拜访院长神父。这座修道院是文艺复兴时期萨沃纳罗拉领导宗教改革的圣地。西蒙兹在《意大利文艺复兴》里浓墨重彩地刻画萨沃纳罗拉的形象,还用"先知与灾难"来评价其一生的事业。那天礼节性寒暄后,神父领我去了平时不对外人开放的珍藏萨沃纳罗拉文献的阁楼层参观。见到那些文献后我脱口而出:你们为何不将这些文献整理出版?只见他摊开双手,说了声:"难呵!"我也不便续问。每每遇到此等情景,心里就犯嘀咕:现在意大利怎么了?无论是佛罗伦萨还是罗马,似乎每座原本是充满文化底蕴的城市如今都淹没在商业的叫卖声之中。但为了西蒙兹研究以及其他文艺复兴专题研究,自己还是耐不住隔几年就要到意大利去思古之幽情。每次踏上亚平宁半岛的石阶,都要去罗马西斯廷教堂欣赏米开朗基罗的圆顶画;都要去佛罗伦萨老桥的切利尼铜像处伫立片刻。在西蒙兹的眼里,米开朗基罗与切利尼是文艺复兴艺术巨擘的代表,甚至是一个时代的象征。这也是西蒙兹何以在他俩身上花如此多笔墨的缘由所在。西蒙兹那动情的评价值得自己反复诵读:"意大利文艺复兴时期艺术家的生平可以由两位人物的事迹代言。米开朗基罗·波纳罗蒂和本维努托·切利尼几乎在思想、情感、经历和目标等所有的方面都相背。一位在艺术中表达自己强烈的个性;另一位则用自己多种多样的生活记录来反观时代的光明和阴影。切利尼就像某些置有强力翅膀的创造物升腾在人类活动的上空。他激起了自己每一个冲动,寻觅着每一种欢愉和只有在粗鲁动物性驱使下才能有的美感。缠绕着米开朗基罗的是:深邃的哲学思考、死亡观念和评判、严肃的心灵斗争等,他用宗教的情怀来侍奉美的世界。切利尼是即时的创造物,是腐败、受奴役但仍旧辉煌的意大利之镜片和镜子。在米开朗基罗那里,文艺复兴的天赋达到了顶点,但他在品格上还是一个单纯的共和主义者,他既想挣脱但又禁锢于奴隶和官宦的多样性中。米开朗基罗将艺术当作高贵的和心灵指使的思想之工具。切利尼则用无尽生动的天性去侍奉情感世界,把艺术教导成无灵魂的异教世界的侍女。因此我们可以在这样两个人物的身上学到那个时代的两个方面。他们两个人是那样的特别,这里就不需要发问什么了。他们的特别之处与16世纪其他意大利人身上那些到处渗透、扩散、不完美性没有什么差异。"这段文字中,切利尼的人生也是时代的象征,更是米开朗基罗精神世界的一个衬托。这些带着诗性的评价由自己译出,而每一次出访亚平宁半岛过后都会有新的认识。

本人平素不太喜欢申报各类科研项目,很有点清高的样子。但我所效力的世界史学科列入上海"高峰高原"计划,所有成员都要申报国家课题。无奈不得不放低身段,迎合潮流。2016年,《西蒙兹文化史观研究》申报国家社科基金成功。当时自己在课题中定下的学术突破点有:(1)西蒙兹文化观的核心理念;(2)西蒙兹作为有性倒错心理症结的文人如何在人文学科诸多领域的研究创作中寻找自我解困的答案;(3)西蒙兹作为一名诗人历史学家如何在文艺复兴的人文主义文化中向世人展示近代以来诸多文人的完整个体形象;(4)西蒙兹作为一名英国学者又如何为英国文化史注入独到的研究理念和学术成果;(5)对西蒙兹其他作品如文学批评著作《希腊诗人研究》、译作《切利尼自传》和《高兹伯爵回忆录》等的评介。要真正突破上述学术点又谈何容易。西蒙兹所生活的19世纪是文人辈出、佳作迭出的年代。西蒙兹的学术成就是采沉甸甸研究成果的再播种。再说西蒙兹的研究领域太广:古代希腊诗人、近代意大利文艺复兴、英国文艺复兴时期戏剧史、18世纪意大利戏剧史、但丁、薄伽丘、米开朗基罗、锡德尼、琼森、雪莱,等等。也许分拆开来看,西蒙兹试图在某一研究领域超越同时期其他专家的学术水准会难度很大。但学术史的实际状况显示,西蒙兹的每一项重要学术研究都有所超越、有所突破。缘由何在? 这需要我们做包括西蒙兹研究在内的一项项学术史梳理工作,从更深、更广的层面去领略西蒙兹的学术成就和价值之所在。从某种意义上讲,研究西蒙兹的真正难处不是归纳总结其著作、观点有多费神,而在于弄明白其学术脉络有多纠结。为了学术的严谨性,本人不得不沿着西蒙兹的学术路途进行大量的学术长途跋涉。特别是文艺复兴史研究的三大领域即艺术史、佛罗伦萨史、美第奇家族史的学术史研究颇费神思。如果不下此等工夫,那会造成学术心理的不安。其他不说,单就西蒙兹几百万字的著作素材来源而言,哪些是西蒙兹转述他人的成果,哪些是继承前人研究成果后的学术进步,这些都需要有一个客观的交代。例如 18、19 世纪西方在意大利艺术史的研究领域,已经有了温克尔曼、兰奇、库格勒、克罗、卡瓦卡塞莱、瓦根、摩莱里等的研究成果。西蒙兹文化观、文化史研究中许多涉及意大利艺术史的内容便直接得益于同时代学者和先前学者的学术成果,有些内容甚至是照搬移植、步人之后尘。就那些直接得益于前人研究成果的内容而言,跳过西蒙兹的研究并不可惜。这是对西蒙兹学术生涯的"挑刺"! 但西蒙兹在艺术家个体性格、民族性格与艺术之间的互动关系方面做了富有创意的增补,这些是跳不过的、属于西蒙兹的学术功绩。所以要细心对待,使学术的还原和评鉴工作更加贴切。一句话,哪项学术皇冠该归属谁就应当由谁去领受,是西蒙兹的奖项就应当颁给西蒙兹。再说学术研究更不能因谁是你的研究对象就拔高谁的地位。西蒙兹的学术研究有独特的目标、个性和观念;有深厚的古典学功底及处理多种外文文献的能力;有优美的文字表达形式;有博大的体系和构思,如此等等。但西蒙兹的学术研究并非完美无缺,存有种种瑕疵,而且对其学术的梳理越深入就越能感受到瑕疵的严重性。关于学术上的不足,西蒙兹自己也在不同的场合进行过自责。后人大可不必添油加醋,帮了学术倒忙。

为了建构一个更广的西蒙兹研究学术平台,进而推高学术的水准,自己还做了诸多学术比较的事宜。其中关键的一项是就18世纪意大利学者皮尼奥蒂与西蒙兹进行全方位的比较。通过此项比较，西蒙兹学术研究的长处和短处尽显。细细说来，两人都可称作诗人历史学家，他们的著作都长期未得到史学界应有的重视。尤其是皮尼奥蒂的文艺复兴史研究拓荒之作《托斯卡纳史及科学、文学、艺术自发端到复兴的各种论述》在中外史学史领域几乎无人问津。现在由我们中国学人来引荐，这颇感自豪。正所谓外国名家，中国复活。最终以《一部沉寂两个世纪的文艺复兴史研究拓荒之作——皮尼奥蒂〈托斯卡纳史〉评介》为题将学术成果发表在《史学理论研究》刊物上。另外不忘记与布克哈特的相关著述、史观等进行比较，甚至可以认为布克哈特是西蒙兹学术短板的试金石。有时候说透布克哈特的学术贡献比蜻蜓点水式地谈西蒙兹的相关学术研究状况更重要。无论就学术性和思想性而言，西蒙兹的许多观念都带有个体与时代的局限性。有些可以通过比较（如与布克哈特的比较等）找到答案，还有些需要在后现代史学发展的今天予以批判性研究才能发现。不为巨擘掣肘，在各种关键的学术点上清晰地阐释自己的观点，这才是科学、认真的态度。唯有如此，我们才能更准确地评估、借鉴西蒙兹文化观的有益之处。同时，对西蒙兹的研究将在大量翻译第一手资料并借鉴各种学术成果的基础上得出中国学者的看法，让读者分享其中的精神乐趣。不妨再检点自己其他先期的学术案头工作：曾先后发表相关著作和论文有《阿诺河畔的人文吟唱——人文主义者及其观念研究》《在诗情与史实之间——英国诗人历史学家约翰·阿丁顿·西蒙兹评介》《"悲凉的维多利亚人"——英国诗人历史学家西蒙兹及其文化史研究》《民族性格与文艺复兴——西蒙兹解答罗马难题的学术思路》《百合花历史图像的文化隐喻与象征——19世纪西方的意大利文艺复兴三大主题研究》，如此等等。尤其是最后一篇可以视为自己近30年文艺复兴史研究资料收藏整理、观念更新等的一个缩影。同时尽可能在此项研究的行文中将这些年积攒起来的各种心得和成果等体现出来，使其成为简约版西蒙兹时代学术史评述。话又得讲回来，在西蒙兹的学术功力面前我们没有任何懈怠可言。例如,西蒙兹除母语外精通希腊文、拉丁文、意大利文、德文、法文等,而且其中的希腊文、拉丁文、意大利文水平受到当时学界名流啧啧称赞。回想我们这些 20 世纪 70 年代末进大学深造的一代学人,英文学习的真正起步阶段就是大学课堂。那时伴随着出国热,学习英文和其他外语的热潮一浪高过一浪。"英语角"（English Corner）到处可见,以上海图书馆旁边人民公园的英语角最为著名。那时的景象是,只要你说英语马上就可以找到很有亲近感的同志和朋友。英语热随即推向了其他语种。上海人民广播电台除英语外,又陆续开播了日语、法语、德语等广播教学课程。记得许多教材必须在开播前预订,但问题是印数有限,稍有迟疑就会预订落空。电台开播了,手中无教本,相信不少当年的跟听者有此烦恼。趁着这股外语热,自己又跟着电台学了日语、德语。研究文艺复兴、马基雅维里、西蒙兹等课题后,来自语言的压迫感几近令人窒息的程度。记得 20 世纪 90 年代到东北师大开会,复印了英文版的《韦洛克拉丁语教程》开始自学。又凭借学界人脉关系请意大利同仁前来讲意大利语语法,另请上海本地专家来教上下卷《速成意大利语》。但所有这一切到了西蒙兹研究"攻坚"阶段时,最直接的感受就是两个字:汗颜。

学术史的突破不易,而内心世界的探寻更难。导师经常会问门下的研究生:你用何种理论去驾驭历史人物、历史事件等的研究? 此类发问是对初写论文者的一般性提醒。在相当的场合,文化人用文字书写的过程是其人生挣扎的一种表现,甚至书写的过程夹杂着许多"涂抹"的意味。此等情境下的文字很像是失忆的"病人",它们往往以哈哈镜的形式把原本的世界折射出来。西蒙兹的文字"遮掩"更是了得。说得开一点,文字并非即时情感的最佳表达工具。所以从某种意义上讲人物研究的最高境界应该是"号脉"、"察色"、"倾听"与"诊断",也就是通过阅读者的内省和体验去追溯文字发生学意义上的内容,从而诊断出病根。或得到某个聚焦点,从而让历史人物的外在面貌与内心世界通过这个聚焦点集中、完整地呈现出来。这个过程会十分漫长,需要耐心地进行对话,直到一种柏拉图式的顿悟来临才会告一个段落。所以有高度理论修养者能够"呆若木鸡",能够忘掉理论的驾驭,或许那才是最大的理论指点。研究者的心境是"大方无隅",那么作为研究对象的人物内心世界才能"清澈见底"。如何与西蒙兹的困惑人生进行对话?西蒙兹有一段话对自己触动很大。西蒙兹认为自己是文化塑造成的。文化如果对人生没有帮助的话,那文化什么也不是。西蒙兹的这一想法源自歌德。在歌德那里,生命、自然是永恒生动的,文化是对活生生事物的一种包装。想当年自己写《悲剧精神与欧洲思想文化史论》时,歌德的思想也是全书的指路灯塔。这种悲剧意识,今天在写西蒙兹的人生和文化观时再次被唤醒。西蒙兹的文字始终在完美与性倒错两极世界中徘徊,这与他生活中的徘徊是一一对应着的。西蒙兹又是一位擅长写十四行诗歌的诗人,他的诗人情趣也给对话者提出诗性心境要求。无论是学术比较研究还是学术史的梳理,诗性的情趣对自己的学养来讲始终是一个挑战。但又无法回避,否则会愧对西蒙兹这位以学术来平衡,甚至以学术来拯救人生的文化巨匠。我们这些20世纪50年代出生的读书人很多都不是在书香门第的熏陶中长大的。特别是在那个呼吸不到深邃独特学识、学术气息的年代,传统文化荡涤无余,因此大多数学人的童年也是万般无奈地光着没有文化汗腺的身膀在街头闹些童趣。即使还有些文化脉搏在跳动,那也是梅花傲霜斗雪的脉息。好在诗性的东西不是锻造的,而是天生的。它会被激活。写西蒙兹的生平,诗性的因素时不时会升腾起来。自己需要和西蒙兹一起去享受那朵诗意地向世人开放着的佛罗伦萨市花——百合花带来的美感世界,因为此花亦是意大利文艺复兴的象征。

在亚平宁半岛内外的艺术史研究领域,学人都知道那朵百合花的图案是与画家、传记作家瓦萨利的名字直接关联在一起。瓦萨利《意大利艺苑名人传》中"米开朗基罗传"前印有作者亲手为其恩师亦是其心目中最伟大的艺术家绘制的木刻画像一幅。我初次到罗马访学时曾在西斯廷教堂边的一家旧书店买到9卷本意大利文版的《意大利艺苑名人传》。当时那套书被放置在售货架的最上层,满是积灰。店员带着疑问的神情让我确认是否真想购买。听得我认可后只得搭好梯子费劲地取下书籍。也正是通过这个版本才见到瓦萨利的插画。画面中米开朗基罗的胸前衣饰用精美的百合花图案点缀。再翻阅瓦萨利这部文艺复兴艺术史开山之作,字里行间不时提出艺术的真正难点就在于人的心灵问题。那么瓦萨利想告诉读者这百合花图案背后的米开朗基罗内心世界是什么呢? 学人还可以问,作为文艺复兴文化象征的百合花又是如何绽放并散发其特别的芳香呢? 浏览佛罗伦萨的历史和翻阅美第奇家族的族谱,首先映入眼帘的还是镶嵌百合花图案的美第奇家族族徽和佛罗伦萨市市花。瓦萨利曾创作壁画《大洛伦佐与学者谈经论道》,画面上能见到不少百合花的装饰。瓦萨利还有一幅名画《大洛伦佐与使节》,只见画的中央坐着大洛伦佐,后面站着一名护旗手,旗帜上映有一朵耀眼夺目的百合花。这些提醒学人,百合花不只是文化的象征,还是家族与文化联姻的社会象征。无论是谁研究佛罗伦萨史与美第奇家族史都必须注意大利文艺复兴时期的文化现象与社会历史底蕴之间的关联性。瓦萨利笔下的那个神秘世界被后世的学者一再揭底,尤其是西蒙兹将百合花诗意地绽放出的新柏拉图主义情趣做了整体性的描述。西蒙兹还告诉世人,当这种新柏拉图主义成为一种民族性格时,文艺复兴的艺术根系才会扎得那么深,艺术花卉才会开放得那么艳丽。西蒙兹的解释带给史学领域诸多启示:原来文艺复兴源自意大利并在艺术领域独领风骚还是民族性格使然,也就是西蒙兹所说的其中有"阿里阿德涅的线索(Ariadne-thread)"的指引。阿里阿德涅是古希腊神话中国王米诺斯的女儿,她曾给情人忒休斯一个线团,使其走出迷宫。事实上西蒙兹也给了史学领域的"阿里阿德涅的线索",从此学人进一步思考何以16世纪天主教会反向应对宗教改革时期艺术百合花仍花榭夺目之类棘手的问题时,就必须了解民族性格与文艺复兴之间的关系。所谓解得此难题,不再门外汉。

到了21世纪,亚平宁半岛外的学人会觉得西蒙兹的人文情怀弥足珍贵。西蒙兹历史研究的目的并未将历史如何演进之类宏观问题作为宗旨,其重点是研究与不同时代、不同精神特征相呼应的人物个性、情感及文化创造的主要内容。身处全球化时代的个体、国家和国际社会都会面临文化软实力的各种挑战。无论是个体还是社会都需要在文化的层面上进行反思和重塑。西蒙兹关于性格升华、美感创造和人文主义新精神的各种论述都有益于上述反思和重塑。人文学科的生命力何在？研究文艺复兴及众多文化现象的意义何在？这是西蒙兹留下的最有价值的文化设问。曾几何时，我们的学人只考虑如何将门前那块学术自留地上的耕作成果去换成各种职称头衔。闹的学术界像一个人声鼎沸的市场，像一个机器轰鸣的车间流水线。更有甚者，学术的管理高层将足球运动的运营模式移植到学科建设领域。与足球甲 A 甲 B 联赛之名相仿，学术界则出现了 A 类（A+A-）B 类（B+B-）C 类（C+C-）等级的学科建设称呼。在冲 A 的各种刺激下大家为跻身一流学科而奔波。隐居达沃斯小镇笔耕的西蒙兹孤影可以让我们静下来，反思人文学科的价值和一个人文学科研究者的人格构造。1890 年，西蒙兹在《论文、思索与设想》书前用希腊文写下这样的扉页语："孤独宜于探寻真理。"孤独多好！让人避开嘈杂之音悠然自得；独孤多好！让人静下心来思考人生；孤独多好！让潜在的能量聚集起来构想纯正的文化创造。正是有了这份孤独的情思，后期的西蒙兹才能创作出《米开朗基罗传》等思想学术价值高于前期创作的作品。这些作品在给今人诉说如此肺腑之言：对个体而言，难道人文学科的探讨不就是如何使自身的性格得以升华吗？不就是使自我平心静气吗？不就是呈递美的艺术气息吗？不就是让人在劳累过后获得美的陶冶、获得片刻的超脱吗？对社会和民族而言，不就是让社会更和谐安定吗？不就是让一个民族在世界上生活得更有底气吗？无论是学术创作还是课堂教学，能够得上述境界者得全体。西蒙兹的文化创造和文化史研究的目的无不于此。简言之，性格的升华与美感的陶冶，让文化创作渗透美、优雅、道德的血气，这些就是西蒙兹文化观的核心价值。在当下时代，人学问题又凸显了出来。在 20 世纪的西方学术界，文艺复兴史研究受到越来越多的学者关注，其背后有深刻的道理。在启蒙时代，似乎人的问题解决了,因为哲人自豪于人的理性能够认识清楚人的本质、存在的价值等一系列问题。然而工业革命以来的种种历史事实使人的问题又严峻起来。在生态失衡、战争、商业化等等严峻事实面前,一个健全的人之基石何在? 20世纪西方的许多文学艺术作品不时带出些人与社会的幻灭感,这值得今人深思。也许西蒙兹的"文化自救"不无启迪意义,尽管这种自救有点悲凉和孤独。西蒙兹在他的《米开朗基罗传》里就是向世人展现这样一位看似孤独的艺术家形象,西蒙兹认为米开朗基罗的孤独是一种沉浸在艺术中的孤独。正是这种艺术的孤独使米开朗基罗蜕变为自我的放逐,于是成为最大的自由,或者说是不孤独。由此看来,如果哪一天人人都有一份人文学科裹装着的孤独感,那么由自由个体组成并富有文化情趣的社会联合体就会建构起来。今天,当以康德"绝对命令"式的口吻说:个体乃至人文学科领域不能缺孤独! 我们抽不了身躲到世外桃源并远离尘嚣,但心中要有绝对命令式的崇高理想——不流俗。

严羽《沧浪诗话》有言,"不著一字,尽得风流"。这是佛的境界,常人做不到。我们能够做到的是珍惜文字,不要铺张浪费。可真要动笔写西蒙兹这样的性倒错文人又如何得其"风流"呢? 曾记得2013年4月19日那天,我郑重地给自己下了一道起笔研究的动员令,说"一次新的学术远足开始了!"120年前的那天,西蒙兹在罗马辞世,世人没有给予足够的重视。120年后的今天,西蒙兹的人生、文化观、学术成果也未必得到学人多少重视。在《史学理论研究》杂志的投稿栏里有一处相关文献提示。当我投稿的那会点击查看,页面上国内学术论文提示为零,这不免令人叹息。所以自己要铺陈性地展开研究,最后确定的全书大纲为:西蒙兹生平与著述;西蒙兹的性格文化论;以西蒙兹《托斯卡纳史》《意大利文艺复兴》为中心的思考;西蒙兹解答意大利艺术史难题的学术脉络;西蒙兹对英国文化史及文化人的理解;西蒙兹诗歌、诗论、译介、游记管窥;如此等等。另外还下了一道警示令,即提醒注意学术的严肃性、科学性。这是长期读西蒙兹著作后自然而然生发出的一种学术反应。举个例子,自己在做某个学术备注时发现西蒙兹的文字出现在 *The Century Guild*

Hobby Horse 杂志上。经查证，这里的 Hobby Horse 万不可译成小孩玩的"木马"，完整的杂志名应该是《世纪民族服饰行会杂志》。因为民间举办民族服装盛会时，大家穿着各式民族服装，骑着模拟的马匹（木马），尽情载歌载舞。于是 Hobby Horse 成了民族服饰的代称。再举个例子，文艺复兴时期的作家阿瑞提诺在西蒙兹笔下被称作"那个时代典型的文痞"。阿雷提诺曾为了得到米开朗基罗《最后的审判》壁画草图，写了一封百味杂陈的信函给米开朗基罗。好在画家有所戒备，阿雷提诺计谋未成。因此如何翻译 condottiere of the pen 一词亦颇费思量。意大利语 condottiere 含有雇佣、雇佣兵等意思。这样，"文人雇佣兵"、"受雇的笔杆子"等都进入选项范围。最后结合上下文以"文痞"译之，自觉得体。尤其是涉及同性恋的许多概念（包括古希腊的同性恋文化知识）都得小心求证、加注，落笔后经得起学术的检验。如古希腊娈童恋中有"共餐"（Syssitia）一说，大致意思是那些希腊的男孩在裸体的锻炼中发现爱慕对象，然后共餐时相互"谈经论道"。它是古希腊娈童恋社会文化现象之一。再如 *Misthosis* 一词有"租"的含义，但希腊雅典同性恋之间禁止金钱交易下的关系，尽管当时没有法律明文规定。所以同性恋相互间的爱慕关系就不能说成是"租"，而是一种"赏赐"。此类翻译不做注解就会造成望文生义的窘境。至于西蒙兹诗性文风下的大量词汇更需要在处理时反复斟酌，求得信、达、雅之境界。例如西蒙兹有一本诗歌集取名 *Many Moods*，经琢磨再三（确切地讲花了一整天时间不为过），最后用"情深意长"来对译。"情深意长"很能反映性倒错文人的感伤情怀，西蒙兹如此，莎士比亚、柴可夫斯基等无不如此。正是在《情深意长》诗集中西蒙兹为自己也为读者留下如此感伤之句，"我独自漫步穿过林间/听着夜莺在低语呻吟/在走过灌木小道时遇一小伙/但见未曾有过的白净和充满情感的双眸/他唱诵着，尽是欢乐/但又充溢着死去活来的爱之烦忧/生呀死呀——此歌悲恸哀怨/就像一只野天鹅在啼叫'死亡之恋'"。"雅"如是之难，"白"亦不易，不能有半点马虎。西蒙兹所译《切利尼自传》一直被公认为同题材译事中的代表。翻开《切利尼自传》，许多句子都很

直白。西蒙兹译文中有一简单得不能再简单的句子"My mother was Madonna Elisabetta"。这里的 Madonna 有"夫人"、"女士"、"太太"等译解。于是有人将其汉译为"我母亲是伊丽莎白夫人"。细细考虑有欠妥之处：一来中文习惯在姓后跟"夫人"用词，如"王夫人"之类；二来中国传统上被称作"夫人"的女性都有一定的等级身份，切利尼一金匠之家还不入上等之流。所以有的汉译为避免上述麻烦直接简化为"我母亲名伊利莎贝塔"。但略去 Madonna 一词就失去了切利尼对家母尊敬的意味，仍不妥。反复思虑后拟译为"我母亲尊名伊丽莎白"或"我母亲大人名伊丽莎白"。因此本着对学术的敬畏之情，此番研究过程中绝大部分西蒙兹著作的中文翻译均细嚼慢咽、亲笔为之，即使引用他者亦仔细与原文比对，慎重落笔。同时对自己过往那些与西蒙兹相关的研究内容进行各项学术"体检"，并得出自认为是权威的体检报告。例如西蒙兹曾重点研究佛罗伦萨僧人改革家萨沃纳罗拉的事迹。我在评论时借用罗德《文艺复兴时期四位道德代言人》(*The Man of the Renaissance*, *Four Lawgivers*: *Savonarola*, *Machiavelli*, *Castiglione*, *Aretino*) 一书中的看法。以前我将其中的 Lawgivers 译成"立法家"。直译虽不错，但未必尽原意。作者视萨沃纳罗拉等几位政治人物为当时政治伦理社会的代表，他们著作中的文字自然就成了各种典型的社会道德诉求。因此译成"道德代言人"比较符合原意。又如，西蒙兹著有 *Shakespeare's Predecessors in the English Drama* 一书，我曾在文章中将其译为《英国戏剧史上的莎士比亚前辈们》。单就字面上考虑也过得去，但细想后还是觉得译为《英国戏剧史上的莎士比亚先驱者》为妥。因为黎里、马洛等人在戏剧语言、戏剧主题、戏剧布局等方面都有各自独特的创造性因素，莎士比亚则是在他们创造性的基础上做了进一步的发挥，用西蒙兹的评语叫 Bettered the best（好上加好）。显然"先驱者"要比"前辈们"更达意。需要避免望文生义的单词还不少。上述检点像是一种鞭策，它要求自己不放过任何一个似懂非懂的问题，小到文艺复兴时期意大利托斯卡纳1个佛罗令（金币）的价值大概是多少，大到西方人文主义的负面历史遗产，等等。此类学术问题不仅关系到西蒙兹研究,还关联到更大范围的研究得失。中国古人云,尽信书不如无书。即使是西方名家写的相关著作也要留个心眼。以前在做文艺复兴年表时因为疏于进一步核对西人的权威之作而出现一些瑕疵,非常愧疚。本次做西蒙兹点评意大利文艺复兴概览时就多了个心眼,遇到有问题者一一做了改正。凡此问题堡垒,攻克一处便有即时而生的学术快感。

学术快感伴随着心灵的满足感、美感,但写书的人已经很累了。撰写过程中腰椎间盘突出旧伤复发,疼痛难忍,行走不便。医生建议立即手术,否则后果不堪设想。如果暂时不动手术,至少要静养,不久坐,少烦心之事。说到伤,我这是外伤、硬伤;西蒙兹则是"内伤"、"软伤"。此伤非彼伤,彼此都是伤,伤到无奈时,唯求心不伤。如何面对读书人都免不了的各种"伤"? 西蒙兹的答案是坚持文化创作,因为那里有一片"疗伤"的净土。此等"疗伤"有悲情、有纯情、有激情。它不需要今人去歌颂,唯有理解为上。今天守望这片净土的人同样需要具备很大的毅力。其道理在于前人开拓的净土结满文化果实,那么守望净土者至少不能让文化果实的基因变质,还要在呵护已有果实的同时继续育种、播撒、耕耘,结出新的果实,使世人不断有品赏文化精粹的欢喜。当年西蒙兹的文化研究散发着批判的气息,人文学科多么需要这种批判精神呵!无批判意识何谈学术乃至社会的进步! 但西蒙兹的批判精神还留有时代和个体的局限。今人仍需要以批判性的视野重新解读西蒙兹的文化观,并进一步阐释西蒙兹有所疏漏或西蒙兹那个年代还无法认识清楚的近代西方社会文化内容本质。尤其是文艺复兴以降,西方世俗性文化中的极端个体主义、唯利是图、强权政治、资源掠取等负面现象在不断发酵,并影响着近代西方世界乃至整个文明世界的历史走向。如果历史研究工作者能够将这些负面因素梳理一过,那么西蒙兹文化观中的闪光点和不足之处就会更清晰地为大家见识。该需要充实的就得补进,该需要改过的就得重写。末了,最直接的目的只有一个:

让亚平宁半岛外的人文回声再次响起!

第一章　终身在文化旅途上行走的
悲凉维多利亚人

——西蒙兹生平及著述简介

约翰·阿丁顿·西蒙兹(John Addington Symonds,1840—1893)[1]出身名门望族,但其人生并非一帆风顺。"悲凉的维多利亚人"是格罗斯库特为其美国版《西蒙兹传》取的正标题。[2] 此处"悲凉"一词寓意深远,它点出英国诗人历史学家[3]西蒙兹一生的困惑色彩。西蒙兹是一个同性恋者,这意味着在19世

---

① 本书正文对某些历史上重要的文化史人物等标注英文姓氏及生卒年代,其中涉及意大利文艺复兴部分的人物不予特别的标注,均参见"附录Ⅰ"。

② P.Grosskurth, *The Woeful Victorian: A Biography of John Addington Symonds*, Holt, Rinehart and Winston, 1964.

③ 如何从学术成就方面来定性西蒙兹的地位,简言之如何来称呼西蒙兹,这在学术界有比较复杂的考虑:有的称其为文史学家(Literary Historian), 参见 M.Creighton, *Historical Essays and Reviews*, Longmans, Green, and Co., 1902, p.330。大英百科第 15 版在提到西蒙兹时,称其为文化史"Cultural History"学者,参见 *The New Encyclopaedia Britannica*, "John Addington Symonds", Encyclopaedia Britannica, Inc., 1980。更多学者感到难以用什么概念来定义西蒙兹的一生成就,于是出现各侧重一面的西蒙兹称呼,诸如历史学家、思想家、艺术史家、诗人、翻译家,等等。哈里森和布鲁克斯就是这样做的。参见他们与的西蒙兹传记(F.Harrison, *John Addington Symonds*, Macmillan and Co., 1896; Van W.Brooks, *John Addington Symonds: A Biographical Study*, Grant Richards Ltd., 1914)。即使是布朗那本著名的《西蒙兹传》(H.F.Brown, *John Addington Symonds A Biography*, John C.Nimmo, 1895)也没有给出一个定性的称呼。上述考虑可能各有其理由。笔者在综合前人的各种提法并结合西蒙兹的实际学术创作状况后觉得"诗人历史学家"的称呼比较妥善。一来西蒙兹是诗人(尽管西蒙兹对自己诗人的称呼十分谦恭),他生前出版多种诗集,也翻译了不少古代、中世纪、近代诗人的诗作,诗性的智慧和文风很能代表西蒙兹人生、创作风格的主要方面;二来西蒙兹的核心研究成果都与历史领域有关,且不失历史研究的主要特征。故采用之。

纪的欧洲文化氛围下其人生历程会蒙受各种压抑、磨难,简言之不会完美。在压抑和磨难中,具有性倒错生理、心理倾向的西蒙兹需要在生活、社会、文化环境中寻找一个自我的真实落脚点,并以各种适宜的方式不时袒露性倒错的自我形象。

西蒙兹在柏拉图式的精神感召下忘我地进行包括历史学研究在内的各种人文学科创作,并为世人留下诸多内涵丰富、充满美感的作品。这种忘我的创作境况意味着西蒙兹的一生是不断向着完美的精神高峰之攀登过程。上述不完美和完美之间的矛盾伴随西蒙兹的整个人生,为此西蒙兹很纠结。西蒙兹的诗歌就不时流露出忧郁的情调。他需要探索发生在自己身上亦存在于历史之中那些精神困惑和文化成就之间的关系等。从某种意义上讲,西蒙兹的学术人生就是一种文化的自我解困和拯救。作为文化人的西蒙兹十分敬仰导师乔伊特的学术教诲、黑格尔的理性主义历史观、达尔文的进化论、歌德的生活哲学、19 世纪的自由主义等。特别是西蒙兹受到惠特曼自然主义、浪漫主义、民主理念的诗论诗歌之决定性影响。这些造就了一个既通过文化不断克制自我又不断升华自我的西蒙兹形象。不难看出,西蒙兹的学术研究带有浓厚的心灵世界探索色彩,其文艺复兴研究、希腊文化研究、诸多文化史个案研究及西方同性恋史研究无不如此。简言之,西蒙兹的文化研究就是自我心灵世界的文字释放。

总之,西蒙兹在性倒错与文化历练两条线的交织中走完激情、悲凉的人生路程。

第一节　西蒙兹的困惑人生

一、名门望族与性倒错纠结

西蒙兹去世后,其生前挚友布朗撰写《西蒙兹传》[1]一书。该书试图将一

---

[1] H.F.Brown, *John Addington Symonds: A Biography*, 2 Vols. John C.Nimmo, 1895.后来又出 1 卷本: H.F.Brown, *John Addington Symonds: A Biography*, John Murray, 1903.学界经常使用布朗所编撰 1 卷本《西蒙兹传》。与 1895 年版 2 卷本相比,使用 1 卷本的便利之处是书后附有索引。笔者在《西蒙兹文化观研究》中视撰写过程的具体情况交替使用两个不同的版本。

位精神世界丰富且通过不间断文化创造活动来超越自身、走向完美的文人形象呈现给读者。但即使是像布朗这样的传记作者在呈现西蒙兹的个人形象时也在性倒错问题上有所保留。① 其他像布鲁克斯等为西蒙兹作传的学者亦或多或少有此等顾虑。② 究其因，还是性倒错在 19 世纪不是名正言顺的事情。似乎为了西蒙兹这样一位文化巨擘的名声，不得不遮掩在那个时代难以启齿的事情。就社会法律层面而言，上述做法亦情有可原。根据 1885 年英国《拉布谢尔修正案》(*The Labouchere Amendment*)的规定，公开的或私下的同性恋行为都是不合法的，甚至以文学的形式(无论出版与否)来呈现、辩护同性恋现象亦是不合法的。1895 年，作家王尔德就因其作品等"不当"行为而入狱。③ 到了 20 世纪，上述现象有了很大改观。学术界大大方方地在西蒙兹的名字前加上同性恋或同性恋者的修饰词。但带上一个同性恋的称呼不等于说透西蒙兹的内心世界及其文化创作内涵。在后现代文化和史学氛围下，有必要围绕西蒙兹的人生、著述及其文化观内涵做一整体性的评介。

西蒙兹家世、生平可简略概括如下：根据西蒙兹所撰族谱④的记叙，其家族属于世袭的名门望族。这一显贵家族的历史甚至可以追溯到 11 世纪的威廉征服时期。与西蒙兹同名、同姓的父亲是当时闻名遐迩的医道世家传人，并在其操持下家境殷富。(顺便提及，西蒙兹祖孙三代均同名同姓。)1840 年 10

----

① 布朗于 1926 年去世，生前曾将那些由其保存的涉及西蒙兹同性恋等更多内容的手稿交给伦敦图书馆封存，并约定 50 年后方能公之于世。这些情况参见 O.S.Buckton, *Secret Selves: Confession and Same-Sex Desire in Victorian Autobiography*, The University of North Carolina Press, 1998, p.106。

② 如布鲁克斯《西蒙兹生平研究》(V.W.Brooks, *John Addington Symonds: A Biographical Study*, Grant Richards Ltd., 1914)等。

③ O.S.Buckton, *Secret Selves: Confession and Same-Sex Desire in Victorian Autobiography*, The University of North Carolina Press, 1998, p.62.

④ J.A.Symonds, *On the English Family of Symonds*, Oxford: Privately Printed, 1894.这部家族史后来被布朗的《西蒙兹传》收作附录，并增加系列族徽图案 1 页。此家族史的史料价值极其珍贵。该附录到布朗《西蒙兹传》第 2 版时删掉了，不知是何原因。虽然第 2 版增加了一个索引，但删掉家族史和一些照片(第 2 版时只剩 1 张)，这多少有些遗憾。

月5日,西蒙兹出生在英国布里斯托城。西蒙兹4岁那年母亲希克丝去世。1851年西蒙兹全家移居克利夫顿。西蒙兹的大半人生都是在克利夫顿度过的。当时的风气是名门望族的后代一般要择名校求学。西蒙兹曾在哈罗学校、牛津大学巴利奥学院等名校进业。1863年至1864年西蒙兹成为马格达伦学院正式研究员。1864年11月,两个大家庭的后代西蒙兹与凯瑟琳·诺斯在哈斯廷斯克莱门特教堂成婚。婚后育有4女。从1864年到1865年,西蒙兹还在伦敦做过律师工作。1871年西蒙兹家父去世。1872年西蒙兹出版第1部著作《但丁研究导论》。之后几乎每年有著作问世,代表作为7卷本《意大利文艺复兴》。1880年,考虑到西蒙兹的身体状况,全家迁居瑞士达沃斯。达沃斯也成了西蒙兹后期人生的主要栖息地。1893年4月19日,西蒙兹在罗马辞世。

从家境一面看,西蒙兹的人生无忧无虑、顺风顺水,但这背后却有暗流涌动。克里夫顿是西蒙兹求学、打下人生基本烙印之处,同时是西蒙兹开始显露人生纠结之地。根据西蒙兹的回忆,他儿童时期最早的记忆中会时常在入睡前出现半梦半醒的奇幻景象,即西蒙兹被一群裸体的水手按在地板上。① 而童年时期的西蒙兹对女性并没有什么感情上的滋滋情谊,即使与几个姐姐之间也没有很默契的情谊。② 格罗斯库特的《西蒙兹传》第1章"克里夫顿"当然不会遗漏那些涉及西蒙兹同性恋萌芽阶段的事情。西蒙兹的保姆曾开玩笑地向这位孩童提起男孩长大后生殖器会消失的事情,这引起西蒙兹心理上长久的反应;还有女佣赤裸面对西蒙兹,并授意去碰触其私处,但西蒙兹并没有什么兴致;后来8岁至11岁时西蒙兹则与表兄弟们玩过口交;同时西蒙兹逐渐意识到自己对英俊男孩的爱慕之情远甚于其他之爱,如此等等。格罗斯库

---

① *The Memoirs of John Addington Symonds*: *The Secret Homosexual Life of A Leading Nineteenth-Century Man of Letters* Ed.and intro.P.Grosskurth, Random House, Inc., 1984, p.62.以下简称"*The Memoirs of John Addington Symonds*"。

② *The Memoirs of John Addington Symonds*, Ed.and intro.P.Grosskurth, p.41.

特认为这些性倾向对未来西蒙兹的同性恋心理、生理发展至关重要。① 西蒙兹去世后的 1897 年,由西蒙兹与霭利斯共同撰写的《性倒错》②一书英文版正式面世。格罗斯库特的记载可以在《性倒错》中找到出处。例如《性倒错》多处提到西蒙兹 8 岁至 11 岁时期的性倒错案例。在《性倒错》的"案例ⅩⅧ"中,对西蒙兹那段时期的同性恋倾向做了历史的回顾和具体的分析,内容已经很袒露了。③ 但总体上,西蒙兹少年时代所呈现的是一幅充满理想且有道德制约力的莘莘学子形象。在哈罗学校的经历是最好的证明。那时西蒙兹的肺、视力等均出现了些问题。加上思家病,在学校颇有点腼腆的味道。上好的家教又让西蒙兹不愿与环境一般见识,像个"老男孩"(old boys)。④ 但西蒙兹并非沉默寡言者,与要好朋友在一起时十分健谈。西蒙兹与童年时期的朋友

---

① P.Grosskurth,*A Biography of John Addington Symonds*,Longmans,Green & Co.,1964,p.20.

② H.Ellis and J.A.Symonds,*Sexual Inversion*,Wilson and Macmillan,1897.在这个英文版之前还有一个德文版:Das kontraere Geschlechtsgefuehl von Havelock Ellis und J. A. Symonds. Deutsche Original-Ausgabe besorgt unter Mitwirkung von Dr. Hans Kurella. Leipzig. Georg H. Wigand's Verlag. 1896.以上出版信息参见 P.L.Babington,*Bibliography of the Writings of John Addington Symonds*,John Castle,1925,p.122.所以严格地讲,德文版才是《性倒错》真正意义上的初版。霭利斯在《性倒错》的"前言"中详细地向读者介绍了西蒙兹在该书写作中的作用。其中谈到,如果不是合作创作此书的话,西蒙兹自己也会写这样一本著作。在西蒙兹看来,那些内容很有吸引力,是"前卫人士对人性最佳效力的领域"(*Sexual Inversion*:*A Critical Edition*,Havelock Ellis and John Addington Symonds,Ed.Ivan Crozier,p.92),并要求将自己的名字大大方方地落在作者署名处。两人分工明确后便按要求开始各自的工作,从通信交往如 1893 年 2 月 12 日西蒙兹致霭利斯的信函(*The Letters of John Addington Symonds*,Vol.Ⅲ,Ed.H.M.Schueller and R.L.Peters,Wayne State University Press,1969,pp.816-818)中可以看到两人创作此书的一些情况。但从《性倒错》第 2 版即作为霭利斯代表作《性学研究》(H.Ellis,*Studies in the Psychology of Sex*,Vol.Ⅰ,*Sexual Inversion*,The University Press,Watford,1897.后来 1901 年又出了美国版 F.A.Davis Company,Publishers,1901.还可参见霭利斯的两卷本《性学研究》,H.Ellis,*Studies in the Psychology of Sex*,2 Vols,Random House,1942)中的《性倒错》开始,西蒙兹的名字消失了。这里面隐含着诸多原因。读者如果只是接触后来版本的《性倒错》一书,有可能疏忽该书与西蒙兹的关系。

③ *Sexual Inversion*:*A Critical Edition*,Havelock Ellis and John Addington Symonds,Ed.Ivan Crozier,Palgrave Macmillan,pp.142-147.这里记载的案例ⅩⅧ是解读西蒙兹性倒错人生不可或缺的第一手史料。

④ *The Letters of John Addington Symonds*,Ed.H.M.Schueller and R.L.Peters,Wayne State University Press,1967,Vol.Ⅰ,p.31.

古斯塔夫·鲍桑葵(Gustavus Bosanquet)就经常玩有趣的游戏,交换各自心中的理想世界。少年时代的西蒙兹对柏拉图的著作和思想情有独钟。西蒙兹在自己的著作中不时提及此事,例如在哈罗学校时,经常读柏拉图的《申辩篇》、《斐多篇》、《宴饮篇》等,并做了相应的研究工作,认为这些对其未来产生了决定性的影响。① 后来西蒙兹上了大学继续研读柏拉图的著作。西蒙兹终于意识到柏拉图著作中提及的那种爱与古希腊文化历史中为人熟知的那些暧昧之情并不是"说说而已"(figure of speech)的爱恋,它们确确实实具体地存在于历史之中,也存在于当下。② 不过《西蒙兹回忆录》用"痛苦"(painful)一词来形容他在哈罗学校的生活,也就是学校在表现同学感情方面粗糙的环境与西蒙兹所受道德教育、文化理想之间存在着巨大的反差。③ 哈罗学校在道德环境方面十分混乱。根据西蒙兹的回忆,那时哈罗学校中凡长相好看的男生都要另取一个女性化的名字,成为大男人的"爱物"(bitch);无所顾忌的手淫行为;床上的裸体活动,等等。④ 西蒙兹自己在与鲍桑葵的通信中也认为哈罗学校在身心两个方面都没有起到引领作用,反而使自己消退了下去。⑤ 在一件同性恋事件面前,西蒙兹感到道德上的震惊。事情是这样的:当时哈罗学校的校长沃甘(C.J.Vaughan)与学生普雷特有私下的同性恋交往。普雷特是西蒙兹的朋友,并且向西蒙兹透露校长与其交往的信件内容。西蒙兹反复思量后,还是将此事告知了家父。西蒙兹博士向沃甘施压,令其辞职,否则就向外界透露此事。后来沃甘屈服了。但西蒙兹在回忆录中提及此事时透露出十分矛盾的心理,即沃甘的所作所为如果是有罪的,那么西蒙兹无意识深处所萌生的那些情感又如何释怀呢? 不能放纵自我的道德心理压力还是驱使西蒙兹觉得不

---

① H.F.Brown, *John Addington Symonds:A Biography*, John Murray, 1903, pp.62–63.

② *The Memoirs of John Addington Symonds*, Ed.and intro.P.Grosskurth, p.102.

③ *The Memoirs of John Addington Symonds*, Ed.and intro.P.Grosskurth, chapter 5.

④ *The Memoirs of John Addington Symonds*, Ed.and intro.P.Grosskurth, p.94.

⑤ P.Grosskurth, *John Addington Symonds:A Biography*, p.29.

能将此事瞒住。① 从以上情况看,西蒙兹青少年时期的生活充满矛盾,早早就有了理想和现实的人生冲突。

道德制约力是一回事,但性倒错的生理、心理因素曾以不同的形式搅动西蒙兹的早年求学生涯和工作经历,这又是回避不了的人生另一面。其中不乏苦涩的经历。西蒙兹到巴利奥学院求学后,发生了同性恋的举动。当然两人的性行为究竟展开到何种程度,后人只能存疑。那是发生在1858年春天的事情:某日西蒙兹在教堂唱诗班遇见了一位令他神魂颠倒的男生戴尔(Willie Dyer),两人通信约见。那时的西蒙兹还经常从牛津回克利夫顿,为的是与戴尔缠绵互依。在西蒙兹看来,从这一刻起自己的真正生命开始了。有些诗文可推断为西蒙兹怀恋这份爱意而作。西蒙兹的散文诗《克利夫顿与一个小伙的爱(Clifton and A Lad's Love)》就是其中写得十分动情的一篇。散文诗最后留有这样一首诗歌:

> 远去的你呵,比死亡还要遥远,
> 为了你,我赋诗情歌,
> 就怕等不及迎候,
> 尽管生命与爱根植在你的心田。
>
> 我们的脉搏、心脏一起跳动;
> 它们跳动着,尽管人不在一起;
> 我们还年轻,那充沛的活力
> 将分离者的血气灌涌。

---

① *The Memoirs of John Addington Symonds*, Ed.and intro.P.Grosskurth, pp.97,112.根据有关史料的记载,后来西蒙兹的父亲信守诺言,即在沃甘(C.J.Vaugan,1816—1897)辞职后没有向外界透露任何信息。这样,沃甘辞职后去教会担任多种教职。1894年还被选为卡迪夫大学学院的院长。而英国教育史上的沃甘也一直有著名教育家的声誉。参见 *The Letters of John Addington Symonds*, Ed.H.M.Schueller and R.L.Peters, Vol. I, p.62, note 4。

> 我们漫步在心心相依的田野和街区，
>
> 我们倾听着同一曲旋律激昂；
>
> 没有音乐可以从一个灵魂跳到另一灵魂，
>
> 我们的节拍则合在一起。
>
>
> 只有夜晚的视界
>
> 我似乎与你一起遥望黎明；
>
> 你有暴风骤雨的气运
>
> 让我在大地上处处感受着你。①

而 32 年后西蒙兹写回忆录念及此事时仍握笔颤抖。② 此事瞒不过家父。后来西蒙兹向父亲袒露与戴尔的同性恋情感。当然免不了训诫。西蒙兹父亲虽然在思想、道德上比较开明，但涉及同性恋问题还是有各种顾虑，其中还考虑到戴尔是裁缝之子，与西蒙兹家庭不是同一个阶层，两人的爱恋之事对西蒙兹家族、西蒙兹前途这一面的影响太大。另外还提到沃甘事件的教训、西蒙兹家族从来没有丑闻缠绕等。这些说辞让西蒙兹的内心感到难受、难堪。③ 在那一刻西蒙兹多么希冀如果社会没有阶级的分层该多好，大家可以互相爱恋。往后西蒙兹的文化创作实践无一不是为了实现这样一个宗旨，即：文化要与个性的自由相匹配；文化要表现普遍的人性，包括同性恋的人性世界。后来西蒙兹《民主的艺术，特别参照沃尔特·惠特曼》（Democratic Art. With Special Ref-

---

① J.A.Symonds, *In the Key of Blue and Other Prose Essays*, Elkin Mathews, 1893, p.175.这里需要做一个说明：西蒙兹写作这篇散文诗最迟不会晚于 1862 年，因为西蒙兹在散文集 *In the Key of Blue and Other Prose Essays* 的"前言"（写于 1892 年）中说《克利夫顿与一个小伙的爱》写于 30 年前。这篇散文记叙的是克利夫顿风景及西蒙兹与朋友们在克利夫顿周边游乐的境况。综合各种情况，笔者以为这篇散文诗的字里行间散发对戴尔的爱恋。但也有学者认为很难断定西蒙兹此诗是为了怀念戴尔还是布鲁克。参见 P.Croft-Cooke, *Feasting with Panthers : A New Consideration of Some Late Victorian Writers*, Holt, Rinehart and Winston, 1967, p.99。

② *The Memoirs of John Addington Symonds*, Ed.and intro.P.Grosskurth, p.104.

③ *The Memoirs of John Addington Symonds*, Ed.and intro.P.Grosskurth, p.116 ; P.Grosskurth, *A Biography of John Addington Symonds*, p.43.

erence to Walt Whitman)一文就是上述理念的集中反映。① 不过在当时的境况下，西蒙兹迫于种种压力也只能放弃那份情感。② 1862 年，西蒙兹在马格达伦学院任教。期间西蒙兹结识了学生布鲁克与肖亭，与他们都有同志之情。当时西蒙兹 22 岁，所谓师生关系并不存在年岁上的距离。西蒙兹与肖亭的情谊十分复杂。在西蒙兹看来，遇到肖亭这样的同志很难避免身体方面强烈的性冲动，为此西蒙兹写了许多诗歌、信函给了肖亭，以表达内心的激情。但肖亭之类的同志又是自我制约力很差的人，做事情会很不得体。这与西蒙兹内心向往的优雅同性恋相差甚远。可见，西蒙兹在与肖亭的感情方面显得十分矛盾。最初西蒙兹答应担任肖亭的哲学授课导师，并将其引入马格达伦学院求学。稍后西蒙兹觉得，肖亭虽然有些做学问的才气，但他不具备潜心做学问的毅力和勇气。事实上肖亭就是想利用西蒙兹的教员地位进得校门，并乘便去追逐马格达伦学院唱诗班的成员果尔登。当时西蒙兹的教学地就在唱诗班的附近。在此等境况下，西蒙兹觉得继续授业肖亭不免产生许多尴尬的境况。于是提出就在肖亭的住处为其授课，其实就是委婉的劝退。对此，肖亭的内心很不爽。不久，肖亭向马格达伦学院 6 位老师公布了一封文件，披露他和西蒙兹之间诸多不宜公开的私人交往事情。经过肖亭掐头去尾拼凑而成的西蒙兹私人信函中的许多内容严重损害了西蒙兹的声誉。有些内容还涉及上述普雷特与校长沃甘的同性恋关系内容等。顺便提及，当时好友鲍桑葵曾经从剑桥致函西蒙兹，提及普雷特在剑桥散布关于昔日校长沃甘的同性恋私事。再说西蒙兹父子与沃甘一直有私下的君子之约，此类信函都是不宜公布的。不过肖亭对西蒙兹名誉攻击事件并未在外界传播开来，但对西蒙兹的大学教学生涯影响很大。③

---

① J.A.Symonds, *Essays*, *Speculative and Suggestive*, Smith, Elder, & Co., 1907, pp.237-268.

② *The Memoirs of John Addington Symonds*, Ed.and intro.P.Grosskurth, pp.116-117.

③ *The Memoirs of John Addington Symonds*, Ed.and intro.P.Grosskurth, Random House, Inc., 1984, pp.117-118, 130-131;另参见 O.S.Buckton, *Secret Selves*: *Confession and Same-Sex Desire in Victorian Autobiography*, pp.91-96。

西蒙兹曾于 1864 年离开牛津前往伦敦研究并从事律师事务。（参见"附录Ⅱ"）在往后岁月的案例中，西蒙兹与摩尔（Norman Moor）、福萨托（Angelo Fusato）的同性恋交往最具理想的色彩。西蒙兹在自己的回忆录里详细记载与摩尔的感情。① 西蒙兹是 1869 年在克利夫顿参加朋友达金斯的晚宴时与英俊小伙诺曼·摩尔一见钟情的。从西蒙兹与朋友达金斯的通信中间接让人感到西蒙兹与摩尔之间的陶醉之情和围绕这种情谊的种种纠葛之事。② 两人私下的关系维系了好几年，摩尔常常高光走动于西蒙兹的朋友之间。西蒙兹这边似乎也顾不及遮掩之类的事情了，所谓一往情深，忘乎所以。西蒙兹甚至为了这份情谊而考虑到克利夫顿学院讲授希腊诗学，其讲稿后来正式出版，即《希腊诗人研究》③（详见第六章第二节二）。约 10 年之后，西蒙兹在意大利偶遇威尼斯贡多拉舵手福萨托。在西蒙兹的心目中，福萨托被视作神一样的爱慕者。自 1881 年春两人萍水相逢大约维持了 10 年的"同志友谊"关系。西蒙兹还通过诗歌《海神》④、《不可能的爱》和《自责》⑤等诗篇来传达此等缠绵之情⑥（另见第六章第二节一）。《海神》中有如此勾魂的反映同性恋者心灵之甜美诗句：

> 我的灵魂梦魇威尼斯海水，
>
> 　上苍对映明澈晶亮的夜空，
>
> 　海面躺着迷人的岛峰，
>
> 　它们在黑夜中调情嬉戏；

① *The Memoirs of John Addington Symonds*, Ed.and intro.P.Grosskurth, Chapter Thirteen "Norman".

② *The Letters of John Addington Symonds*, Vol.Ⅱ, Ed.H.M.Schueller and R.L.Peters, Wayne State University Press, 1968, pp.43–44.

③ O.S.Buckton, *Secret Selves: Confession and Same-Sex Desire in Victorian Autobiography*, p.95.

④ J.A.Symonds, *Vagabunduli Libellus*, Kegan Paul, Trench, & Co., 1884, "Stella Maris", pp.11–77.

⑤ J.A.Symonds, *Animi Figura*, Smith, Elder, & Co., 1882, "L'Amour de L'Impossible", "Self-Condemnation", pp.36–49, 59–65.

⑥ *The Memoirs of John Addington Symonds*, Ed.and intro.P.Grosskurth, pp.271–272.

为安抚我生命激情的阵痛，

　　深情的双眸含着自我的静谧，

　　可再落魄的深沟我也敢闯荡，

　　哪怕魔咒降临自己。

一阵暴风雨夷平了沙洲，

　　在暗处没有征兆地随心所欲，

　　来吧牵着我微微颤抖的双手，

让我看看你，你那过分的行头！

　　你撩拨起我心灵中的欲火！

　　陶醉在情网中，我无法挣脱。①

　　需要说明的是，作为同性恋者的西蒙兹过着常人一样的家庭生活。再说西蒙兹也一直努力使家庭生活保持住和谐的状态。当西蒙兹太太发现其丈夫各种同性恋情况（如与摩尔的感情等）后十分生气。凯瑟琳不能忍受西蒙兹的性倒错生理、心理行为，以至于两人的婚后生活陷入危机之中。② 但两人至少维持着表面上得体的夫妻关系，婚姻和家庭生活并未破裂。从他女儿玛格丽特所著《消逝的时光》③中可以见出父女之间融洽和睦氛围的一面。不过作为有社会名望、为人处事讲究社会道德影响的文人，西蒙兹在如何处理同性恋问题上确实碰到棘手难处。从表面上看，西蒙兹的人生不乏几分"克制"的色彩，或者说在各个方面呈现文化自我的形象。至少名人西蒙兹经常要在当时各种知名杂志上著文传道，又经常会登上讲台传播文化，凡此等等都需要"克制"。作为文人的西蒙兹之所以能保持这种克制状态，这在很大程度上归因

---

① J.A.Symonds, *Vagabunduli Libellus*, p.12.

② P.Grosskurth, *John Addington Symonds：A Biography*, pp.176-178.

③ M.Symonds, *Out of the Past*, John Murray, 1925.

于家庭教育、文化熏陶使然。再说西蒙兹受柏拉图主义爱恋说影响很深,柏拉图所倡导的那种优雅高贵、精神超越之爱都带着克制的因素。但所有这些并不能真正"克制"住西蒙兹内心深处的那座火山,反而撮合成西蒙兹内心更为复杂的性格。西蒙兹的性格是孤僻、忧郁、独创、理想、激情、宽仁的混合物。① 因此西蒙兹的人生之路显得很焦虑。西蒙兹自己也承认其学术成就与焦虑的感情有直接的关系。② 同性恋现象在维多利亚时代或多或少会遇到一些社会的冷眼。西蒙兹在世时,凡涉及自身同性恋问题的各种探讨都做了不同程度的"隐秘"处理。这些表明,西蒙兹在向世人吐露自己同性恋情况时也有各种"顾左忌右"的考虑,其中西蒙兹生前对家庭等诸多因素的考虑最为重要。尽管有上述情况,西蒙兹仍旧以主要精力研究同性恋现象的生理、心理及与此相关的文化内涵(详见第二章第二节),并第一个在近代文人圈子内以回忆录的形式说出自己的"隐秘"事例(详见本章第一节三)。从某种意义上讲,西蒙兹笔耕不辍的创作行为就是释放困惑的一种文化自我拯救。

研究表明,西蒙兹一生中曾尝试以几种方式对性倒错进行具有决定性意义的自救行为:婚姻;沉浸文化研究;用理想的审美境界来超越自我,等等。但事实证明,所有这一切行为都未产生"终止性"的生理效应。于是西蒙兹认定性倒错是改变不了的,或者说是不可逆转的。西蒙兹脱不开下面一系列性格文化关系问题的缠绕:同性恋究竟是怎么回事? 同性恋与文化的关系如何? 能否以同性恋为一个学术的支撑点展开更大范围的文化研究? 归结为一点,西蒙兹极其需要在思想文化观念上找到一种能够使人生更实在地走下去的目标。于是西蒙兹在 19 世纪做出一个大胆的抉择,即宣告人们应当用科学的态度来对待性倒错现象,并认为性倒错者应该取得属于他们自己应有的生活方式和文化表现形式。这样,性倒错加文人就成了西蒙兹一生的复调音律。今

---

① V.W. Brooks, *John Addington Symonds: A Biographical Study*, Grant Richards Ltd., 1914, pp. VII-IX, 32-33.

② *The Memoirs of John Addington Symonds*, Ed. and intro. P. Grosskurth, p.64.

天,我们可以去追问柏拉图式的爱与充满美感的艺术创作之间的关系究竟如何,更要记得历史上就有将两者联系在一起的文人与喜欢将两者联系起来进行评论的学者。西蒙兹的一生都在努力实践其作为一名同性恋者的生活哲学宗旨,即那种充满爱意的生活旨趣需要文学艺术等人文学科创作的补充。需要指出的是,西蒙兹曾受歌德生活哲学影响很大,认为生活的意蕴要比理论、文学创作等能够容纳和展示的意蕴深切得多,或者说同性恋引起的所有生活问题远不是文学创作能够回答。西蒙兹也意识到自己的研究成果与其实际的生活、情感等是不能同日而语的。① 西蒙兹的内心世界一方面试图将人文学科研究与人生课题相结合,另一方面也意识到两者之间最终无法达成一致的客观事实,并终身为此纠结。

二、　文人个性的养成

西蒙兹是同性恋者,又是属于他那个时代的重要文人。在格罗斯库特编辑的《西蒙兹回忆录》上有一个副标题即"一位19世纪前卫文人的隐秘同性恋生平"(*The Secret Homosexual Life of a Leading Nineteenth-Century Man of Letter*)。这个副标题集中地展示了西蒙兹这位在性倒错与诗人理想境界中挣扎的19世纪文人形象。

西蒙兹在自己的著作中一再提到"文人"(Man of Letter)一词。在英文里,文人一词的基本含义是指那些能够通过深厚造诣的语言来表达人性境界的有识之士,也能够用生动的文笔传达心中意念的学问家。因此是否具备诗性的笔触,是否笔尖下能跳动美的旋律,这些成了文人的基本素养。但西蒙兹心目中的文人还有更高的境界。读西蒙兹的回忆录,不时发现作者以文人和性倒错来提示其人生,认为自己作为一个文人理应将同性恋这件纷繁复杂的

---

① 格罗斯库特在《悲凉的维多利亚人:西蒙兹传》注意到这一问题。参见 P.Grosskurth, *The Woeful Victorian: A Biography of John Addington Symonds*, p.3。

事情呈现出来。① 显然这里的文人境界不是一般传统意义上的舞文弄墨、信函交往,还有时代弄潮儿的勇气。从文人这一面看,西蒙兹所创作的一些人物评传作品有被选入约翰·莫利主编的《英国文人丛书》②者。在西蒙兹的心目中,所谓文人的品性具有以下特点:

第一,他们个性鲜明,有自己的思想,走在时代的前列。以彼特拉克为例,西蒙兹在评价时不时向学人展示彼特拉克身上呈现出的各种个性。③ 当然,西蒙兹还就包括彼特拉克在内的"文学三杰"作品中所体现的强烈个性加以点评。例如在评价"文学三杰"著作之所以具有划时代意义时指出,他们的创作除了在内容方面特别关注自然和现实的生活外,在形式上有独创性,别人只能加以模仿而不可能替代。同时将作者强烈的个性渗入作品的字里行间。④读者不难发现,被西蒙兹深层次学术探讨过的各个时代文人身上均有上述品性的闪光点。就文艺复兴时代精神层面而言,正是人文主义者的各种文人个性铸成了时代"新精神"。根据西蒙兹的概括,"新精神"的内容主要有个体的理性判断力、异教思想等(详见第三章第二节一)。显然,西蒙兹一生所向往的文人风骨正是由文艺复兴时期那些文人所具有的独特个性。

第二,西蒙兹继承文艺复兴人文主义的精神遗产:文人必须涉猎广泛,具备广博的人文学科知识。为此西蒙兹博览群书,研究人文学科各领域的内容。在西蒙兹女儿的回忆录中,不乏称道父亲具有广博知识的记载。⑤ 西蒙兹还选择诸多文艺复兴时期的文人作为文化史的个案研究对象,其用意之一就在于那个时期的文人具备多才多艺的特征。这样做也有利于抒发西蒙兹自己的文人情怀。在文人的语言才气方面,西蒙兹更是十分耀眼。除母语英语外,西

---

① *The Memoirs of John Addington Symonds*, Ed.and intro.P.Grosskurth, pp.182-183.

② *English Men of Letters*, Ed.John Morley, Macmillan and Co., 分卷分期出版。

③ *A Short History of the Renaissance in Italy: Take from the Work of John Addington Symonds*, by Lieut-Colonel A.Pearson, Smith, Elder, & Co., 1893, p.135.

④ J.A.Symonds, *Giovanni Boccaccio: As Man and Author*, John C.Nimmo, 1895, pp.2-3.

⑤ M.Symonds, *Out of the Past*, John Murray, 1925, p.31.

蒙兹还熟谙希腊文、拉丁文、意大利文、德文、法文等。

第三,文人理所当然应具备诗性的智慧和创造力,通过诗一样的笔触带给世人美的享受。基于对这种诗性智慧的认识,西蒙兹不但在各种著述中文字富有感染力,不乏点睛之笔,而且将历史上的诗人也当作一生的研究重点,从古希腊到 19 世纪的许多重要诗人都纳入西蒙兹的研究清单之中。以译事为例,西蒙兹笔下那些遣词造句考究的作品往往一经面世就成为该译事中的经典,广为传诵,可见其诗性智慧和学术功力。当然,作为历史学家的西蒙兹其文笔富有诗意,又不失历史研究的严谨(详见第六章第一节二)。西蒙兹还是一位纠结于性倒错心理世界的诗人,可视其人生为一首从心底流出的爱情十四行诗(详见第六章第二节一)。

第四,文人品性对社会道德有特殊的影响力或引领作用。为此,西蒙兹力图将自己的文人情怀以教学、演讲、著述等形式传达给社会各界。不过私下里,西蒙兹在文人道德与性倒错两者之间徘徊、挣扎,纠结了一生。

西蒙兹文人个性的养成由多方面的因素促成。上文提到西蒙兹出身名门并接受过良好的教育。西蒙兹家族的"显贵"更体现在浓浓的文化氛围上。到了西蒙兹的父辈,身为名医的父亲仍显示出很高的文人素养,喜欢音乐与艺术。西蒙兹博士(此称呼区别于同名同姓且未攻读过博士学位的儿子)与当时诸多文化界名流有交往,其中包括纽曼(F.Newman)、莫里斯(F.Maurice)及丁尼生(A.Tennysons)等。西蒙兹博士还用各种手段让年幼的西蒙兹接受人文熏陶,诸如早晚散步时经常一起诵读雪莱、济慈、丁尼生等名人的诗歌作品等。[1] 身教重于言教。西蒙兹博士精力充沛,通常 6 点起床,这样就可以在出诊前有 2 个小时的时间来阅读写作。曾留下《文集》[2]、《诗集》[3]等作品。《文

---

[1] P.Grosskurth, *John Addington Symonds: A Biography*, p.28.

[2] 西蒙兹特地为父亲编撰文集,即 *Miscellanies by John Addington Symonds, M.D.*, Selected and edited, with An Introductory Memoir by His Son., Macmillan and Co., 1871.

[3] J.A.Symonds, M.D., *Verses*, published privately 1871, reprinted by Isha Book, 2013.

集》中收有《美的原理》①一文,该文着重谈论美与道德的关系。由此可见西蒙兹博士对文化社会价值的重视,也见出文人品性之浓烈。《诗集》中有写给儿子的诗歌,亦父亦诗友的情谊见诸笔端。有些诗句的境界与后来西蒙兹在各种诗集中表达的境界何其相像。这种家风、家传在西蒙兹稚幼心田里播下种子,其影响力是他人无法替代的。西蒙兹后来在回忆录里谈及父亲将工作当做天职、充满道德氛围的家庭环境等印象。② 这些从一个侧面说明为何西蒙兹很早就显露儒雅风骨及诗人的才华。例如西蒙兹读大学后喜欢参加文学读书学术会的活动。在当时西方的大学中,由名家主持的读书会(Reading Party)是学术氛围浓厚的一种象征,参加读书会也成为一名学子学业追求的阶梯。不久,西蒙兹的文学才华便得到学界的首肯,1860 年获纽迪盖特英语韵文奖。后来西蒙兹又将文人的家风传给了自己的女儿们,除三女玛格丽特喜欢文学创作外,小女卡瑟琳·佛赛也喜欢创作,并写有回忆录形式的《诚心与石榴裙》③一书。顺便提及,西蒙兹家族的亲属中不乏文人。远亲阿图尔·西蒙兹(Arthur Symons)是较有名望的一位。作为诗人的阿图尔·西蒙兹在当时的文学批评界享有盛誉,有多种文学批评著作存世。他与西蒙兹同辈,有过交往。④ 西蒙兹的外甥女帕斯顿在当时的文学圈里面交友甚广,其撰写的《约翰·穆雷的文学圈:1843—1892》⑤是我们了解 19 世纪下半叶英国文坛史迹的重要参考书籍。西蒙兹在学业和思想演进的过程中还受到文化大家歌德、

---

① *Miscellanies by John Addington Symonds*, M. D. , Selected and edited, with An Introductory Memoir by His Son. , "The Principles of Beauty", pp.1-48.其实就是一部论美的小册子,文后还附有从简到繁的人体比例图。曾以单行本的形式刊出:Dr.J.A.Symonds, *The Principles of Beauty*, Bell & Daldy, 1857.

② *The Memoirs of John Addington Symonds*, Ed.and intro.P.Grosskurth, pp.66-67.

③ *Hearts and Pomegranates: The Story of Forty-five Years 1875 to 1920 by Dame Katharine Furse*, Peter Davies, 1940.

④ R.Lhombreaud, *Arthur Symons: A Critical Biography*, The Unicorn Press, 1963, pp.92-93.

⑤ G.Paston, *At John Murray's Records of A Literary Circle: 1843-1892*, John Murray, 1932.

哲人黑格尔、业师乔伊特、同事克劳夫与康宁顿等的影响。① 例如西蒙兹在写
《希腊诗人研究》时不忘感激黑格尔的《历史哲学》。② 后来凭着父亲的亲笔
信，西蒙兹前去结识学界名流、牛津大学教授本杰明·乔伊特（Benjamin Jow-
ett）。③ 作为西蒙兹业师的乔伊特以柏拉图研究著称学界。乔伊特十分信服
柏拉图的哲学理想，并以此为切入口分析人生社会的变化。在乔伊特这位将
学术视为天职的学者身上留有理性、刻苦、宁静的气息。西蒙兹的一生坚守着
导师培育的理性、努力等品行，不忘理性的适度。也正是在乔伊特的劝导下，
西蒙兹逐渐放弃律师职业，转而全身心投入文化创作事业。④ 与乔伊特的巨
大影响相比，牛津大学诗人克劳夫、康宁顿等人对西蒙兹的诗性智慧感染和文
学熏陶毫不逊色。布鲁克斯在传记中提到导师乔伊特后，随即提及同为牛津
大学的诗人克劳夫。⑤ 克劳夫与西蒙兹两家的情谊甚为笃厚。至于康宁顿对
西蒙兹的影响，布鲁克斯如此评论："乔伊特引导西蒙兹如何去写作，而康宁
顿则引导西蒙兹明白，'文学是内在性的东西，它不是色彩斑斓的云霞之一部
分，而囊括了我们所有对爱的崇信。'"⑥西蒙兹在牛津期间为康宁顿编撰文集
（共2卷）⑦，还协助克劳夫的夫人编辑《克劳夫遗诗文集》（共2卷）⑧，等等。

---

　　① 这些情况在布鲁克斯《西蒙兹传》（V. W. Brooks, *John Addington Symonds: A Biographical
Study*, Grant Richards Ltd., 1914）中做了简明扼要的描述。至于歌德特别的影响可参见 F. Brown,
John Addington Symonds: A Biography, John Murray, 1903, p.114。其中特别提到刘易斯的《歌德
传》，笔者手头的版本为 *The Life & Works of Goethe with Sketches of His Age and Contemporaries*, J.M.
Dent & Sons Ltd, 1908。

　　② J. A. Symonds, *Studies of the Greek Poets*, Smith, Elder, & Co., 1873, "Preface".

　　③ P. Grosskurth, *John Addington Symonds: A Biography*, pp.49-50.

　　④ P. Grosskurth, *Elusive Subject: A Biographer's Life*, Macfarlane Walter & Ross, 1999, pp.20-21.

　　⑤ Van W. Brooks, *John Addington Symonds: A Biographical Study*, p.33.

　　⑥ Van W. Brooks, *John Addington Symonds: A Biographical Study*, p.37.注:本书所有外文引用
内容，凡不标明中译者的部分均为笔者所译。

　　⑦ J. Conington, *Miscellaneous Writings of John Conington*, Two Volumes, ed. J. A. Symonds with A
Memoir by H. J. S. Smith, Longmans, Green, and Co., 1872.

　　⑧ *The Poems and Prose Remains of Arthur Hugh Clough: With a Selection from His Letters and a
Memoir*, edited by His Wife, Macmillan and Co., 1869.

从《西蒙兹书信集》中，我们可以得知西蒙兹还与其他诸多文人通信交流的情况。这些文人包括：人类学家达金斯（Henry Graham Dakyns）、威尼斯文化研究专家布朗（Horatio Forbes Brown）、伦理学家西奇威克（Henry Sidgwick）、诗人克劳夫夫人（Mrs.Arthur Hugh Clough）、诗人惠特曼（Walt Whitman）、诗人高塞（Edmund Gosse）、文学家斯蒂芬森（Robert L.Stevensons）、画家理查兹（Samuel Richards）、文化史研究者李（Vernon Lee）、诗人罗宾森（Mary Robinson）、心理学家霭利斯（Havelock Ellis），等等。通过文人之间的相互影响，由此形成西蒙兹文人境界和人生哲学的主要特征，即追求文艺复兴人文主义者所倡导的完美个体，向往文化对个体、对社会的提升作用。

西蒙兹也是一位受到科学理性氛围熏陶并对科学理性、完美境界十分尊重的文人。在《论文、思索与设想》中，西蒙兹专门就科学性问题发表看法，认为 19 世纪上半世纪最重要的思想成就就是对世界的科学认识。这种科学认识是 3 个世纪以来实验、哲学运思的结果，并最终以进化论的成就展示出来。[①] 从某种意义上讲，文艺复兴就是理性力量的复苏。《意大利文艺复兴》在谈到人的解放时特别将理性的解放作为一种标志。[②] 布鲁克斯也认为西蒙兹是英国最早对科学表示乐观态度的文人之一。[③] 甚至可以这么说，西蒙兹的人品之一就是尽量让理性伴随信仰、情感等因素来平衡自己生活中的各种困惑。在人生的总体意念上，西蒙兹喜欢将理性的能力与诗性的风骨结合起来，追求文艺复兴人文主义者所倡导的完美境界。他在诗文中将理性、意志、

[①] J.A.Symonds, *Essays, Speculative and Suggestive*, Vol. Ⅰ, Chapman and Hall, 1890, p.1.最初为两卷本，1893 年 Chapman and Hall 出版公司再版时合为 1 卷。再版时西蒙兹还在世。现在使用比较普遍的是第 3 版 J.A.Symonds, *Essays, Speculative and Suggestive*, Smith, Elder, & Co., 1907。

[②] J.A.Symonds, *Renaissance in Italy*, Vol. Ⅰ "The Age of the Despots", Smith, Elder, & Co., New Edition, p.5.本书考虑到学术界的习惯，许多《意大利文艺复兴》英文版的出处还是用的新版，并标上 New Edition 字样，省略具体的出版年份，下同。为了历史地呈现西蒙兹的生平、著述情况，本书在引用西蒙兹原著时会考虑具体情况采用第 1 版及西蒙兹生前的修订版。同时考虑到国内对西蒙兹了解甚少的情况，在引用版本时做些必要的说明。

[③] Van W.Brooks, *John Addington Symonds: A Biographical Study*, p.231.

情感称作"三姐妹"。① 在评论近代的进化论成就时,也将布鲁诺、歌德等的诗性呈现(poetic utterance)与形而上学家黑格尔等的逻辑表达(logic expression)放在一起。② 西蒙兹的人生理念和实践就是要体现神、理性、情感等融合在一起的大气。西蒙兹经常在各种人物研究中提及"完美"(Perfect)一词,其心中的理想跃然纸上。1893年西蒙兹谢世,在他的墓碑下方有西蒙兹翻译的古希腊斯多葛派哲学家科林西斯(Cleanthes)的诗句:

> 你们——上帝、法则、理性、情感、生活——指引着我
>
> 要用相似的名称来呼唤你们都是徒劳
>
> 你们指引我吧,我俯首听命
>
> 如果我有何反抗,到头来还是盲从。③

这些诗句中蕴涵的思想其实就是西蒙兹一生的座右铭。可见西蒙兹精神境界里还有浓厚的宗教情感成分。④ 西蒙兹认为神渗透在一切事物之中。在西蒙兹的心目中,任何人包括释迦牟尼、苏格拉底、基督等都只能说出宇宙现象的相对一面,而那个恒久的世界是人们看不透的,人能够做的就是安于天命,同时发挥自己的聪明才智,创造一片文化的天地⑤(另见第六章第一节一)。

在文人性情的陶冶方面,西蒙兹像其时的许多文人一样,喜欢在山山水水中净化心灵。西蒙兹对阿尔卑斯山情有独钟并在达沃斯安家落户。到了冬天,也能感受带有原始气息的达沃斯氛围。⑥ 从身体状况这一面讲,西蒙兹受肺病的折磨不浅。他认为在阿尔卑斯山定居、旅游对治疗肺病会有相当

---

① J.A.Symonds, *Vagabunduli Libellus*, "Three Sister: Reason, Will, the Heart", Kegan Paul, Trench, & Co., 1884, p.89.

② J.A.Symonds, *Essays, Speculative and Suggestive*, Vol. Ⅰ, p.2.

③ H.F.Brown, *John Addington Symonds A Biography*, Vol. Ⅱ, p.364.

④ 一些思想史家注意到西蒙兹对人天性中宗教情怀的重视,参见 L.E.Elliott-Binns, *English Thought 1860-1900: The Theological Aspect*, Longmans, Green and Co., 1956, p.12。

⑤ H.F.Brown, *John Addington Symonds: A Biography*, pp.324-325.

⑥ J.A.Symonds and His Daughter Margaret, *Our Life in the Swiss Highland*, Adam and Charles Black, 1892, pp.48-49.

的帮助。① 他特别浪迹意大利和希腊等地,生前出版过《意大利希腊游记》②、《意大利游记、研究》③、《意大利侧记》④等 3 部带有游记性质的作品。顺便提一下,旅行、写游记、写小说、写回忆录等也算是西蒙兹的文人家风。西蒙兹的夫人对生物学、文学均有兴趣,后来帮助其姐姐——植物学家、旅行家玛丽安妮·诺斯编撰环球旅行记。⑤ 西蒙兹与女儿玛格丽特合著《我们在瑞士高地的生活》⑥,其实就是一部瑞士游记。后来玛格丽特还撰写《佩鲁贾游记》⑦、《在大公庄园的日子里》⑧等作品。

所有上述氛围都是我们理解西蒙兹文人个性的参考因素。我们最终看到是一位富有独特个性的文人西蒙兹。西蒙兹始终恪守这样一种信念,即文人不能回避自己与生俱来的本性,同时需要将本性逐渐修炼成一种"大气"。从西蒙兹遴选那些有大气的文人(如但丁、米开朗基罗、雪莱、惠特曼等)作为人物研究对象中大致也看得出其内心的向往。阅读这些评传作品,学人不难体验到作为诗人的西蒙兹与历史上那些文化人之间纯真的心灵对话。在西蒙兹诗性的史笔下,所选人物的个性均以新的形象重新展现在读者面前。因此上述传记作品也成了研究西蒙兹文人个性的重要参考文献。例如在《惠特曼研究》中,西蒙兹非常生动地向读者吐露美国诗人惠特曼对众人及对其本人的

① J.A.Symonds and His Daughter Margaret, *Our Life in the Swiss Highland*, p.1.

② J.A.Symonds, *Sketches in Italy and Greece*, Smith, Elder, & Co., 1874.

③ J.A.Symonds, *Sketches and Studies in Italy*, Smith, Elder, & Co., 1879.

④ J.A.Symonds, *Italian Byways*, Smith, Elder, & Co., 1883.

⑤ *Recollections of A Happy Life Being the Autobiography of Marianne North*, Ed. Mrs. J. A. Symonds, Macmillan and Co., 1894.诺斯曾与达尔文、霍克等航海家有交往,并用其画笔记录各种植物、环境等,是著名的女性环球航行者、博物学家。诺斯与达尔文的交往情况可参见该书第 2 卷第 87、215 页等。在这部旅行记中,作者提到了西蒙兹在达沃斯的居住、疗养和著述等情况。参见该书第 2 卷第 83 页。

⑥ J.A.Symonds and His Daughter Margaret, *Our Life in the Swiss Highlands*, Adam and Charles Black, 1892.该出版社在 1907 年又出了新版。玛格丽特为新版写了序言。新版改换了版式、插图等,内容没有变化。

⑦ M.Symonds and L.D.Gordon, *The Story of Perugia*, J.M.Dent & Co., 1900.

⑧ M.Symonds, *Days Spent on A Doge's Farm*, T.Fisher Unwin, 1893.

精神感召力(详见第二章第一节一)。

当然,西蒙兹的文人个性不是三言两语就能解释清楚。就研究本身而言,我们还需要回到丰富的文献之中,回到西蒙兹人生的历史境况中去,从而让一个有血有肉的完整文人形象呈现出来。

三、文化创作成果

从某种意义上讲,西蒙兹的一生是在文化研究、创作的过程中度过的。[①]西蒙兹在文化创作方面很勤劳,速度也很快。这里的驱动因素不完全是为了谋生,更多地还是从创作中得到心灵的慰藉。1886 年,西蒙兹笔耕的收入是475 英镑,也是他一生中收入最多的年份。为此他自叹道:"我不会为了这点辛苦钱再去拼命创作呵!"[②]其著述一经杀青付梓往往就此定型,很少在再版时做大的修改,自视甚高。这些也从一个侧面反映出西蒙兹的学养、学术特点等。但从学术的精益求精和出版后学术评论界的反响情况看,西蒙兹著述一次定型的情状未必是可以夸耀的事情。从 1860 年发表获奖诗歌《埃斯科里亚尔》[③]到 1893 年谢世,几乎每年有著作面世,还不包括书信、演讲稿等文稿中涉及文化史方面的内容。通过不间断的著述面世,西蒙兹的名望也逐渐提升。有一事可以佐证:1884 年,Kegan Paul 出版社准备出版西蒙兹的十四行诗集《漫游》(*Vagabunduli Libellus*)。出版社出于西蒙兹文学家地位的考虑不收取出版费。西蒙兹在自己的书信中特别提及此事。[④] 在西蒙兹那个时代,出版社能够免费为某人出版著述,这除非某位学人有了相当声望,否则不可能有此待遇。1893 年,西蒙兹正值 54 岁这一学术创作的黄金年份。但天不济,病

---

① 　参见本书"附录Ⅱ"、"附录Ⅲ"。

② 　*The Letters of John Addington Symonds*, Vol.Ⅲ, Ed.H.M.Schueller and R.L.Peters, p.195.

③ 　此为西蒙兹创作生涯中的第 1 部获奖诗篇。诗歌描述的是西班牙城堡埃斯科里亚尔(建于 1563—1584 年之间)内的西班牙皇室成员面对入侵的各种心态、举止,诗中涉及许多历史、文学、艺术中的人物,这些人物也成为日后作者研究的中心。

④ 　*The Letters of John Addington Symonds*, Vol.Ⅲ, Ed.H.M.Schueller and R.L.Peters, p.153.

魔和劳累让这位 19 世纪的英国文坛奇才过早离世。1893 年是令人感怀的一年,西蒙兹先后出版《米开朗基罗传》、《蓝之抒怀及其他文论》、《惠特曼研究》等学术精品。这几乎是一幅学术人生的搏斗场面!

简单展开创作成果如下(不包括书信等):

1.《埃斯科里亚尔》(*The Escorial:A Prize Poem,Recited in the Theatre*),1860;

2.《文艺复兴:一篇在牛津剧院宣读的论文》(*The Renaissance:An Essay Read in the Theatre*),1863;

3.为父亲论文集撰写导论性质的回忆录(*Miscellanies by John Addington Symonds,M.D.,Selected and edited,with An Introductory Memoir by His Son*),1871;

4.《但丁研究导论》(*An Introduction to the Study of Dante*),1872;

5.编辑《康宁顿论著选》(*Miscellaneous Writings of John Conington*),1872;

6.《希腊诗人研究》(*Studies of the Greek Poets*),1873;

7.《意大利希腊游记》(*Sketches in Italy and Greece*),1874;

8.《意大利文艺复兴》(*Renaissance in Italy,7 vols.*),1875—1886;

9.《希腊诗人研究(第 2 系列)》(*Studies of the Greek Poets,Second Series*),1876;

10.《情深意长》(*Many Moods:A Volume of Verse*),1878;

11.《雪莱传》(*Shelley*),1878;

12.《米开朗基罗与康帕内拉十四行诗》(*The Sonnets of Michael Angelo Buonarroti and Tommaso Campanella*),1878;

13.《意大利游记、研究》(*Sketches and Studies in Italy*),1879;

14.《新与旧》(*New and Old:A Volume of Verse*),1880;

15.《心灵的画像》(*Animi Figura*),1882;

16.《希腊伦理问题》(*A Problem in Greek Ethics*),1883;

17.《意大利侧记》(*Italian Byways*),1883;

18.《漫游》(十四行诗集 Vagabunduli Libellus),1884;

19. 译作《美酒、女人与唱诵:中世纪拉丁文学生唱诵集》(Wine, Women, and Song:Mediaeval Latin Students' Songs),1884;

20.《英国戏剧史上的莎士比亚先驱者》(Shakespere's Predecessors in the English Drama),1884;

21.《锡德尼传》(Sir Philip Sidney),1886;

22.《琼森传》(Ben Jonson),1886;

23. 为布朗著作集撰写导论(Sir Thomas Browne's Religio Urn Burial,Christian Morals,And Other Essays,Edited, with an Introduction by J. A. Symonds), 1886;

24. 为马洛戏剧集撰写导论(Christopher Marlowe,ed.Havelock Ellis,with A General Introduction on the English Drama during the Reigns of Elizabeth and James Ⅰ.By J.A.Symonds),1887;

25. 为韦伯斯特与特纳著作集撰写导论(Webster & Tourneur,ed.Havelock Ellis,with An Introduction and Notes by J.A.Symonds),1888;

26. 译作《切利尼自传》(The Life of Benvenuto Cellini,Tr.J.A.Symonds), 1888;

27. 译作《高兹伯爵回忆录》(The Memoirs of Count Carlo Gozzi,Tr.John Addington Symonds),1890;

28.《论文、思索与设想》(Essays,Speculative and Suggestive),1890;

29.《近代伦理问题》(A Problem in Modern Ethics),1891;

30.《我们在瑞士高地的生活》(Our life in the Swiss Highlands),1892;

31.《米开朗基罗传》(The Life of Michelangelo Buonarroti:Based on Studies in the Archives of the Buonarroti Family at Florence),1893;

32.《蓝之抒怀及其他文论》(In the Key of Blue and Other Prose Essays), 1893;

33.《惠特曼研究》(*Walt Whitman：A Study*)，1893。

将上述西蒙兹文化史创作的各种题材加以归类，大致有如下几个方面：

第一，代表作《意大利文艺复兴》。

西蒙兹的 3 部文化史巨著分别是《意大利文艺复兴》、《希腊诗人研究》、《英国戏剧史上的莎士比亚先驱者》。其中《意大利文艺复兴》是成就西蒙兹功名的代表作，也是西方文艺复兴史研究领域的经典作品，有必要在此做一详细介绍。其实，西蒙兹的文化史巨著应该是 4 部，即除上述 3 部外还得算上《希腊伦理问题》与《近代伦理问题》两篇咨询报告组成的西方同性恋文化史。读者通过这两篇报告还能够从一个特殊的社会历史角度来领略希腊罗马及往后西方文化史的丰富内涵(详见第二章第二节一)。当然就学术的规范性而言，两篇报告可能有所欠缺，故将其列入文化史巨著会引起不必要的麻烦，故舍之。

西蒙兹理所当然看重自己呕心沥血创作的文化史巨著《意大利文艺复兴》，意识到要给专门领域的学者们提供尽可能多的知识。而为了达到这一目的，著作中的好些部分都是完整的并相互具有阐释关联性。[1] 具体表现为《意大利文艺复兴》有 7 卷之巨，从 1875 年到 1886 年历 10 年出齐，由 Smith，Elder，& Co.出版公司分卷出版。它们分别是：第 1 卷《暴君的时代》(The Age of the Despots，1875)；第 2 卷《学术的复兴》(The Revival of Learning，first edition，1877；second edition，1882)；第 3 卷《美术》(The Fine Arts，first edition，1877；second edition，1882)；第 4、第 5 卷《意大利文学》(Italian Literature，1881)；第 6、第 7 卷《天主教会的反应》(The Catholic Reaction，1886)。这里有必要就"天主教会的反应"译名做个说明。此处将 Reaction 译为"反应"而不译为"反动"，笔者自有考虑。"反动"在中文的语境里往往是贬义居多。但事实上，宗教改革兴起后，天主教会也在考虑自身的何去何从问题，即如何通过

---

① J.A.Symonds，*Renaissance in Italy*，Vol.Ⅰ，New Edition，p.Ⅶ.

一系列的改革措施来适应时代的潮流。所以天主教会的应对不能简单地用好还是不好来评判。"反应"就是有针对性的应对，在当时语境下可称其为反向的应对。新教要刨去天主教会权威的根基，天主教会则试图通过各种有效的对策来维护其存在，以适应变化了的宗教环境。其中在强调天主教的精神、改革教会的机构等方面的努力带着点天主教复兴的意蕴，并为未来天主教会的发展提供了新的思路。所以宗教改革与反宗教改革都是历史的选择，其结果也只能由历史作答。另外在西蒙兹的著作中，catholic reaction 与 counter-re-formation 亦有区别。在西蒙兹看来，正是天主教会的反向应对态度导致了反宗教改革运动。① 由于 7 卷本卷帙繁复，后来学者皮尔森又出了个简本即《意大利文艺复兴简史》。② 皮尔森是西蒙兹的好友，经常到西蒙兹在达沃斯的居处叙谈、交流看法。西蒙兹夫妇一家对皮尔森的选编工作十分信任。遴选的特色在于既勾勒意大利文艺复兴核心内容，又兼顾原著 7 卷的学术宽度。例如《意大利文艺复兴简史》的第 14 章"天主教会的反应"便简略地勾画出反向应对宗教改革的历史背景。由于简本所选文字均来自西蒙兹的原著，可读性强，加上简本合适的容量，因此出版后广为流传。这里需要特别提及的是，简本在人物专题方面唯一选入的是佛罗伦萨的宗教改革人物萨沃纳罗拉。这同时反映出西蒙兹与皮尔森共同具有的历史眼力。学者罗德《文艺复兴时期四

---

① New Edition 第 7 卷第 284 页的索引词条。

② *A Short History of the Renaissance in Italy*：*Take from the Work of John Addington Symonds*，by Lieut-Colonel A.Pearson，Smith，Elder，& Co.，1893.这个版本今天还在被复制，如 Adamant Media Corporation，2004 年版。还有多种版本，如 Cooper Square Publishers，Inc.，1966，等等。选本共分 14 章，分别是：第 1 章"文艺复兴的精神"（The Spirit of the Renaissance）；第 2 章"公社的兴起"（The Rise of Communes）、第 3 章"暴君的统治"（The Rule of the Despots）、第 4 章"文艺复兴时期的教皇"（The Popes of the Renaissance）、第 5 章"萨沃纳罗拉：灾祸与预言家"（Savonarola：Scourge and Seer）、第 6 章"查理八世的劫掠"（The Raid of Charles Ⅷ）、第 7 章"学术的复兴"（The Revival of Learning）、第 8 章"佛罗伦萨的历史学家"（The Florentine Historians）、第 9 章"佛罗伦萨的文学社团"（Literary Society at Florence）、第 10 章"罗马与那不勒斯的文人"（Men of Letters at Rome and Naples）、第 11 章"米兰、曼图亚与费拉拉"（Milan，Mantua，and Ferrara）、第 12 章"美术"（The Fine Arts）、第 13 章"方言文学的复兴"（The Revival of Vernacular Literature）、第 14 章"天主教会的反应"（The Catholic Reaction）。

位道德代言人》首选的政治人物也是萨沃纳罗拉,可谓史家共识。①

《意大利文艺复兴》各卷的具体章节除第 1 卷的第 1 版和第 2 版有变化外,其他各卷均一次定型。可见作者对自己所写内容的自信度。因此下列篇目辑录除第 1 卷外,其他各卷均以第 1 版为底本:

第 1 卷可以看作意大利文艺复兴的社会历史背景。第 1 卷第 2 版目录如下:第 1 章 文艺复兴时期的精神;第 2 章 意大利史;第 3 章 暴君的时代;第 4 章 共和国;第 5 章 佛罗伦萨的历史学家;第 6 章 马基雅维里的《君主论》;第 7 章 文艺复兴时期的教皇;第 8 章 教会与道德;第 9 章 萨沃纳罗拉;第 10 章 查理八世;附录。通过比对可以发现第 1 卷第 1 版和第 2 版内容的主要差异是第 2 版增加了一章"意大利史"。增加此章也就增加了历史的厚度。因为正是在这一章里,西蒙兹对存在于意大利历史和现实中的各种政治社会因素如暴君、共和国、教廷、公社、帝国势力等做了全方位的评述。这些评述与布克哈特《意大利文艺复兴时期的文化》中的评述有许多类似之处。

第 2 卷主要论述学问复兴的历史过程。这卷的编撰方式体现了西蒙兹史学研究的诸多创意。篇章如下:第 1 章 文艺复兴时期的人;第 2 章 人文主义的第 1 阶段;第 3 章 人文主义的第 1 阶段;第 4 章 人文主义的第 2 阶段;第 5 章 人文主义的第 2 阶段;第 6 章 人文主义的第 3 阶段;第 7 章 人文主义的第 4 阶段;第 8 章 拉丁文诗歌;第 9 章 结论。以上用 4 章篇幅叙述人文主义的第 1 和第 2 阶段,这符合人文主义文化现象发展的历史事实。

第 3 卷即美术卷。学问复兴卷后接着是美术卷,这同样符合意大利文艺复兴文化繁荣的实际境况。但为何只有 1 卷篇幅? 在西蒙兹以前已经有厚实的艺术史研究成果,西蒙兹的研究是这些成果的重要补充。西蒙兹在此卷中特别注意个体、民族的性格与艺术创作的关系。篇章如下:第 1 章 美术问题;

---

① R.Roeder, *The Man of the Renaissance*, *Four Lawgivers*: *Savonarola*, *Machiavelli*, *Castiglione*, *Aretino*, The Viking Press, 1933.

第2章 建筑;第3章 雕塑;第4章 绘画;第5章 绘画;第6章 绘画;第7章 威尼斯的绘画;第8章 米开朗基罗的生平①;第9章 本韦努托·切利尼;第10章 后续;附录。从以上章目中可以见出,西蒙兹用至少4章的篇幅讲述绘画的历史。其中的道理参见本书第4部分"文化浸透民族性格的血液"。

第4、5两卷合为文学卷。与艺术史研究的丰富学术成果相比较,当时学术界在文学史方面的研究还比较弱。与"美术卷"一样,在西蒙兹的年代很少见到以"意大利文艺复兴时期文学史"为题的专著。从信息、容量上看,西蒙兹所著的文学卷部分由两卷60万字组成。与一般的介绍性文学史著作不同,西蒙兹笔下的文学家、文学流派、经典作品等都带着这位诗人历史学家独到分析和批判的语词呈现在读者眼前。(本书"附录Ⅰ"提供一个西蒙兹评点的概览,供参考。)即使到了今天,西蒙兹的两卷本意大利文艺复兴文学卷仍是不可多得的重要学术参考书。第4卷②篇章如下:第1章 起源;第2章 三杰;第3章 转型期;第4章 流行世俗诗歌;第5章 流行宗教诗歌;第6章 洛伦佐·德·美第奇与波利齐亚诺;第7章 布尔齐与波依阿尔多;第8章 阿里奥斯多;附录。第5卷篇章如下:第9章 疯狂的奥兰多;第10章 小说;第11章 戏剧;第12章 田园诗与说教诗;第13章 语言纯正者③;第14章 滑稽诗与讽刺诗;第15章 皮耶特罗·阿雷提诺;第16章 史学与哲学;第17章 结论;附录。

第6、7两卷合为天主教会应对宗教改革的历史及相关的文化发展状况。《意大利文艺复兴》第1卷就有涉及天主教会的内容。西蒙兹觉得应当用专门的卷数来处理这些历史事实。这样,就有了第6、第7卷《天主教会的反应》的构思、写作和出版。从实际的出版情况看,前5卷是一个整体,并在第5卷后附有索引。第6、第7卷亦是一个整体,并在第7卷后附有索引。第6、第7

---

① 西蒙兹为该章立的英文标题为:Life of Michael Angelo。因为现在的中文翻译习惯将Michael Angelo合写成"米开朗基罗",而不用"迈克尔—安吉罗"之类的译法,故笔者依习惯用之。

② 有意思的是:第4卷的卷首插入西蒙兹的画像,也是7卷本中的唯一画像。到了"新版",西蒙兹的画像移至第1卷的卷首。

③ 该章英文标题为"The Purists",主要讨论当时在使用规范语言问题上的各种争论和实践。

卷《天主教会的反应》虽然是前面的补充,但又是前面5卷的继续。在第6、第7卷中,西蒙兹向读者完整地叙述了天主教会在那段时期的历史,也向读者展示人文主义者在16世纪时的文化创作行为。在西蒙兹的叙述中,文艺复兴到1527年已经衰落了,这其中的原因及以后的历史都要涉及天主教会的所作所为。但与以前相比,整个氛围已发生很大变化。此时的文化发展有何特点,西蒙兹试图给出独到的解答。第6卷篇章如下:第1章 西班牙的统治;第2章教皇与特伦托会议;第3章 宗教裁判所与裁判令;第4章 耶稣会;第5章 社会与家庭道德(第1部分);第6章 社会与家庭道德(第2部分)。第7卷篇章如下:第7章 托夸多·塔索;第8章《被解放的耶路撒冷》;第9章 乔达诺·布鲁诺;第10章 保罗·萨尔比修士;第11章 瓜尔利尼、马尔利诺、基阿布雷拉、塔索尼;第12章 帕勒斯特里纳①与近代音乐的起源;第13章 博洛尼亚画派;第14章 结论。

另外,出版社没有在西蒙兹生前将前3卷外的其余各卷再版,也没有将7卷作为一个整体进行编排出版。西蒙兹去世后为学人经常引用的7卷本(仍由Smith,Elder,& Co.出版公司从1897年起分卷出版,并标以"New Edition"的字样)。此新版仅在版式上做了些变动,在内容上与西蒙兹生前出版的版本相比除页码、索引编排有调整外其余未见任何增减。新版在第7卷正文后附上全书索引,这极大地方便了研究,且价格便宜,逐渐在学术界普及开来。显然在引用新版时要充分注意西蒙兹生前版本的用意。如果从还原历史的角度看,使用第1卷的第2版及其他各卷的第1版是最为恰当的引述态度。在写作《意大利文艺复兴》的过程中,西蒙兹参考、借鉴了当时的许多相关学术成果。以第1卷为例,参考文献包括西斯蒙第《意大利共和国史》、米什莱《法国史》、格里格罗维乌斯《中世纪罗马城邦史》、布克哈特《意大利文艺复兴时期的文化》等。尤其是布克哈特的著作,尽管西蒙兹在得到该研究成果时已经

---

① 音乐家 Giovanni Pier Luigi 的另一称呼。

开始了自己的创作,仍使他感到受益匪浅。① 当然更不用说在撰写《意大利文艺复兴》"美术卷"时参考瓦萨利的成果等。顺便提及,西蒙兹的许多著作(包括《意大利文艺复兴》)都有美国的版本。就《意大利文艺复兴》而言,美国版也只是页码不同,其他相仿。② 1935 年,美国当代丛书出版社又编辑出版 2 卷本的《意大利文艺复兴》③,方便了阅读。

第二,诗歌创作。

西蒙兹是一位诗人,一生创作颇丰。西蒙兹写十四行诗很有新柏拉图主义的境界,又有点模仿文艺复兴时期人文主义者喜爱的十四行诗格调。在西蒙兹生前,部分诗歌被选入同时代名家编撰的十四行诗集。④ 就技巧而言,西蒙兹的诗歌张扬个体的情感,充满柏拉图主义之爱,也不乏细腻、缠绵、充满神意的诗句。有些诗歌不断被后人记取、唱诵。西蒙兹"旅行的画面"(Pictures of Travel)、"生命与艺术情歌"(Lyrics of Life and Art)等诗歌收入《世纪诗人与诗歌》的"从莫里斯到布坎南"专辑。⑤ 同时收入西蒙兹评论诗人诺埃尔(Roden Noel)的短论。⑥ "布莱吉斯与当代诗人"专辑收入西蒙兹点评迈耶尔(Frederic W. H. Meyers)与李—汉密尔顿(Eugene Lee-Hamilton)的短论。⑦ 《世纪诗人与诗歌》是一套系列丛书,由评论家迈尔斯(Miles)任丛书主编,专收 19 世纪的诗歌,并附有学者对每一位诗人的评论。该丛书在当时诗坛有一定的影响。西蒙兹的有些诗还被谱成曲子流传开来。例如有一首"万物般

---

① J.A.Symonds,*Renaissance in Italy*,Vol. Ⅰ,New Edition,pp.Ⅷ-Ⅸ.

② 有 Henry Holt and Company 出版社 1888 年的 7 卷本。

③ J.A.Symonds,*Renaissance in Italy*,2 Vols,Modern Library,1935.

④ 如西蒙兹"威尼斯的朝阳"等 7 首十四行诗入选诗集 *Sonnets of This Century*,Edited and arranged with A Critical Introduction on the Sonnet by W.Sharp,Water Scott,1886。

⑤ *The Poets and the Poetry of the Century*,William Morris to Robert Buchanan,Ed.A.H.Miles,Hutchinson & Co.,pp.485-516.该丛书没有出版年份。

⑥ *The Poets and the Poetry of the Century*,William Morris to Robert Buchanan,Ed.A.H.Miles,pp.81-86.

⑦ *The Poets and the Poetry of the Century Robert Bridges and Contemporary Poets*,Ed.A.H.Miles,Hutchinson & Co.,pp.61-66,223-228.

配"（These Things Shall Be）与惠特曼的"欢乐颂"（A Song of Joys）一起由伍德盖特配乐供演唱、演奏之用。①

第三，人物评传。

包括《但丁研究导论》、《米开朗基罗传》、《惠特曼研究》、《雪莱传》、《锡德尼传》、《琼森传》、《薄伽丘小传》、《马洛小传》等多部作品。

说到但丁，西蒙兹学术生涯的处女作就是《但丁研究导论》。按照西蒙兹的心愿，写作此书是为了让英国读者比较容易地去了解但丁。1893 年也就是《但丁研究导论》出版 22 年后，西蒙兹为第 3 版写了序言，在序言中谈到此书出版后的一些情况。当年书出版后很快就售罄，并长期处于绝版状态。英国与美国的读者为了能阅览此书，只能高价去买二手的复制本。为了满足需求，后来相继出了第 2 版、第 3 版。据西蒙兹传记作者布朗介绍，西蒙兹对自己作品在 22 年后仍旧充满活力感到欣喜。② 序言是 3 月份写的，一个月后西蒙兹谢世。在西蒙兹的心目中，"将所有的因素都考虑进去，但丁仍不失为意大利了不起诗人群中独一无二的。"③按照西蒙兹的评论，"但丁的荣耀在于他就像站在那闩关着的自由与信仰之门上的大天使，而彼特拉克的荣耀在于他打开了近代知识和文化宝藏之门。"④而西蒙兹之所以评论但丁站在"那闩关着的自由与信仰之门"之上，主要是就但丁诗歌所处理的材料、所呼吸的氛围还留着中世纪的阴影，不过但丁的思想已经触及新的精神。⑤ 这样，西蒙兹在但丁的身上找到了情感的共鸣。与其他但丁传记相比较，西蒙兹《但丁研究导论》更像是诗人与诗人之间的对话。

在西蒙兹所创作的各种人物评传中，最需要提及的是《米开朗基罗传：基

---

① *A Song of Joy for Baritone Solo*, *Chorus and Orchestra*, Poems by Walt Whitman and John Addington Symonds, Set to Music by Leslie Woodgate, Stainer & Bell, Ltd., 没有出版年份。

② J. A. Symonds, *An Introduction to the Study of Dante*, Adam and Charles Black, 1899, "Prefatory Note to the Fourth Edition".

③ J. A. Symonds, *Essays, Speculative and Suggestive*, p.104.

④ J. A. Symonds, *An Introduction to the Study of Dante*, Fourth edition, p.288.

⑤ J. A. Symonds, *Last and First——Being Two Essays: The New Spirit and Arthur Hugh Clough*, p.27.

于佛罗伦萨博纳罗蒂家族档案材料的研究》①（以下简称《米开朗基罗传》）。《米开朗基罗传》是西蒙兹奉献给学界的其历史人物评传巅峰之作。《米开朗基罗传》出版3个月即售罄，西蒙兹有幸见到随即付梓的第2版。《米开朗基罗传》充分体现了西蒙兹的文化史研究思路，同时对米开朗基罗性格与艺术创作关系的阐述非常有新意，得到同行的认同，一些重要的米开朗基罗研究著作都会提及西蒙兹的研究成果。到了20世纪，学术圈内外仍以极大的兴趣品读、引证上述作品。② 当代米开朗基罗研究专家布尔则将西蒙兹的《米开朗基罗传》放在19世纪该项研究参考文献的压轴之列。③ 总之，西蒙兹的《米开朗基罗传》已经成为该研究领域不可或缺的经典作品。

西蒙兹人生观的内核集中体现在《惠特曼研究》④这部人物评传作品之中。1892年，西蒙兹的异国友人、"美国文艺复兴"⑤的代表惠特曼辞世。惠特曼的辞世促使西蒙兹加快结集整理文稿，埋头创作《惠特曼研究》，并于翌年大限之日发表。⑥ 发表数年后出了新版。⑦ 至于那些研究惠特曼在英国影响之类的著述更不会忽略西蒙兹的《惠特曼研究》，并以此为线索去收罗、评点两位文人之间的逸闻旧事、观念才气等。⑧ 与先前《雪莱传》的平铺直叙稍

---

① J.A.Symonds, *The Life of Michelangelo Buonarroti : Based on Studies in the Archives of the Buonarroti Family at Florence* , 2 Vols.John C.Nimmo , 1893.Second Edition , John C.Nimmo , 1893.（美国版为 Charles Scribner's Sons , 1893.）西蒙兹在第2版中做了稍许修改，后来学界一般使用第2版，本书亦遵此做法。下文凡未特别指出者均为引用第2版。以下简称"*The Life of Michelangelo Buonarroti*"。

② C.de Tolnay, *Michelangelo : Sculptor , Painter , Architect* , Princeton University Press , 1975 ; L. Murray , *Michelangelo : His Life , Work and Times* , Guild Publishing , 1984.

③ G.Bull, *Michelangelo : A Biography* , Penguin Books , 1996.

④ J.A.Symonds, *Walt Whitman : A Study* , John C.Nimmo , 1893.

⑤ 此提法出自麦锡森《美国文艺复兴：爱默生与惠特曼时代的艺术及表达》（F.O.Matthiessen, *American Renaissance : Art and Expression in the Emerson and Whitman* , Oxford University Press , 1968）一书。

⑥ 西蒙兹"序言"中的落款是3月10日，实际发表的日子是4月19日。

⑦ J.A.Symonds, *Walt Whitman : A Study* , 1893 ; John C.Nimmo , New Edition , 1896.

⑧ H.Blodgett, *Walt Whitman in England* , Russell & Russell , 1973.另参见 *Whitman in His Own Time* , edited by J.Myerson , University of Iowa Press , 1991 , p.149。

有不同,《惠特曼研究》①写得更自由些,整部评传的主题就是揭示诗人和诗作《草叶集》字里行间的心理活动。在西蒙兹看来,用任何纯粹的批评理论来处理惠特曼的著述都是行不通的,因此唯有诗人之间的历史对话能打开惠特曼的心扉。为了勾画惠特曼的内心世界,西蒙兹先用整整一章(第三章"Personality or Self")来描述惠特曼的个性。甚至不惜笔墨来形容惠特曼鲜明的外貌特征,将其描述为犹如古典希腊雕像的样子,从而给读者以生动的第一印象。② 书中还讲了一个故事,说美国总统林肯从白宫的窗户望出去,见到惠特曼的身影,立即说"这是个男人"。③ 然后用 2 章的篇幅来描述惠特曼的爱。说到惠特曼强烈的个性,就必须涉及宗教态度问题。在西蒙兹的笔下,惠特曼所高度赞美的是人的个体精神以及个体对世界的看法。至于神,那只是一个简便的象征而已。人应当用自己的思想来分析一切、判断一切,也可以像撒旦那样反抗世界。④ 或者说,个体的人由自己的精神引导着面对世界、投身生活。最后一章仍提示评价惠特曼的困难,使整篇评传前后呼应。但再次说评价困难时已经不是简单的重复,而是领着读者走向更高的境界,即评价虽有困难,但启示还是有的。第 10 章整章谈惠特曼给西蒙兹和每个人带来的历史启示。评传的结束语用这样的历史启示语来归纳:"在我看来,惠特曼对我的启示也是对所有想请教他的人之启示。每个人因为其秉性不同而遇到的难题殊异,但只要大家以坦荡、开放的胸怀向惠特曼寻求答案,那么都会得到启示。"⑤

在英国文人和名人方面,西蒙兹没有选莎士比亚,而是选雪莱、锡德尼、琼森等进行专题研究,并写下《雪莱传》、《锡德尼传》和《琼森传》(均见第五章

① J.A.Symonds, *Walt Whitman：A Study*, University Press of the Pacific, 2002.
② J.A.Symonds, *Walt Whitman：A Study*, p. XⅧ.
③ J.A.Symonds, *Walt Whitman：A Study*, p. XXⅥ.
④ J.A.Symonds, *Walt Whitman：A Study*, pp.21-22.
⑤ J.A.Symonds, *Walt Whitman：A Study*, p.160.

第二节）等传记作品。如果将一些简短的人物评传算进去，那么还应当包括《马洛传》、《黎里传》等。这些简短的人物传散见于西蒙兹《英国戏剧史上的莎士比亚先驱者》①及为各种文人选集所做的导论、序言等文字中。

在西蒙兹的单本人物评传作品中，《薄伽丘小传》②最为简短，于西蒙兹身后发表。该著的正式名称应该是《作为常人和作家的薄伽丘传》，③巴宾顿《文献录》中谈到了这本小传的情况。④ 西蒙兹原来写这本书也不是为了单独出版，而是为《十日谈》的英译写一个介绍文，后被《十日谈》里格（Rigg）英译本作为"论文"（Essay）收入。⑤ 因为太短小，笔者改其名为《薄伽丘小传》。文虽短，内容却丰富。尤其是文学三杰的比较研究方面有着言简意赅的分析。为了更好地理解西蒙兹这本小传的特点，可以对照性地参阅一些评传著作，如同时代人曼内蒂的《薄伽丘传》⑥、胡腾的《薄伽丘生平研究》⑦和伯金的《薄伽丘评传》⑧，等等。20 世纪以来各种评传、研究著作不计其数。⑨

———————

① J.A.Symonds, *Shakespeare's Predecessors in the English Drama*, Smith, Elder & Co.1884.

② 《薄伽丘小传》大致分成 6 个部分。其中第 1 部分是关于但丁、彼特拉克和薄伽丘的 3 人比较论述。表达了西蒙兹对 3 人不同文化创作特征、在近代文化史上的地位等的基本看法。可以视作简之又简的文学三杰论。第 2 至第 4 部分是关于薄伽丘生平的简述。第 5 部分是《十日谈》的专题评论。最后部分是一个关于薄伽丘出生等情况的注释，引证不少文献加以辩证。

③ J.A.Symonds, *Giovanni Boccaccio: As Man and Author*, John C.Nimmo, 1895.后来有各种再版、重印本，如 University Press of the Pacific, 2004 年版等。

④ P.L.Babington, *Bibliography of the Writings of John Addington Symonds*, John Castle, 1925, p.93.

⑤ *The Decameron of Giovanni Boccaccio*, Tr. J. M. Rigg with An Essay by John Addington Symonds, Routledge, 1905.

⑥ G.Manetti, *Life of Giovanni Boccaccio*, in Giannozzo Manetti, *Biographical Writings*, ed. and trans.Stefano U.Baldassarri and Rolf Bagemihl, Harvard University Press, 2003.

⑦ E.Hutton, *Giovanni Boccaccio: A Biographical Study*, John Lane the Boldley Head, 1910.

⑧ T.G.Bergin, *Boccaccio*, The Viking Press, 1981.

⑨ 笔者写作此书参考的相关著作还有：S.Deligiorgis, *Narrative Intellection in the Decameron*, University of Iowa Press, 1975; R.Hollander, *Boccaccio's Two Venuses*, Columbia University Press, 1977; J.P.Serafini-Sauli, *Giovanni Boccaccio*, Twayne Publisher, 1982; J.L.Smarr, *Boccaccio and Fiammetta: The Narrator as Lover*, University of Illinois Press, 1986; K.M.Olson, *Courtesy Lost: Dante, Boccaccio, and the Literaure of History*, University of Toronto Press, 2014. 上述著作对理解薄伽丘其人、其著及叙事模式都有启示意义。

第四,思想史、文学批评史等研究。

西蒙兹关于哲学、文化等的思考主要体现在1890年出版的《论文、思索与设想》、1893年出版的《蓝之抒怀及其他诗论》①这类文集之中。其他还有希腊诗人研究、英国戏剧史研究等作品。

《论文、思索与设想》(*Essays*,*Speculative and Suggestive*)篇目如下(因考虑到涉猎诸多专业术语,故附上英文):

1. 进化哲学(The Philosophy of Evolution)

2. 艺术与文学进化原理之应用(On the Application of Evolutionary Principles to Art and Literature)

3. 论某些批评主义原则(On Some Principles of Criticism)

4. 几种艺术的范围(The Provinces of the Several Arts)

5. 论艺术与科学、道德之间的关系(On the Relation of Art to Science and Morality)

6. 现实主义与理想主义(Realism and Idealism)

7. 模式(The Model)

8. 美,构思组合,表达,描述(Beauty,Composition,Expression,Characterisation)

9. 讽刺,奇幻,诡诞(Caricature,the Fantastic,the Grotesque)

10. 形态论注(Notes on Style):

第1部—语词的历史与运用(Part Ⅰ.-History and Usage of the Word)

第2部—民族的形态(Part Ⅱ.-National Style)

第3部—个体的形态(Part Ⅲ.-Personal Style)

第4部—形态的艺术(Part Ⅳ.-The Art of Style)

11. 民主的艺术,特别参照沃尔特·惠特曼(Democratic Art.With Special

---

① J.A.Symonds,*In the Key of Blue and Other Prose Essays*,Elkin Mathews,1918.

Reference to Walt Whitman）

12. 风景（Landscape）

13. 自然神话与寓言（Nature Myths and Allegories）

14. 诗是生命批评的根底吗？马修·阿诺德的沃兹沃斯选本评论（Is Poetry at Bottom A Criticism of Life? A Review of Matthew Arnold's Sellection from Wordsworth）

15. 音乐是整个生命的形式和尺度吗？（Is Music the Type or Measure of All Life?）

16. 诗歌中的玫瑰感伤（The Pathos of the Rose in Poetry）

17. 伊丽莎白时代与维多利亚时代的诗歌比较（A Comparison of Elizabethan with Victorian Poetry）

18. 附录（Appendix）：

- 达尔文关于神的思想（Darwin's Thoughts about God）

- 知识的限度（The Limits of Knowledge）

- 一神论评注（Notes on Theism）

- 艺术的准则（The Criterion of Art）

- "现实主义与理想主义"注（Note on 'Realism and Idealism'）

- "模式"注（Note on 'The Model'）

- 思想对语言的优先地位（Priority of Thought to Language）

- 色彩感与语言（Colour-Sense and Language）

《蓝之抒怀及其他文论》（In the Key of Blue and Other Prose Essays）篇目如下（同样考虑到专业术语问题，附上英文）：

1. 蓝之抒怀（In the Key of Blue）

2. 在尤甘尼山之中（Among the Euganean Hills）

3. 论提埃波罗的祭坛画（On An Alter-Piece by Tiepolo）

4. 但丁式的与柏拉图式的理想之爱（The Dantesque amd Platonic Ideals of

Love）

5. 爱德华·克拉克劳福特·勒弗罗伊（Edward Cracroft Lefroy）

6.《衣冠禽兽》（La Bete Humaine）①

7. 中世纪的诺曼唱诵（Mediaeval Norman Songs）

8. 克利夫顿与一个小伙的爱（Clifton and A Lad's Love）

9. 一处萨默尔塞特郡别墅记（Notes of A Somersetshire Home）②

10. 文化：它的含义与用处（Culture：Its Meaning and Its Uses）

11. 弗莱切《瓦伦提尼安》评注（Some Notes on Fletcher's 'Valentinian'）

12. 浪漫戏剧中的抒情方式（The Lyrism of the Romantic Drama）

13. 伊丽莎白唱本中的抒情诗（Lyrics from Elizabethan Song-Books）

为了探索诗的源流，西蒙兹对古代希腊的诗人和诗歌进行专门的历史研究，写就《希腊诗人研究》。该书共有两个系列，1873 年出第 1 系列；③ 1876 年出第 2 系列。④（该书的出版情况比较复杂，详见第六章第二节二。）以希腊诗人为题，这很有创意。因为这样的选题能够将诗人的性格与创作之间的关系生动地呈现给读者。当然西蒙兹有更深一层的创作意图，即把那些涉及同性恋问题的希腊诗人与诗作加以文化、历史、心理等范围内的探讨。西蒙兹的这部著作不像《意大利文艺复兴》那么为人所知，例如希腊文学史方面的经典著作《剑桥古典文学史》第 1 卷"希腊文学"⑤未提及西蒙兹的创作成果。

戏剧也是西蒙兹文化史研究的强项，并留下沉甸甸的研究果实——《英

---

① 指文学家佐拉的作品。

② 这里的一处别墅指的是 Sutton Court 城堡。西蒙兹与朋友游此城堡，写下此文。

③ J.A.Symonds, *Studies of the Greek Poets*, Smith, Elder, & Co., 1873. 初版未标上"First Series"字样，到 1877 年出版时补上。

④ J.A.Symonds, *Studies of the Greek Poets*, Second Series, Smith, Elder, & Co., 1876.

⑤ *The Cambridge History of Classical Literature*, Volume Ⅰ：*Greek Literature*, Eds.P.E.Easterling and B.M.W.Knox, Cambridge University Press, 1989.

国戏剧史上的莎士比亚先驱者》。西蒙兹之所以有如此冲动肯定是想补充点什么。西蒙兹在《英国戏剧史上的莎士比亚先驱者》一书的第 2 章中特别就戏剧与时代、英国民族性等之间的关系发表了系列看法。西蒙兹想告诉读者，创作此书的根本目的是要搞清楚文艺复兴时期英国戏剧的发达与民族性格之间具有内在的关联性。需要指出的是，西蒙兹此书发表后并未引起英国文学批评界的足够重视，评价一般。例如沃德《英国戏剧文学史》第 2 版①未就西蒙兹的戏剧史进行专门介绍。后来的《剑桥英国文学史》则认为西蒙兹此书缺乏足够的学术性。② 这里涉及学院派及学院派如何看待学术性的问题，学术界可以进一步加以讨论。

第五，译作。

单独出版的诗歌译作有《米开朗基罗、康帕内拉十四行诗集》③，后来又出了各种单独收入西蒙兹所译米开朗基罗诗歌的版本。④ 另外西蒙兹还翻译中世纪的诗歌作品，如《美酒、女人与唱诵：中世纪拉丁文学生唱诵集》⑤等。有些译作出版后又被转译成其他文字。文艺复兴时期意大利艺术家切利尼的自传作品已经成为研究那段时期文化状况的基本史料，出现了许多译本，其中西蒙兹的英文译作名闻遐迩、广为流传。《切利尼自传》有多种中译本，有的便以西蒙兹的译作为底本。⑥ 另有根据布尔

---

① A.W.Ward, *A History of English Dramatic Literature to the Death of Queen Anne*, 3 vols. Macmillan and Co., 1899.

② *The Cambridge History of English Literature*, Vol. XIV: *The Nineteenth Century*, Cheap edition, Cambridge University Press, 1932, p.158.

③ *The Sonnets of Michael Angelo Buonarroti and Tommaso Campanella*, Now for the First Time Translated into Rhymed English by J.A.Symonds, Smith, Elder, & Co., 1878.

④ *The Sonnets of Michael Angelo Buonarroti*, Translated by John Addington Symonds, Thomas B. Mosher, 1897; *The Sonnets of Michael Angelo Buonarroti*, Translated into Rhymed English by John Addington Symonds, Gramercy Publishing Company, 1948.

⑤ *Wine, Women, and Song: Mediaeval Latin Students' Songs*, Now First Translated into English Verse with An Essay by John Addington Symonds, Chatto & Windus, 1884.

⑥ 《切利尼自传》（王宪生译），时代出版传媒股份有限公司、北京时代华文书局 2014 年。

(Bull)译本翻译过来的作品。① 西蒙兹还翻译了大量希腊诗人和文艺复兴时期意大利诗人的诗歌作品。这些译文散布在西蒙兹的各种著作(如《希腊诗人研究》、《意大利文艺复兴》等)之中。另外,西蒙兹所译的18世纪意大利剧作家高兹的回忆录不像《切利尼自传》那样广为人知。其实《高兹伯爵回忆录》②是研究意大利戏剧史的重要参考资料(详见第六章第二节三)。

第六,游记、回忆录、书信等。

一般来讲,研究文艺复兴史的学者都会关注意大利、希腊的风土人情,以便更形象地书写那段历史。西蒙兹的后期人生将家安在亚平宁半岛北面的阿尔卑斯山麓,那里很方便经常去意大利旅游。再说西蒙兹的好友布朗定居威尼斯。另外,文艺复兴的内涵涉及古典希腊文化的再生问题。因此去希腊旅游也是常情。诸多因素使得经常前往意大利旅游成为西蒙兹生活的重要组成部分。从1874到1883,西蒙兹曾先后写了3部关于意大利、希腊的游记,即上文提到的《意大利希腊游记》、《意大利游记、研究》、《意大利侧记》(详见第六章第二节四)。

笔者以为,要深入到西蒙兹的内心世界,其最佳的研究途径就是回到西蒙兹的私人信函、回忆录等原始资料。③ 西蒙兹从1892年起开始撰写回忆录,自知生前很难发表。至于为何在晚年动起心思撰写自传,西蒙兹在自传序言中谈了两点:一是那些年作者花了很大的精力翻译文艺复兴时期的艺术家切利尼和近代作家卡罗·高兹的自传,这对西蒙兹是一个触动;另一个原因是性倒错问题始终缠绕西蒙兹的心胸,他需要吐露深藏心中的这个秘密。④ 西蒙兹的自传作品一直锁在伦敦图书馆内,直到1984年才正式出版。回忆录包括

① 《致命的百合花:切利尼自传》(平野译),河北教育出版社2002年。
② *The Memoirs of Count Carlo Gozzi*,Tr.J.A.Symonds,2 Vols.John C.Nimmo,1890.西蒙兹的这部译作分上下两卷出版,装订豪华,是限量版。
③ 有一些相关的研究论文,如:S. J. Heidt, "'Let JAS Words Stand': Publishing John Addington Symonds's Desires", *Victorian Studies*, Vol. 46, No. 1 (Autumn, 2003), Indiana University Press.顺便指出,这本《维多利亚时代研究》是研究西蒙兹所生活年代历史文化的必备学术资料之一。
④ *The Memoirs of John Addington Symonds*,Ed.and intro.P.Grosskurth,p.29.

编者撰写的导论、西蒙兹所写的前言、正文、插图、附录等。附录包括 1897 年版《性倒错》书中的"案例第 18"、与布朗的通信等，这些都很重要。正文分为 17 章，从童年一直写到在达沃斯的生活。其中最后一章是"安吉罗·福萨托"。西蒙兹在这一章里详细叙述了他与威尼斯贡多拉船夫福萨托的同性恋情感纠结。带有回忆录性质的著作还应当包括上文提及的西蒙兹与女儿玛格丽特合著的《我们在瑞士高地的生活》。这些回忆录均是我们了解西蒙兹内心世界的第一手材料。

西蒙兹文献整理过程中的一项重要学术成果是《西蒙兹书信集》的编撰整理出版。书信集将一个完整的西蒙兹形象呈现在读者眼前。舒勒、比德斯编辑的《西蒙兹书信集》为 3 卷本，约 200 万字左右。[①] 书信集前面有编撰者写的导论。书信集包含家庭氛围、求学、性倒错心里、与文人交往、文化史创作等方方面面内容。每一卷都附有生平插图。这些插图从一个侧面反映出西蒙兹的人生经历和主要交往对象。下面简要介绍西蒙兹信函的大致情况。

第 1 卷，共 619 封信函，867 页篇幅，从 1844 年至 1868 年。再细分为：(1)最早的岁月(1844—1854)；(2)哈罗学校(1854—1858)；(3)巴利奥学院与纽迪盖特奖(1858—1862)；(4)马格达伦学院与婚姻(1862—1864)；(5)伦敦与法律事务(1865—1866)；(6)自我的锻造与实现(1866—1868)。

第 2 卷：共 838 封信函，1011 页篇幅，从 1869 年至 1884 年。再细分为：(1)克利夫顿：焦虑与病况(1869—1872)；(2)多产的岁月(1873—1876)；(3)问诊(1877—1880)；(4)达沃斯：诗人志向的波折(1881—1884)。

第 3 卷：共 660 封信函，931 页篇幅，从 1885 年至 1893 年。再细分为：(1)《意大利文艺复兴》完稿(1885—1886)；(2)散文翻译与珍妮特·西蒙兹

---

① *The Letters of John Addington Symonds*, Ed.H.M.Schueller and R.L.Peters, Wayne State University Press, Vol. Ⅰ, 1967; Vol. Ⅱ, 1968; Vol. Ⅲ, 1969. 舒勒的学术专长就是西蒙兹研究，其博士论文为《作为理论与实践批评家的约翰·阿丁顿·西蒙兹》(John Addington Symonds as a Theoretical and as a Practical Critic)。

之死(1887—1888);(3)文学论说与达沃斯冬日锻炼(1889—1900);(4)米开朗基罗传记、惠特曼传记与同性恋问题(1891—1892);(5)最后的英国造访与罗马造访(1892—1893)。

面对上述如此数量巨大的著述,这对于一般想了解西蒙兹人生、作品、思想的读者而言颇费神思。为此前人做了许多删繁就简的工作,如出版著作选编本等。①

仅以文字特征而论,西蒙兹的上述作品都极具感染力。西蒙兹提倡由文艺复兴时期人文主义者开创的近代文人风骨,并用文人特有的语言功力去描述文化和历史,使笔下的作品充满人文情趣,成为提供人文养分的源流之一。体验西蒙兹笔下的文字无疑是一种精神享受。在数字化时代,人们对思想深邃且形式优美的文字有着更迫切的需求。此需求是读者与原作者面对文字的互动。这样,文字内涵会不断膨胀、不断延伸,文化品位的天地也会一直扩展开去。尤其是文化人需要多多去体验、品味那些优美文字背后的独特意蕴,并由此真正去了解文化的多样性。就此而言,西蒙兹留给后人的文字将在新的时代产生新的生命力。西蒙兹的诗笔由史笔作为支撑,基础厚实;而史笔由诗笔来呈现,显得生动。两者相得益彰,显示出诗人历史学家的独特风格。准确地说,西蒙兹的人生、作品、思想向人们传达出的是文人的风范。

更为重要的是西蒙兹几百万字的创作背后蕴含着作者的人生修炼过程和独特境界。如果从学术的厚重感而言,西蒙兹所从事的一些学术研究领域如意大利文艺复兴艺术史、古希腊诗学、伊丽莎白一世时期文学史等早就硕果累累。那么西蒙兹的学术亮点何在?性倒错是深藏在西蒙兹心底深处的一个人生课题。作为具有性倒错心里倾向的西蒙兹始终想在文化史的研究中找到人生的答案。因此西蒙兹的文化史研究就是这位性倒错文人寻找人生方向、超越自我的过程,并由此产生诸多学术亮点。例如西蒙兹试图从更广阔的文化

---

① *Letters and Papers of John Addington Symonds*, Collected and edited by Horatio F. Brown, Charles Scribner's Sons, 1923.

史范围来解读性格(包括性倒错)与文化创造的关系。西蒙兹不是学术来学术去的学究。西蒙兹更关注文化史中的情感、性格等生动活泼的因素。西蒙兹像歌德一样,认为人生所有的经历中最为生动的是生活本身。一些西蒙兹研究学者也指出这位诗人历史学家的想法很接近德国人的生活哲学(Lebensphilosophie)。① 他的女儿玛格丽特在其献给父亲的回忆录《诚心与石榴裙》(*Hearts and Pomegranates*)的扉页上引述的惠特曼格言既是她自己生平的写照,亦传递出父亲的人生气息。那格言是:"窗边清晨的一丝朗照远甚于论形而上学的书籍。"②因此解读西蒙兹的文化创作生涯还需要关注西蒙兹不如俗套的人生态度、人生经历等。

第二节　西蒙兹解读史

一、布朗的基础性贡献

在西蒙兹研究的学术史方面,首先要提及的是布朗的最初几项基础性整理研究成果。西蒙兹去世后,布朗汇集西蒙兹书信等文件并间用自己的阐述、注释编撰而成《西蒙兹传》。《西蒙兹传》的情况如下:第1卷,第1章 童年;第2章 少年;第3章 少年;第4章 青年;第5章 成年:从求学到研究员;第6章成年:从研究员到成婚;第7章 成年:从事文学创作;第8章 成年:思考生命③。第2卷,第9章 成年:思考的危机;第10章 成年:从事文学;第11章 成年:从事文学;第12章 成年:宗教观的发展;第13章 成年:从克里夫顿到达沃斯;第

---

① *The Letters of John Addington Symonds*, Ed.H.M.Schueller and R.L.Peters, Vol. I , p.32.

② 原文:*A Morning glory at the window is better far than books on Metaphysics*, Walt Whitman。引自 *Hearts and Pomegranates：The Story of Forty-five Years* 1875 *to* 1920 *by Dame Katharine Furse*, Peter Davies, 1940。

③ 该章英文标题为"Manhood, Speculative Life"。从篇章的实际内容看,这里的"Speculative"既可以作形容词用,又可以作动词用。

14 章 成年:定居达沃斯;第 15 章 成年:中期达沃斯生活;第 16 章 成年:晚期达沃斯生活;第 17 章 终点;附录。该传记第 1 版面世时书后附有西蒙兹家族史 1 篇,另附有系列族徽图案 1 页。① 布朗是西蒙兹的亲密朋友,也是处理西蒙兹遗著的执行人。在学术专业方面,布朗是威尼斯史研究的专家,著有《威尼斯研究》②两卷,并翻译摩尔蒙第的《威尼斯史》,共 6 卷。③ 布朗在同性恋问题上兴趣浓厚。④ 从以上情况看,布朗应该是体验、理解并撰写西蒙兹传记的最佳人选。即使如此,布朗仍认为,"一个人要理解自己是件困难的事情,对于一个朋友哪怕是亲密无间的朋友而言想走进自己好友的内在本性世界,这更是不可能的事情。"⑤在传记的学术深度方面,布朗指出,"有兴趣去撰写像西蒙兹这样人生的传记需要依赖心理学的发展。"⑥不难看出,这些说辞有言外之意。从表面上看,布朗编撰的这部传记作品尽可能选录西蒙兹的各种原著、原话,试图让读者通过这些材料去领悟西蒙兹的困惑人生和充满情趣的文人境界。而从深处透视,该传记尽可能隐匿其好友涉及同性恋方面的生平资料。所以布朗在西蒙兹研究方面的肇始之功再大,隐匿同性恋问题仍是一种缺憾。

布朗还编订一本西蒙兹的书信、著作选本即《西蒙兹信函与著述》。⑦ 对于想在短时间内大致了解西蒙兹生平、著作内容的读者来说,此选编本是一部不可多得的原著资料精粹。选本按年代编排如下,大致是 5 年一个段落:1865—1870;1871—1875;1876—1880;1881—1885;1886—1890;1891—1893。

---

① 该家族史曾于 1894 年单独刊行,J.A.Symonds, *On the English Family of Symonds*, Oxford: Privately Printed, 1894。

② H.F.Brown, *Studies in the History of Venice*, John Murray, 1907.

③ P.Molmenti, *Venice: Its Individual Growth from the Earliest Beginnings to the Fall of the Republic*, Tr.H.F.Brown, 6 Vols.John Murray, 从 1906 年起分卷出版。

④ *Sexual Heretics: Male Homosexuality in English Literature from 1850 to 1900*, An Anthology Selected with an Introduction by B.Reade, Coward-McCann, Inc., 1971, pp.39-40, 453

⑤ H.F.Brown, *John Addington Symonds A Biography*, "Preface", John C.Nimmo, 1895, vol. Ⅰ, p.Ⅺ.

⑥ H.F.Brown, *John Addington Symonds A Biography*, "Preface", vol. Ⅰ, p.Ⅺ.

⑦ *Letters and Papers of John Addington Symonds*, Ed.H.F.Brown, John Murrsy, 1923.

西蒙兹去世后的 1895 年,布朗又将西蒙兹《意大利游记、研究》中的一个附录即"白体诗"单独出版。① 根据布朗为该书写的"序言",我们了解到这样一个细节即布朗是根据西蒙兹的生前意愿编辑出版此书的。因为西蒙兹觉得原本作为一个附录,很不起眼,应该单独出版。② 同年,出版社用了同一个板式和包装形式印制、出版西蒙兹写的《薄伽丘小传》(详见第一章第一节三)。

从 1897 年到 1898 年,布朗将西蒙兹的巨著《意大利文艺复兴》重新加以编排,出了平价本,并标以"New Edition"(新版)字样。新版《意大利文艺复兴》成为往后学界通常使用的版本(详见第一章第一节三)。这个新版被一再翻印,后来又被著名出版商约翰·墨雷接手,继续印制 John Murray 版,文字、版式等没有任何改动。

1898 年,布朗还将西蒙兹的 3 部原本分别出版的游记作品加以整合,出了新版 3 卷本。标题统一为《意大利、希腊游记和研究》。③ 与《意大利文艺复兴》一样,此新版《意大利、希腊游记和研究》也一再被翻印,亦有 John Murray 等各种版本(详见第六章第二节四)。

布朗其他值得提及的西蒙兹文稿编订、整理成果尚有:其一,西蒙兹的大多数文稿已经公开出版,还有一些文稿虽然经过编辑整理,但至今仍难以发现、拜读,其中就包括西蒙兹的 7 篇"小册子"。这些小册子包括大量的诗歌创作,而这些诗歌的提供者就是布朗。④ 其二,西蒙兹去世后,布朗将西蒙兹的一些发表已久的著作如《但丁研究导论》等重新再版。布朗为《但丁研究导论》第 4 版撰写序言。⑤ 通过这篇序言,读者了解到《但丁研究导论》是西蒙兹的第 1 部著作,而西蒙兹为《但丁研究导论》第 3 版写的序言则是作者最后的

---

① J.A.Symonds, *Blank Verse*, John C.Nimmo, 1895.

② J.A.Symonds, *Blank Verse*, "Preface".

③ J.A.Symonds, *Sketches and Studies in Italy and Greece*, Smith, Elder, & Co., 1898.

④ P.L.Babington, *Bibliography of the Writings of John Addington Symonds*, pp.15—35.

⑤ J.A.Symonds, *An Introduction to the Study of Dante*, Adam and Charles Black, 1899, "Prefatory Note to the Fourth Edition".

文稿。可见《但丁研究导论》在西蒙兹文化史研究中的地位。其三,1907年,布朗还为西蒙兹的论文集《论文、思索与设想》第3版①撰写序言。这个第3版增加了索引,成为学界通常引用的版本。以上成为后人继续编撰西蒙兹文稿的必备原始资料,也见证了两位心心相印的朋友间的友情。顺便提及,鉴于布朗与西蒙兹的友情,后来又有学者编撰两人诗歌的合编本《流动的情感》。②这可以算作对文心相通的两个朋友一种特殊纪念。

与布朗洋洋洒洒的西蒙兹传记著作相比,布鲁克斯《西蒙兹生平研究》③写得比较简练,脉络清楚。每一个时期的生平状况均以某一重点事项为穿引加以展开,让人过目不忘。读者不难从章目中就可体会到上述用意:第1章 在克利夫顿的男孩;第2章 牛津:乔伊特;第3章 青年:彷徨;第4章 在克利夫顿:文学;第5章 达沃斯:《文艺复兴》,《十四行诗集》;第6章 瑞士生活:惠特曼;第7章 最后的岁月:谢世;第8章 结论。

另有一些围绕西蒙兹生平、学术成果的纪念文,其中最值得提及的一篇是哈里森所写的《约翰·阿丁顿·西蒙兹》④,其他此略。哈里森的纪念文很短仅23页,但全篇没有赘言,学术含金量高。此文充分表达了作者对西蒙兹人生和创作的崇敬之情,其中以下几个方面的观点值得重视:第一,哈里森认为西蒙兹长期以来用各种形式与身心中的"孤独"因素进行搏击,而这些情况众人并不清楚。哈里森还注意到西蒙兹在《论文、思索与设想》书前用希腊文写的扉页语,"孤独宜于探寻真理"。⑤ 西蒙兹发表《论文、思索与设想》是1890年,这时已经到了西蒙兹人生和创作的晚期。而在哈里森看来,后期的西蒙兹人生俨然一幅达沃斯孤独者的样子。正是作为孤独者的西蒙兹在后期创作出

---

① J.A.Symonds, *Essays:Speculative and Suggestive*, Third Edition, Smith, Elder, 1907.

② *Drifting Moods*, *Poems by John Addington Symonds and Horatio Forbes Brown*, Selected and Introduced by Noel Lloyd, Hermitage Books, 1996.此诗集只印了50本。

③ Van W.Brooks, *John Addington Symonds:A Biographical Study*, Grant Richards Ltd., 1914.

④ F.Harrison, *John Addington Symonds*, Macmillan and Co., 1896.

⑤ F.Harrison, *John Addington Symonds*, pp.2-3.

价值高于先前的作品,例如译作《切利尼自传》、著作《米开朗基罗传》等的价值甚至高于《意大利文艺复兴》。① 与此同时,先前那种华美的文风也变得简洁了些。② 第二,对西蒙兹的几部重要文化史著作进行评价,首先称颂西蒙兹的《希腊诗人研究》,认为西蒙兹是那个时代对希腊文化最有学术穿透力的学者。其次,哈里森自称一直很喜欢西蒙兹的几部游记作品。最后,对《意大利文艺复兴》的情况做了重点评介,认为是对一个民族与整个欧洲两个半世纪文艺复兴运动关系的概括。③ 其中西蒙兹对意大利文艺复兴时期文学史的研究更是那个时代的精品,无出其右者。至于西蒙兹对意大利文艺复兴艺术史的研究虽然没有说透全部的内容,但给出了"成熟的理解和完美的批评"(ripe knowledge and consummate judgment)④。为此,哈里森就西蒙兹与拉斯金在文艺复兴艺术史方面的不同观点等做了比较研究。第三,对西蒙兹的诗歌创作和翻译中的风格做了概括,认为西蒙兹的诗歌有思想、有雅兴、有哀怨,不落俗套。⑤ 第四,总结西蒙兹的哲学和宗教观点,认为比较注重情感、理性、宗教等的统一,注重生命本身。⑥ 所有这些意见都具有研究指导性的价值。

二、莫谢尔与巴宾顿的辑佚

西蒙兹虽然在一些史学研究著作中长期未得到应有的重视,但作为一个文人、诗人,他仍在相当一段时期受到学界的关注。尤其在 19 世纪下半叶的英国文坛甚至西方文坛,西蒙兹及其作品受关注程度是今人难以想象的。学人通过《微型书》的辑佚情况可窥见一斑。《微型书》(Bibelot)⑦是出版商莫

---

① F.Harrison, *John Addington Symonds*, p.2.
② F.Harrison, *John Addington Symonds*, p.3.
③ F.Harrison, *John Addington Symonds*, p.15.
④ F.Harrison, *John Addington Symonds*, p.12.
⑤ F.Harrison, *John Addington Symonds*, p.17.
⑥ F.Harrison, *John Addington Symonds*, p.20.
⑦ 袖珍版式,且每期的页数在 30、40 页左右,故有"微型书"之称。

谢尔(Mosher)对一些孤本、绝版书等不易找到的著述内容进行搜罗辑佚的成果。从 1895 年至 1914 年每月 1 期。后来汇集 20 卷出版,并出了第 21 卷索引。除了为读书爱好者、图书收藏者提供线索外,同时在一定程度上能够通过它的辑佚情况反映出被辑佚作品的概貌以及在那个时代的地位、影响等。西蒙兹 1893 年辞世,《微型书》很快将西蒙兹其人、其著纳入重点辑佚范围。《微型书》对西蒙兹著述的辑佚特别可以视作西蒙兹身后最初一段时期在文化界的知名度状况,亦可从中了解同时代人对西蒙兹的看法。《微型书》对西蒙兹著述等的辑录重点在文学艺术方面。辑录还包括许多涉及西蒙兹生平的内容,如西蒙兹女儿对父亲的回忆文字等。这样,结合其他回忆录等著述,读者可以通过上述点点滴滴的辑录加深对这位诗人历史学家的认识。还需要提及的是,莫谢尔《微型书》涉及众多与西蒙兹有各种关联度的 19 世纪重要作家如惠特曼、佩特等。通过对照这些作家在《微型书》中的辑录文字,学人能多一些视角去发现西蒙兹的人生、学术境界。当然,莫谢尔的《微型书》并不是西蒙兹其人其著的专项研究,挂一漏万在所难免。最低限度地讲,当时的图书收藏家、文学艺术爱好者及一般读者能够从《微型书》中得知许多不易找到的西蒙兹生平、著作,这也是一种享受。

《微型书》辑佚西蒙兹著述情况表

辑录内容	卷数、页码	出处、备考
《中世纪拉丁文学生唱诵》,共 17 首。	第 1 卷第 59—88 页	完整的书名是:《美酒、女人与唱诵:中世纪拉丁文学生唱诵集》(*Wine, Women, and Song: Mediaeval Latin Students' Songs*, Now First Translated into English Verse with An Essay by J.A.Symonds, Chatto and Windus, Piccadilly, 1884)。另有 John W.Luce and Company, 1907 等版本。书前有西蒙兹的长篇导论,是研究中世纪学生生活、文化的重要参考书。
西蒙兹论希腊诗人萨福。	第 1 卷第 126 页	西蒙兹著有《希腊诗人研究》(J.A.Symonds, *Studies of the Greek Poets*, Adam and Charles Black, 1893), 1893 年第 3 版为最后定版。《希腊诗人研究》有专门论萨福的文字。详细情况见本书第六章"文化由诗性智慧呈现"。

辑录内容	卷数、页码	出处、备考
萨福的诗歌,其中 9 首为西蒙兹所译。	第 1 卷第 128 — 158 页	资料来源情况可参见 *Sappho : Memoir , Text , Sellected Renderings , and A Literal Translation* , by H.T Wharton , David Stott , 1885。此版已很难找寻,另见 Liberac N.V.publishers , 1974。经笔者查对,沃顿(Wharton)此书中所引西蒙兹的译作达到 20 首左右。
论伊丽莎白时代莎士比亚等诗人、剧作等。	第 1 卷第 262 页。	引自西蒙兹《英国戏剧史上的莎士比亚先驱者》(J.A. Symonds , *Shakespeare's Predecessors in the English Drama* , Smith , Elder & Co , 1884)。该书到 1900 年版时有了索引。
提到西蒙兹为《玫瑰诗集》写的评论。	第 1 卷第 187 页	查 E.V.B. , *Ros Rosarum ex Horto Poetarum - Dew of the Ever - Living Rose - Gathered from the Poets' Gardens of Many Lands* , Elliot Stock , 1885,第 39—40 页有西蒙兹写的 1 篇导论。另外,该诗集中也收有西蒙兹翻译的诗歌若干。
评论古希腊诗人梅利埃格(Meleager)其人、其诗,并收录西蒙兹翻译的诗数首。	第 2 卷第 1—32 页	梅利埃格的诗歌不为人熟知。麦凯尔(J.W.Mackail)教授在希腊文选(*Greek Anthology*)、西蒙兹在《希腊诗人研究》(*Studies of the Greek Poets*)等著作中提到其人。
评论大洛伦佐和波利齐亚诺的诗歌。	第 2 卷第 88 页	大洛伦佐的诗歌那时尚未引起足够的重视,西蒙兹在《意大利文艺复兴》"文学卷"里有详细介绍。这里的辑录取自《意大利文艺复兴》第 4 卷第 6 章。大洛伦佐诗歌集有 : *Lorenzo de' Medici : Selected Poems and Prose* , Ed.J. Thiem , tr.J.Thiem and Others , The Pennsylvania State University Press , 1991。
西蒙兹所译希腊诗人比翁《阿多尼斯哀诵》(Lament for Adonis)中的诗句。	第 3 卷扉页米开朗基罗雕塑作品《阿多尼斯之死》旁的注释页	所引西蒙兹的译诗 : "Lovely Adonis is lying , sore hurt in his thigh , on the mountains , Hurt in his thigh , with the tusk , while grief con - Sumes Aphrodite : Slowly he droops toward death…."查《希腊诗人研究》第 21 章"田园诗人"(The Idyllists)不见此诗句。原来是《微型书》的编者引自《世纪民族服饰行会杂志》(*The Century Guild Hobby Horse*)伦敦 1890 年 10 月期刊上的西蒙兹译诗《阿多尼斯哀诵》(Lament for Adonis)。很难找寻。参见《微型书》第 3 卷第 53 页的编者注。
介绍希腊田园诗人(Idyllists)比翁与莫雪(Moschus)时提到西蒙兹的《希腊诗人研究》以及西蒙兹的译诗《阿多尼斯哀诵》(Lament for Adonis)。	第 3 卷第 42 页;第 45—53 页	同上。

续表

辑录内容	卷数、页码	出处、备考
在佩特《米开朗基罗诗论》前引证西蒙兹所译疑为布鲁诺所作十四行诗一首及西蒙兹所写评米开朗基罗论美等问题的文字。那首诗的题目是"*The Philosophic Flight*"。	第 4 卷第 125 — 126 页	西蒙兹曾翻译米开朗基罗的诗歌《米开朗基罗与康帕内拉十四行诗》(*The Sonnets of Michael Angelo Buonarroti and Tommaso Campanella*, Now for the First Time Translated into Rhymed English by J. A. Symonds, Smith, Elder, & Co., 1878)。诗歌集还有西蒙兹写的"导论"。此诗歌集的前面引了拟为布鲁诺的诗歌 1 首,(西蒙兹在"导论"中认为这首诗可能是 Tansillo 所作,后被布鲁诺所引,参见第 24 页。)主要内涵是灵魂超越的意象,以此来统领米开朗基罗、康帕内拉诗歌的境界。《微型书》的辑录即出自以上文字。从《微型书》选西蒙兹的译诗和评论米开朗基罗的文字中,学人不难见出莫谢尔的文商眼力。另外,佩特(W. Pater)是西蒙兹的同时代人,一位唯美主义者。选择佩特的米开朗基罗诗论,同样见出莫谢尔的眼力。事实上,崇尚柏拉图主义的美感世界是米开朗基罗诗作的灵魂。顺便指出,像西蒙兹那样在《米开朗基罗诗集》的前面附上 1 首布鲁诺的诗歌以表达整个诗集的意境,这在其他米开朗基罗诗歌诗作品集的编撰中很少见,如:*The Complete Poems of Michelangelo*, Translated into Verse with Notes and Introduction by J. Tusiani, Peter Owen, 1961; *The Sonnets of Michelangelo*, Tr. E. Jennings, The Folio Society, 1961; *Complete Poems and Selected Letters of Michelangelo*, Tr. C. Gilbert, Princeton University Press, 1980; J. M. Saslow, *The Poetry of Michelangelo: An Annotated Translation*, Yale University Press, 1991, 等等。
提及协助克劳夫(Arthur Hugh Clough)的夫人编辑《克劳夫遗诗文集》(2 卷)。	第 5 卷第 151 页	《克劳夫遗诗文集》(*The Poems and Prose Remains of Arthur Hugh Clough: With a Selection from His Letters and a Memoir*, edited by His Wife, Macmillan and Co., 1869)。
西蒙兹评论及翻译波利齐亚诺诗作《奥菲欧》(Orfeo)的内容。	第 6 卷第 4—32 页	考出处为:西蒙兹《意大利游记、研究》(J. A. Symonds, *Sketches and Studies in Italy*, Smith, Elder, & Co., 1879),第 226—242 页。在该书的附录部分,西蒙兹对波利齐亚诺诗作《奥菲欧》做了一个注释,见第 429—430 页。在西蒙兹一生的著述经历中,游记创作占有重要的地位。甚至有学者认为是西蒙兹著述中最为出彩的部分。参见哈里森在《西蒙兹传》(Frederic Harrison, *John Addington Symonds*, Macmillan and Co., 1896)中的评论,胡腾在《布里斯托及其名人》(S. Hutton, *Bristol and Its Famous Associations*, J. W. Arrowsmith, 1907)也引了哈里森的赞誉之词,认为这些游记凝聚了西蒙兹的所有才华。参见《布里斯托及其名人》第 153 页。

续表

辑录内容	卷数、页码	出处、备考
西蒙兹《克里夫顿与少年的爱》，附有一篇涉及西蒙兹克里夫顿生涯的简略评述文字。	第 7 卷第 155 — 184 页	收入西蒙兹《蓝之抒怀及其他文论》(J.A.Symonds, *In the Key of Blue and Other Prose Essays*, Elkin Mathews, 1893)，第 155—175 页。
西蒙兹论文《一位上世纪的威尼斯画家——朗琪》(A Venetian Painter of the Last Century, Pietro Longhi)。	第 7 卷第 263 — 294 页	西蒙兹发表在《世纪民族服饰行会杂志》(*The Century Guild Hobby Horse*)伦敦 1889 年第 4 卷。查西蒙兹已发表的著作，未见此文。西蒙兹对 18 世纪意大利的艺术(包括戏剧艺术)多有关注。此文涉及 18 世纪意大利绘画艺术的诸多内容。
在《希腊诗选·橘颂》(chrysanthema)部分多次提及西蒙兹的论述及观点。	第 9 卷第 7、10、55 页	参见西蒙兹的《希腊诗人研究》(J.A.Symonds, *Studies of the Greek Poets*, Adam and Charles Black, 1893)。
西蒙兹《论托斯卡纳地区的大众歌咏》(Popular Songs of Tuscany)。	第 9 卷第 247 — 292 页	引自西蒙兹《意大利希腊游记》(J.A.Symonds, *Sketches in Italy and Greece*, Smith, Elder, & Co., 1874)。《微型书》编者说明:在以后的版本中,此论文一直在列。西蒙兹此书一共有 3 个版本即 1874 年版、1879 年版、1898 年版。
西蒙兹诗作《圣诞摇篮曲》(A Lullaby for Christmas)。	第 9 卷第 400 — 401 页	待考。
提及西蒙兹所译佛罗伦萨抒情诗。	第 10 卷第 1 页	待考。
西蒙兹《论中世纪诺曼人的唱诵》。	第 12 卷第 153 — 181 页	该文出自西蒙兹《蓝之抒怀及其他文论》(J.A.Symonds, *In the Key of Blue and Other Prose Essays*, Elkin Mathews, 1893)。
S.Richards 所作西蒙兹雕版画像。	第 12 卷第 350 页后	此画亦被布鲁克斯《西蒙兹生平研究》(Van Wyck Brooks, *John Addington Symonds: A Biographical Study*, Grant Richards Ltd., 1914)选作全书的题头像。

续表

辑录内容	卷数、页码	出处、备考
评论西蒙兹及西蒙兹女儿玛格丽特所写纪念文章《西蒙兹最后的日子》(The Last Days of *John Addington Symonds*)。	第 12 卷第 351—373 页	玛格丽特所写纪念文章《西蒙兹最后的日子》就是布朗《西蒙兹传》(Horatio F.Brown, *John Addington Symonds A Biography*, John C.Nimmo, 1895)最后结尾的部分。
J. R. Hayes 为西蒙兹写的墓碑诗。	第 12 卷第 374 页	该墓碑诗没有收入布朗《西蒙兹传》。
西蒙兹出版著作概览。	第 12 卷第 375—385 页	大致反映西蒙兹的创作成果。布朗《西蒙兹传》第 1 版书后亦附有西蒙兹著述文献目录。两者可比对。当然最重要的西蒙兹文献概述首推巴宾顿的《西蒙兹书目提要》(Percy L. Babington, *Bibliography of the Writings of John Addington Symonds*, John Castle, 1925)。顺便指出,巴宾顿的书目提要也有一些疏漏、错讹。例如该书第 208 页上说西蒙兹《意大利文艺复兴》"cheap edition"是 1897—1899 年出版,实际是 1897—1898 年出齐 7 卷。
西蒙兹评论 S. Solomon《睡眠中的爱之启示视界》(A Vision of Love Revealed in Sleep)。	第 15 卷第 57—64 页	伦敦《学术》(Academy)期刊第 2 卷, 1871 年 4 月刊出。《微型书》做了个注释,认为西蒙兹的这篇论文几乎沉睡了 40 年。因为此卷《微型书》的编订年份是 1909 年。参见第 15 卷第 1 页。
西蒙兹论及 Sir Thomas Browne 的简短文字。	第 19 卷第 400 页	巴宾顿《西蒙兹书目提要》的《微型书》部分没有提及此段文字。参见 *Sir Thomas Browne's Religio Urn Burial*, *Christian Morals*, *And Other Essays*, edited, with an Introduction by J.A.Symonds, Walter Scott, 1886。

从辑佚的角度看,上述列表中的内容大致可归类为:第一,发现一些难得一见的书籍和写作内容;第二,刊登容易被人忽略的文字;第三,对某些不易理解的内容加以注释。

继《微型书》之后,巴宾顿对西蒙兹的著述情况做了更为全面的搜罗辑佚工作,终于在 1925 年发表《文献录》(全称为《约翰·阿丁顿·西蒙兹文献录》*Bibliography of the Writings of John Addington Symonds*)。这部文献集虽然发表于 1 个世纪前,但就其搜罗的详备而言至今尚无替代者。巴宾顿与西蒙兹的许多亲朋挚友有交往,因此他能够找到其他研究者所不易发现的西蒙兹著述文献。例如对于许多研究者而言,巴宾顿在著作中提到的西蒙兹 7 部未公开出版的《小册子》(Pamphlets)等珍贵文献早已成为孤本,可望而不可及。与莫谢尔的辑佚相比,巴宾顿的优点是文献来源丰富,而莫谢尔的长处是指点不易找寻的文献内容;一个是"全",一个是"精",两者相得益彰。巴宾顿《文献录》具体内容有:第 1 部分,从 1860 年到 1895 年西蒙兹公开与私下发表的主要著述情况。这个部分是《文献录》的主体。每本著作从出版年份到包装等各个细节都做了介绍。购买和收藏西蒙兹的书籍大致可凭依上述介绍进行验证。作者还不时就某些不易找到的文献做了辑佚的说明。第 2 部分,是西蒙兹编撰的书籍和其他书籍中收入的西蒙兹所撰文字内容,如序言、导论等。时间从 1859 至 1898 年。这部分书籍亦十分珍贵。例如西蒙兹为其父亲编撰的著作集能使读者集中了解这位亦医亦文的父亲形象。第 3 部分是 1862 年至 1893 年间在英国和国外刊物上发表的西蒙兹文章。第 4 部分是西蒙兹去世后从 1895 年至 1925 年间重新印制出版的西蒙兹重要书籍。其中一些书籍重新做了编排,如《意大利文艺复兴》、《意大利、希腊游记和研究》等。还有些重新加了编者导论,如《论文、思索与设想》等。再加上索引方面的改进,更利于读者的翻阅。第 5 部分是 1880 年至 1892 年在美国出版的西蒙兹著作文章等。作者在这一部分提及莫谢尔的辑佚情况。第 6 部分是 1879 年至 1905 年间在欧洲重印、或用英语外的其他欧洲文字翻译的西蒙兹著作。第 7 部分是 1890 年至 1925 年间一些评述西蒙兹生平、著作的出版情况。作者重点介绍布朗的《西蒙兹传》等评传作品。

三、格罗斯库特等的批判性解读

如果说以前的西蒙兹研究因各种原因多少有些"遮遮掩掩"的话,那么 20 世纪该是去掉那层"谜纱"的时候了。这一突破性研究的主要承担者是加拿大女作家、心理学家格罗斯库特(P.Grosskurth)。格罗斯库特的研究生涯以传记创作为主,曾写有多种涉及难以琢磨的性心理现象传记作品,其中就包括西蒙兹、霭利斯、弗洛伊德等的传记。她为自传一书取名时直接赋予"难以琢磨"、"传记作者"之类名称,即《难以琢磨的主题:一位传记作者的生平》(*Elusive Subject:A Biographer's Life*)。该自传提到她对西蒙兹产生兴趣的缘由,如布朗《西蒙兹传》引起的困惑等。① 事实上,布朗及布鲁克斯的传记问世后近半个世纪岁月中鲜有思想独到、学术品味浓厚的西蒙兹传记类著述公开与读者见面。直到格罗斯库特的《悲凉的维多利亚人:西蒙兹传》才打开僵局。格罗斯库特的另一项破题之事是将尘封多年的《西蒙兹回忆录》校阅编订后使之面世。

格罗斯库特对西蒙兹生平、思想、著述的研究称得上是一种批判性解读,大致表现在以下几个方面:

第一,认识到西蒙兹人生的多重特性,并试图将一个完整的西蒙兹形象呈现给读者。不妨先来浏览一下格罗斯库特《西蒙兹传》的章目:序言;引子;1.克里夫顿;2.哈罗;3.牛津;4.年轻单身;5.不安的岁月;6.转折点;7.有抱负的岁月;8.达沃斯居所;9.文学生涯;10.西蒙兹的意大利;11.问题;12.最后的岁月;13.余波。从章目中便可领略格罗斯库特所写《西蒙兹传》的一大特色,即始终没有忘记西蒙兹内心深处的"困惑"。但格罗斯库特惦记那些困惑不是为了猎奇,而是为了更准确地勾勒西蒙兹作为时代前卫文人的完整形象。例如在该书第2章"哈罗"中,格罗斯库特就西蒙兹在哈罗学校的人格压抑一面做了评述,以展示西蒙兹是一位具有道德追求的学子形象。② 就性倒错一面而言,作者注意到这样一个事实,即在相当长的时间内西蒙兹并未在性倒错的实际行动中走得更远。这当然与西蒙兹的家庭教育关系密切。正是在西蒙兹父亲的通情达理教育和影响下,西蒙兹直到 1866 年尚未发生与性对象之间的实质

---

① P.Grosskurth, *Elusive Subject:A Biographer's Life*, p.76.

② P.Grosskurth, *John Addington Symonds:A Biography*, pp.28-29.

性性倒错举动。西蒙兹会在这些事情上表现出一些道德上的不安情绪。① 即使在牛津求学期间,西蒙兹曾有性倒错的冲动,但还是在道德和文化创作的意念下得到"克制"。② 但性倒错冲动一直持续着。西蒙兹的十四行诗《弃绝》(Renunciation)就以生动的笔触书写与阿尔佛雷德(即前文提到的学生布鲁克,全名阿尔佛雷德·布鲁克)的"同志"恋情。③ 可以说,牛津期间是西蒙兹道德、文化人格最终形成的时期。关于以上情况,格罗斯库特在传记中做了详尽的描述。作为单身男人,西蒙兹也尝试能否找到一位惬意的女性同伴。在《西蒙兹传》"年轻单身"章中,格罗斯库特提到1863年西蒙兹与邻家女子玛尔图斯的一段恋情。西蒙兹曾设想,这位有点男子气的姑娘是不是自己理想中的女子。但这件事后来不了了之。④ 从西蒙兹与凯瑟琳的成婚过程看,凯瑟琳起初对西蒙兹深深爱慕,西蒙兹也爱恋凯瑟琳。至此,格罗斯库特笔下的西蒙兹形象还是很清晰的,即一方面西蒙兹是一位有理想的文化人,有诸多因素在铸造这位文化人的形成;另一方面,西蒙兹又有性倒错困惑的一面。这两条线的交织构成了西蒙兹的"挣扎"人生。在第5章"不安的岁月"中,格罗斯库特写道,西蒙兹要解开这些"结",唯有坦率地去承认并面对自己在性问题上的本来面貌。⑤ 这个不可能回避的转折点终于来到了,这就是西蒙兹与摩尔在1869年发生的"友谊"。⑥ 但西蒙兹仍不失为有抱负的文人,是文人的境界让西蒙兹一次次免遭更深的危机打击。第7章"有抱负的岁月"则从西蒙兹出版《但丁研究导论》一事起笔展开这位文人的创

---

① P.Grosskurth,*John Addington Symonds*:*A Biography*,p.39.对于西蒙兹的性倒错行为,我们能够凭依的证据就是西蒙兹自己的说辞。其他证据都带点猜测的意味。格罗斯库特这里的1866年之说值得商榷。西蒙兹与戴尔的"友谊"发生于1858年,而与摩尔之间的情谊则是在1869年,这些都与1866年有矛盾。当然,有些非常私密的行为确实很难论断。笔者在此存疑。

② P.Grosskurth,*John Addington Symonds*:*A Biography*,pp.58-60.

③ J.A.Symonds,*Vagabunduli Libellus*,Kegan Paul,Trench,& Co.,1884,"Renunciation",p.136.

④ P.Grosskurth,*John Addington Symonds*:*A Biography*,p.71.

⑤ P.Grosskurth,*John Addington Symonds*:*A Biography*,p.112.

⑥ P.Grosskurth,*John Addington Symonds*:*A Biography*,p.128.

作生涯人生。格罗斯库特在传记中提到西蒙兹撰写《希腊伦理问题》一事时如是描述：当时西蒙兹的文稿在私下朋友圈里传阅，西蒙兹听到的回音都是忠告之言，也就是让西蒙兹谨慎行事。甚至西蒙兹的好友伦理学家西季威克都有不同意见。但是西蒙兹想的是，他被同性恋这件事纠结得太久了、太烦心了。西蒙兹需要一吐为快，纠正世俗的偏见，并认为他有责任将希腊的同性恋文化写出来。事实上，正是那些文化内涵成为西蒙兹人生的一道光亮，现在为何不让此光亮朗照更多的世人呢。[1] 后来《近代伦理问题》私下流传后反响热烈，西蒙兹激动不已，他希冀着众人会改变看法，法律也会很平静地发生变动。[2] 这些记载为学人深刻了解《希腊伦理问题》与《近代伦理问题》的学术价值提供了不可多得的背景资料。总之，格罗斯库特以翔实的资料为依据，将西蒙兹人生的困惑与闪光点展示出来（以上详见第一章第一节一）。

第二，严肃对待前人在涉及西蒙兹性倒错现象时的隐匿问题。在《西蒙兹传》的"序言"中，格罗斯库特提到布朗的传记作品是有所隐藏的，而布鲁克斯的传记也未见得有何超越。其实，布朗、布鲁克斯等未非不提及西蒙兹内心深处的矛盾，例如布鲁克斯的有些想法也试着打开西蒙兹隐匿的世界，他认为西蒙兹在各个领域都被人提及，但人们未必清楚西蒙兹内心中粗糙（vague）、冲动（impressionable）、混杂（chaotic）、激情（ardent）的一面，或者说人们对那个充满诗情、创造性的西蒙兹还不甚了了。[3] 不过从总体上看，格罗斯库特以前的学者确实未将性倒错心理与西蒙兹整个人生和文化创作之间关系等明晰地、深入地加以探讨。由此看来，格罗斯库特对先前学人的西蒙兹研究状况之评价还是中肯的。

第三，对西蒙兹文化创作中的瑕疵持批判的立场。例如在涉及西蒙兹各

---

① P.Grosskurth, *A Biography of John Addington Symonds*, pp.272-273,288.

② P.Grosskurth, *A Biography of John Addington Symonds*, p.284.

③ Van W.Brooks, *John Addington Symonds：A Biographical Study*, pp.Ⅶ-Ⅸ,32-33.

种文化创作成果的评价时不仅不回避各种批评,还直率地表达自己的批评意见。这些批评意见大致反映出学术界的看法,即无论从史料的选择还是从写作的风格来看,西蒙兹的著述缺乏一种历史学家的严谨性,例如大量使用二手材料等。还常常带着其文人的个人意见去评价各种文化史上的事件、人物、作品等。① 格罗斯库特认为西蒙兹对文艺复兴艺术史的诸多批评就不太合适,认为其艺术鉴赏力有某种局限性。② 在所有上述批评之言中,笔者最有同感的一点是西蒙兹过多地使用二手史料方面。西蒙兹的《意大利文艺复兴》、《希腊诗人研究》等重要著作都存在着大量转引、转述其同时代人著作观点、内容等现象,且未在文中做必要的注释。尽管西蒙兹在著作前言、致谢等处做了一些必要的说明,但都无助于弥合因二手史料使用过滥而导致的各种学术窘境。当然如何看待西蒙兹文化创作上存在的问题,也需要做更全面的反思。西蒙兹在处理一些需要进一步考证的关键内容上还是比较注意运用原始的材料。特别是在研究诗文方面,西蒙兹翻译了大量的诗歌、散文作品,并以此为基础展开论述。这些都表现出西蒙兹作为历史学家的严谨一面。以上情况提示学术界,历史性视野与个体性因素究竟在西蒙兹的文化史创作中如何粘合在一起,这需要做进一步客观的学术分析。即使像格罗斯库特等学者所指出的那些形式上的缺点与西蒙兹文化史创作的独特贡献两者孰轻孰重、关系如何,也需要仔细权衡、辨别。总之,今天研究西蒙兹的学人需要实事求是地对待这位诗人历史学家的文化史创作内容和特点,既不要一味赞颂,也不要一味贬低。

批判的视野是与学者对同性恋问题之科学、历史性认识关联在一起的。格罗斯库特之后,克洛泽为其所编《批评版〈性倒错〉》一书撰写86页的长篇导论。③

---

① P.Grosskurth, *John Addington Symonds:A Biography*, pp.246–247.

② P.Grosskurth, *John Addington Symonds:A Biography*, p.246.

③ *Sexual Inversion:A Critical Edition*, *Havelock Ellis and John Addington Symonds*, Ed.Ivan Crozier, Palgrave Macmillan, 2008.

在这篇导论中,克洛泽将霭利斯与西蒙兹合著的《性倒错》一书称为"第一部关于同性恋主题的医学教科书。"①这之前出版的一些同性恋问题的书籍都不是医学意义上的,或者说不是科学研究意义上的。正是西蒙兹与霭利斯的研究将同性恋现象放到科学的层面上加以认识,这是一种进步。这里就涉及霭利斯的研究取向。克洛泽花费很多笔墨介绍霭利斯的性心理学研究状况。同时介绍霭利斯与西蒙兹合作撰写此书的经过。对于各种版本亦做了详细介绍。为了更确切地评价此书的地位,克洛泽还就维多利亚时代在情感问题方面的社会文化基本态度及对同性恋的社会认同度做了探讨,认为从总体上看希望保持一种"可控的"(controlling)状态。② 在学术层面,维多利亚时代并非不能讨论诸如同性恋之类的心理、生理问题。事实上那个时代对同性恋的科学探讨一直持续着。霭利斯与西蒙兹的著作就带有"科学的自然主义色彩"(scientific-naturalist light)。③ 该导论还就西蒙兹、霭利斯身后关于同性恋等心理问题的评论做了学术回顾,其中特别注意迈克尔·福柯的观点。导论对《近代伦理问题》中提及的许多作者如克拉夫特·埃宾等人的观点重新做了梳理点评。④ 另外还引证格罗斯库特的一些观点。对于一些重要的同性恋文本均做了介绍。

格罗斯库特、克洛泽的批判性认识引起了学界的各种关注,其中就有布莱迪的意见。布莱迪曾编撰《约翰·阿丁顿·西蒙兹与同性恋:批评版资料集》一书。⑤ 仅仅从资料收集的角度看,原来西蒙兹所写各种涉及同性恋的文字

---

① *Sexual Inversion: A Critical Edition, Havelock Ellis and John Addington Symonds*, Ed.Ivan Crozier, p.1.

② *Sexual Inversion: A Critical Edition, Havelock Ellis and John Addington Symonds*, Ed.Ivan Crozier, p.5.

③ *Sexual Inversion: A Critical Edition, Havelock Ellis and John Addington Symonds*, Ed.Ivan Crozier, p.7.

④ *Sexual Inversion: A Critical Edition, Havelock Ellis and John Addington Symonds*, Ed.Ivan Crozier, pp.12-25.

⑤ S.Brady, *John Addington Symonds and Homosexuality: A Critical Edition of Sources*, Palgrave Macmillan, 2012.

散见各处。布莱迪此次合编将一些原本没有标题的文章、通信等一并收入,方便了研究者。但这还不是最主要的编撰价值之所在,因为细心的专门研究人员不难收齐那些资料。关键是布莱迪所撰写的"导论"。布莱迪的导论充分利用了格罗斯库特、克洛泽等人的研究成果。作者认为与维多利亚时代不同,到了 21 世纪,西蒙兹的各种形象逐渐展露在学人面前。该导论将西蒙兹的同性恋经历、心态等做了一个详细的梳理和评论。其中布莱迪特别注意到西蒙兹的婚姻状况。婚姻不仅没有给西蒙兹带来幸福,而且未能缓解同性恋的困惑心态。西蒙兹太太后来发现了丈夫与朋友摩尔的不正常关系,致使她与西蒙兹之间达成维持婚姻但没有性生活的协议,这样对双方的地位、名声都有好处。① 也正是围绕名声问题,布莱迪将后来发表《性倒错》的曲折经历做了生动、细致的描述。其中包括德文版与英文版之间的区别,布朗为了西蒙兹的名声而做的"抹平"事宜,等等。② 至于《希腊伦理问题》与《近代伦理问题》,布莱迪也做了细致的学术回顾:西蒙兹在牛津求学期间的导师乔伊特是古希腊文化的学者,他受 18、19 世纪德国学者的影响很大。而德国人温克尔曼、缪勒等希腊文化研究学者都对存在于古希腊社会的娈童恋现象很感兴趣,并从美学的、文学批评的等视角来研究那些现象。这种学术环境打开了西蒙兹的眼界,也撬动了内心世界的各种情感。从那时起西蒙兹就开始了系统的希腊娈童恋现象研究。西蒙兹通过《希腊伦理问题》告诫当代人要模仿希腊的那种充满美感的文化,因为世人已经丢失了那种审美的情趣,习惯于用奇异的眼光来看希腊的娈童恋等现象。《近代伦理问题》《性倒错》就是用真正科学的方法来为希腊文化中的美感世界正名。③ 无疑,布莱迪像格罗斯库特、克洛泽一样,试图传达出西蒙兹围绕性倒错问题而引发的各种人生困惑。

这里还需要提及舒勒与比德斯为 3 卷本《西蒙兹书信集》所写的"导论"。

① S. Brady, *John Addington Symonds and Homosexuality: A Critical Edition of Sources*, pp.11-12.

② S. Brady, *John Addington Symonds and Homosexuality: A Critical Edition of Sources*, pp.25-32.

③ S. Brady, *John Addington Symonds and Homosexuality: A Critical Edition of Sources*, pp.14-21.

这篇导论除介绍西蒙兹书信、生平、著述的大致情况外,更为重要的是对西蒙兹性格特征、思想精髓、复杂心理的评析。舒勒与比德斯认为,西蒙兹的性格、思想中有"折衷"(eclectic)的倾向,试图求得思想和情感的平衡。① 这一分析非常中肯,符合西蒙兹生平的实际情况。另外一个重要方面就是评介存在于西蒙兹身上的同性恋问题。② 认为西蒙兹在这个问题上所持的态度是求得心理学、社会范围内的理解,其中就包括西蒙兹私下刊印《希腊伦理问题》与《近代伦理问题》的心态。舒勒与比德斯还提到与西蒙兹竭力呼吁社会对同性恋理解的同时,意大利精神病学家龙布罗梭(C.Lombroso)也就同性恋问题发表见解。在其推动下,对同性恋者加以社会宽容的内容终于在 1889 年成为法案。③ 从西蒙兹与父亲、亲朋好友的通信中可以了解到西蒙兹在同性恋问题上又是矛盾的。他试图通过婚姻来解决这一问题。但事实上是失败的。尽管如此,西蒙兹还是"克制"的,并希望通过他写的同性恋著作来唤起法律、社会对此现象的新认识。西蒙兹涉及这一问题的许多书信、诗歌可能已经销毁或散失了,但从已经保存下来的文字中我们还是能了解到其中的主要内容。

1998 年,巴克顿《隐秘的自我》④一书发表。该书第 2 章围绕《西蒙兹回忆录》深入剖析西蒙兹的双面人格,即具有性倒错倾向的人生和通过文学表现的自我,或者说一个是负面的、带着危机感的隐秘自我,另一个是具有美感的、理想化的自我。⑤ 这样,性倒错与文化创造是西蒙兹整体人生中互为一体的两个环节。作者认为《性倒错》中的许多观点就是《希腊伦理问题》的延伸。⑥ 在笔者看来,双面人格一说还可以引出更多关于西蒙兹悲剧人生的思

---

① *The Letters of John Addington Symonds*, Vol. I, Ed. H.M.Schueller and R.L.Peters, p.32.

② *The Letters of John Addington Symonds*, Vol. I, Ed. H.M.Schueller and R.L.Peters, pp.36-40.

③ *The Letters of John Addington Symonds*, Vol. I, Ed. H.M.Schueller and R.L.Peters, pp.36-40.

④ O.S.Buckton, *Secret Selves: Confession and Same-Sex Desire in Victorian Autobiography*, The University of North Carolina Press, 1998.

⑤ O.S.Buckton, *Secret Selves: Confession and Same-Sex Desire in Victorian Autobiography*, p.91.

⑥ O.S.Buckton, *Secret Selves: Confession and Same-Sex Desire in Victorian Autobiography*, p.61.

考。西蒙兹的人生就是不断以各种文化的探索来回应性倒错引出的所有问题。

20世纪下半叶至21世纪出版了各种涉及同性恋的汇编本。这些汇编本无不选入西蒙兹的有关文献。试举几本如下：

（1）李德《同性恋异端：1850年至1900年英国文学中的男同性恋》①一书收入西蒙兹创作的诗歌《何者不能》（"What Cannot Be", 1861）、诗歌《尤迪阿德斯》（"Eudiades", 1868）、诗歌《贝伊埃的午夜》（"Midnight at Baiae", 1875）、诗歌《斯泰拉·马丽斯45首》（"Stella Maris XLV", 1881-1882）、《希腊伦理问题》选摘（A Problem in Modern Ethics, 1891）等。所选诗歌资料很珍贵。

（2）罗宾森《同性恋传记选：从西蒙兹到莫奈的同性恋自传》②收入《西蒙兹回忆录》（The Memoirs of John Addington Symonds）部分内容。

（3）佛尼《封闭的遗产——历史与同性恋想象：一部文选》③从西蒙兹《希腊伦理问题》、《近代伦理问题》、《希腊诗人研究》、《蓝之抒怀》等著作中摘引相关内容。

（4）劳里森还重新编辑西蒙兹的《希腊伦理问题》一书，并请西蒙兹研究专家比德斯撰写前言。④

随着社会文化思潮的各种变迁和需要，20世纪的西方学界出现了不少研究西方同性恋史的专著，如罗斯的《同性恋史》⑤等。西蒙兹都是重点关注的对象之一，例如罗斯的著作就提到西蒙兹的《希腊伦理问题》、《近代伦理问

---

① *Sexual Heretics: Male Homosexuality in English Literature from 1850 to 1900*, An Anthloogy Selected with an Introduction by B.Reade, Coward-McCann, Inc., 1971.

② P.Robinson, *Gay Lives: Homosexual Autobiography from John Addington Symonds to Paul Monette*, University of Chicago Press, 1999.

③ B.R.S.Fone, *Hidden Heritage: History and the Gay Imagination-An Anthology*, Avocation Publishers, Inc., 1980.

④ J.A.Symonds, *Male Love: A Problem in Greek Ethics and Other Writings*, Foreword by R.Peters, Edited by J.Lauritsen, Pagan Press, 1983.

⑤ A.L.Rowse, *Homosexuals in History: A Study of Ambivalence in Society, Literature and the Arts*, Dorest Press, 1977.

题》两部文稿。① 还出版了一些评论性心理方面比较异类作家的书刊,如克劳福特—库克的专著《与黑豹共餐:对一些晚期维多利亚时代作家的新思考》,该书第 2 章的标题为"西蒙兹与希腊理想",②可见克劳福特—库克的学术评价眼力。

将上述评论归纳起来,有这样几点应该继续引起学术界的足够重视:(1)西蒙兹特殊的同性恋人生经历和丰富的希腊文化学养是西蒙兹从事西方同性恋史(确切讲是西方同性恋文化史)研究的动机、基础;(2)《希腊伦理问题》包含着此项研究的目标、理论框架和学术创新点,所有这些研究内容都是严肃的、真挚的和科学的;(3)《近代伦理问题》和《性倒错》等著述是对《希腊伦理问题》所含观念的进一步论证;(4)要真正了解西蒙兹的同性恋文化观念还路途漫漫,而所有这些在西蒙兹的年代都是前卫的,在今天仍不失其前卫性,其社会影响力需要认真评估。西蒙兹当年私下刊印同性恋史文稿的情景早已成为历史。但学人会记得西蒙兹私下刊印同性恋史研究文稿的学术自信在于,他意识到用其独特的性格文化史③理念和社会文化史认知方法可以看到用其他研究方法所发现不了的同性恋文化本质。同样,今天学人再用西蒙兹的同性恋文化研究视角去看历史还能发现用其他研究法所发现不了的生动内涵。至少在古代希腊文化史的研究领域,学人应当重视《希腊伦理问题》的学术价值,以此开掘更多生动的希腊文化史内容。在社会学领域,重温《近代伦理问题》的批评之声会有助于社会各方更适宜地处理同性恋问题。在历史学领域,学人通常研究有案可查的历史。但国家、族群、个体还有许多不宜公开的历史内容即隐秘史。同性恋史是隐秘史中很值得加以开掘、研究的部分。

---

① A.L.Rowse, *Homosexuals in History:A Study of Ambivalence in Society,Literature and the Arts*, p.154.

② P.Croft-Cooke, *Feasting with Panthers:A New Consideration of Some Late Victorian Writers*, Holt,Rinehart and Winston,1967,Chapter 2"John Addington Symonds and the Greek Ideal".

③ 参见周春生:《英国诗人历史学家西蒙兹的性格文化史研究——由〈米开朗基罗传〉〈惠特曼研究〉引出的历史思考》,世界历史 2017/1。

对于今天的学人来讲,如果知道亚历山大大帝、詹姆斯一世国王、腓特烈大帝等的同性恋内情,那么一部君王史就要重写;如果了解达·芬奇、米开朗基罗、柴可夫斯基、普鲁斯特等的同性恋状况,那么一部近代文学艺术史的意蕴就得重新品味;如果更深入探究"索达迪克地带"的来龙去脉,那么一部世界民族史就会以另样的形式呈现在读者面前。

对西蒙兹其人、其著的解读学术史还告诉学人认识西蒙兹的基本途径,同时留下诸多可以继续发挥的研究课题。其中西蒙兹对性格与文化关系(尤其是性倒错与文化创作之间的关系)的思考是需要再认识的重要方面。这不仅能成为西蒙兹研究方面的一个突破点,也应该是深化认识19世纪以降西方文化的一个突破点。许多与西蒙兹有相似人生困惑和经历的文化巨擘其创作都带着特殊性格的因素,都是对特定人生经历的诠释。可以认为,西蒙兹是性格文化研究的拓荒者之一,并且在这一领域书写出渗透着人格魅力的诸多文化史作品。因此,除了认识其同性恋的生理、心理现象外,还需要从西蒙兹文化史研究学术生涯和诸多作品中找寻内在的独特东西。这种独特性就是西蒙兹文化观的根本价值之所在。到了21世纪的今天,开掘西蒙兹其人、其著的文化启示价值显得尤为重要。另外,先前对西蒙兹其人、其著的各种学术解读着重于整体性的研究,对西蒙兹文化观、文化创作的具体内容尚未做详尽的个案分析研究。对于中国学界来讲,还有一个围绕西蒙兹各种著述(包括各种学术解读在内)的初步梳理之学术任务。本书如果在上述任务面前有所贡献的话,那么算得上西蒙兹解读史的一种继续。

第二章 文化是个性表达与 美感创造的互动

——西蒙兹的性格文化论

西蒙兹文化观中有几个重要的理论支撑点,它们值得学人认真加以辨析:其一在文化本体论上,西蒙兹如何思考人、人的性格与文化之间的内在关系;其二在文化认知上,西蒙兹如何看待人的诗性智慧在文化创造、文化史研究中的作用,又如何指出理性认知的价值和限度;其三在文化史各个专题的书写方式上,西蒙兹如何考虑生动叙事与历史客观性之间的关系。本章讨论上述第1个论题,其余留待第六章分析(详见第六章第一节)。

就总体的文化研究视野而言,西蒙兹推崇个性为本、情感至上的研究宗旨,即发自人内心的纯真自然情感是文化创造的源流,也是判断文化积极内涵的出发点。或者说性格等自然因素是制约人生进程和文化创作的潜在推动力,文化则是对人的性格表现之包装、展示和升华。人之为人就在于人表现自己潜在本性时与文化的因素交融在一起。但无论怎样看文化,离开了创造文化的个性、本性,所有文化层面上的探讨和看法都会显得暗淡。所以在西蒙兹的文化观体系中,人的自然因素与人的文化创造之间的关系问题是认识的关键点。西蒙兹主张人们必须用情感、理性、信仰合体的诗性智慧与人生、文化深层的一面进行对话。当然,这种对话离不开特定的社会历史环境。作为受性倒错生理心理掣肘的西蒙兹又在惠特曼那种自然主义、浪漫主义、民主理念的诗论诗歌影响下,认识到性倒错等生理心理问题是一种自然现象。西蒙兹需要解答自身的性倒错问题,也需要解答文化史上与性倒错相关联的各种现象。作为一名坦诚的文化人,西蒙兹大胆向世人说出隐藏在心底的人生秘密,并试图书写一部西方同性恋文化史。正是站在19世纪前卫文人观念的立场上,西蒙兹将过往及同时代的文化名人如但丁、米开朗基罗、惠特曼等的内心世界和文化创造历程栩栩如生地传递给读者,也为文化史研究领域留下一笔笔宝贵的精神遗产。总之,西蒙兹文化研究的最终目的就是解答性格与文化之间的关系。毫无疑问,这种解答的内容、过程与启示是西蒙兹文化观留给今人的主要价值之所在。

第一节　性格文化论的形成

人、人的性格是一种存在;文化也是一种存在,它对应着活生生的人和人的性格。人正是用文化的各种符号来体现自己的存在价值。说到底,真正意义上的文化就是为人的存在、人的性格等进行包装的符号存在。怎样的文化包装最得体呢? 怎样的文化符号让人去掉自卑从而给人身心愉悦呢? 怎样的文化创作使人、民族、社会的境界得到升华呢?

经启蒙时代的历史学练笔,19世纪的史学大家在历史人物性格及其与文化创造关系问题研究方面又上新的学术台阶。那时经常有"As Man and His work"(作为常人及其著述)之类的书卷标题,其立意无非想探讨所著书中主人公的人格特点。哈弗得《米开朗基罗传》就辟专章介绍这位艺术家的性格问题。① 这些说明西蒙兹的学界同仁已经在这方面下了不少工夫。上个世纪

---

① J.S.Harford, *The Life of Michael Angelo Buonarroti, with Translations of Many of His Poems and Letters, also Memoirs of Savonarola, Raphael, and Vittorial Colonna*, Longmans 1858, Vol. 2, Chapter IX.

60年代,《米开朗基罗书信集》的编撰者拉姆斯顿在该书"导论"中就格里姆①、哈弗得、杜巴②、西蒙兹各自对米开朗基罗性格的描述做了梳理和简要点评。③ 可见学界对相关史学情况的关注度。西蒙兹之后的文艺复兴史研究领域,对当时诸多人文主义大家的性格问题的探讨仍是学人关注的重点。以personality(个性)和character(性格)为题的著述已经成为学界常谈。在这方面留下不少耐人品味的著述:泰勒《佛罗伦萨人达·芬奇:一项个性研究》④力图揭示这位艺术家复杂的个性,马修斯《弗兰西斯·培根:一部性格扼杀的历史》则对培根温柔、直率的性格与其生平关系做铺陈性的研讨,⑤等等。不禁要问:西蒙兹与众多涉猎性格问题研究的著述相比,其性格文化研究的亮点何在? 或者问其更深层面的意蕴、更多独到的思想学术养分何在? 为此,学人需要弄清楚西蒙兹性格文化论理念形成的来龙去脉及其整体框架。对西蒙兹稍有研究的学人一般都会注意到这位诗人历史学家对人性和文化关系的想法。在韦勒克看来,西蒙兹不同意"为艺术而艺术"的主张,而是将艺术视作人性的一种存在。⑥ 这种人性在更大的范围内还体现为一种民族性,因此人们必须从一个民族的整体来理解文学艺术的发展过程,⑦并由此找到文学艺术进

---

① H.Grimm, *Life of Michael Angelo*, translated with the author's sanction by Fanny Elizabeth Bunnett, 2 vols, Little, Brown, and Company, 1865.

② 杜巴《米开朗基罗传》一书坊间有多种版本,如 R.Duppa, *The Lives and Works of Michelangelo*, Bell & Daldy, 1872 等。

③ *The Letters of Michelangelo*, translated from the original Tuscan, edited & Annotated in two volumes by E.H.Ramsden, Stanford University Press, 1963, "The Introduction", pp. XⅧ-XⅨ.拉姆斯顿的点评还有许多商榷之处,特别是作者对西蒙兹的批评显示其尚未吃透评论对象的性格文化论要点。但作为一家之言仍值得参考。

④ R.A.Taylor, *Leonardo the Florentine:A Study in Personality*, Harper & Brothers, 1929.

⑤ N.Mathews, *Francis Bacon:The History of a Character Assassination*, Yale University Press, 1996, p.7.

⑥ R.Wellek, *A History of Modern Criticism:1750-1950, vol.Ⅳ, The Later Ninteeth Century*, Yale University Press, 1965, pp.401-402.

⑦ R.Wellek, *A History of Modern Criticism:1750-1950, vol.Ⅳ, The Later Ninteeth Century*, p.400.

步的法则。当然,无论是一种艺术还是某个具体的文学艺术家,他们都可能是混合物(hybrid)。面对混合的情况如罗马的艺术、本琼·森其人等,学人就不能用某一种法则来加以理解和解释,因为他们是"许多形态的混合物"(a mongrel of many types)。① 韦勒克对西蒙兹的进化论思想、对西蒙兹与惠特曼的关系、对西蒙兹《但丁研究导论》《意大利文艺复兴》等的评论可谓言简意赅。总之,韦勒克的上述看法对我们认识西蒙兹的文化观具有指导性的启示意义。

西蒙兹写有多种人物评传作品,其吸引人的地方就在于对人物性格与文化关系的论述。西蒙兹不时表达这样一种观点,即文化是对性格的包装和升华。而形成这些"性格—文化"关系的理念必定有一个思考的契机所在。

一、惠特曼的启迪与性格—文化关系思考

笔者以为,诗人历史学家西蒙兹的性格—文化关系思考、研究其目的之一是要解答自我的人生难题并实现自我超越。前文已提及西蒙兹是一位有性倒错倾向的诗人历史学家与文人。这种倾向隐匿在其内心深处,终生为之纠葛。再看看西蒙兹的《惠特曼研究》,就数量而言也就是 8 万字左右的小册子。在学术参考资料方面除引证当时出版的惠特曼著作集外,传记资料得自布基《惠特曼传》②较多。这与 20 世纪那些更大规模的惠特曼研究学术参考资料相比,不能同日而语。例如,20 世纪美国在惠特曼研究上的一项重大学术工程是《惠特曼全集》的编辑、出版。由此学界在惠特曼研究方面有一个标准版可供依凭、参考。其中的许多资料第一次与读者见面。③ 那么继续问:西蒙兹笔下的惠特曼形象又有哪些出彩之处呢?

---

① R.Wellek, *A History of Modern Criticism*:1750-1950, *vol. Ⅳ*, *The Later Ninteeth Century*, p.402.

② R.M.Bucke, *Walt Whitman*, David McKay, 1883.

③ *The Collected Writings of Walt Whitman*, general editors, G.W.Allen and S.Bradley, New York University Press, 1961-1984.目前已出 22 卷。

　　这里涉及惠特曼(Walt Whitman,1819—1892)与西蒙兹两人的关系。真正对西蒙兹的思想、人格具有转折性影响的人物正是这位美国诗人惠特曼。惠特曼使西蒙兹懂得如何认识并表现本真的自我,进而形成完整的性格文化论理念。西蒙兹对惠特曼的关注要追溯到19世纪60年代,那时惠特曼《草叶集》初版不久,西蒙兹立即被其中的文字和思想深深打动。①1871年,西蒙兹再次致函惠特曼,说起自己6年前拜读《草叶集》时的激动心情。②作者后来一再提起惠特曼的影响,"当我25岁第一次阅读《草叶集》时,它对我的影响超过除《圣经》外的任何一本曾经读过的著作;要比柏拉图的大,比歌德的大。要我审慎地说出究竟是何原因让它渗透进我生命的肌理和骨髓之中,这是不可能的。"③同时认为这种影响和启示是带给所有读者的。④正是惠特曼指点了西蒙兹在同性恋、性格与文化关系等诸多问题上的迷津。西蒙兹撰写《惠特曼研究》也成为梳理性格文化论的思想磨砺过程。这样,读者可以在《惠特曼研究》中找到西蒙兹性格文化论的大致框架。当然西蒙兹的性格文化论是由系列著述构成的,包括《思索与设想论集》、《蓝之抒怀及其他文论》⑤等。这里暂就《惠特曼研究》中的相关内容展开分析。《惠特曼研究》的篇章如下:⑥第1章 用任何纯粹的方法对待惠特曼著述的困境;第2章 宗教;第3章 个性或自我;第4章 爱恋⑦;第5章 同志之爱⑧;第6章 民主;第7章 惠特曼的文学首创;第8章 惠特曼诗人笔耕总结;第9章 再论批评惠特曼的困境。

---

① H.F.Brown,*John Addington Symonds:A Biography*,John Murray,1903,pp.240,251.

② *The Letters of John Addington Symonds*,Vol.Ⅱ,Ed.H.M.Schueller and R.L.Peters,Letter 771.

③ J.A.Symonds,*Walt Whitman:A Study*,p.11.

④ J.A.Symonds,*Walt Whitman:A Study*,p.160.

⑤ J.A.Symonds,*In the Key of Blue and Other Prose Essays*,Elkin Mathews,1893.

⑥ 原著没有注明章的名称,只标明两个部分即"沃尔特·惠特曼生平概览"与"沃尔特·惠特曼研究"。在"沃尔特·惠特曼研究"下面以Ⅰ、Ⅱ等数字序号分章撰写。笔者以为,Ⅰ、Ⅱ等数字序号下详细节目的第1个节目很能表达该章节的主要意思,故将其选为章的名称。

⑦ 西蒙兹使用了"Ex-love"一词。很难翻译,大致意思是指通常所说的爱。

⑧ "The Love of Comrade"则涉及特殊的爱恋关系,注意与第4章"Ex-love"的对比。

在 19 世纪的西方文坛,如何让赤裸的个体表现出来,这是当时文人心目中的前卫创作课题。这里有必要提及法国诗人波德莱尔创作《恶之花》等的文化实践。笔者之所以提波德莱尔的名字,因为波德莱尔及其《恶之花》在英国文化圈反响强烈,其中就包括西蒙兹等文人,还不乏就《恶之花》与《草叶集》做比较者(《草叶集》发表于 1855 年,《恶之花》发表于 1857 年——笔者注)①。《恶之花》用各种象征手段来呼唤那些被压抑的人性。诗人诚挚地"寻求虚无、赤裸和黑暗";②诚挚地关照恶,"抑郁诚挚的关照中,/ 心变成自己的明镜! / 真理之井,既黑且明,/ 有苍白的星辰颤动,/ 有地狱之灯在讥刺,/ 有火炬魔鬼般妖娆,/ 独特的慰藉和荣耀:/——这就是那恶的意识。"③同样,大西洋对岸惠特曼的伟大不仅仅因为其歌颂真善美、歌颂自我、歌颂民主自由、歌颂开放的事物而令人敬佩,从更深层的意义上讲,还因为惠特曼将赤裸的人生以诗的形式呈现给大家并让世人的心灵得到洗练。④ 他让所有人懂得这样一个道理,即完整的个体内不仅存在着那些社会认同的适众因素,还存在着用社会普遍道德伦理无法解释且只属于自己的私下情理。于是惠特曼眼睛向下,在平常的人物和个性中探究美的个体世界。西蒙兹注意到惠特曼诗笔所呈现的那些平常的、自然的现象,即"惠特曼习惯于思考和书写的不是那种文化的人群、精致的品位、文学与社会传统的见解,而是被他称作'神圣平常'(the divine average)的需求与希冀。他希望用其诗句去描述那种粗狂有力的、健康的人。"⑤这些平常之人说到底都是一个个性格各异的鲜活"自我"。后来西蒙兹仿而创作《自我辩》(Debate on Self)组诗并选入其《心灵的画像》。⑥ 在诗

---

①　P.Clements,*Baudelaire & the English Tradition*,Princeton University Press,1985.

②　波德莱尔:《恶之花》(郭宏安译),漓江出版社 1992 年,第 98 页。

③　波德莱尔:《恶之花》(郭宏安译),第 102—103 页。

④　R.Asselineau,*The Evolution of Walt Whitman：The Creation of A Book*,The Belknap Press of Harvard University Press,1962,p.259.

⑤　J.A.Symonds,*Walt Whitman：A Study*,p.60.

⑥　J.A.Symonds,*Animi Figura*,Smith,Elder,& Co.,1882,pp.18-28.

集《新与旧》中用短诗"个性"（personality）①来表现自我内心世界。为了形象
地说明这一点，西蒙兹《惠特曼研究》用整整 1 章（第 3 章"Personality or
Self"）描述惠特曼的个性。西蒙兹向我们展现了一个开放的惠特曼，并认为
这位美国诗人大胆地说出了自己内心深处的话语，"现在是到了我说出其中
缘由的时候了。惠特曼投射出清晰的真理光芒，此真理是我模糊地感觉到的，
它鼓动着我说出以前只是羞羞答答持有的想法。"②确实，《草叶集》中有大量
赤裸的性描写（包括同性恋描写）内容。惠特曼是以诗歌的形式宣示性倒错
等生理、心理现象的自然正当性。《芦笛集》开篇就是一首男同性恋内心世界
的独白"在人迹罕到的小径间"：

> 在人迹罕到的小径间，
>
> 在池水边缘的草木里面，
>
> 远离于纷纷扰扰的生活，
>
> 远离所有迄今公布过的标准，远离娱乐、赢利和规范，
>
> 这些我用以饲养我的灵魂已经太久，
>
> 如今那些尚未公布的标准我才看清，看清了，
>
> 我的灵魂，那个我为之发言的人的灵魂，在伙伴们中间作乐，
>
> 在这里我独行踽踽，远离世界的喧腾，
>
> 在这里迎合着，听着芳香的言语，
>
> 不再害羞（因为在这隐秘的地点我能作出在别处不敢的反应），
>
> 那不愿显示自己但包含着其余一切的生命有力地支配着我，
>
> 下定决心今天什么也不唱，只唱男人们彼此依恋的歌，
>
> 沿着那真实的生命一路将它们撒播，
>
> 由此遗赠各种各样的健壮的爱，

---

① J.A. Symonds, *New and Old: A Volume of Verse*, James R. Osgood and Company, 1880,
pp.219-220.

② J.A.Symonds, *Walt Whitman: A Study*, p.11.

　　在我四十一岁第九个月的甜美的午后，

　　我为所有现在或曾经是青年的男人们奔走，

　　去诉说我的白天黑夜的秘密，

　　去歌颂我对伙伴的需求。①

相应地，西蒙兹《惠特曼研究》第4、第5章着重探讨了性爱问题。必须指出的是，惠特曼本人在如何看待同性恋问题上与西蒙兹的态度并非完全一致。西蒙兹曾特别将《草叶集》中的"芦笛集"与同性恋挂钩并私下（1872—1873年间）询问惠特曼对同性恋的看法，对此惠特曼做出冷淡甚至是不屑的答复。②惠特曼内心中的不快是明显的。1875年5月某日西蒙兹离开伦敦前从报上得到一则消息，消息说惠特曼看到西蒙兹在《希腊诗人研究》的脚注中又提到了自己的名字，于是写了这样一句话，"W. W. still unwell & paralyzed, but up and around（我惠特曼还有点不舒服和麻木，但还过得去）"。以此表示对西蒙兹不爽的心结。③ 这种不爽的心结还延伸到两位文人关系的其他方面。1892年也就是惠特曼去世那年，作者读到西蒙兹《论文、思索与设想》文集中《民主的艺术》一文，其中有大量关于惠特曼的评论。读后惠特曼留言不想对此类评论做出答复，以免又要衍生出什么事来。④ 长期以来学界对惠特曼生平中的同性恋问题持一种似是而非的态度，如知名惠特曼研究专家阿塞利诺的观点等。⑤

---

① 惠特曼：《草叶集（上）·芦笛集》，（李野光、楚图南译），人民文学出版社 1987 年，第195—196 页。

② *Walt Whitman*, *The Correspondence Vol.* Ⅴ: 1890-1892, Ed. E. H. Miller, New York University Press, 1969, pp.72 73. 研究西蒙兹与惠特曼关系的著述都会提及此事，并从不同角度予以评论，如 H. Blodgett, *Walt Whitman in England*, Russell & Russell, 1973, pp. 63 - 64; *The Cambridge Companion to Walt Whitman*, Ed. E. Greenspan, Cambridge University Press, 1995, p.15, 等等。

③ *The Letters of John Addington Symonds*, Ed. H. M. Schueller and R. L. Peters, Vol. Ⅱ, p.370.

④ *Walt Whitman*, *Prose Works 1892*, *Vol.* Ⅱ, *Collect and Other Prose*, Ed. F. Stovall, New York University Press, 1964, pp.655-656.

⑤ R. Asselineau, *The Evolution of Walt Whitman*: *The Creation of A Personality*, Harvard University Press, 1960, pp.185-187.

近来有了新的研究,这为我们深入了解惠特曼提供了素材。① 对于惠特曼的
"冷遇",西蒙兹反复做解释,并在一系列文字中尽量做得体的处理,以扫除误
解,求得谅解。② 可见西蒙兹对惠特曼始终保持敬仰的态度。西蒙兹研究学
者一般都会提及上述故事,特别是西蒙兹试图通过各种途径来修复他与惠特
曼关系的事宜。③ 不过两人的文人私交一直在延续,至少两人都尊重对方的
文学才气、文学地位。笔者谈及上述事宜还有进一步的想法。就西蒙兹与惠
特曼的关系及西蒙兹《惠特曼研究》整部作品而言,西蒙兹并非单一地聚焦于
同性恋的生理、心理取向及与此相关的私下问题,而是看重惠特曼笔下那些离
经叛道的描述本身。对于《芦笛集》中性爱亦做了文化层面的开掘、解释。④
不过从惠特曼私下对同性恋问题的态度更见出西蒙兹在 19 世纪的"前卫
性"。西蒙兹自己也喜用"前卫人士"(pioneers)之词来评论同性恋问题。⑤ 无
论如何,惠特曼能够在 19 世纪的文坛将同性恋等各种看似压抑在生理、心理
底层的因素用诗的美感形式加以描述,并将各种在社会文化主流意识看来是
离经叛道的内容和盘托出,这何其不是石破天惊之举,何其不是"孤独吟诵
者"⑥心境的映照。无怪乎学人卡品特这样称道惠特曼,"在 19 世纪欧洲、美
国那些传播爱、同志之谊的人群中,他是首屈一指者"⑦。

　　总之,西蒙兹从《草叶集》中得到启示,性倒错倾向是自然的;带有这种倾

---

　　① 有好几部相关作品引起学界的重视,如 G.Schmidgall, *Walt Whitman:A Gay Life*, Dutton,
1997;V.R.Pollak, *The Erotic Whitman*, University of California Press,2000,等等。

　　② *The Letters of John Addington Symonds*, Ed. H. M. Schueller and R. L. Peters, Vol. Ⅱ,
pp.374-375.

　　③ P.Grosskurth, *Elusive Subject:A Biographer's Life*, Macfarlane Walter & Ross,1999,p.235.

　　④ J.A.Symonds, *Walt Whitman:A Study*, pp.81-83.

　　⑤ *Sexual Inversion:A Critical Edition*, Havelock Ellis and John Addington Symonds, Ed.Ivan Cro-
zier,p.92.

　　⑥ 惠特曼经常会提到"solitary"(孤独)之类用词。阿伦的名著《批评的惠特曼生平研究》
即以"孤独的吟唱者"为书的正标题。参见 G.W.Allen, *The Solitary Singer:A Critical Biography of
Walt Whitman*, New York University Press,1967。

　　⑦ 引自 *The Bibelot*, Ed.T.B.Mosher, W.H.&Wise Co.,1912,Vol.ⅩⅧ,p.136。

向的个性也是正当的。① 人的性格亦然，它不能被分成是缺点、优点之类，它就是自然地存在着。再联系到个性与文化的关系，有理由认为不是个性去适应文化，而是文化来包装个性，并给予个性以相应的审美外观。西蒙兹曾撰写《文化：它的含义与用处》一文，该文表达出这样一种观点，即文化是自我的一种造作，也就是自我用其才能将本性的部分训练、表达得十分得体完美，并由此投身生活。或者说，一个人具有将自己的思维能力调教到最为完善的程度，从而去表现个性、创造丰盛的精神财富。这里的"自我造作"（self-effectuation）一词是关键所在。它强调文化的功能在于个人才能的发挥，使人可能成为何种人，而非必须是何种人。② 至于必须是何种人的因素则未必能为个体发现，它是隐藏在人背后并决定自我发展的能力（talent），说是本性亦可。这里似乎有宿命论的意味。事实上西蒙兹人生观上的宿命论倾向是十分明显的。说到底，性格、本性等决定着文化的走向，同时文化使性格、本性等朝着升华的状态显现自身。离开了文化，性格、本性等的表现就有可能处于盲动的或处于其他带着缺憾的形态。总之，性格、本性、天赋等内在的因素是根，"文化没有能力去取代本性的地位并赋予人类新的才气。文化所能做的就是人用其选定的工作思路、某种自由精神和某种理解力去尽力让自己的天赋表现出来。"③西蒙兹的文化人生就是上述观点的生动体现。例如西蒙兹在与乔伊特、康宁顿等大家的接触过程中不断地升华自己的文人品性，从而成为具有独特个性的诗人、历史学家、文学评论家等。上述文化与个性之间关系的想法与西蒙兹评价惠特曼时的观点也是一致的。西蒙兹这样描述惠特曼的观点，"为了强调他的个性理论，惠特曼坚信所有的事物都是为了个体而存在的。所有的理论、政治、文明、诗歌、艺术、音乐都是为了人自己。宗教就像草叶一样从个体的心灵

---

① *Sexual Inversion：A Critical Edition*，*Havelock Ellis and John Addington Symonds*，ed.Ivan Crozier，Palgrave Macmillan，2008，p.213.

② J.A.Symonds，*In the Key of Blue and Other Prose Essays*，pp.196-199.

③ J.A.Symonds，*In the Key of Blue and Other Prose Essays*，p.204.

中生长出来。离了你、离了我、离了人的个性,那些事物还能存在么?"①总之离开了具体个人、个性的文化又有什么意义呢？按照惠特曼的观点,任何文化现象都伴随着个体、个性而生发。换言之都是由个体、个性催生的。从某种意义上讲,惠特曼的《草叶集》就是对个性、本能的文化包装。以此为理论依据,西蒙兹进一步阐释包含性倒错等生理、心理因素的个性也有其文化表达的形式,例如具有性倒错倾向的艺术家个性会融化在具有柏拉图理想之爱与美的艺术创作整个过程。西蒙兹有一首诗作的题目就叫"艺术是爱"。② 这里很自然地涉及性格的升华问题。正如关注米开朗基罗一样,西蒙兹亦十分关注惠特曼独特性格与文化修炼、诗歌创作的关系,注意惠特曼个性中的智者大气一面。西蒙兹将其概括为:宇宙整体的意念、自我与性的感受、渗透爱的同志之情、人人平等的民主观,等等。③ 所以惠特曼性格中的自我是具有独立判断的个体,表现为人应当用自己的思想来分析一切、判断一切,也可以像撒旦那样反抗世界。④ 或者说,个体的人由自己的精神引导着面对世界、投身生活。西蒙兹在《惠特曼研究》中特别提到惠特曼所主张的观点,即"个体的精神活力弥漫着整个世界"(one spiritual vitality pervades the whole)。⑤ 从美国文化特质的角度看,上述评论点出了惠特曼身上所具有的美国超验主义个体精神。当个性取得如此精神、文化的外观,性格中自然的一面就和文化的因素粘合在一起,或者说性格的外在表现便进入一种升华的状态。这时就不能纯粹用自然的一面来理解性格,而要从性格与文化的整体角度给予诠释。用惠特曼自己的话来讲,就是养成一种多面性(diversity),⑥西蒙兹则称之为完美性(per-

---

① J.A.Symonds,*Walt Whitman:A Study*,p.44.西蒙兹还特地做了一个注释,即惠特曼在与J.W.沃勒斯有过一次交谈,指出他写《草叶集》就是为了唤起人们对个性的重视。

② J.A.Symonds,*New and Old:A Volume of Verse*,pp.63-67.

③ J.A.Symonds,*Walt Whitman:A Study*,p.12.

④ J.A.Symonds,*Walt Whitman:A Study*,pp.21-22.

⑤ J.A.Symonds,*Walt Whitman:A Study*,p.21.

⑥ J.A.Symonds,*Walt Whitman:A Study*,p.40.

fection)。① 也有学者从精神性、现实性和接受性等方面来综合分析惠特曼的性格。② 当然就性格与文化的关系而言,惠特曼认为"多面性"意义的根仍在自然性的土壤。③ 或者说有生命力的个体是原本性的,它会呼吸美的世界,它会指引诗人走向唯美境界。能够体现全部个性的文化自然就是美的。当文化人找到了专属于自己的文化表达形式并投身于此类文化的创造活动之中,这时便实现了自我境界的超越。因此发生在惠特曼身上的那种自然天性与智慧的合体才是西蒙兹真正看重的文人境界。往后西蒙兹在选择、评论历史人物方面多注意那些个性鲜明与文人大气合一者,这也是惠特曼影响的一个缩影。

经过惠特曼的启迪,西蒙兹对性格与文化关系的看法逐渐成熟,笔者将其简括为性格文化论。要点如下:其一,就研究对象、目的而言,性格文化论重在梳理、评析文学艺术家的性格与文化创造之间的关系,特别关注具有性倒错心理倾向文学艺术家的性格(如忧郁、孤独、追求理想美等)与文化创作活动的关系,以展示性格与文化互动关系中的丰富、生动历史内涵。其二,就研究方法而言,诗人历史学家需要发挥自身的天赋并从个案研究、专题研究及文化史研究各个角度全方位展示性格与文化创造之间的关系。其三,就研究价值而言,将性格(包括性倒错心理和性格)与文化互动过程中产生的美感文化成果及性格升华状态加以描述、阐释,给世人以积极的人生启示。

西蒙兹的性格文化研究不以给出结论为宗旨。西蒙兹自己的人生格局就是性格与文化创作之间相互激励又无法取得最终意义上的平衡之悲剧性历程。前文所及西蒙兹之"克制"现象、进而所有性格文化关系上的"克制"现象都蕴涵着一份悲剧性的因素。西蒙兹一意向往完美的人生和文化境界,但此等向往与现实之间存在巨大落差。从消极一面看,西蒙兹的文艺复兴史研究

---

① J.A.Symonds, *Walt Whitman: A Study*, p.39.

② J.C.Smuts, *Walt Whitman: A Study in the Evolution of Personality*, Wayne State University Press, 1973, pp.42-49.

③ J.A.Symonds, *Walt Whitman: A Study*, p.40.

等成了自我的一种"逃避"。只要认真翻阅西蒙兹书信、回忆录等便不难发现这种人生磨难的踪迹。对此,西蒙兹的远亲、文学评论家亚瑟·西蒙斯曾在文学评论集中做了感叹式的精辟分析。① 但从积极的角度看,西蒙兹的性格文化研究可算作人生的探索。如果读者也以探索的心愿去阅读西蒙兹的性格文化关系论述,那么从中能获得启示与美的享受。例如沿着西蒙兹的性格文化研究思路去分析米开朗基罗与惠特曼的文学艺术人生会使学人体验到:米开朗基罗与惠特曼两人在性格的文化表象上都流淌着柏拉图式的爱恋情感;同样都通过文学艺术的美感创作活动来超越自我的性格,尽管这种超越并非改变或增减那些原本的因素;同样都带着纯洁的人性冲动间或参与现实的政治活动,最终又折回文学艺术的殿堂;②同样都是不同时代中各以独特性格走向文学艺术巅峰之象征。有了这些启示,已经很感谢西蒙兹的学术指引了。然而,在西蒙兹《米开朗基罗传》与《惠特曼研究》等著述的背后还有更深邃的性格文化内容值得开掘。

上文清楚地表明,西蒙兹试图书写的是一部带有自己强烈个性的性格文化史。坚守"客观史学"价值体系的学人可能会对此有所指责。但哪一部历史作品不烙下历史学家的个人印记呢? 从这层意义上讲,读历史作品也是与书写者对话的过程。或者说为了更好地读懂历史作品还需要读懂历史学家个人的历史。西蒙兹留给学界的是带着他个人情感、史识、文风的希腊诗歌史、意大利文艺复兴史、英国前莎士比亚戏剧史、系列人物评传等性格文化史作品。这些文化史学术成就拓展了历史学研究的领域,同时提高了历史作品的可读性程度。在历史学领域,性格文化史研究的著述不乏其例。但像西蒙兹将性格文化研究当作个人人生修炼的一个环节,并用性格与文化的相互关系

---

① A.Symons, *Studies in Two Literatures*, Leonard Smithers, 1897, pp.252-253.

② 对米开朗基罗参与政事的情况需引起学人进一步的关注,可参考 C.De Tolnay, *The Art and Thought of Michelanelo*, Random House, Inc., 1964, chapter Ⅰ "Michelangelo's Political Opinions"。在米开朗基罗所属的时代,许多佛罗伦萨的名人如但丁、薄伽丘等都曾参与政事。这些是当时佛罗伦萨城邦政治的重要现象。

理论穿引文化史代表人物的整个人生和创作过程,还力图从文化史、断代史和当代史的各个角度全方位展开研究,这些并不多见。从文化的广阔视野望去,还值得研究的有性格与政治史、性格与社会史等相互关系内容。只要有人类活动的地方,生理规律、环境影响等的支配作用都是普遍的,但唯独性格与文化的合体将人之为人的独特之处呈现了出来,并由此构成人类社会的绚烂精彩场景。西蒙兹的性格文化研究能使读者产生如此共鸣:一种生命体加上相应的文化,这就是健全的人之象征。文化使个体的性格得到一种救赎意义上的自我反观,于是个体赢得一种真正的自由。由此看来,只有文化才是体现个体自由的真正途径。或许这是西蒙兹性格文化研究留给我们的终极遗产。在19世纪,个体自由等与人的存在密切相关的课题已经在工业文明的大环境下凸显了出来。学人需要更完整地认识人自己,从而在人类文明未来的演进中不至于失去生存的目标。在其时的文艺复兴史研究领域,诸多历史学家以史为鉴、以史为线介入上述人学探究的潮流之中。布克哈特、西蒙兹、佩特等文艺复兴史研究的引领者,其人学探讨更有抛砖引玉的文化效应。其中西蒙兹的《米开朗基罗传》《惠特曼研究》等作品至少在主观上为自身客观上亦为读者提供超越自我、完善自我的经典范本。作为历史学界的同仁,我们要以欣赏、理解、批判的多重角度与西蒙兹对话。我们也有责任像西蒙兹那样去创作具有提升人格、审美价值、沁人心脾等多重效应的历史人物性格评传作品。

从文化传承的角度讲,文人、诗人历史学家、文学艺术家的职责与功能就是用独特的文化符号去表现个性,表现完整的自我。为何文人能够恰当地担当其传达人的个性的文化使命? 根据西蒙兹的观点,因为个性中有非逻辑的因素,就像人生有超出理性解释的内容。特别是那些浸透文化养分的个性充满美的意蕴,这时需要善于领略美感世界的文人去传达许多复杂的个性世界。西蒙兹并不像一些以心理分析见长的作品那样对各种性格进行详细的个案研究,西蒙兹觉得这不是他的专长。在很多场合,西蒙兹谦逊地将这种心理分析的任务交给专家去处理。这里表现出诗人历史学家西蒙兹的学者严谨态度。

西蒙兹留给自己的任务是做那些情感学问。① 也就是从个人与社会的历史情景中探索研究对象的个性演变史。事实上西蒙兹的一生就是用自己丰富深厚的人文学养和带着文人风骨的流畅笔触②去开拓文化史人物研究的新途径。以《米开朗基罗传》为例,西蒙兹力图使自己的文化创作成为柏拉图精神感召下的诗人历史学家与诗人艺术家之间的心灵沟通。借此将读者引向美的境界,并激起学人在文化的创造中实现自我超越的内在冲动力。在惠特曼那边,他认为每一个灵魂都有自己的表达形式,于是选择诗歌来表现自我。③ 这与作为诗人西蒙兹的理想不谋而合。西蒙兹如此表白,诗人具有完整的人性,因而能用诗歌来表达完整的人性。④ 西蒙兹的诸多人物评传作品(如《锡德尼传》、《琼森传》、《雪莱传》等)择取诗人作为研究对象亦含此等诗性的文化传承考虑,其中不乏涉及各位作者充满爱意的个性及相关诗作的生动评述。

二、米开朗基罗艺术心理研究

西蒙兹性格文化关系研究的一个范例便是对米开朗基罗艺术心理的探讨。

西蒙兹文化史创作中最具学术价值的一部传记作品是前文提及的《米开朗基罗传》。作品的篇幅不小,译成中文约 50 万字左右。从《米开朗基罗传》第 2 版"序言"⑤中可以看出西蒙兹对自己力作的学术成就非常自信。就资料来源而言,西蒙兹像诸多文艺复兴史、米开朗基罗研究学者一样,其写作主要依据文艺复兴艺术史的开山之作即瓦萨利《意大利艺苑名人传》。⑥ 同时参考

---

① *The Memoirs of John Addington Symonds*, Ed. and intro. P. Grosskurth, p.216.

② 与此相关的西蒙兹文风研究参见 P. Grosskurth, *The Woeful Victorian: A Biography of John Addington Symonds*, Holt, Rinehart and Winston, 1964, pp.220—222。

③ 波拉克特别注意到惠特曼放弃小说而选择诗歌作为自己主要创作形式的问题,参见 V. R. Pollak, *The Erotic Whitman*, University of California Press, 2000, pp.54—55。

④ J. A. Symonds, *Essays, Speculative and Suggestive*, Smith, Elder, & Co., 1907, p.323.

⑤ J. A. Symonds, *The Life of Michelangelo Buonarroti*, "Preface to Second Edition".

⑥ 西蒙兹写作时参考的版本是:Giorge Vasari, *Le Vite de' piu eccellenti Pittori Scultori e Architetti*, 14 Vols, Firenze: Le Monnier, 1855。

瓦萨利的同时代人孔迪威的《米开朗基罗传》。① 不过西蒙兹并没有满足于前人传记作品中的记叙,还根据档案资料做了仔细的考订。根据西蒙兹《米开朗基罗传》序言中的说法,其写作过程特别参考了米开朗基罗的书信。② 但这些情况在 19 世纪的西方学界算不上首创。在西蒙兹同时代的学者群中,类似的学术努力不乏其人。就以西蒙兹主要参考、推荐的作品如高迪③、格里姆、哈弗得、威尔森④等创作的米开朗基罗传记而言,此等学术努力跃然纸上。那么是西蒙兹的著述更详尽些吗? 上述西蒙兹重点参考的作品在量的方面亦不乏几十万字之多者,而且各有特色。至于 20 世纪随着文化史研究受到学界广泛重视,更有大部头、高水准的米开朗基罗编辑、研究著述相继面世。其中较著者有克莱门茨⑤、托奈⑥、艾尼姆⑦、穆雷⑧、布尔⑨等学者的米开朗基罗研究。用今天的学术标准看,上述作品在资料运用等方面均有新的开拓。

---

① 西蒙兹写作时参考的版本是:*Vita di Michelangelo Buonarroti*,Scritta da Ascanio Condivi,Pisa:N.Capurro,1823。

② J.A.Symonds,*The Life of Michelangelo Buonarroti*,"Preface",pp.Ⅷ-Ⅸ.米开朗基罗的书信全集在 20 世纪已编译成英文出版,成为学人普遍使用的材料。权威版本为:*The Letters of Michelangelo*,translated from the original Tuscan,edited & annotated in two volumes by E.H.Ramsden,Stanford University Press,1963。

③ *Vita di Michelangelo Buonarroti*,narrata con l'Aiuto di Nuovi Documenti da Aurelio Gotti,Firenze:Tipografia della Gazzetta d'Italia,1875,2Vols。

④ C.H.Wilson,*Life and Works of Michelangelo Buonarroti*,John Murray,1876.作者有一个说明,其米开朗基罗生平素材部分取自高迪的评传作品。

⑤ 克莱门茨著有多种米开朗基罗研究作品,其中方便学人引证且全方位勾稽米开朗基罗生平、观念的一部资料性学术参考著作是 *Michelangelo A Self-Portrait:Text and Sources*,Edited with Commentaries and New Translations by R.J Clements,New York University Press,1968。

⑥ C.de Tolnay,*Michelangelo*,5 vols,Princeton University Press,1969-1971.本书是学术界公认的全面评价米开朗基罗艺术人生的权威著作。其资料运用详备、评述公允,堪称翘楚。

⑦ H.Von Einem,*Michelangelo*,tr.R.Taylor,Methuen,1973.不仅史实方面的叙述可信度高,而且有许多关于米开朗基罗艺术特征、艺术人生的独特评论。

⑧ L.Murray,*Michelangelo:His Life*,*Work and Times*,Guild Publishing,1984.穆雷曾以 3 卷本《文艺复兴艺术史》著称学界,在深厚的艺术史积淀下写成《米开朗基罗传》。

⑨ 布尔还是文艺复兴史研究的专家,其《米开朗基罗传》吸收各种学术成果而成。所翻译的瓦萨利《意大利艺苑名人传》等多种著述受到学界赞誉。其中琳达·穆雷的赞誉见 L.Murray,*The High Renaissance*,Frederick A.Praeger,Inc.,1967,p.195。

西蒙兹《米开朗基罗传》"序言"部分在评价自己学术特点时谦逊地指出，前人和同时代学人在米开朗基罗研究方面各有长处，例如认为格里姆的著作给了学人探讨米开朗基罗的新途径，①如此等等。不过在西蒙兹的眼里，有些评论家严重忽略了米开朗基罗的内心世界和性格特征，而他所要走的恰恰是一条注重米开朗基罗性格与绘画创作之间关系的路径。② 西蒙兹有言："我的目的是公允而完整地论述这位英雄的生平与作品，并且集中地关注其个性。"③前文已经提到，西蒙兹特别想了解历史上那些具有性倒错倾向、具有柏拉图式爱意的艺术家们是如何将美的心灵及美的文化符号呈现给世人的状况，也特别想了解那些艺术家如何通过艺术创作的途径使自身的性格取得升华的状况。注意此处所谓的性格升华状态并非指性格、本性之类的东西变质了，而是性格的表现形式发生了变化，用普通的语言讲就是性格的表现更有文化的味。西蒙兹选择意大利文艺复兴艺术大师米开朗基罗作为性格文化关系方面的研究对象就有上述考虑。米开朗基罗是一位有性倒错倾向的艺术家。④ 这种生理、心理的因素再加上其他个性因素使米开朗基罗的艺术创造刻上独有的风格。西蒙兹明确指出，不了解米开朗基罗的个性就无法对其人生、作品做进一步的研究。⑤ 为了更好地表达此等意思，西蒙兹将孔迪威给米开朗基罗的信件完整译出，附于文中。其中孔迪威指出，"他们想象不出他的辉煌是性格使然"⑥。客观地说，其他艺术史著作和传记著作并非没有这方面的剖析内容。其中艺术史家瓦萨利《意大利艺苑名人传》"米开朗基罗传"⑦

① J.A.Symonds, *The Life of Michelangelo Buonarroti*, Vol.1, p. ⅩⅦ.
② J.A.Symonds, *The Life of Michelangelo Buonarroti*, Vol.1, pp.120-123.
③ J.A.Symonds, *The Life of Michelangelo Buonarroti*, Vol.1, p. ⅩⅩ.
④ 关于这方面的问题，利博尔特在其著作中做了全面的研究，参见 R. S. Liebert, *Michelangelo: A Psychoanalytic Study of His Life and Images*, Yale University Press, 1983。
⑤ J.A.Symonds, *The Life of Michelangelo Buonarroti*, Vol.Ⅱ, p.332.
⑥ J.A.Symonds, *The Life of Michelangelo Buonarroti*, Vol.Ⅱ, p.345.
⑦ 学界经常参考该书的米开朗基罗部分英译本卷数如下：1) tr.G.DuC.De Vere, Philip Lee Warner and the Medici Society, 1915, Vol.Ⅸ；2) tr.Mrs.J.Foster, George Bell & Sons, 1900, Vol.Ⅴ；3) tr.Hinds, ed.W.Gaunt, J.M.Dent & Sons, Ltd., 1963, Vol.Ⅳ；4) tr.G.Bull, Penguin Books, 1987, Vol.Ⅰ。

章节对艺术大师性格的着力描述是这部作品名垂青史的重要因素。从瓦萨利的著述情况看,其性格研究不是学究式地就艺术家个性与艺术创作之间关系加以评论,而是比较强调叙事本身。在描述米开朗基罗的个性时集中地体现了这种叙事特点,如米开朗基罗与教皇尤利乌斯二世发生龃龉的生动事例等。① 这些事例将米开朗基罗孤独、自我奋斗的性格栩栩如生地呈现在读者面前。瓦萨利的这种性格研究取向在西蒙兹那里得到继承、发展,而像西蒙兹那样在米开朗基罗个性研究上如此浓墨重彩,并就关键性的性格因素做综合性分析,这确实独树一帜。要之,西蒙兹《米开朗基罗传》的魅力主要不在于传记资料如何丰富翔实,而来自于贯穿始终的性格与艺术创作关系问题的研究。

披阅《米开朗基罗传》全书,读者的直观印象就是西蒙兹的评述以性格问题作为中心线索,处处注意性格对米开朗基罗艺术人生方方面面的影响。同时,将米开朗基罗性格的演变史与文化创作之间的关系做了环环相扣的呈现。就文艺复兴的历史情境而言,西蒙兹强调性格问题的研究也是一种回归历史的史学创作态度。文艺复兴时期的文学艺术大家均充溢着新的人文精神,个个秉性鲜明。米开朗基罗真正伟大之处是其作品给人强烈的视觉冲击后还能留下深刻的人生和艺术思考。如果不了解米开朗基罗的个性就无法把握其作品的这种深刻底蕴。② 这需要后人特别是历史学家以自己纯净的心灵并以富有个性的历史写作方法去再现先贤的内心图景。这样,每遇到一个值得讨论的人生困境问题,西蒙兹都试图说明哪些是米开朗基罗的性格制约因素,哪些是米开朗基罗通过艺术创作去升华性格、升华人生的元素。这样,西蒙兹笔下的米开朗基罗性格得到充分展示。更不用说西蒙兹整部传记的优美文笔。这些是西蒙兹这部传记作品能够在学界站住脚的根本理由所在。

---

① G.Vasari, *Lives of the Most Eminent Painters Sculptors and Architects*, Vol. IX, newly translated by G.DuC.De Vere, Philip Lee Warner, Publisher to the Medici Society, Limited, 1915, pp.24-25.

② J.A.Symonds, *The Life of Michelangelo Buonarroti*, Vol.1, p. X X.

不妨先提示一下《米开朗基罗传》(第2版)两卷的篇章结构:①第1卷,第1章 出生,童年,在佛罗伦萨的青年,直至洛伦佐德美第奇去世(1475—1492年);第2章 首度出访博洛尼亚和罗马,斐波拉圣母雕像及其他雕塑作品(1492—1501年);第3章 寓居佛罗伦萨,大卫像(1501—1505年);第4章 朱利乌斯二世召唤米开朗基罗前往罗马,教皇陵寝工程,圣彼得教堂再建,逃离罗马,比萨之战画(1505—1506年);第5章 再度出访博洛尼亚,朱利乌斯二世铜像,西斯廷圆顶画(1506—1512年);第6章 论作为绘图员、画家、雕塑家的米开朗基罗;第7章 利奥十世计划佛罗伦萨圣洛伦佐教堂,米开朗基罗在卡拉拉的生平(1513—1521年);第8章 阿德里安六世与克莱门特七世,圣洛伦佐教堂的圣器收藏室和图书馆(1521—1526年);第9章 罗马的洗劫和佛罗伦萨的围攻,米开朗基罗逃亡威尼斯,他与美第奇家族的关系(1527—1534年)。第2卷,第10章 论作为建筑家的米开朗基罗;第11章 最后定居罗马,保罗三世,最后的审判与保利纳小教堂,朱利乌斯陵墓(1535—1542年);第12章 维多利亚·科罗娜与托马索·卡瓦利埃里;第13章 米开朗基罗被指定梵蒂冈总建筑师,圣彼得的历史(1542—1557年);第14章 生平的最后岁月,米开朗基罗的画像,老年的病状(1557—1564年);第15章 在罗马去世,在佛罗伦萨的落葬与葬礼,轶事,作为常人与艺术家的米开朗基罗评价,博纳罗蒂·西莫尼家族谱系,附录:对批评的回应。

从以上篇章结构看,似乎没有显眼的性格与艺术创作关系提示。其实西蒙兹诸多传记作品在章节标题设计上并不过多地用吸人眼球的字样来吸引读者,似乎平淡如水。这需要读者做细致的批阅才能得其精华。当然西蒙兹的文笔会让读者打开书页后即刻兴奋起来。在西蒙兹的笔下,米开朗基罗的人生被忧郁、孤独的性格困扰着,其艺术作品无一不浸透这种忧郁、孤独的气息。

---

① 西蒙兹在书前面的目录里对每一章做了非常简明扼要的提示。在具体展开每一章的叙述前再给出一个详细的节目和内容提要。从提要中也可见出作者对米开朗基罗生平每一阶段的勾勒都将代表作品呈上,可谓提纲挈领。

米开朗基罗又有性倒错的生理、心理倾向。可以说,上述性格中的任何一项都是致命的。所以米开朗基罗的一生是与命运搏击的历程。他用艺术创作来回应人生的困惑,宣泄人性底层受压抑的情感,并最终用信仰来升华自我。说到信仰问题,学人不难发现米开朗基罗的信仰比较复杂,有许多神秘难测的内容,其中吸收犹太教、希伯来文化的诸多神秘内容是比较典型的方面。[①] 但米开朗基罗又用柏拉图主义的美将神秘性的内容拉回到人间可以感觉到的精神平台上来。西蒙兹能够将这一切栩栩如生地展示出来,这不仅表明西蒙兹文人的创作天分,还表明西蒙兹用自己的悲剧人生与米开朗基罗的悲剧人生进行超越时空的交流。所以一部传记作品展现给读者两幅文化巨擘的心境,这何等美妙。

整部《米开朗基罗传》基本上按年代展开,同时穿插多条与米开朗基罗性格、艺术人生有密切关联的线索,成为画面清晰的生平历史长卷和文艺复兴历史长卷。归纳起来,这些线索包括5个方面:

第一,米开朗基罗与庇护人的关系。在这部传记作品中,西蒙兹对于米开朗基罗艺术家境界如何生成方面的内容做了比较详细的叙述。作为历史学家的西蒙兹充分注意到时代和环境对米开朗基罗性格、人生的影响。认为米开朗基罗处在一个新的文化运动之中,又得到美第奇家族等庇护人的提携。庇护人现象是文艺复兴历史的重要表现形式之一。第1章、第4章、第7章、第8章、第11章等分别提到的庇护人有佛罗伦萨美第奇家族的大洛伦佐、教皇尤利乌斯二世、美第奇家族教皇利奥十世和克莱门特七世、保罗三世等。那么米开朗基罗与这些庇护人的关系又在性格问题上发生哪些影响呢? 为此西蒙兹特别留意美第奇家族及柏拉图学院学者对米开朗基罗性格的影响。米开朗基罗在大洛伦佐开设的学院中结识了许多著名的人文主义者,接受新柏拉图主

---

① B. Blech & R. Doliner, *The Sistine Secrets : Michelangelo's Forbidden Messages in the Heart of the Vatican*, HarperCollins, 2009, pp. 60, 68.

义的精神洗礼。① 这些在米开朗基罗的信函中有更直接的披露。虽然米开朗基罗自己不擅长从理论的方面来阐述新柏拉图主义的艺术理论（瓦萨利、孔迪威、西蒙兹等都持这种观点），但那些大量记载日常事项的朴实信函加上其他类似的文件则淋漓尽致地透露出大师的新柏拉图主义艺术情怀。② 庇护人还为米开朗基罗的一生沉浸在艺术的天地之中创造了必要的条件。

第二，作为艺术家的米开朗基罗其艺术创作如何注重心灵、崇高等因素。西蒙兹分别用专章如第 6 章、第 10 章、第 12 章等来评论画家、雕塑家、建筑家、诗人米开朗基罗的相关情况。在谈及诗歌时，西蒙兹点出米开朗基罗的诗歌更注重心理因素而非字句工整的特点，③可谓恰如其分。这也是米开朗基罗受柏拉图主义影响的生动写照。西蒙兹还特别提到具有崇高情怀的诗人但丁对米开朗基罗思想和艺术创作的影响。④ 而所有这些影响最后汇聚在一起，使米开朗基罗的艺术创作无不与崇高性相关联。为了呈现这种崇高性的特点，西蒙兹花大量的篇幅来叙述米开朗基罗的艺术成就。第 3 章、第 4 章、第 5 章、第 8 章、第 11 章、第 13 章有专题论述《大卫像》、圣彼得教堂设计、《西斯廷教堂圆顶画》、圣洛伦佐图书馆设计、《最后的审判》、梵蒂冈总设计师等艺术创作活动的文字。描述时不只是捕捉每一个创作的细节，更重要的是阐述其中的意蕴及艺术家心灵的变化过程。例如作者开掘大卫雕像中力量与美的意蕴，同时指出大卫像是米开朗基罗从艺术青春期走向艺术成熟的标志。⑤《最后的审判》等创作则将崇高性因素诠释得淋漓尽致。另外，作者对米开朗基罗宗教情怀给予足够的重视，同时也体现出西蒙兹自身在这方面

---

① J.A.Symonds, *The Life of Michelangelo Buonarroti*, Vol.Ⅰ, pp.24-27.

② 克莱门茨《米开朗基罗的艺术理论》(R. J. Clements, *Michelangelo's Theory of Art*, Gramercy, 1961)对此曾有出色的研究。布伦特也注意到米开朗基罗与卡夫里埃利通信、诗作等文本中所表达出的相关理论，参见 A.Blunt, *Artistic Theory in Italy*: 1450-1600, Oxford University Press, 1962, chapter Ⅴ, "Michelangelo"。

③ J.A.Symonds, *The Life of Michelangelo Buonarroti*, Vol.Ⅱ, p.168.

④ J.A.Symonds, *The Life of Michelangelo Buonarroti*, Vol.Ⅰ, pp.336-337.

⑤ J.A.Symonds, *The Life of Michelangelo Buonarroti*, Vol.Ⅰ, p.98.

的想法。① 对米开朗基罗作品不太了解女性、多半通过男性特征去诠释艺术世界的特点也给予评述。② 其中第 6 章第 8 节西蒙兹花费足够的笔墨来评点米开朗基罗艺术创作中的女性形象问题及与此相关的女性艺术心理问题。字里行间透露出米开朗基罗的性倒错因素。③ 读者透过这些文字也能感受到西蒙兹撰写《米开朗基罗传》的心理潜意识因素。

第三，与米开朗基罗个人柏拉图式情感世界有关联的人和事。情爱问题是这部评传的核心内容之一。米开朗基罗的一生是以柏拉图之爱去触摸艺术之爱与美的历程。对此西蒙兹在《米开朗基罗传》中有大量的评论，甚至可以认为《米开朗基罗传》就是充满柏拉图情怀的文化书写过程。西蒙兹的相关评论逐渐成为学术界的共识。米开朗基罗艺术思想研究专家克莱门茨指出，米开朗基罗试图通过绘画去表现柏拉图所设想的"内在视界"（inner vision）。④ 西蒙兹还注意到一个现象，即使是文艺复兴时期意大利人的宗教意识也充满了情感爱欲的成分。⑤ 在那些创作背后蕴含着一个真诚、闪光的名词即"爱"。⑥ 其中第 12 章涉及米开朗基罗与科隆娜、卡夫里埃利等人的关系。对于有些不甚理解、又难以解释的爱恋情节则给予保留性地提及而已，如已进入老年的米开朗基罗还迷恋于年轻时的情感问题，⑦等等。事实上，学人可以经过细致的比对指出米开朗基罗艺术作品中哪些画面具有同性恋的意蕴等（利博尔特对《神圣家族》中圣约翰形象背景中的同性恋分析就是典型的例子⑧），但缺乏米开朗基罗的自我陈述，任何评论也只能停留在评论家的他者想象之中。就米开朗基罗一生的艺术创作实践而言，其作品不是让人停留在

① J.A.Symonds, *The Life of Michelangelo Buonarroti*, Vol. I, pp.242–243.

② J.A.Symonds, *The Life of Michelangelo Buonarroti*, Vol. I, p.274.

③ J.A.Symonds, *The Life of Michelangelo Buonarroti*, Vol. I, pp.266–275.

④ R.J.Clements, *Michelangelo's Theory of Art*, Gramercy, 1961, p.406.

⑤ J.A.Symonds, *Renaissance in Italy*, Vol. IV, New Edition, p.266.

⑥ J.A.Symonds, *Renaissance in Italy*, Vol. IV, New Edition, p.366.

⑦ J.A.Symonds, *The Life of Michelangelo Buonarroti*, Vol. II, p.174.

⑧ R.S.Liebert, *Michelangelo: A Psychoanalytic Study of His Life and Images*, pp.89–92.

忧郁、挣扎、力量、爱恋等的艺术形式上,而是让人的个性表现形式在艺术美的境界中得到陶冶与升华。西蒙兹在评述时充分注意那些给读者带来美的精神享受因素。① 然而米开朗基罗自身的情感则汇聚各种因素而成。西蒙兹运用米开朗基罗的献诗来描述那种复杂的感情,很有感染力。对于米开朗基罗来讲,这种爱既是神圣的,又是一种折磨。② 在《意大利文艺复兴》中,西蒙兹引用米开朗基罗的诗句来评价艺术家通过人体的美来感悟神圣世界的艺术境界:

> 上帝处处在显现自己,
>
> 清楚不过的是构成了人体的美,
>
> 通过人体之美去想象上帝的存在,
>
> 这些逼迫我去爱。③

我们还可以从更深的层次来理解体现在米开朗基罗艺术创作中的爱、美、神圣等境界。可以这么认为,正是米开朗基罗艺术中的上述境界使这位艺术家走向艺术的巅峰。这些都是米开朗基罗的模仿者所难以企及的地方。④ 另外,随着新柏拉图主义在文艺复兴时期意大利的逐渐传播开来,这不仅对艺术家个人的艺术创作有巨大的推动力,对民族的审美情趣之培养亦有精神的推动力。

第四,注意重大历史事件对米开朗基罗性格、人生各个环节的影响,包括第9章重点谈论的罗马遭洗劫等。西蒙兹从各个方面来分析导致这一事件发生的原因,充分显示作者的历史研究功力。但西蒙兹的真正用意是身处特殊历史事件和历史环境下的米开朗基罗有哪些值得回味的艺术心理活动。米开朗基罗一直受到美第奇家族的庇护。1527 年罗马遭洗劫时美第奇家族在佛

---

① J.A.Symonds, *The Life of Michelangelo Buonarroti*, Vol. Ⅱ, pp.117-125.

② J.A.Symonds, *The Life of Michelangelo Buonarroti*, Vol. Ⅰ, pp.64-65.

③ J.A.Symonds, *Renaissance in Italy*, Vol. Ⅲ, New Edition, p.299.

④ M.Bryan, *A Biographical and Critical Dictionary of Painters and Engravers*, New edition by G. Stanley, H.G.Bohn, 1865, "ANGELO, Michael, Buonaroti".

罗伦萨的统治已经被废止。美第奇家族下台后的佛罗伦萨新政府想利用米开朗基罗与美第奇家族的关系,邀请米开朗基罗为新政府服务,如设计指导修筑防御工事等,以此博得新政府开明的名声。在此等情状下,米开朗基罗的心情十分复杂,服务一段时间后便逃离佛罗伦萨前往威尼斯。即使在如此复杂社会政治环境中,米开朗基罗仍惦记着艺术创作。其中就包括继续修缮美第奇家族的陵寝等。这样,西蒙兹再次将一位被艺术占据整个心胸的艺术家形象生动地呈现在读者眼前。(这些情况在第9章中均有详细生动的描述。①)西蒙兹还提到米开朗基罗生平中与佛罗伦萨、罗马两座城市的关系以及与其他重要城市的关系。其中第3章、第4章、第11章明确标示米开朗基罗在佛罗伦萨、罗马的居住情况。

第五,对作为常人和作为艺术家的米开朗基罗之总体评价,即全书第15章最后一节的标题"Estimate of Michelangelo as Man and Artist"。这里进一步展开作者与米开朗基罗之间的文化对话。西蒙兹对那些追究米开朗基罗乖戾性格的说法一一做了评论,最后把米开朗基罗比作人类的"榜样和象征"。②西蒙兹用上述事迹向读者展示米开朗基罗丰富的内心世界和富于创造力的文化成果。总之,米开朗基罗的一生就是那尊值得人们去效仿的性格文化关系模型;甚至是一幅浓缩了的文艺复兴时期意大利历史恢宏画卷。

渗透在《米开朗基罗传》的另一个重要想法也很重要,即西蒙兹试图说明米开朗基罗的艺术理想、艺术创作生涯又反过来影响、平衡、完善这位文艺复兴艺术巨擘的个性表现,使其成为一个完美的人文主义艺术大师。西蒙兹认为性格是自然天生的,但性格在自我表现时又渗透后天精神的创作等,因此性格及其表现更像是合成物。对有些性格(例如存在于米开朗基罗身上的忧郁、孤独等)做就事论事的一般性解释,那等于把米开朗基罗拉回到常人的境界。至于那些交织在米开朗基罗身上的复杂性格如激情与理想、爱意与宽厚、

---

① J.A.Symonds,*The Life of Michelangelo Buonarroti*,Chapter Ⅸ.

② J.A.Symonds,*The Life of Michelangelo Buonarroti*,Vol.Ⅱ,p.372.

暴躁与计较等亦不能做简单的处理。事实上米开朗基罗的一生沉浸在艺术创作独有的境界与欢愉之中。当那些性格特征与米开朗基罗的艺术境界交融在一起的时候，它们便显示出与常人不一样的色彩。在这一点上，西蒙兹十分赞赏瓦萨利、孔迪威对米开朗基罗性格的理解。正是这两位传记作者提醒世人要从米开朗基罗的艺术人生角度去评判那些看似众人都具有的性格。甚至有些看似缺陷的性格在很大程度上也应当视为米开朗基罗艺术专注所导致的现象。① 仍以忧郁、孤独性格为例，这些性格在米开朗基罗艺术创作历程的 5 个阶段都有体现。② 5 个阶段的作品依次有《圣母怜子》、《女先知德尔菲卡》、《晨与暮》、《垂死的奴隶》、《耶稣下十字架》，等等。针对这些作品，《米开朗基罗传》的每一章都有相应的性格描写内容。仅仅从欣赏的角度看，西蒙兹让读者领略到米开朗基罗作品中那些英雄形象身上所刻有的孤独、忧郁感；圣母怜子中的悲伤之情；奴隶反抗之无望的挣扎；如此等等。如果从西蒙兹性格文化论的角度进一步体验便不难意识到，西蒙兹着意呈现的米开朗基罗性格已经不单单是天性的方面，而是一种得到文化裹装后的升华形态。③ 在西蒙兹的心目中，米开朗基罗就是纯洁的艺术家。④ 与此相关，米开朗基罗逐渐养成为艺术而生的性格并升华为所有性格要素中的主导成分。这样，一般的性格渗透进艺术家理想美的精髓并在艺术人生中发生新的作用。以孤独性格为例，米开朗基罗在艺术中的孤独蜕变为一种自我的放逐，是最大的自由，或者说是不孤独。⑤ 又例如在西蒙兹的笔下，米开朗基罗的忧郁、孤独因为有艺术精神的介入，从而产生一种艺术家的自我克制性，也就是在很大程度上用艺术

① J.A.Symonds, *The Life of Michelangelo Buonarroti*, Vol. Ⅱ, p.360.

② 本书采用学者托奈的 5 阶段分析法。托奈《米开朗基罗传》一书用生平、作品交叉的方法提示米开朗基罗人生的 5 个阶段，其著述相应地分成 5 卷，其标题分别为：Vol. Ⅰ "Youth"；Vol. Ⅱ "The Sistine Ceiling"；Vol. Ⅲ "The Medici Chapel"；Vol. Ⅳ "The Tomb of Julius Ⅱ"；Vol. Ⅴ "The Final Period"。

③ J.A.Symonds, *The Life of Michelangelo Buonarroti*, Vol. Ⅱ, p.166.

④ J.A.Symonds, *The Life of Michelangelo Buonarroti*, Vol. Ⅱ, pp.164−166.

⑤ J.A.Symonds, *The Life of Michelangelo Buonarroti*, Vol. Ⅰ, p.123；Vol. Ⅱ, p.335.

来表达深层次的心理、生理因素。西蒙兹《米开朗基罗传》对艺术大师的"自我克制"或"自我控制"(Self-control)性格做了高屋建瓴式的评述。① 从艺术人生的角度去反观米开朗基罗的性格就会对各种禀性产生新的理解。或者说,天才身上的性格因素直接与文化的创造过程交融在一起,并诞生完整的艺术与人生"自我实现"(self-realization)②世界。如果说米开朗基罗不能够将自己"克制"在艺术的境地里,那么所有惊世骇俗的创作都无从谈起。正是有了这份"克制",米开朗基罗将自己的人生塑造成一幅艺术史上的英雄形象。西蒙兹不无理由地将米开朗基罗与音乐家贝多芬作比较。③ 从历史对话的角度看,西蒙兹对米开朗基罗"克制"的评论亦是西蒙兹自我内心世界和性格表现的一种折射。前文述及,西蒙兹的文人境界始终有"克制"的成分,并造就其诗人历史学家的学术辉煌。两厢对照,互映互衬。

　　这里再就米开朗基罗忧郁、孤独的性格与艺术创作之间的关系做些深入探讨。米开朗基罗给世人的直接印象就是其人生封闭在自我的忧郁、孤独世界之中,甚至被死亡心理缠绕。西蒙兹所译《米开朗基罗十四行诗》中选了不少反映米开朗基罗死亡情结的诗歌作品,还在诗歌集的起首引了米开朗基罗哀悼父亲死亡的诗句作为导入:

　　　　你向死亡走去,艺术铸就神圣;

　　　　　你不必再担忧变幻、生命、意愿;

　　　　　我的灵魂怎能不为此宽心。

　　　命运和时间还会有胆量

　　　　　在我们之间穿过

　　　　　带着叫人毛骨悚然的乐欢。

---

① J.A.Symonds, *The Life of Michelangelo Buonarroti*, Vol. II, pp.369-370.

② J.A.Symonds, *The Life of Michelangelo Buonarroti*, Vol. II, p.372.

③ J.A.Symonds, *The Life of Michelangelo Buonarroti*, Vol. II, p.374.无独有偶,麦克布尔内的新作《艺术巨擘》(T.R.McBurney, *Artistic Greatness：A Comparative Exploration of Michelangelo*, *Beethoven*, *Monet*, Galde Press, Inc., 1999)亦有此等比较的内容,可资参考。

> 没有云块遮挡你天堂的光亮；
>
> 没有小气的时光逼你逞强；
>
> 你不需要知道机遇或好运。
>
> 夜晚的降临不再是大不幸，
>
> 明净的白昼也无需增大，
>
> 阳光和煦的日子也无需复返。①

正如上文所指，此等死亡纠结、死亡超越的忧郁情调贯穿米开朗基罗艺术创作的整个过程，并成为其大部分作品内容、构思、形式的主基调，即使是大卫雕像、摩西雕像等亦有几分忧郁的格调。什么是忧郁？笔者以为是艺术家忘情、沉迷、感伤于个体梦幻世界的心境。西蒙兹曾用英文单词 saturnine（忧郁的）、sluggish（懒散的）来形容米开朗基罗的体质性特征。具有这种特质的人更需要刺激。而对于米开朗基罗来讲，艺术的理想和梦幻就是最重要的刺激。在这一点上，西蒙兹称米开朗基罗为梦想家。② 这里需要指出一点，即忧郁与抑郁之间还是有些区别。从表面上看都有情绪低落、精神消沉的特征，但忧郁（melancholy）更具有感伤的成分，而抑郁（depression）则集中体现在精神的压抑方面。显然，忧郁是米开朗基罗艺术美感世界的主体，更是米开朗基罗艺术人生的象征。但西蒙兹在概括米开朗基罗人生、性格、艺术等的独特性时，还给出一个富于启示意义的评论意见，即不要将欣赏、评价的视野仅停留在忧郁、孤独这样一些表层的画面语汇，而要透过这些画面认识米开朗基罗向往更高人生和艺术境界（如柏拉图主义意境）的探索之路。不断给自我和艺术创作开拓更高、更美的理想境界，这是超越忧郁的途径，虽然带着点悲剧的意味。笔者将进一步提出"具有悲剧意蕴的视觉艺术"的观点。以米开朗基罗的艺术人生为例，米开朗基罗的作品没有指点最后的方向，也没有最终的结论。而

---

① 这是西蒙兹编译《米开朗基罗十四行诗集》（*The Sonnets of Michael Angelo Buonarroti*, Translated by J.A.Symonds, Thomas B.Mosher, 1897）扉页上的米开朗基罗题诗。

② J.A.Symonds, *The Life of Michelangelo Buonarroti*, Vol. Ⅰ, p.121.

是始终叩问悲难的命运,又始终在抗争命运。所以米开朗基罗的性格和艺术风格不适宜呈递优雅、恬静之美。斯本纳的结论性概括亦提到了这一点。①说到此等悲剧性的意蕴不妨做一个比喻:米开朗基罗的作品是艺术中的莎士比亚;而莎士比亚的作品是戏剧领域的米开朗基罗。笔者做如此比喻的理由在于:米开朗基罗的艺术也呈现悲剧人生恐怖的一面。不过,这种恐怖背后潜藏着的是一种崇高的精神。或者说忧郁、命运叵测、挣扎、反抗、死亡等构成了恐怖,但这种恐怖是一种精神的洗练。同时艺术家在思考自己和人类如何超越自我、如何向着完美的境界前行,这就是悲剧中的崇高。对于有些艺术家来说,如何将心目中最美的一面呈现出来,这成为艺术创作的首要任务。但对于米开朗基罗来讲,他心目中有一个绝对完美的境地,但究竟是怎样的一种状态,米开朗基罗并没有具体给予回答。米开朗基罗的艺术创作的重要特征是通过各种艺术形象让人去想象、接近那种美的境地。例如挣脱肉体束缚;又例如对神圣的向往;又例如面对死亡的各种情感;又例如沉思人生;又例如爱的情怀;等等。这样,美感的创造活动就与崇高、悲壮关联在一起。为何说崇高?因为这种艺术创作活动指向的是最高的美而非某种即时的美感愉悦。正因为如此它又是悲壮的,即此类艺术创作并不点明何谓最高、何谓终极性的意义,而现实的、画面上的内容与终极性的意义则处于某种矛盾之中,甚至是一种恐惧。所以瓦萨利要用恐惧、崇高之类的用词来形容米开朗基罗艺术的深刻意蕴。这才是米开朗基罗艺术的真正魅力。就艺术与性格的关系而言,米开朗基罗不断通过艺术创作去接近完美的世界,他的忧郁人生由此得到净化和超越。或者说米开朗基罗因为艺术创作而走出死亡的阴影,不断获得人生新的存在境地。再扩展点讲,为何我们将米开朗基罗作为文艺复兴时期意大利艺术创作的圣者,其缘由是米开朗基罗的艺术作品永远引导欣赏者去想象更美的世界何在,而非定格在某种美的意境之中。这也是米开朗基罗与同时代其

---

① S.Spooner, *A Biographical History of the Fine Arts*, Leypoldt & Holt, 1867, "BUONAROTTI, Michael Angelo".

他大师区别开来的根本。我们还可以从西蒙兹的米开朗基罗评论中深思这样一个问题,即艺术创作的灵感来自何处? 如果艺术创作是为了某个普遍的规律,抑或为了某个世俗的目的,那么还会有打动人心的艺术价值吗? 从某种意义上讲,艺术不是为了他者,艺术创作就是个体心灵的一次闪动,是一次自我的拯救。甚至就创作本身而言,它是不能受任何干扰的。唯其如此,艺术家才能尽情地、纯粹地将美的世界展示出来。欣赏者也不是在作品面前去考虑某个目的,而是欣赏美本身。米开朗基罗的艺术就是其性格、心灵中诸多挣扎的因素在艺术中的延伸。这艺术人生的特征本身就成了一种悲剧,就成了一种崇高,就成了纯粹意义上的美。

说一位艺术家的内心活动如何影响其创作,这种想法似乎在任何一本艺术家传记作品中都不会遗漏。但说透性格等因素与艺术创作这两者之间的关系未必轻而易举。另外,一个民族的性格如何在文化创作特点的形成过程中起关键的作用,同时从一个时代、社会的群体性格特征、文化氛围去反观艺术家个体的性格与艺术创作之间的关系,这些更不是简略的研究就能说得清楚。西蒙兹性格文化理论的一大特色是对民族性格的分析(详见第四章第二节)。如果将米开朗基罗的性格、艺术创作等情况置于当时佛罗伦萨乃至整个意大利的民族性格、社会文化氛围中去认识,学人可以发现更为丰满的艺术家形象和艺术作品的底蕴。文艺复兴时期的佛罗伦萨有许多群体性格、文化特征值得分析:那时出现了前所未有的性开放的生活氛围,同性恋风气亦为众人认可。这些又与人们看重金钱、权力等世俗性因素混合在一起。而另一方面文人推崇新柏拉图主义和崇高艺术理想,在其影响下群体的相应审美意识也得到强化。所有这些因素交织在一起会在文人的内心世界中产生各种困惑与冲突。忧郁心理、性格及与此相伴的文化创作行为最为典型地折射出当时佛罗伦萨的群体心理和社会文化现象。这些现象在14至16世纪的意大利也司空见惯。只有在上述社会文化的背景下分析米开朗基罗的忧郁性格及受此性格影响的艺术创作,学人才能从更深的层次理解其中的内涵。将艺术评价的视野再放得宽一点,米开朗基罗通过艺术来平衡、释放忧郁孤独性格的过程还获得诸多撮合的因素。其中不可或缺的因素是上文提到的米开朗基罗各轮庇护人都有足够的能力使米开朗基罗安心艺术创作。

　　如果从更深层次认识西蒙兹的米开朗基罗研究就必须提到另一位艺术家即拉斐尔。西蒙兹也喜欢将米开朗基罗与拉斐尔做比较。在西蒙兹的时代,拉斐尔的人生及其艺术创作实践是艺术史研究的重点之一。1882 年即克罗、卡瓦卡塞莱《拉斐尔传》第 1 卷出版的同一年,门子的《拉斐尔传》①亦见诸学界。两者都是拉斐尔研究的巨著。1885 年克罗、卡瓦卡塞莱《拉斐尔传》第 2 卷已经充分注意到门子的研究状况。② 在门子的心目中,拉斐尔是艺术与道德的完美结合者,是热爱人性纯粹、伟大、高贵的代表。③ 门子虽然无法顾及克罗、卡瓦卡塞莱的《拉斐尔传》,但在著作中不时提到克罗、卡瓦卡塞莱《意大利绘画史》涉及拉斐尔的各种观点。④ 拉斐尔受艺术史家的关照,这除了拉斐尔自身优美的艺术创作因素外,与米开朗基罗艺术创作进行比较亦是艺术史家考虑的因素。如果说米开朗基罗的作品如同其个人的生平一样有着忧郁、孤独、恐惧、向命运抗争、探索超越境界的深刻意蕴,那么拉斐尔则是优雅、和谐、明丽的代名词,两者一样精彩。前文提到的那些有影响的艺术史著作、词典等都有这方面的比较内容。当然亦不乏专题性的比较研究著作,如帕金斯的《拉斐尔与米开朗基罗:一部批评性、传记性论著》⑤等。西蒙兹的比较和概括是:"拉斐尔是月神吟唱者,文艺复兴因他而显露其欢愉和陪伴着动人的

---

① E.Muntz,*Raphael:His Life,Works,and Times*,Ed.W.Armstrong,Chapman and Hall,Limited,1882.

② J.A.Crowe & G.B.Cavalcaselle,*Raphael:His Life and Works*,vol.Ⅱ,1885,pp.144,256.

③ E.Muntz,*Raphael:His Life,Works,and Times*,Ed.W.Armstrong,p.620.

④ E.Muntz,*Raphael:His Life,Works,and Times*,Ed.W.Armstrong,pp.38,55,77,etc.门子《拉斐尔传》的原文是用法语撰写的,其中引用的克罗、卡瓦卡塞莱《拉斐尔传》是德文版,因此卷数、页码与英文版有差异。

⑤ C.C.Perkins,*Raphael and Michelangelo:Critical and Biographical Essay*,James R.Osgood,1878.

声音。……米开朗基罗是预言家和先知,文艺复兴因他而展示其精神的劳作、赋予其精神的力量,他也像理想的哥伦布那样夺得文艺复兴的秘密而启程驶过思想孤单的渊流。"①也就是说,米开朗基罗的作品会引导观赏者去思考更为深刻的精神世界因素,而拉斐尔直接就用明丽的线条、色泽让你顿时沉浸在美的世界。米开朗基罗一直在问:什么是美? 并用艺术实践去追寻心目中的美;拉斐尔则告诉世人:这就是美,并用艺术实践一再掀开美的面纱。再打个比喻,米开朗基罗与拉斐尔就像音乐界的马勒与柴可夫斯基。马勒的交响曲耐品、耐思;柴可夫斯基的各类作品悦耳、让人入迷。不过无论怎样比较,例如再将米开朗基罗与达·芬奇进行比较,有一点则是艺术三杰中其他两位无法与米开朗基罗比试的,即米开朗基罗是文艺复兴时期独树一帜的雕塑家——一位充分展示忧郁、勇气、超越心理的雕塑家。米开朗基罗向来喜欢称自己为雕塑家,正是雕塑给了米开朗基罗走向艺术自由的又一捷径。

第二节　书写西方同性恋文化史

一、古希腊、近代伦理问题

笔者一再强调,西蒙兹的人生经历表明其历史研究成为解答私人问题与文化史疑点的手段。从某种意义上讲,西蒙兹生前的所有研究都或多或少与同性恋问题有关,他择取的希腊文化、文艺复兴文化及诸多个案研究的内容大都如此。甚至可以认为,西蒙兹以同性恋者、文人、诗人历史学家多重身份撰写了一部西方同性恋文化史。西蒙兹力图证明或西蒙兹内心世界想的是,同性恋从生理学、心理学的角度看无非就是一个性倒错的自然人性问题。但更有意思的是同性恋现象往往与文学艺术、形而上思考中的爱关联在一起,由此

---

① J.A.Symonds,*Renaissance in Italy*,Vol.Ⅲ,New Edition,p.228.

引申出意蕴无穷的审美意境。显然,这些想法与西蒙兹的生活理想密切相关。沿着西蒙兹的上述思路去观察文化史,人们不难发现一些有文化品味的同性恋者不时将唯美的境界当作人生的希望,并通过各自的文化手段来呈现那种超越的美感天地。正是有了这些试图将人性底层的一面呈现出来的文人之劳作,人类文化另一种个性斑斓色彩才得以展现出来。考虑到个人情况的特殊性以及时代的容忍性情况,西蒙兹采取如下 3 种手段书写涉及同性恋问题的研究作品:第一,撰写伦理问题报告;第二,撰写文学批评史及人物评传;第三,撰写书信、回忆录等。西蒙兹所从事的西方同性恋史创作其最终目的既是为了拯救自我,也为了提请世人重新认识同性恋现象,使同性恋者正常地回归社会。

具体而言,经过惠特曼等大家的精神洗练,西蒙兹开启一项撰写西方同性恋文化史的巨大学术创作工程。这也是真正意义上的西蒙兹性格文化关系研究工程。这一庞大的计划要求西蒙兹尽其所能去分析历史上的诸多文化大家的个性(包括具有同性恋倾向的个性)以及与那些个性相对应的文化状况。西蒙兹需要搞清楚历史上和同时代人对同性恋生理、心理倾向的看法;需要找到更多的资料证明具有同性恋倾向的文学艺术家在个性上有哪些特征;更需要向世人展示历史上具有同性恋倾向的文学艺术大家在各自的文化创造方面有何特点,如此等等。到了 1883 年,西蒙兹私人印了 10 本《希腊伦理问题:特别写给医学心理学家、法学家的一项关于性倒错现象的咨询报告》(通常简称《希腊伦理问题》)①。这里先提示一个问题,在西蒙兹的心目中那些所谓的医学、心理学、法学研究都算不上真正意义上的科学研究,更不用说还缺乏历史、文化的视野。1891 年,西蒙兹又私人印制《近代伦理问题:特别写给医学

---

① 　J.A.Symonds,*A Problem in Greek Ethics:Being An Inquiry into the Phenomenon of Sexual Inversion,Addressed Especially to Medical Psychologists and Jurists*,1883.以下简称 *A Problem in Greek Ethics*。《希腊伦理问题》1883 年只私人印了 10 本。即使是 1901 年的版本也不过 100 本。现在学人包括笔者在内能够得到的也就是 1901 年版。更具体的情况参见 P.L.Babington,*Bibliography of the Writings of John Addington Symonds*,p.49。

心理学家、法学家的一项关于性倒错现象的咨询报告》(通常简称《近代伦理问题》)①一书。两书均历史性地、分门别类地讨论性倒错现象,两者叠加在一起便是一部西方同性恋史专题研究著作。其中《近代伦理问题》占较大篇幅的是对文学中的性倒错问题做了系列研究,包括专题评论惠特曼诗歌中所表露出的性倒错象征问题等。② 有意思的是,《近代伦理问题》认为文学史上对性倒错问题研究的最初两位学者是德国人 M.H.E.Meier 和"一位用英语撰写的英国人"(an Englishman in English,即作者西蒙兹自己),其隐晦的心态可见一斑。③ 另外,西蒙兹生前曾与其好友霭利斯一起构思创作《性倒错》一书。西蒙兹作为合作者曾提供许多"历史"文本,但病殁致使合作事宜戛然而止,终为憾事。④

　　就这项西方同性恋史的系列工程而言,《性倒错》是带有专业性质的理论分析著作;《希腊伦理问题》和《近代伦理问题》可认作《性倒错》的历史文化展开。在撰写过程中离不开西蒙兹参考同时代诸位学者在同性恋问题上的各种探索和研究成果,更离不开与其好友霭利斯在专业方面的相互切磋。在西蒙兹的年代书写西方同性恋文化史,这无疑是一个创举。西蒙兹除了会遇到时代的和私下的各种难题外,另一项学术难题便是先前及同时代尽管有不少涉及同性恋的描述,但真正要找到那些以自述的形式揭示作者本人同性恋的历史作品谈何容易。不过所有上述障碍并不影响西蒙兹在历史作品中梳理同性恋的内容,从而写出一本至少由实实在在文字参考材料为基础的西方同性恋史。同时需要说明的是,在西蒙兹的著述中并不存在"西方同性恋文化史"

---

　　① J.A.Symonds,*A Problem in Modern Ethics:Being An Inquiry into the Phenomenon of Sexual Inversion,Addressed Especially to Medical Psychologists and Jurists*,London,1891.以下简称 *A Problem in Modern Ethics*。其出版情况非常类似《希腊伦理问题》。1891 年私人印了 50 部。1896 年重印 100 部。其中的第 7 节"Literature:Polemical:Karl Heinrich Ulrichs"被收入《性倒错》的附录。

　　② J.A.Symonds,*A Problem in Modern Ethics*,pp.115-125。这部分内容其实就是西蒙兹所著《惠特曼研究》(J.A.Symonds,*Walt Whitman:A Study*)一书的第 5 章。

　　③ J.A.Symonds,*A Problem in Modern Ethics*,p.84.

　　④ 详情见 H.Ellis,*My Life*,William Heinemann Ltd.,1940,p.295。

字样的作品,不过从西蒙兹相关研究的实际情况看,冠之以"史"的称号名副其实。目前西方学术界在西方同性恋史的文本梳理、评述方面有不少关系到西蒙兹的内容,成绩不容小觑。[1] 不过就学术研究的完整性而言,西蒙兹的《希腊伦理问题》和《近代伦理问题》两部作品还没有得到学术界比较详尽的批评分析。特别是如何以新的视角重新分析西蒙兹隐晦文字下面那些具有开创性意义的西方同性恋文化史内容,这方面还有很大的学术期待。

《希腊伦理问题》(注:本书内容大纲附于本节结尾第 108 — 111 页)以文化的大视野梳理希腊文学艺术中涉及的娈童恋(paiderastia)现象,特别是西蒙兹注意到娈童恋现象与当时整个社会、文化环境的关系问题。《希腊伦理问题》在时间跨度上包括整个古代希腊文化的进程。其中第 1 章"导论"谈论处理这一主题的方法,也就是要跳出医学、法学等传统认识视角和范围,重新去解读希腊同性恋现象。往后章节涉及《荷马史诗》、各种悲剧、喜剧、爱情诗、艺术作品中出现的同性恋情节;还着重分析柏拉图、阿提卡法律等相关论述;最后评点希腊的同性恋现象为何在罗马、基督教、骑士世代渐趋消沉的原因,等等。西蒙兹曾经在给理查德·伯顿爵士的信中再次重申,自己主要是从文学的、历史的角度来探讨同性恋的问题,而不是将重点放在心理、生理因素的探讨方面。[2] 这是一种比较实事求是的态度,西蒙兹自己不是这方面的心理学、生理学专家,但他是诗人、历史学家,因此以文学与历史两条线索来梳理问题更为得心应手。更重要的是,一直到西蒙兹所在的 19 世纪,西方在同性恋史的研究方面缺的不是心理、生理专家,而是文化方面的大家。在西蒙兹看来,从文化入手能够更为生动、全面、深刻地呈现同性恋者复杂的内心世界及与此相关的历史。

---

① 如 P. Croft - Cooke, *Feasting with Panthers：A New Consideration of Some Late Victorian Writers*, Holt, Rinehart and Winston, 1967, 该书特别提及斯温伯恩、西蒙兹、王尔德 3 人的生平著述。其他另见第一章第二节三。

② P.L.Babington, *Bibliography of the Writings of John Addington Symonds*, 1925, p.50.

下面是西蒙兹为《希腊伦理问题》所撰简短"导论"的全文："在研究性倒错问题方面，古希腊提供了观察、反思的广阔领域。其重要性至今尚未得到医学家、法学家在此科研方面的关切。他们没有意识到，单就历史而言我们得到了一个范例，即那个伟大的、高度发展的民族不仅容忍同性恋的情感，还看重其中的精神价值，试图以此助益社会。通过这些经我们选定的大量文献，我们可以看到此等情感背后各种各样的内容，它们为高雅、理智的文明发展打开了自由的空间。希腊人所说的娈童恋或男孩之爱是人类文化最为辉煌时期之一中的现象，也是最高度组织起来、最具高贵活力民族之一中的现象。它作为希腊社会生活的特征是与其他希腊周边民族在道德或思想方面区别开来的最鲜明标志。为了追溯他们诸多城邦中如此标志性习俗的历史，为了希腊人在这方面的伦理情感，肯定需要得到心理学家的科研支撑。它可以使人从另一个角度来看待这个课题，而通常人们多半采纳近代法律家、精神病专家、法医学家的观点。"①这段话清楚地表明西蒙兹对待同性恋文化的基本态度。

首先，西蒙兹认为同性恋不能简单地从生理、心理的角度来了解，它有精神文化方面的内涵，《荷马史诗》、柏拉图的著作等是我们理解这种同性恋文化高雅性的重要参考资料。按照西蒙兹的解释，我们不要从对与错等的价值评判角度来看同性恋现象，否则的话会使我们陷入研究的困境。在古希腊，学人对它的认识也有一个过程。最初，荷马没有娈童恋的知识。但从其记载中人们看到了许多相关的浪漫故事，例如阿基里斯与帕特洛克鲁斯的浪漫故事等。在一些神话、半传说的故事中也有娈童恋的记载，如哈默迪乌斯与阿里斯托吉顿的故事等。在抒情时代诗歌中也有娈童恋的记载，如泰奥格尼斯与库努斯的故事，阿纳克里翁与司美尔迪斯的故事，由阿忒那奥斯记载的饮酒歌②

①　J.A.Symonds, *A Problem in Greek Ethics*, p.1.
②　西蒙兹引述由阿忒那奥斯记载的两首反映古希腊同性恋的饮酒歌：第1首是："假如我有充满身心的爱意，那可爱的男孩就领着我去欢歌酒神狄奥尼索斯。"第2首是："一起喝、一样年轻、一同相爱、一块穿戴显眼、一起疯狂、一起陪伴到清醒。"参见 J.A.Symonds, *A Problem in Greek Ethics*, p.26。

等。涉及的人物有索伦、伊比库斯(西蒙兹称其为男萨福(the male Sappho)、品达与台奥克诺斯等。在阿提卡舞的台上也有娈童恋的内容,包括埃斯库罗斯《密尔弥多尼斯》、索福克勒斯《阿基里斯的情人们》与《尼奥比》、欧里庇得斯《克利西波斯》等。西蒙兹在著作中详细分析了娈童恋在希腊的传播过程。到了柏拉图的时代,阿提卡半岛已经成为娈童恋"神圣的地带(The sacred band)"。① 当然,在西蒙兹看来娈童恋在雅典等希腊城邦的盛行与那些小亚地区的娈童恋是不同的。雅典城邦等法律制度涉及的、柏拉图笔下描述的娈童恋带有高雅的性质,而小亚许多民族中流行的娈童恋则是粗俗的(例如爱利亚斯与麦加拉的习俗)②等。西蒙兹在论述中提到了一个非常关键的词,即柏拉图《费德鲁斯篇》中的"癖爱(erotic Mania)"③。在"癖爱"概念中我们可以感受到柏拉图对娈童恋的所有情感认知。学人可以对此做几个方面的解释:其一,癖爱也是一种爱,是自然的人性表现。柏拉图认为人的情感本能有3点即友谊的、欲望的和两者混合的。而娈童恋应该是混合型的。当然柏拉图更欣赏友谊层面的情感;其二,癖爱又不是一般意义上的爱,其中蕴含着特殊的爱恋因素,例如有许多属于精神境界方面的因素等,这提示后人可以对此做些生理的、历史的、文化的解释;其三,既然是癖爱,它就不必加以普遍性的提倡。后来吉本还说它是"轻微之恶"(thin device)。④ 由"癖爱"、"轻微之

---

① "神圣的地带"是指希腊中部地区 Boeotia 一带盛行男同性恋的城镇。另见 J. A. Symonds, *A Problem in Greek Ethics*, pp.20–21。

② 爱利亚斯与麦加拉是两个希腊小亚民族,那里的娈童恋乱来一通,参见 J. A. Symonds, *A Problem in Greek Ethics*, p.22。

③ J. A. Symonds, *A Problem in Greek Ethics*, pp.48–53.西蒙兹又认为这种癖爱的想法或娈童恋的想法在以后中世纪、但丁的爱恋观中是不存在的。

④ 西蒙兹在考查了希腊社会的娈童恋现象之后进一步发问:哲学家是否将娈童恋当作一种哲学理想呢? 对于这一问题,西蒙兹没有在苏格拉底、柏拉图的论说中找到直接的证据。即使是柏拉图,他虽然欣赏娈童恋,但在晚期作品《法律篇》中则多有责备。故青年柏拉图与老年柏拉图对娈童恋的想法也是矛盾的。可参见 J. A. Symonds, *A Problem in Greek Ethics*, X V。这样,西蒙兹只能引述后人如西塞罗的看法。西塞罗认为,雅典哲学家虽然感到娈童恋是一件趣事,但又觉得此等现象带着点轻微之恶。后来历史学家吉本也认同西塞罗的看法。另见 J. A. Symonds, *A Problem in Greek Ethics*, p.55。

恶"等同性恋认知出发,学人不难理解何以柏拉图前期的观点与晚年写《法律篇》时的观点是矛盾的原因。

其次,西蒙兹试图从古希腊的娈童恋范例中说明同性恋与文化高度发展之间存在着正向互动关系。这称得上西蒙兹关于同性恋文化研究中石破天惊的观点。在西蒙兹看来,古希腊对娈童恋的开放态度不仅未对社会风尚等造成负面影响,相反还促进社会、文化的健康发展。这些观点对我们研究希腊时代的同性恋文化具有学术启示意义。西蒙兹注意到古希腊的娈童恋与一些特殊的境况有关。例如娈童恋往往与体育健身等关联在一起。那时有一种"公园健身地(Palaestra)"①,这类健身之地有点像今天公园之类的公共场所,里面有各种各样让人放松自我的场所。它是大家健身、会面、嬉闹、发表想法的最为自由自在的地方。一些同性恋男孩也在此通过体育锻炼、各种社会接触而相互认识、产生好感。那些希腊的男孩在裸体的锻炼中发现匹配者,然后共同坐在餐桌旁"谈经论道",这就是"共餐(Syssitia)"②。由此西蒙兹注意到古希腊的娈童恋不是随随便便的性交往,从双方结识到产生感情的过程都是在优雅的环境、行为中进行的,是在优美意识支配下完成的。当说到娈童恋的高雅一面,西蒙兹不得不花较多的笔墨来谈论柏拉图著作中的想法。学人可以在柏拉图的著作中找到许多娈童恋的内容。例如柏拉图《宴饮篇》中的优美之爱(love of beauty);③柏拉图《宴饮篇》中保萨尼亚斯演说摘录(Quotation from the speech of Pausanias on love in Plato's *Symposium*);④《吕西斯篇》(The *Lysis*)中的美少年,⑤等等。西蒙兹在《希腊伦理问题》第18章专门论述娈童

---

① Palaestra 这个词有角力学校、体育锻炼场地等解释。参见 J. A. Symonds, *A Problem in Greek Ethics*, p.37。

② J.A.Symonds, *A Problem in Greek Ethics*, pp.61–62.

③ J.A.Symonds, *A Problem in Greek Ethics*, pp.51–52.

④ 保萨尼亚斯是柏拉图《宴饮篇》中的参加者,席间发表演说,谈到爱恋的风俗等问题。参见 J.A.Symonds, *A Problem in Greek Ethics*, p.31。

⑤ J.A.Symonds, *A Problem in Greek Ethics*, p.38.

恋与美术的关系。西蒙兹告诉世人希腊雕塑中完美而健康之人的形象,希腊人崇尚的身体与道德质地,希腊伦理的审美性,等等。而这一切的发生源于一种"自制力"。柏拉图在《查尔米德斯篇》(The Charmides)中通过对话者查尔米德斯之口表达关于人的自制力看法。① 从中也反映出柏拉图、西蒙兹对优雅同性恋的态度。西蒙兹在各种场合表达出同性恋者的某种克制情态。总之,娈童恋没有降低希腊民族的想象力,娈童恋中表现出的希腊人审美气质也没有受道德与宗教的干扰。为此,西蒙兹还专门提到霍拉(Hora)②现象。西蒙兹在著作中虽然没有直接对"霍拉"进行解释,但他谈到了神意问题。在希腊人那里没有喜欢这而不喜欢那的神,人喜欢什么神就喜欢什么。借此表明希腊人的娈童恋在神意方面也有助力。

再次,以同性恋作为一个切入口,学人可以更深入地了解、分析古代希腊的社会状况,例如通过娈童恋现象来了解希腊公民社会对人身自由的看法等。那时雅典的法律禁止娈童恋问题上的"妓"、金钱交易等行为。在雅典确实存在着一些专门为男同性恋提供性服务的人,这些人中有的因为战俘而沦为奴隶并出卖自己身体谋生。他们就是沦为妓的人(Brothels)③。西蒙兹通过《西蒙被告词中的利西阿斯》文本内容点出了其中的妓现象。④ 国家还可以从这些公共的"妓"服务中得到不少税收。当然,自由人之间的同性恋是不能出现"妓"行为的。公民也注意防止各种侵夺现象。那时的男孩献物(Presents to boys)⑤、赏

---

① J.A.Symonds, *A Problem in Greek Ethics*, pp.38–39.

② J.A.Symonds, *A Problem in Greek Ethics*, pp.69–70.

③ J.A.Symonds, *A Problem in Greek Ethics*, p.43.

④ 说的是利西阿斯告西蒙侵犯了自己与男孩泰奥多德斯的娈童恋关系,西蒙作为被告申辩自己与泰奥多德斯的关系是有协议的。以此说明自己的清白。这个故事进一步印证当时雅典社会存在着的男同性恋之间的妓现象。雅典的法律也意识到这些情况,因此规定如果自由人出卖人身为妓就会被剥夺公民权。另见 J.A.Symonds, *A Problem in Greek Ethics*, pp.43–44。

⑤ 按照西蒙兹文中说明,当时热恋男孩间的某一方为了赢得对方的情感,在羞愧金钱交易的情状下献给对方一些礼物如各种动物、服饰之类。参见 J.A.Symonds, *A Problem in Greek Ethics*, p.42。

赐(*Misthosis*)①等现象就是最好的说明。为了防备不测,希腊还有儿童陪伴制度(The institution of *Paidagogoi*)②等。学人还可以通过男女不同同性恋情况的比较了解当时妇女的社会地位问题,例如西蒙兹认为希腊妇女中的同性恋从未获取类似娈童恋的尊崇。③

最后,同性恋的盛行与消退的历史从一个侧面展示西方古代、中世纪至近代的文化状况。以娈童恋为例,虽然到了罗马时代、特别是基督教势力兴起后,此等现象慢慢消退下去,但还是留下不少记载,如《娈童恋之神》(*Mousa Paidike*)④、斐洛斯特拉图斯的《情书》(Philostratus' *Epistolai Erotikai*)⑤等。这些说明娈童恋文化在个体与族群中的强势影响力。为了说明同性恋在文化中消退和变化的原因,西蒙兹进一步分析希腊之爱不存在于罗马、基督教教义、骑士方式、近代世界的"生活方式"等方方面面问题。西蒙兹还注意到随着娈童恋现象的消退,一些文化偏见也随之产生。人们经常会认为柏拉图主义者鄙视彼特拉克主义者为偏爱女性;而彼特拉克主义者也会瞧不起柏拉图主义者,将那种爱恋看作道德低下的情感。不过,懂得了希腊娈童恋文化的本质,了解清楚柏拉图对娈童恋的看法,人们就会理解柏拉图主义之爱其实与彼特拉克主义之爱也有相通之处。⑥ 笔者以为相同点在于两者都倡导精神超越境界中的神圣爱恋。

如果说《希腊伦理问题》就像一面镜子折射希腊社会文化的各种关联现

---

① *Misthosis* 这一希腊文原本有"租"的涵义。按照西蒙兹的解释,希腊雅典同性恋之间禁止金钱交易下的关系,社会认同以爱的形式表达同性恋相互间的关系。在这种情状下,"租"的真正定义应该是一种"赏赐"。参见 J.A.Symonds, *A Problem in Greek Ethics*, p.45。

② 在古希腊,父亲不可能一直陪伴孩子,于是选择忠诚的奴隶去陪伴。这个陪伴者的主要责任是防止那些爱恋者的纠缠、侵扰。此陪伴者就叫做 *Paidagogoi*。另见 J.A.Symonds, *A Problem in Greek Ethics*, p.34。

③ J.A.Symonds, *A Problem in Greek Ethics*, chapter ⅩⅨ.

④ 公元 2 世纪诗人 Straton 所编涉及娈童恋的诗选。参见 J.A.Symonds, *A Problem in Greek Ethics*, p.58。

⑤ 菲洛斯特拉托斯(Philostratus),公元 3 世纪希腊学者。

⑥ J.A.Symonds, *A Problem in Greek Ethics*, pp.54-55.

象,意在从源头上揭示同性恋的本质,那么《近代伦理问题》等著述则需要回答如何走出同性恋各种褊狭认知的迷途。从某种意义上说,《近代伦理问题》就是一部对各种同性恋偏见的批判史。《近代伦理问题》由 10 章构成,①该著作从中世纪晚期一直论述到西蒙兹所在的 19 世纪。全书从不同的角度探讨性倒错现象,其中占较大篇幅的是对各种文字描述中的性倒错观念做了系列研究。西蒙兹在"导论"中再次指出,无论从善的角度还是从恶的角度去理解,性倒错是人类历史上的重要现象,只是因为基督教伦理等的制约尚未得到哲学的、科学的真正研究。在历史上,只有希腊人将同性恋提升到典雅情感的高度。但这一现象在全世界范围内都存在着。它原本也是属于人类的自然常态现象,但渐渐被人说成是"倒错"(Inverted)的性现象,而且还受着法律的制裁,例如前文提到的《拉布谢尔修正案》等。问题是每个家庭都有可能遇到性倒错的风险。现在该是理性地分析、对待这一现象的时候了。② 全书首先评述基督教、一般大众对同性恋的偏见。随后就专家学者如卡利耶(Carlier)、乌尔里希斯(Ulrichs)等著述中的观点逐一进行分析,包括专题评论惠特曼诗歌中所表露出的性倒错象征问题。③

　　第一,同性恋受禁回顾。西蒙兹在第 1 章"查士丁尼时代以来的基督教观点"中这样描述:打开《圣经》人们就能在"摩西律法"篇里读到严厉制裁性

---

　　① 《近代伦理问题》由 10 章构成,具体如下:导论(Introduction);1.查士丁尼时代以来的基督教观点(Christian opinion from the age of Justinian);2.世俗的错误(Vulgar errors);3.文学:黄色的与性描述的:(Literature:Pornographic and Descriptive:)卡利耶《两种淫荡》(Carlier, *Les deux Prostitutions*);4.文学:医学的与法医学的:塔迪厄(Literature:Medico・Forensic:Tardieu);5.文学:医学心理学的:莫罗、塔诺夫斯基、克拉夫特・埃宾、龙布罗梭(Literature:Medico-Psychological:Moreau,Tarnowsky,Krafft・Ebing,Lombroso);6.文学:历史的与人类学的:(Literature:Historical and Anthropological:)迈耶《希腊伦理问题》;罗森鲍姆、巴斯琴、赫伯特・斯宾塞、理查・伯顿爵士、曼泰加扎(Meier,"A Problem in Greek Ethics";Rosenbaum,Bastian,Herbert Spencer,Sir Richard Burton,Mantegazza);7.文学:论辩性的:卡尔・亨利希・乌尔里希斯(Literature:Polemical:Karl Henrich Ulrichs);8.文学:理想主义的:沃尔特・惠特曼(Literature:Idealistic:Walt Whitman);9.尾声(Epilogue);10.法学上的建议(Suggestions upon Legislation)。

　　② J.A.Symonds, *A Problem in Modern Ethics*,"Introduction",pp.1-4.

　　③ J.A.Symonds, *A Problem in Modern Ethics*,pp.115-125.

倒错的条文。后来罗马帝国承认了基督教的合法地位,在康斯坦丁和狄奥多西乌斯时期通过了法律来制裁性倒错现象。但那时的强制效应并不明显,到了《查士丁尼法典》的面世,性倒错问题就严重了。《新法典》第 77 条以《圣经》为权威,明确如果发现性倒错现象,那么整个家庭、整座城市都要受到处罚。从此,尽管性倒错现象仍在发生,因为它是人类的自然现象,但因为查士丁尼法律的影响,致使信奉基督教的民族长期以来对性倒错采取不容忍的态度。① 以上文字内容简略地回顾了性倒错受禁止的历史。同时告诉世人,要走出世俗偏见和社会文化禁锢的迷途是何等的艰难。

第二,世俗偏见查因。《近代伦理问题》"世俗的错误"章以吉本的《罗马帝国衰亡史》开篇,然后引出这样一些观点:世俗的偏见将性倒错视为非自然的,尤其是归因于未成年的男孩容易学坏。在西蒙兹看来,此类看法都是站不住脚的。② 然后"文学:黄色的与性描述的"章主要评介卡利耶《两种淫荡》③中的观点。西蒙兹认为作者对性倒错的认知是很表面化的,把同性恋者当作巴黎大街上的娼妓形式一样对待,而且作者也承认对性倒错的知识不会多于警察每天执行任务时头脑中具有的那些意识。④ 这些想法在近代是很普遍的。在大多数人看来,性倒错问题应该交由医学、法学去处理。于是西蒙兹在《近代伦理问题》"文学:医学的与法医学的"一章继续介绍塔迪厄等人的研究成果。塔迪厄著有《道德攻击》⑤一书。塔迪厄与当时其他学人一样都是带着对性倒错根本性的厌恶情绪来谈论这一问题的。整本书就是在强调性倒错的非道德性。这种情况无异于去侦察那些被控有此行为倾向的对象。⑥ 相比上述作者,西蒙兹认为卡斯佩尔是第一位将天生的性倒错(inborn)与后天变态

---

① J.A.Symonds, *A Problem in Modern Ethics*, "Introduction", pp.5–8.

② J.A.Symonds, *A Problem in Modern Ethics*, "Introduction", pp.9–15.

③ F.Carlier, *Les deux Prostitutions*, Paris, 1889.

④ J.A.Symonds, *A Problem in Modern Ethics*, p.21.

⑤ A.Tardieu, *Attentats aux Moeurs*, Paris, 1878.

⑥ J.A.Symonds, *A Problem in Modern Ethics*, pp.23–24.

（acquired perversion）的性倒错加以区别的作者。① 西蒙兹十分看重这种区分。如果性倒错是后天发生的变态，那么学人就应当去寻找身体的、社会的等物理性（physical）原因；如果是先天的，那才谈得上追究道德上的原因。接着在"文学:医学心理学的"章继续介绍莫罗、塔诺夫斯基、克拉夫特·埃宾、龙布罗梭等作者的医学心理学观点。莫罗著有《遗传性偏差》②一书。正是在该书中莫罗提出"一般的物理原因（General Physical Causes）"与"一般的道德原因（General Moral Causes）"两种性倒错论定方法。其中物理方面的原因有:贫穷、年岁、制度、气质、季节、气候、食物等。而道德原因方面则第一位是遗传。至于以后表现是理想化的还是粗俗的，那就由教育等情况决定。③ 尽管莫罗的这种区分蕴含着许多对分析性倒错问题具有启示意义的因素，但西蒙兹还是觉得莫罗对古希腊曾经有过的同性恋文化不甚了解。莫罗所接受的还是罗马时代往后的性倒错观念，即它是一种遗传性的疾病（malady）。④ 不过西蒙兹觉得莫罗的出发点还是很好的，似乎要为那些被社会认为是有罪的性倒错者从监狱释放出来，并提供一个避难所，去拯救他们。⑤ 但问题是学者必须将那些性倒错身上的自然的、健康的方面讲清楚。这才是真正的拯救。进一步的讨论就会涉及塔诺夫斯基的观点。塔诺夫斯基在《性变态现象》⑥中指出，那些后天的同性恋往往受着坏榜样的影响，诸如模仿、好时尚、负面文学、好奇等，由此走入淫荡的门径。而先天的同性恋者则不可抗拒地拥有此等情感、倾向。不过，西蒙兹觉得塔诺夫斯基尽管研究中使用大量的例子来说明问题，但他并不知道这样一种情况，即先天的同性恋者具有男人通常有的情感，只是他

---

① J.A.Symonds, *A Problem in Modern Ethics*, p.25.

② P.Moreau, *Des Aberrations du Sens Genetique*, Paris, 1887.

③ J.A.Symonds, *A Problem in Modern Ethics*, pp.32–33.

④ J.A.Symonds, *A Problem in Modern Ethics*, p.36.

⑤ J.A.Symonds, *A Problem in Modern Ethics*, p.38.

⑥ B.Tarnowsky, *krankhaften erscheinungen des geschlechtssinnes*, Berlin, 1886.

们还有爱同性的倾向。① 说到底,近代的这些学者都是从病态的角度来考虑同性恋问题。又如克拉夫特·埃宾也在自己的著作《性变态心理》②中用后天的病态(morbid)与先天的病态来分类。至此,西蒙兹的观点也大致清楚了。简言之,同性恋在很大程度上是一种先天性的性生理、心理现象,必须放到文化的历史环境中去认知族群的、个体的同性恋史。

第三,民族地理说辨析。"文学:历史的与人类学的"章的内容其实就是介绍作者西蒙兹自己的观点,只不过用了这样的署名"an Englishman in English"。③ 同时还介绍罗森鲍姆、伯顿等学者从历史的与人类学的角度所做的研究。对于这一章中的观点不妨做些展开:文化界人士都知道理查德·伯顿是《一千零一夜》的英文译者,西蒙兹则更关注伯顿在《一千零一夜》英译本第10卷后附上的论文,正是在这篇论文中伯顿就同性恋现象提出了自己独特的看法。伯顿将北纬43度至北纬30度的地带称作"索达迪克地带"(Sotadic Zone),认为处于这一地带的人群(包括非洲、亚洲等地)都认同同性恋现象。由此看来,同性恋现象直接与地理、气候等自然环境的因素有关,而不是某些种族特有的现象。这一学说通常称作"淫:索达迪克地带"(The Vice:Sotadic Zone)。④ 这种说法无疑使西蒙兹产生许多联想。一方面,伯顿那些奇特的观点确实扩展了认识同性恋现象的视野;另一方面,伯顿没有从心理、社会历史等深层的角度去分析同性恋现象的本质,这无疑是一种缺憾。为此,西蒙兹还在伯顿去世前用了3个月的时间与其探讨同性恋问题,例如在古希腊的同性恋文化认同情况、往后直至19世纪的同性恋文化偏见等,并给出了诸多建议。

---

① J.A.Symonds, *A Problem in Modern Ethics*, pp.40–41.

② R.Von Krafft–Ebing, *Psychopathia Sexualis*, Stuttgart, 1899.另见 J.A.Symonds, *A Problem in Modern Ethics*, pp.43, 49, 59。

③ J.A.Symonds, *A Problem in Modern Ethics*, p.76.

④ *The Vice, Containing Sir Richard Burton's Sotadic Zone and Extracs from Dr. Jacobus' Untrodden Fields of Anthropology*, M.G.Thevis, 1967.此书坊间很难寻找,为笔者私藏。

伯顿也愿意去参考诸多学者的研究成果,当然此事最后不了了之。① 从中也可见出,西蒙兹的立意是全方位地去探讨同性恋现象,尽量避免在研究过程中的各种片面性。

第四,心灵—文化关系寻出路。"文学:论辩性的"章则集中探讨卡尔·亨利希·乌尔里希斯的观点。根据西蒙兹在该书中的说法,19世纪德国法学家乌尔里希斯在1864至1870年的系列著述中②对性倒错问题给予严肃、同情的对待和研究。③ 乌尔里希斯不同意男同性恋就是异性恋发展的一个折点,男同性恋的实际情况是其身体为男性的,而其心灵为女性的。因此同性恋不能仅仅当作两个同性的性交问题,而是出于一种身体与心灵合在一起的自然冲动。④ 乌尔里希斯的结论是,如果社会将同性恋当作是很自然的一件事,那么社会不会因此导致负面效应的产生。⑤ 这些学者的观点其实在西蒙兹的年代还没有引起社会的足够重视。同性恋尚未成为法学的主题,它暂时还是心理学家、医学家、道德学家等在讨论。⑥ 这更加说明西蒙兹撰写《近代伦理问题》的学术价值与社会价值。西蒙兹从文化的角度揭示同性恋的深刻底蕴,其实就是乌尔里希斯"心灵的冲动"观点的自然延伸,因为只有文化体现心灵世界的所有内涵。⑦ 最后一章评介惠特曼笔下的同性恋描述(另见第二章第一节一)。西蒙兹最后想表达的是:人类已经从各个角度描述了同性恋问题,现在十分有必要让整个社会从法律的角度来重新认识同性恋问题,并为最终解决同性恋问题找到法律的依据和营造出社会伦理的认可氛围。

---

① J.A.Symonds, *A Problem in Modern Ethics*, pp.78-81.

② 西蒙兹在《近代伦理问题》中提到乌尔里希斯的许多著作,如 K.H.Ulrichs, *Prometheus*, Leipzig, 1870。

③ J.A.Symonds, *A Problem in Modern Ethics*, p.84.

④ J.A.Symonds, *A Problem in Modern Ethics*, pp.91, 92.

⑤ J.A.Symonds, *A Problem in Modern Ethics*, p.102.

⑥ J.A.Symonds, *A Problem in Modern Ethics*, pp.130-135.

⑦ 西蒙兹在《希腊伦理问题》中已经指出,根据柏拉图的理论正是因为心灵的因素会使娈童恋走向优美之爱的境界。参见 J.A.Symonds, *A Problem in Greek Ethics*, p.51。

西蒙兹的其他著述如《希腊诗人研究》①、《意大利文艺复兴》②、《但丁研究导论》③、《英国戏剧史上的莎士比亚先驱者》④以及《米开朗基罗传》、《惠特曼研究》等合在一起，共同构成西方同性恋文化史的学术大框架。在写作、出版的时间上，《英国戏剧史上的莎士比亚先驱者》起笔于1862年，历22年而成；《希腊伦理问题》写成于1873年；《但丁研究导论》于1872年面世；《希腊诗人研究》第1系列于1873年杀青付梓；《意大利文艺复兴》第1卷则于1875年出版，其他不一一列举。由此情况看，西蒙兹的大规模文化史写作的起步阶段就与同性恋文化研究同步进行。还可以认为，西蒙兹的诸多文化史研究都在回答作者内心深处的疑问；都在向世人展示人类文化史上的出彩景象与性倒错者的文化创造相关联的境况；都在寻找柏拉图主义之爱的根底，如此等等。《希腊诗人研究》的中心线索是总结希腊文化的特点、不同诗歌体裁的特点及不同诗人的生平创作特点等。通读《希腊诗人研究》的文本有助于更好地理解《希腊伦理问题》的内容。例如《希腊诗人研究》（第2系列）第2章"阿基里斯"⑤中的内容不失为《希腊伦理问题》第3章⑥的一个详注。这种情况当然会引起相关文选编撰者的注意。⑦ 其他对照性的内容不在此一一列举。《意大利文艺复兴》的核心内容是人物评传，并且用许多单章的形式进行人物评述。⑧ 其中对文学三杰与艺术三杰等带着某种柏拉图式情爱的描述尤

---

① J.A.Symonds, *Studies of the Greek Poets*, Two Series, Smith, Elder, & Co., 1873, 1876.

② J.A.Symonds, *Renaissance in Italy*, Smith, Elder & Co., 1875–1886, Vol. I "*The Age of the Despots*", 1875; Vol. II "*The Revival of Learning*", 1877; Vol. III "*The Fine Arts*", 1877; Vol. IV – V "*Italian Literature*", 1881; Vol. VI – VII "*The Catholic Reaction*", 1886.

③ J.A.Symonds, *An Introduction to the Study of Dante*, Smith, Elder & Co.1872.

④ J.A.Symonds, *Shakespeare's Predecessors in the English Drama*, Smith, Elder & Co.1884.

⑤ J.A.Symonds, *Studies of the Greek Poets*, Second Series, pp.40–71.

⑥ J.A.Symonds, *A Problem in Greek Ethics*, Chapter III "The Romance of Achilles and Patroclus".

⑦ B.R.S.Fone, *Hidden Heritage–History and the Gay Imagination: An Anthology*, chapter I.

⑧ 详细内容参见周春生：《在诗情与史实之间——英国诗人历史学家约翰·阿丁顿·西蒙兹评介》，《史学理论研究》2015年第2期。

其生动。与《希腊诗人研究》相仿,西蒙兹在行文中使用"chivalrous love"之类的用词来表述存在于但丁、彼特拉克、薄伽丘等诗人身上的"骑士"之爱。[①] 不过在西蒙兹的同性恋史研究中,古希腊的柏拉图式之爱与中世纪文艺复兴时期的骑士之爱还是存在着差别的,尽管两者之间有那么多相似的爱意(详见第二章第二节二)。《意大利文艺复兴》关于米开朗基罗的生平部分自然离不开评述艺术大师与科隆娜、卡夫里埃利之间的爱恋问题。[②] 另外,《英国戏剧史上的莎士比亚先驱者》以单章形式评论马洛其人其著,而马洛自己恰恰在同性恋描写上留下笔墨。[③] 所有上述学术内容只是西蒙兹西方同性恋史研究中的冰山一角,要真正让其显山露水还需学人做进一步破冰的努力。西蒙兹力图证明或西蒙兹内心世界想的是,同性恋中包含的"爱"与文学艺术、形而上思考中的爱关联在一起,会引申出意蕴无穷的审美意境。

至此,可以就西蒙兹研究西方同性恋史的学术观点做一个总结:在西蒙兹看来,同性恋是自然现象,同时又与文化交织在一起。同性恋现象贯穿整个西方历史和文化的进程。在古代希腊,娈童恋现象十分普遍,它所表现出的爱恋形式通过健身、审美等形式对一个民族的身心健康起着正能量的促进关系。其中柏拉图主义之爱是西蒙兹欣赏的爱恋形式,即任何一种爱(包括同性恋在内)都需要一个精神境界的提升,或者说需要一个美的优雅境界。同性恋现象到了罗马时代逐渐衰退,中世纪时代因为基督教的禁止而处于受压抑状态。这些文化上的因素造成世人长久以往的同性恋偏见。随着文艺复兴时代人从基督教的禁欲状态逐渐挣脱出来,同性恋现象又开始复苏。但直到19世纪,同性恋现象虽然受到不同学者的重视,但真正的科学认知还有待时日,且社会法律的各种禁锢仍然存在,像西蒙兹这样的具有性倒错倾向的文人应该以自己的学识重新诠释同性恋现象,让更多世人了解其中积极的文化内涵,并

---

① J.A.Symonds, *Renaissance in Italy*, Vol. Ⅳ, New Edition, chapter Ⅱ "The Triumvirate".

② J.A.Symonds, *Renaissance in Italy*, Vol. Ⅲ, New Edition, chapter Ⅷ and Ⅸ.

③ B.R.S.Fone, *Hidden Heritage—History and the Gay Imagination;An Anthology*, chapter Ⅲ.

为同性恋者找寻适宜的社会生存空间。

附：

《希腊伦理问题》由 20 章构成。该书有一个详细的目录设计，实际上就是一个浓缩了的文本内容勾勒。目录将古希腊的同性恋故事、人物、看法、文化内涵、社会影响、历史意义等用简单明了的概念提示出来。比较专业的学者在"按目索骥"的学术引导下可以进一步比对原书展开研究，一般的读者通过目录也大致能了解内容的梗概。具体如右：1. 导论：处理这个主题的方法（Introduction：Method of treating the subject）；2. 荷马没有娈童恋的知识（Homer had no knowledge of paiderastia）—阿基里斯（Achilles）—后来希腊人对荷马的看法（Treatment of by the later Greaks）；3. 阿基里斯与帕特洛克鲁斯的浪漫故事（The Romance of Achilles and Patroclus）；4. 男性爱恋的英雄理想（The heroic ideal of masculine love）；5. 凡俗的娈童恋（Vulgar paiderastia）—如何介绍给了希腊人（How introduced into Hellas）—克里特（Crete）—拉伊俄斯（Laius）—伽倪墨得神话（The myth of Ganymede）；6. 两种爱恋的区别：英雄的与凡俗的（Discrimination of two loves：heroic and vulgar）。本论文所说的希腊爱恋定义中的娈童恋是混合类型的（The mixed sort is the paiderastia defined as Greek love in this essay）；7. 作为一种情感类型的娈童恋之强度及其性质（The intensity of paiderastia as emotion，and its quality）；8. 娈童恋的神话（Myths of paiderastia）；9. 半传说中的爱恋故事（Semi-legendary tales of love）—哈默迪乌斯与阿里斯托吉顿（Harmodius and Aristogeiton）；10. 多利亚人的习俗（Dorian Customs）—斯巴达与克里特（Sparta and Crete）—多利亚人生活的条件（Condition of Dorian life）—多利亚人爱恋的道德属性（Moral quality of Dorian love）—它最终的退化（Its final degeneracy）—对早期多利亚民族气质的思考（Speculation on the early Dorian *Ethos*）—波依奥人的习俗（Boeotians' customs）—神圣的地带（The sacred band）—亚历山大大帝（Alexander the Great）—爱利亚斯与麦

加拉的习俗(Customs of Elis and Magara)—淫欲(Hybris)—伊奥尼亚(Ionia)；
11. 抒情时代诗歌中的娈童恋(Paiderastia in poetry of the lyric age)—泰奥格尼
斯与库努斯(Theognis and Kyrnus)—索伦(Solon)—伊比库斯,一位男萨福
(Ibycus,the male Sappho)—阿纳克里翁与司美尔迪斯(Anacreon and Smer-
dies)—饮酒歌(Drinking songs)—品达与台奥克诺斯(Pindar and
Theoxenos)—品达对少年美的高尚概念(Pindar's lofty conception of adolescent
beauty)；12. 阿提卡舞台上的娈童恋(Paiderastia upon the Attic stage)—埃斯库
罗斯《密尔弥多尼斯》(Myrmidones of Aeschylus)—索福克勒斯《阿基里斯的情
人们》与《尼奥比》(Achilles'lovers ,and Niobe of Sophocles)—欧里庇得斯《克利
西波斯》(The Chrysippus of Euripides)—关于索福克勒斯的故事(Stories about
Sophocles)—希腊同性恋图解(Illustrious Greek paiderastia)；13. 观点再现(Re-
capitulation of points)—柏拉图《宴饮篇》中保萨尼亚斯演说摘录(Quotation
from the speech of Pausanias on love in Plato's Sympusium)—对这篇演说的研
究,雅典妇女的地位(Observation on this speech.Position of women at Athens)—
阿提卡作为义务的婚姻概念(Attic notion of marriage as a duty)—儿童陪伴制
度(The institution of Paidagogoi)—一名希腊男孩的生活(Life of a Greek
boy)—阿里斯托芬尼斯《云》(Aristophanes' Clouds)—琉善《爱经》(Lucian's
Amores)—公园健身地(Palaestra)—《吕西斯篇》(The Lysis)—《查尔米德斯
篇》(The Charmides)—克赛诺芬《宴会篇》中的奥托里库斯(Autolycus in
Xenophon's Symposium)—克里托布鲁斯论美与爱的演说(Speech of Critobulus
on beauty and love)—与娈童恋有关的锻炼重要性(Importance of gymnasia in
relation on paiderastia)—爱神之子雕像(Status of Eros)—西塞罗的观点
(Cicero's opinions)—有关此类锻炼的法律(Laws concerning the gymnasia)—墙
上的涂鸦(Graffiti on walls)—爱情诗与赞颂(Love-poems and panegyrics)—男
孩献物(Presents to boys)—购物与奢侈享受(Shops and mauvais lieux)—娈童
恋中的妓(Paiderastic Hetaireia)—沦为妓的人(Brothels)—费东与阿卡托克勒

斯，街头为男孩的争吵（Phaedon and Agathocles.Street brawls about boys）—《西蒙被告词中的利西阿斯》（*Lysias in Simonem*）；14. 出自阿提卡法律与习俗的区别（Distinction drawn by Attic Law and custom）—尚好的情色（*Chrestoi Pornoi*）—赠礼与金钱（Presents and money）—褫夺那些出售他们身体的自由人（Atimia of freemen who had sold their bodies）—赏赐的定义（The definition of *Misthosis*）—爱者、妓女、性虐、区别（*Eromenos*，*Hetairekos*，*Peporneumenos*，distinguished）—埃斯基内斯比对提马库斯（*Aeschines against Timarchus*）—就阿提卡尊贵的娈童恋情感之一般结论（General conclusion as to Attic feeling about honourable paiderastia）；15. 柏拉图主义关于希腊爱恋的理论（Platonic doctrine on Greek love）—《法律篇》中的禁欲主义（The asceticism of the *Laws*）—苏格拉底（Socrates）—由大泰利乌斯确定的其地位（His position defined by Maximus Tyrius）—他的爱欲观（His science of erotics）—《费德鲁斯篇》中的理论：癖爱（The theory of the *Phaedrus*：erotic *Mania*）—《宴饮篇》中的神秘主义：优美之爱（The mysticism of the *Symposium*：love of beauty）—柏拉图式的娈童恋与骑士之爱之间的关联性：癖爱与快乐：但丁的《新生》（Points of contact between Platonic paiderastia and chivalrous love：*Mania* and Joie：Dante's *Vita Nuova*）—柏拉图主义者与彼特拉克主义者（Platonist and Petrachist）—吉本论雅典哲学家的"轻微之恶"（Gibbon on the"thin device"of the Athenian philosophers）—琉善、普鲁塔克、西塞罗的陈述（Testimony of Lucian，Plutarch，Cicero）；16. 希腊自由与希腊爱恋在卡罗尼亚的灭迹（Greek Liberty and Greek love extinguished at Chaeronea）—田园诗人（The Idyllists）—琉善的《爱经》（Lucian's *Amores*）—从未粗俗化的希腊诗人（Greek poets never really gross）—《娈童恋之神》（*Mousa Paidike*）—斐洛斯特拉图斯的《情书》（Philostratus' *Epistolai Erotikai*）—希腊神父们论娈童恋（Greek fathers on paiderastia）；17. 希腊受娈童恋侵袭的深深根底（The deep root struck by paiderastia in Greece）—气候（Climate）—体育（Gimnastics）—共餐（Syssitia）—军事生活（Military life）—妇女的地位：附属的

文化;娱乐场所的缺失(Position of Women;inferior culture;absence from places of resort)—希腊的休闲(Greek leisure);18. 娈童恋与美术的关系(Relation of paiderastia to the fine arts)—希腊雕塑中完美和健康的人(Greek sculpture wholly and healthily human)—理想的女神(Ideals of female deities)—娈童恋没有降低民族的想象力(Paiderastia did not degrade the imagination of the race)—希腊神话学意义下的心理分析(Psychological analysis underlying Greek mythology)—爱之心理学(The psychology of love)—荷马前的希腊神话学(Greek mythology fixed before Homer)—艺术家喜欢研究女性的时机(Oppertunities enjoyed by artists for studying women)—艺术家的轶事(Anecdotes about artists)—希腊人的审美气质,没有受道德与宗教的干扰,鼓励娈童恋(The aesthetic temperament of the Greeks,unbiassed by morality and religion,encouraged paiderastia)—霍拉(*Hora*)—希腊人崇尚的身体与道德质地(Physical and moral qualities admired by a Greek)—希腊伦理的审美性(Greek ethics were aesthetic)—节制(*Sophrosyne*)—希腊宗教的审美性(Greek religion was aesthetic)—没有耶和华的概念(No notion of Jehovah)—宙斯与美少年(Zeus and Ganymede);19. 希腊妇女中的同性恋(Homosexuality among Greek women)—从未获取似娈童恋的尊崇(Never attained to the same dignity as paiderastia);20. 希腊之爱不存在于罗马(Greek love did not exist at Rome)—基督教教义(Christianity)—骑士方式(Chivalry)—近代世界的"生活方式"(The *modus vivendi* of the modern world)。

二、柏拉图主义之爱寻迹

要研究西方同性恋文化史问题就避不开柏拉图主义的爱恋内容。西蒙兹在勾勒柏拉图关于同性恋内容方面亦花费相当的笔墨。前文在谈及西蒙兹生平时曾指出,西蒙兹喜欢柏拉图的著作,一生沉浸在精神恋爱之中。《蓝之抒怀及其他文论》等一系列著作更有直接涉及柏拉图式"爱"和同性恋探讨的内容。① 如何开掘这位同性恋者的精神世界？这成了西蒙兹研究的关键点。上文提到的西蒙兹研究专家格罗斯库特在《悲凉的维多利亚人》中做了有益的尝试，该书具有启示意义的地方就是试图传达西蒙兹曲折的人生与艰巨创作间的关系。作者力图将一个在精神世界中如何自我解救的西蒙兹完整形象公之于众。说到自我超越、自我拯救之类的课题，学人最应该想到的是西蒙兹关于艺术与爱的关系看法。西蒙兹在诗歌集《新与旧》中有一诗篇，题名"艺术就是一种爱"。其中谈两者间关系的诗句是：

> ……要明白艺术多么像恋爱！
>
> 那爱恋者尽管情感交织
>
> 抿起嘴唇、扬动卷发、交手拥爱，
>
> 但他们的灵魂却相互分开
>
> 两者的躯干也不是一体，
>
> 多么的苦楚
>
> 他们企求每一种成分都不要分离，
>
> 崇高地合而为一。
>
> 在艺术中我们扣紧永恒不变的美之形式
>
> 我们抓住她亲吻、颤动；
>
> 同时永不松手，直至硕果累累，
>
> 这时我们的灵魂就融化在美的形式中
>
> 它是在求爱、是始终的等待
>
> 一种难以言表的等待……②

可见真正的爱是一种期待，期待着肉体、灵魂结合在一起的超越之爱，艺术就是对超越之爱的一种期待与表现。因为艺术在很大程度上超脱了人间的功利，从而艺术能伸张人的道德本性并拯救人的心灵，"我们不要自欺欺人。艺

---

① J.A.Symonds, *In the Key of Blue and Other Prose Essays*, pp.61,83.

② J.A.Symonds, *New and Old: A Volume of Verse*, p.66.

术紧紧缠着人的精神力量。我们能够从文艺复兴和苏格拉底时代雅典学到的东西是：当人在其他领域看似无法得救时，唯有艺术能够伸张人的道德本性。"①这些道出了西蒙兹对爱与艺术关系的心愿。西蒙兹在作品中涉及历史上有同性恋、柏拉图精神恋爱之类倾向的文人时，多半向学人展开其中美的、优雅的、道德的一面，或者引导读者去思考其中艺术精髓、艺术心理等精神性的内容。这些也是西蒙兹自己的人生座右铭。广而论之，文学艺术等人文学科领域的创作无不包含着精神超越性的内容。读西蒙兹笔下的但丁、米开朗基罗、惠特曼等文人的一生经历，在读者心中所唤起的正是美的灵魂召唤。

西蒙兹关于柏拉图主义之爱的研究体现在其文化创作的各个文本之中，其中引人注目者为上述《希腊伦理问题》《近代伦理问题》《蓝之抒怀及其他文论》及《但丁研究导论》。尤其是离开了《但丁研究导论》，上述文本关于柏拉图主义之爱的研究是不完整的。何以见得？《但丁研究导论》写得中规中矩。从学术含量的角度看，西蒙兹写《但丁研究导论》时参考过的学术著作并不多，其中包括佛拉第切利（Fraticelli）、罗塞蒂（D. G. Rossetti）、卡莱尔（Carlyle）等撰写的传记和《神曲》译文。② 今天的学者为了进一步理解西蒙兹《但丁研究导论》中的思想，可以有更多的著述拿来参考。③ 这是我们的优势。但在西蒙兹的年代，如何用一个渗透独特理念的短篇便能让更多英国读者了解但丁其人、其著，在这方面西蒙兹的著作仍有其特定的价值。《但丁研究导论》花了 3 章的篇幅来谈但丁了不起的地方，例如第 5 章评论但丁《神曲》中的人文兴趣，第 6、第 7 章谈但丁天才的质地。根据西蒙兹的分析，但丁在自

---

①　J. A. Symonds, *Essays, Speculative and Suggestive*, p. 107.

②　J. A. Symonds, *An Introduction to the Study of Dante*, The Macmillan Company, 1872, "Preface".

③　M. Caesar, ed., *Dante: The Critical Heritage*, Routledge, 1989; T. C. Chubb, *Dante and His World*, Little, Brown and Company, 1966; G. Manetti, *Life of Dante*, in Giannozzo Manetti, *Biographical Writings*, ed. and trans. Stefano U. Baldassarri and Rolf Bagemihl, Harvard University Press, 2003; G. Mazzotta, *Critical Essays on Dante*, G. K. Hall & Co., 1991; R. J. Quinones, *Dante Alighieri*, Twayne Publishers, 1979.

己的作品中将人的本性、自由、爱、高贵等大胆地勾画了出来,从而将但丁崇高的一面展示在读者面前。《但丁研究导论》有特色的部分是最后一章即第8章,在这一章里,西蒙兹集中探讨了但丁式的爱及但丁爱情诗的本质。西蒙兹认为,情诗在意大利源远流长,有一个长期的培育过程。这种情诗涉及骑士之爱。不过西蒙兹一再强调不要将骑士之爱与封建社会混为一谈。也就是说,骑士之爱是人的精神理想,而封建社会是一种制度,两者并不互为一体。再说骑士之爱亘古有之、绵延至今,而封建制度会消失远去。在但丁的笔下,骑士之爱又复活了。也正是在情诗这一诗歌领域但丁赢得了第一个桂冠。① 但丁的情诗及体现的骑士之爱是近代性的,本质上是理想化的爱和美,此爱是对肉体的净化。这种爱既不是禁欲,也不是简单地听从肉体的驱使,而是将人的感情引向更高境界。② 西蒙兹认为但丁的一生就是骑士之爱的体现,《新生》、《神曲》都充满着骑士之爱的情感描述。③ 所以西蒙兹从撰写《但丁研究导论》始就在有目的地进行性格文化的探讨。《蓝之抒怀及其他文论》中有一专文《但丁式的与柏拉图式的理想之爱》。在该文中,西蒙兹就但丁式的爱与古希腊、柏拉图式的爱做了历史性的比较分析。④ 西蒙兹的大致看法是,但丁式的骑士之爱并不一定真的要在现实中有一个与之婚配的女性对象。因此当人们阅读但丁的《新生》并去感受这份情感时,关键点不在于其真实性方面,而需要理解这位姑娘“是一种精神的存在,围绕着这种精神存在,他(指但丁——笔者注)最高的也是最深刻的思想便自然而然地凝聚起来了。”⑤这样,由一个爱的对象使自己的激情升腾起来,达到一种超越的智慧、美的境界,并

---

① J.A.Symonds, *An Introduction to the Study of Dante*, Fourth edition, The Macmillan Company, 1899, p.252.

② J.A.Symonds, *An Introduction to the Study of Dante*, p.260.

③ J.A.Symonds, *An Introduction to the Study of Dante*, p.259.

④ J.A.Symonds, *In the Key of Blue and Other Prose Essays*, "The Dantesque and Platonic Ideal of Love", pp.55-86.

⑤ J.A.Symonds, *In the Key of Blue and Other Prose Essays*, p.57.

与美的创作融为一体。正如西蒙兹所言,《新生》里的神圣之爱、高雅之爱其实是一种安顿人的心灵之恋情。但丁自己有言:"这是一位贤淑、美丽、年轻而富有智慧的女郎,她的出现也许是爱神的意旨,以便我的生活找到安宁。"①但丁通过诗句不断地问自己:是理性之爱还是情欲之爱? 又究竟如何去爱这样一位女子? 这些使诗人寝食难安。于是但丁在诗歌中称这位理想的女性为贝亚特丽齐(Beatrice 即传达福分的人,bearer of blessedness)。但丁作品中不时有贝亚特丽齐的身影出现,"贝亚特丽齐——女性——神圣之爱",这是贯穿但丁作品和思想的一条理想形式纽带。正是这种大爱铸就了一个大诗人。在西蒙兹之前,皮尼奥蒂早就注意到但丁、彼特拉克等的情诗"披着柏拉图温柔、优雅的外衣。"②西蒙兹则将柏拉图的光彩比作启明星以表示对 14、15 世纪思想家的影响。③ 那么但丁式的爱和柏拉图式的爱是否完全一致呢? 这里就涉及西蒙兹对古希腊和柏拉图心目中的爱恋观的整体看法。西蒙兹认为柏拉图式的爱恋与男同性恋有关联。这种男同性恋现象存在于古希腊社会之中,并且是提升道德的力量之一(参见第二章第二节一)。所以柏拉图式的古希腊社会爱恋具有实实在在的同性恋内容,而但丁式的骑士之爱则有虚构的因素,诸如对女性的尊重、将女性作为美的化身等。尽管有这种区别,两者在倡导精神爱恋、精神超越方面则是相同的。就此而言,但丁式的爱恋也可以视为柏拉图式爱的特有表现形式。有学者指出,"但丁的宇宙观归根结底属于新柏拉图主义的范畴"④。这些都有助于我们认识西蒙兹心目中的但丁和但丁式的爱。

概而言之,西蒙兹心目中的柏拉图主义之爱有如下几点:第一,柏拉图主义之爱包含"同志"之爱的内容;第二,柏拉图主义之爱是高雅的,这种爱能提升人的精神境界;第三,柏拉图主义之爱由相应的文化形式来呈现,诸如文学艺术等。

---

① 但丁:《新生》(钱鸿嘉译),上海译文出版社 1987 年,第 104—105 页。

② L.Pignotti, *The History of Tuscany*, *Interspersed with Essays by Lorenzo Pignotti*, tr.and with the Life of the Author by John Browning, Black, Young, and Young, 1823, Vol. Ⅱ, p.173.

③ J.A.Symonds, *Renaissance in Italy*, Vol. Ⅱ "The Revival of Learning", New Edition, p.234.

④ 霍尔姆斯:《但丁》(裘姗萍译),中国社会科学出版社 1989 年,第 158 页。

第三章　文化有源流更展现时代精神

——以《托斯卡纳史》、《意大利
文艺复兴》为中心的思考

《托斯卡纳史》是意大利诗人历史学家皮尼奥蒂的代表作;《意大利文艺复兴》则是西蒙兹一生文化史研究中最重要的学术成果。上述两部作品使得西蒙兹与皮尼奥蒂(当然还得加上布克哈特等学者)一起成为意大利文艺复兴研究的拓荒者,并值得今人在研究中做各种比较研究。事实上也只有通过比较研究才能深入理解西蒙兹探讨意大利文艺复兴的思路和学术亮点。

具体而言,皮尼奥蒂看重历史的具体演变过程,并用编年体的线和文化的点来描述文艺复兴现象;西蒙兹意在勾勒时代的精神特征如人文主义观念等,并用人文主义等核心主题来贯穿整个文艺复兴的研究路径。同时,两人在叙述、分析文艺复兴的各种历史现象时还表现出不同程度的批判眼力。皮尼奥蒂的"新雅典"概念是贯穿《托斯卡纳史》全书的灵魂,意在表明古希腊雅典是那个时代及往后西方文化发展的源流,而佛罗伦萨及托斯卡纳则接续这个源流,成为近代意大利学问复兴时代及近代西方文化史进程的中心。西蒙兹的"新精神"概念则是构建《意大利文艺复兴》整体框架的理论基础,它不仅用来说明文艺复兴的精神本质,还成为诠释诸多历史文化现象如本土文学、政治精英新理想等的学术线索。在上述两个概念的背后,学人可以通过比较看到两位诗人历史学家在阐释意大利 14 至 16 世纪文化历程的独特思路；更能在比较视野下发现不同的学术亮点；最后得到启示，如果以批判的视野重新审视、择取皮尼奥蒂和西蒙兹各自的史观和方法，那么不难发现继续研究文艺复兴历史、文化的新途径。

第一节　拓荒之作比较研究

一、两部拓荒之作的学术命运

两百年前，意大利诗人历史学家洛伦佐·皮尼奥蒂（Lorenzo Pignotti，1739—1812）向学界奉献了一部百万字的巨著《托斯卡纳史及科学、文学、艺术自发端到复兴的各种论述》（以下简称《托斯卡纳史》）①。皮尼奥蒂大半人生都花在了此书的写作上，直到晚年仍逐字逐句完善文稿。因此，《托斯卡纳史》是皮尼奥蒂人生、学识的结晶。1823 年，该书英文版问世。② 从学术生涯的整个过程看，皮尼奥蒂应归属 18 世纪的历史学家。他生于意大利托斯卡纳地区阿诺河上游的富裕小镇费蓝。父母早逝，后由思想比较开明的叔叔抚养，

---

① 该书 1813 年出版，总共 5 卷。笔者使用的版本是：Lorenzo Pignotti，*Storia Della Toscana，Sino Al Principato Con Diversi Saggi Sulle Scienze，Lettere E Arti*，Niccolo Capurro，1815，以 5 卷 10 册的形式呈现。

② 皮尼奥蒂的著作出版十年后，由长期居住在意大利的英国学者勃朗宁译成英文出版。书名为：Lorenzo Pignotti，*The History of Tuscany，Interspersed with Essays by Lorenzo Pignotti*，tr. and with the Life of the Author by John Browning，Black，Young，and Young，1823。（本书引用 1823 年版时简称 *The History of Tuscany*。）英文版将皮尼奥蒂原书的内容全文译出，并将原来的 5 卷 10 册编排成 4 卷，内容没有改动。显然，该英文版的副标题与原著有差异。1826 年又出了第 2 版，书前增加了插图，副标题也做了修改，书中内容除订正个别错讹外，其他未做修改。完整的书名、出处为：*The History of Tuscany，from the Earliest Era；Comprising An Account of the Revival of Letters，Science，and Arts，Interspersed with Essays on Important Literary and Historical Subjects；Including Memoirs of the Family of the Medici*，tr. John Browning，Young，Black，and Young，1826。这里有必要做个说明：英文版副标题中的"美第奇家族回忆录"（*Memoirs of the Family of the Medici*）是由英译者添加的。但这不是随意的添加。皮尼奥蒂全书用了很大的篇幅并以独特的视野来描述美第奇家族的历史境况。尤其是第 3 卷的核心内容就是叙述美第奇家族的历史。

得益匪浅。比萨、佛罗伦萨的文化共同滋润着这位诗人历史学家的心田。特别是在比萨求学期间得到名师索雷亚(Sorea)和雷迪(Redi)的指点,最终使皮尼奥蒂选择医学和哲学作为研究方向,其中哲学成为皮尼奥蒂诗人修炼的一个组成部分。另外,导师索雷亚广博的知识无疑对皮尼奥蒂日后科学、文学、史学的学问精进产生不小的影响。1763 年,皮尼奥蒂在上述医学和哲学两个学科的学业折桂后,随即前往佛罗伦萨深造。皮尼奥蒂在托斯卡纳学界的名声也逐渐升温。1774 年,皮尼奥蒂担任佛罗伦萨高等学院自然哲学学部主任一职后,又担任比萨大学自然哲学学部主任职务。1807 年获得托斯卡纳学界的最高荣誉即被任命为皇家比萨大学的总监。1809 年中风,1812 年谢世。①皮尼奥蒂在政治上倾向共和政体,在人文意识上崇尚自由精神。上述思想立场和学养使得皮尼奥蒂成为研究文艺复兴时期那段历史的恰当人选。

皮尼奥蒂所处的 18 世纪,那时意大利文艺复兴的余波已被欧洲启蒙运动热潮盖过。这不是说文艺复兴时期的主流文化内容已经消失殆尽,而是融入新的文化潮流之中。对于意大利的学人来讲,他们最需要探讨的历史课题是意大利历史、文化的未来走向。直接的一个研究课题是,先前意大利文艺复兴历史进程的地位如何来评估。这些都离不开对佛罗伦萨史、托斯卡纳史、学问复兴史、美第奇家族史等文艺复兴史要素的研究。事实上,上述历史要素正是皮尼奥蒂《托斯卡纳史》的核心内容。可以从整体角度对皮尼奥蒂的著作做如是概括:一个中心即托斯卡纳如何成为近代早期意大利文化的源流;两条线索即文化的线索(包括语言的形成、学问的复兴等)与美第奇家族的线索(包括美第奇家族重要成员之内政外交手段带来佛罗伦萨稳定以及对文学艺术繁荣的促进作用等)。放眼更长时段的史学史研究领域,皮尼奥蒂的著作不仅是拓荒,从某种意义上讲还是绝唱,因为学人至今要找一部类似皮尼奥蒂以托斯卡纳为题并有一条明晰学问复兴文化史主线的通史著作还只能望洋兴叹。

---

① 详细情况参见皮尼奥蒂《托斯卡纳史》第 1 卷英译者的"皮尼奥蒂小传"(J.Browning, *The Life of the Author*, from L.Pignotti, *The History of Tuscany*, Vol. I ,pp.1-li)。

辑佚收罗的话,到了 19 世纪,德国学者罗蒙特倒是写了一部以《托斯卡纳史》①为题的历史著作,其主体部分写的是美第奇家族衰落后的历史,不妨视其为皮尼奥蒂著作的补充。

《托斯卡纳史》问世约半个世纪后,西蒙兹的代表作《意大利文艺复兴》与学人见面。西蒙兹的著作称得上是用了 Renaissance 之名的意大利文艺复兴史研究拓荒之作。笔者亦赋予拓荒之名,其理由同于对皮尼奥蒂的评价,即在西蒙兹之前及同时代的学界找不到如此体例的文艺复兴史研究著作。另外,西蒙兹解答文艺复兴史研究难题的独特思路和丰富内容亦非他人所及,并在解答关键学术难题的过程中给予学界诸多启示。就学问与人生的关系而言,西蒙兹将人生希望与深厚学养两者都倾注在《意大利文艺复兴》的写作和出版事宜。由于《意大利文艺复兴》在西蒙兹学术研究中的突出地位和历史影响,不妨先就该系列著述的出版情况再做一简略介绍(详见第一章第一节三)。这里有必要先提示一下,早在 1863 年,西蒙兹就发表概要性质的小册子《文艺复兴:一篇论文》②。以后从 1875 年到 1886 年历 10 年而成 7 卷本《意大利文艺复兴》。如果将这 7 卷拆散,那么各卷的学术分量难以超越 19 世纪的水准。但将 7 卷作为一个整体,并从整体的角度看各卷,那么西蒙兹的学术亮点便十分明显。西蒙兹回答了一个核心的问题,即为何意大利会在这一时期出现如此辉煌的文学艺术成就。其答案是民族性格中的艺术情趣和本土语言的逐渐推广等因素成就了上述辉煌。当然,同时代人布克哈特也在回答类似为何文艺复兴的辉煌是由意大利人来铸就的问题,不过答案更高屋建瓴,即认为意大利人对古典文化的热情与爱国的民族精神结合在一起成就了文艺复兴的民族事业。将西蒙兹与布克哈特的看法合为一体,就是对意大利文艺复兴文化辉煌缘由的完美解答(关于西蒙兹与布克哈特在这些问题上的比较研究详见第四章第二节三)。

---

① A. von Reumont, *Geschichte Toscana's unter den Medici. J.* 1530 – 1737, Friedrich Andreas Perthes,1876.

② J.A.Symonds, *The Renaissance:An Essay Read in the Theatre*,Nenry Hammans,1863.

总之在拓荒的意义上,《托斯卡纳史》与《意大利文艺复兴》两部史学巨著可谓交相辉映。但两部拓荒之作的学术命运却与拓荒之名不符。一个令人费解的现象是,在近代西方史学史研究领域,很少有学者提及皮尼奥蒂的《托斯卡纳史》。① 不妨缩小学术的范围来考虑此等忽视的情况。皮尼奥蒂著作主要叙述对象之一是佛罗伦萨的漫长历史,那么环顾佛罗伦萨史的研究领域,皮尼奥蒂的著述理应引起学者的关注。实际的学术状况是,此类专项学术著作中有名望者很少眷顾皮尼奥蒂的著作。以 19 世纪为例,纳皮尔②、特劳罗佩③、维拉利④等重要历史学家笔下的佛罗伦萨史著作均未重视皮尼奥蒂的研究状况,更谈不上采纳皮尼奥蒂的学术成果。到了 20 世纪,上述境况依然如故。谢维尔《中世纪与文艺复兴时期的佛罗伦萨》就佛罗伦萨(亦涉及托斯卡纳)的历史研究状况做了学术回顾,就是没有提及皮尼奥蒂的《托斯卡纳史》。⑤ 海耶特《佛罗伦萨:它的历史与艺术》⑥亦如此。(谢维尔、海耶特的著作是艾迪《洛伦佐德美第奇与文艺复兴意大利》⑦一书仅提到的 20 世纪上半叶佛罗伦萨史参考文献。)从形式上看,海耶特著作的体例与皮尼奥蒂著作的体例颇有相似之处,只不过在文化主线上没有皮尼奥蒂的思路。按理讲,作者至少应将皮尼奥蒂的名字放在感谢之列,但事实上这是学术界的一厢情愿。

---

① 如古奇《十九世纪历史学与历史学家》(耿淡如译,商务印书馆 1989 年)、汤普森《历史著作史》(孙秉莹、谢德风译,商务印书馆 1992 年)等均未提及。

② H. E. Napier, *Florentine History, from the Earliest Authentic Records to the Accession of Ferdinand the Third, Grand Duke of Tuscany*, 6 Vols. Edward Moxon, 1846.纳皮尔在著作中只提了 1 次皮尼奥蒂的名字,参见该书第 1 卷,第 50 页。

③ T. A. Trollope, *A History of the Commonwealth of Florence, from the Earliest Independence of the Commune to the Fall of the Republic in* 1531, 4 Vols. Chapman and Hall, 1865.

④ P. Villari, *The Two First Centuries of Florentine History: The Republic and Parties at the Time of Dante*, 2 Vols., T. Fisher Unwin, 1894; P. Villari, *Life & Times of Savonarola*, T. Fisher Unwin, 1889; P. Villari, *The Life and Times of Niccolò Machiavelli*, Charles Scribner's Sons, 1891.

⑤ F. Schevill, *Medieval and Renaissance Florence*, Vol. 1, Harper & Row Publishers, 1963, pp. XI–XXXIV.

⑥ F. A. Hyett, *Florence: Her history and Art to the Fall of the Republic*, Methuen & Co., 1903.

⑦ C. M. Ady, *Lorenzo dei Medici and Renaissance Italy*, English Universities Press Ltd., 1955.

克洛宁《佛罗伦萨的文艺复兴》①的学术史部分、黑尔《佛罗伦萨与美第奇》②的文献综述等都忽略了皮尼奥蒂。即使是当代的相关历史研究亦将皮尼奥蒂其人其著放在记忆之外。③

　　皮尼奥蒂《托斯卡纳史》的另一条线索是叙述当时托斯卡纳、意大利学问复兴(revival of learning)④即通常狭隘意义上的文艺复兴历史内容,那么检点相关领域的学术回响又如何呢? 结果同样令人失望。涉及那个时代文化状况的诸多经典性质的文艺复兴史研究著作几乎不谈皮尼奥蒂的著作,想从中得到各种详细的评论更是奢望。⑤ 设问:是因为皮尼奥蒂的著作没有贴 Renaissance 这个文艺复兴研究领域通用的概念标签吗? 是因为作为历史学家的皮尼奥蒂没有系统的文艺复兴史研究理念吗? 翻开《托斯卡纳史》的版权页和扉页,其副标题就涉及"再生"(Revival)的意思。这里不妨先做个提示:后来西蒙兹《意大利文艺复兴》第 2 卷的标题也用的"Revival of Learning"(学问复兴)。在狭隘的意义上,Revival of Learning 一词与我们通常使用的文艺复兴(Renaissance)概念可以通用。另外,皮尼奥蒂的著作虽然没有贴不久便流行起来的"Renaissance"标签,但其书中涉及学问复兴内容时则用意大利语 Rinascimento(文艺复兴)⑥概念来详述相关史实。Rinascimento 概念源于文艺复

　　① 　V.Cronin,*The Florentine Renaissance*,E.P.Dutton & Co.,Inc.,1967.

　　② 　J.Hale,*Florence and Medici*,Phoenix Press,2001,pp.197-202.

　　③ 　M.B.Becker,*Florence in Transition*,Vol.One"The Decline of the Commune",The Johns Hopkins Press,1967;M.B.Becker,*Florence in Transition*,Vol.Two "Studies in the Rise of the Territorial State",The Johns Hopkins Press,1968.另参见 T.W.Blomquist,and M.F.Mazzaoui,Eds.The"*Other Tuscany*":*Essays in the History of Lucca*,*Pisa*,*and Siena during the Thirteenth*,*Fourteenth*,*and Fifteenth Centuries*,Medieval Institute Publications,1994。

　　④ 　《托斯卡纳史》第 2 卷有专门的"学问复兴"(Revival of Learning)章节。笔者根据作者及西蒙兹各自在文本中的实际情况,交替使用"学问复兴"与"文艺复兴"概念,注意两者间的区别。

　　⑤ 　上世纪文艺复兴史通论性的巨著《文艺复兴时代》(D.Hay,Ed.*The Age of the Renaissance*,Thames & Hudson,1967.)便是其中一例;另参见 P.Burck,*The Italian Renaissance*:*Culture and Society in Italy*,Polity Press,1987;加林:《意大利人文主义》(李玉成译),三联书店 1998 年,等等。

　　⑥ 　意大利版第 4 卷有专论"科学、文学及艺术的复兴"(Rinascimento Delle Scienze,Lettere E Arti),参见 Tomo Quarto,pp.94-237。

兴时期对学问复兴的用语。当然在皮尼奥蒂的时代、甚至在今天,Renaissance 与 18、19 世纪的 Rinascimento 两个概念间还是有一定的区别,因为自从米什莱用法语 Renaissance 来表示相应的历史时期后,再加上布克哈特等学者的推广,Renaissance 一词被赋予更广的内涵,除通常学问复兴意义外,还被用来指称一个时代特征、社会风貌及各种文化创造成果等。实际上,米什莱、布克哈特、西蒙兹等带着 19 世纪关于人文主义、理性、民主、自由、国家意识等理念来使用文艺复兴一词,并用这一概念来分析 14 至 16 世纪的意大利社会与文化(至于他们分析时亦十分注重历史语境问题详后)。当然,今天意大利语在翻译德文、法文、英文等涉及文艺复兴的学术著作时,仍用 Rinascimento 来对译,其意义已经有了变化。皮尼奥蒂虽然在狭隘的、原初的意义上使用 Rinascimento,但与那种更广泛意义上使用的 Renaissance 仍有许多相通的地方。就还原历史情境而言,严肃的文艺复兴史学史研究者更应当关注像皮尼奥蒂著作中的用法。因为在处理 Rinascimento 与 Renaissance 概念的过程中可见出皮尼奥蒂与 19 世纪历史学家研究文艺复兴史的不同视角。皮尼奥蒂对托斯卡纳的历史演变状况、对学问复兴的整体看法等都是在一套独特的历史理念支配下进行叙述、评析的。那么为何皮尼奥蒂会被遗忘呢? 显然,这种不予理会的学术姿态不是学界细细品读皮尼奥蒂的百万字巨著后应有的反馈。

问得更细微些:出现上述少有问津的情况是因为出版、印数等引起的吗? 皮尼奥蒂巨著的意大利语版在 19 世纪的上半叶曾有过比萨印本[①]、佛罗伦萨印本[②]等多种版本。虽然此后很少有重印的情况,但要找一本意大利文版的皮尼奥蒂著作并非遥不可及的事情。英文版先后有 1823 年及 1826 年两个版本,之后未见新的版本、新的印刷情况。所以英文版坊间很难寻觅,至少在国

---

① L.Pignotti, *Storia Della Toscana*, *Sino Al Principato Con Diversi Saggi Sulle Scienze*, *Lettere E Arti*, Niccolo Caperro, Pisa, 1815.

② L.Pignotti, *Storia Della Toscana*, *Sino Al Principato Con Diversi Saggi Sulle Scienze*, *Lettere E Arti*, Presso Leonardo Ciardetti, Firenze, 1824.

内的图书馆如此。① 国外许多大学的图书馆亦如此。不过在一些比较知名的图书馆(如哈佛大学图书馆等)则不难找寻。上述情况表明,皮尼奥蒂的著述尚未奇缺到孤本的境地,并因此造成研究者的疏忽。当然,皮尼奥蒂的巨著尚未译成其他语种。但这些都不是学术冷遇的理由。在当今大数据时代更不成其为理由。

　　西蒙兹《意大利文艺复兴》也有不被相关学术著作重视的情况。许多史学史著作对西蒙兹的评论轻描淡写。古奇《十九世纪历史学与历史学家》只是对西蒙兹的《意大利文艺复兴》简单地提了一笔。② 在汤普森《历史著作史》的简短褒扬中附加诸多诟病之语,认为"西蒙兹至今还是英国最辉煌的意大利文艺复兴阐述人,不过他的观点有许多已经过时。他的最长的著作《意大利文艺复兴》是一系列如画的、热情的速写,而不是一本连贯的评论。"③"如画的、热情的速写,而不是一本连贯的评论"之类说辞,这在《意大利文艺复兴》第1卷问世时就出现过。西蒙兹自己在当时也注意到那些不是很赞成的评论。④ 即使到了1886年最后一卷出版,西蒙兹受到的也是让人快乐不起来的学术反响。当时西蒙兹自己归纳其中的原因大概有这样两点:一是远离学术界;二是找不到像样的图书馆,只能利用过往的一些学术资料。总之在学术资料运用、写作的风格等方面显得"老套了"(backward)。⑤ 西蒙兹的这种自责是坦诚的。笔者以为,西蒙兹的许多大部头著作都存在着上述资料运用等问题。不过"老套了"或"过时"这样的自责也不能谦逊过头,西蒙兹参考的许多资料都是出版不久的名著。当然过于集中地参考某些著作且在学术创作

---

　　① 就国内的藏书情况看,中国国家图书馆、各大学的图书馆均未见此书的藏本。

　　② G.P.Gooch, *History and Historians in the Nineteenth Century*, Longmans, Green, and Co., 1913,p.584.

　　③ 汤普森:《历史著作史》下,第3分册(孙秉莹、谢德风译),商务印书馆1992年,第468页。

　　④ *The Letters of John Addington Symonds*, Vol. Ⅱ, Ed. H. M. Schueller and R. L. Peters, pp.376-377.

　　⑤ *The Letters of John Addington Symonds*, Vol.Ⅲ, Ed.H.M.Schueller and R.L.Peters, p.197.

过程中与学界缺乏应有的交流、对话，这多少会影响到学术的深度。到了 20 世纪，英文版《新编剑桥近代史》第 1 卷"文艺复兴"①甚至不提西蒙兹；在美国非常流行、兼具教科书性质的《文艺复兴欧洲简史》②有详细的学术指引，就是不见西蒙兹及其著作的介绍，等等。但问题的另一面是，西蒙兹对自己的著作又信心满满，认为要提供给学者们许多完整的知识（详见第一章第一节三）。西蒙兹还在各卷的序言中将自己著作的特点展示给读者，例如第 3 卷"美术"试图展示文艺复兴时期艺术中的精神内涵等。③ 西蒙兹在实际的撰写过程中也践行诺言，完成预定的目标。即使在今天要找一部像西蒙兹《意大利文艺复兴》那样知识含量丰富并有独到见解的著作亦谈何容易。总算出版界是有眼力的，西蒙兹的《意大利文艺复兴》与皮尼奥蒂《托斯卡纳史》石沉大海的学术命运相比毕竟有反差，《意大利文艺复兴》一版再版，一印再印，不亦热乎。④ 不过在这表面热闹现象的背后仍隐藏着学术命运的忧虑。西蒙兹的著作有显赫的"文艺复兴"（Renaissance）标签，但在文艺复兴史研究领域更常见的情况是，许多大家、大作并未将《意大利文艺复兴》当作以学术见长的重要参考书开列。打开各种西方史学史著作，很少能见到站在文化、历史的高度对西蒙兹著作加以全面、深刻梳理评述之举。至于学术界偶尔发出的那些"赞美"之声，大多与学术意义上的评价无关。阿姆斯特朗在《洛伦佐·德·美第奇与 15 世纪的佛罗伦萨》说道："西蒙兹钟情于意大利艺术和文学的心态，至今都令人感叹。"⑤布鲁姆《文艺复兴史》仅有一次提到西蒙兹的名字时

---

① G.R.Potter, Ed.*The New Cambridge Modern History*, Vol.1 "The Renaissance, 1493－1520", Cambridge University Press, 1961.

② J.W.Zohpy, *A Short History of Renaissance Europe: Dances over Fire and Water*, Prentice-Hall, Inc., 1997.

③ J.A.Symonds, *Renaissance in Italy*, Vol.Ⅲ "The Fine Arts", New Edition, p.Ⅶ.

④ 西蒙兹去世后，除通行的 Smith, Elder & Co.出版公司的"新版"外，还有 Charles Scribners Sons 出版公司版、Modern Library 出版公司版、John Murray 出版公司版等。

⑤ E.Armstrong, *Lorenzo de' Medici and Florence in the Fifteenth Century*, G.P.Putnam's Sons, 1902, p.Ⅵ.原文很有意思："J.A.Symonds, whose loss all lovers of Italian art and literature still deplore."

竟是这样一段评语,认为马基雅维里那些带有色情的文字震动了西蒙兹这位维多利亚人的感情。[①] 考虑到西蒙兹的诗人历史学家特点,不妨检点文学史界的评论状况,以备参考。结果是许多有影响的西方文学史著作或略去西蒙兹的名字或在谈及西蒙兹时未将其人、其著放在显赫的位置。《牛津英国文学史》"维多利亚时代卷"甚至未提西蒙兹其人及其创作成果。[②]《剑桥文学史》则将西蒙兹列入 19 世纪次要的诗人(Lesser Poets)之列,并简单勾勒之。[③] 上述复杂的学术反响状况提醒学人需要对西蒙兹的著述来一次系统的整理、阅读、分析,从而找到问题的缘由。

西蒙兹的《意大利文艺复兴》确实给学界出了不少难题。西蒙兹的著作与皮尼奥蒂的著作分属于两种不同的撰写类型。与布克哈特著作做一个比较,也有差异。《意大利文艺复兴》第 1 卷的许多内容、观点(如对暴君时代的阐述)等未必比布克哈特增色多少。[④] 第 2 卷中的人文主义核心观点及相关内容也能在布克哈特的著作中找到大致的轮廓。[⑤] 甚至可以认为,从对文艺复兴时代、思想、文化的整体把握方面,正是布克哈特给予西蒙兹很多启迪。[⑥] 如果将西蒙兹的著作拆分开来,那么《意大利文艺复兴》"文学卷"、"美术卷"与西蒙兹同时代的一些著作相比,其学术参考价值未必高出多少。例如今天

---

① J.H.Plumb,*The Italian Renaissance*,Houghton Mifflin Company,1989,p.186.

② P.Davis,*The Oxford English Literary History*,Vol.8"1830-1880:The Victorians",Oxford University Press,2002.其他还有:A.C.Ward,*Illustrated History of English Literature*,Longmans Green and Co., Vol. Ⅰ, 1953; Vol. Ⅱ, 1954; Vol. Ⅲ, 1955; D. Daiches, *A Critical History of English Literature* Ⅰ-Ⅳ,Secker & Warburg,1960,等等,都没有提及西蒙兹。

③ A.W.Ward and A.R.Waller,Eds.*The Cambridge History of English Literature*,Vol.ⅩⅢ,The Nineteenth Century,Part Two,Cambridge University Press,1964,pp.207-208.

④ 可以将布克哈特《意大利文艺复兴时期的文化》(何新译,商务印书馆 1979 年版)第 1 篇"作为一种艺术工作的国家"中的第 2 至第 6 章的内容与西蒙兹《意大利文艺复兴》第 1 卷"暴君的时代"加以比较。

⑤ 可以将布克哈特《意大利文艺复兴时期的文化》(何新译)第 3 篇"古典文化的复兴"与西蒙兹《意大利文艺复兴》第 2 卷"学问的复兴"加以比较。

⑥ 西蒙兹在《意大利文艺复兴》第 1 卷"暴君的时代"序言中特别向布克哈特的著作表示致谢。参见 J.A.Symonds,*Renaissance in Italy*,Vol.Ⅰ"The Age of the Despots",New Edition,p.Ⅷ.

的学界在提及意大利文学发展状况时更多地会提及德·桑蒂斯的经典作品《意大利文学史》①等，而非西蒙兹的著作。至于第 6、第 7 卷《天主教会的反应》中的宗教改革内容及那个时期的文化内容，这些在西蒙兹之前和同时代已经有出色的学术研究成果，例如西蒙兹提及的 19 世纪迈克科里的著作《16 世纪意大利宗教改革的进步与压制》②，等等。那么西蒙兹仅仅将先前的研究成果加以重新取舍、编排而成厚厚的 7 卷并由此提供学人更大范围的文艺复兴历史知识吗？西蒙兹涉及学问复兴的内容仅仅是皮尼奥蒂著作的进一步展开、抑或布克哈特的改制品吗？西蒙兹的天主教会部分内容是为了照顾到文艺复兴时序上的完整性而硬生生做个补充吗？

前文提到，皮尼奥蒂和西蒙兹都属于诗人历史学家，更确切地讲是两位对意大利文化充满敬意的诗人历史学家。只不过皮尼奥蒂主要是生活在 18 世纪的意大利诗人，而西蒙兹则是带着 19 世纪维多利亚时代文风的英国诗人。两人都留下大量的诗歌作品。③ 皮尼奥蒂的诗人地位在一些文学史著作中偶有提及。④ 这种诗人情分很浓的状况是否会影响到以客观性见长的历史学界之评判呢？确实，两位学者在自己的著作中都刻有诗意的情调。尤其是西蒙兹的著作更有浓厚的诗性韵味。也许就 20 世纪的学术标准而言，如果我们以鲁宾斯坦《美第奇家族治下的佛罗伦萨政府》⑤、卢佛尔《美第奇银行兴衰史》⑥、帕斯

---

① F.de Sanctis, *History of Italian Literature*, Barnes & Noble, Inc., 1968.该书初版于 1870—1871 年间，由德桑蒂斯 1839—1848 年间在那不勒斯讲学的讲稿汇集而成。后一版再版，成为此领域的经典作品。

② T.McCrie, *History of the Progress and Suppression of the Reformation in Italy*: *Including A Sketch of the History of the Reformation in the Grisons*, Presbyterian Board of Publication, 1842.

③ 皮尼奥蒂的诗歌集为：L.Pignotti, *Poesie*, Tipografia all'Insegna di Dante, 1833。西蒙兹的诗歌情况见 6.2.1。

④ F.Flamini, *A History of Italian Literature*(1265-1907), Tr.E.M.O'Connor, The National Alumni, 1906, p.271.作者在介绍皮尼奥蒂的文学成就时顺带提了一下《托斯卡纳史》。

⑤ N.Rubinstein, *The Government of Florence under the Medici*(1434-1494), Oxford University Press, 1966.

⑥ R.De Roover, *The Rise and Decline of the Medici Bank*(1397-1494), Harvard University Press, 1963.

特的《教皇史》①等为学术衡量准绳,那么皮尼奥蒂与西蒙兹相关研究的学术深度和广度都存在着难以遮掩的瑕疵。即使以 19 世纪兰奇的《意大利绘画史》②、帕金斯的各种《意大利雕塑史》③、弗格森的各种《建筑史》④来对照皮尼奥蒂、西蒙兹的文艺复兴艺术史研究内容,学人同样会给出批评性的结论。那么皮尼奥蒂、西蒙兹著述的存在价值何在? 还值得花大量笔墨将两者进行对比研究吗?

我们还可以从更多的角度去追问两者的学术命运。但最佳的做法莫过于对两部著作进行扎实的研究,并在此基础上将其中应有的学术价值开掘出来,并给出恰当的评价。在今天更强调体验、启示、约定等不确定认识因素的后现代史学氛围下,学人是否应当以 21 世纪的史学眼力重新认识、评价具有浓郁诗性智慧的历史学家皮尼奥蒂、西蒙兹之史学创作思路呢?

二、两种独创性的编撰体例与史观

研读皮尼奥蒂和西蒙兹的著作,一个直接的印象就是两人都在相关的研究领域做了学术的创新性探究。试问:皮尼奥蒂与西蒙兹著作的创新点和值得做比较的切入口有哪些?

---

① L.Pastor, *The History of the Popes, from the Close of the Middle Ages*.原为德文,英文版由 F.I. Antrobus、F.R.Kerr 等翻译编辑,由 B.Herder 出版公司从 1906 年(指第 3 版)分卷出版。该书共 40 卷。此《教皇史》运用大量梵蒂冈的档案材料,重要的教皇都用 1 卷或 2 卷几十万字的量加以评述。对本书研究美第奇家族与教廷、教皇关系具有直接参考价值的是第 1 卷至第 21 卷。

② A.L.Lanzi, *The History of Painting in Italy*, Tr.T.Roscoe, 3 Vols.New Edition, Henry G.Bohn, 1852.

③ C.C.Perkins, *Italian Sculptors*, Longmans, Green, and Co., 1868; C.C.Perkins, *Historical Handbook of Italian Sculptors*, Remington and Co., 1883.前者重在勾勒整个意大利雕塑史,后者主要论及文艺复兴时期的雕塑史。前者有优美的插图,后者多为文字表述。帕金斯的另一部代表作是《托斯卡纳雕塑史》,C.C.Perkins, *Tuscan Sculptors: Their Lives, Works, and Times with Illustrations from Original Drawings and Photographs*, Longmans, Green, and Co., 1864。

④ J.Fergusson, *Illustrated Handbook of Architecture: Being A Concise and Popular Account of the Different Styles of Architecture Prevailing in All Ages and All Countries*, Second Edition, John Murray, 1859.

第一，新的编史体例："编年—文化主线"合体与"文化主题—编年"合体。

粗略地划分历史写作的体例无非两种即按年代顺序撰写和按主题撰写。大致上皮尼奥蒂属于前者，西蒙兹归类后者。不过，皮尼奥蒂与西蒙兹并非简单地恪守编年史与主题史的原则，而是在各自的著作中做出富于创新意义的历史研究实践。他们都在寻找如何写活那一时期历史与文化的方法。皮尼奥蒂试图将编年史与文化主线穿引历史现象相结合；西蒙兹则设计围绕重要学术议题进行文化剖析的历史研究方法。

从表面上看，皮尼奥蒂沿袭并维护着古希腊罗马就已流行且在文艺复兴时期得到进一步发挥的编年体传统。在文艺复兴时期，编年体历史著作不乏学术精品。皮尼奥蒂对那时的历史学家也不乏敬仰之情，尤其看重维拉尼、马基雅维里、奎恰迪尼等的编年体著作。[1] 皮尼奥蒂在叙事过程中不时引证上述学者的观点。例如在谈到当时对雇佣兵的看法时，皮尼奥蒂就引述马基雅维里基于理性做出的贬抑性结论。[2] 文艺复兴时期的编年体著作在史观和编写手法上已经与中世纪的著作产生区别。其中最大的区别在于文艺复兴时期的历史学家正从中世纪史学的框限中走出来，试图用具体的史实来说明问题。[3] 这一点在 15 世纪的历史学家那里要比 14 世纪的历史学家做得更为出

---

[1] 维拉尼的著作为《佛罗伦萨编年史》(已出的英文版是 *Selections from the First Nine Books of the Croniche Fiorentine of Giovanni Villani*, Translated for the Use of Students of Dante and Others by R.E.Selfe, Edited by P.H.Wicksteed, M.A., Archibald Constable, 1896)；马基雅维里与奎恰迪尼分别撰有以《佛罗伦萨史》为题的历史著作，笔者参考 Niccolò Machiavelli, *Florentine Histories*, A New Translation by L.F.Banfield and H.C.Mansfield, Jr., Princeton University Press, 1988；Francesco Guicciardini, *The History of Florence*, Translated, Introduction, and Notes by Mario Domandi, Harper & Row, Publishers, 1970. 马基雅维里的《佛罗伦萨史》写到 1492 年大洛伦佐去世。奎恰迪尼的《佛罗伦萨史》则写到 1508 年乔万尼·德·美第奇(1475—1521，即教皇列奥十世)时期。皮尼奥蒂《托斯卡纳》有不少对马基雅维里等历史学家个人生平描述的文字，其中对马基雅维里的敬仰之情尤为突出。皮尼奥蒂对马基雅维里遭遇人生打击时的描述给读者留下深刻的印象，还不时为马基雅维里辩护，其中包括对马基雅维里自由思想、共和思想等的评论。参见 L.Pignotti, *The History of Tuscany*, Vol.IV, pp.56, 374—375.

[2] L.Pignotti, *The History of Tuscany*, Vol.I, p.227.

[3] L.Green, *Chronicle into History: An Essay on the Interpretation of History in Florentine Fourteenth-Century Chronicles*, Cambridge University Press, 1972, p.2；

色。例如布鲁尼试图在自己的著作《佛罗伦萨人史》①中用更具体的材料来说明佛罗伦萨政治体制的变化，而不是像维拉尼那样不时出于自己的政治兴趣进行历史评论。② 西蒙兹《意大利文艺复兴》就当时的编年体历史著作亦做了专题性的描述，其中对维拉尼1300年造访罗马并由此启动其编年史著述情景的描述生动勾勒出这位编年体作者的历史境界，令读者印象深刻。③ 皮尼奥蒂对上述编年体风格做了继往开来的变革尝试。他保留文艺复兴时期编年体历史著作的上述传统，注重史实、注重政治史、军事史、外交史等内容。同时修正文艺复兴以降历史学领域沿袭已久的唯政治史、军事史风气，加入许多经济史的内容。更为重要的是皮尼奥蒂探索以编年体叙事的形式并渗透文化的主线来呈现托斯卡纳（包括佛罗伦萨）的历史、学问复兴的历史、美第奇家族的历史等。这里的关键是如何看待文化史的内容。文艺复兴时期的各种编年体佛罗伦萨史著作并非不提及那些文化名人，如维拉尼的《佛罗伦萨编年史》就有论述专门论述诗人但丁的内容。④ 但总体上看，文化史的内容不是主线，或者说维拉尼、马基雅维里和奎恰迪尼各自所撰写的《佛罗伦萨史》（当然还得算上奎恰迪尼的《意大利史》）最为欠缺之处是未将文化的因素有机地融合进去，这无疑影响到对佛罗伦萨地位历史演变线索之勾稽。皮尼奥蒂的继往开来之举为19世纪以降相关编年体历史创作领域带来新的历史学气息，只要一比较就能见其功力、见其异彩。不妨与皮尼奥蒂之后的另一部历史著作即纳

---

① L.Bruni,*History of the Florentine People*,Edited and translated by J.Hankins,3 Vols.Harvard University Press,2001-2007.

② D.J.Wilcox,*The Development of Florentine Humanist Historiography in the Fifteenth Century*, Harvard University Press,1969,p.100.作者在自己的论著中还提到文艺复兴时期另一位历史学家斯卡拉的《佛罗伦萨史》，认为斯卡拉希望在自己的著作中避免孤证的缺陷，尽量用更多的史实来对某一历史现象进行说明。参见 Wilcox 上引书第179页。

③ J.A.Symonds,*Renaissance in Italy*,Vol. I ,New Edition,pp.198-199.

④ *Selections from the First Nine Books of the Croniche Fiorentine of Giovanni Villani*,*Translated for the Use of Students of Dante and Others by Rose E.Selfe*,Edited by Philip H.Wicksteed,M.A.,Book IX,Sections 136.

皮尔(Henry Edward Napier,1789—1853)的《佛罗伦萨史》做个比较。纳皮尔的著作对每一个世纪均有总结性的论述,涉及政治、经济、文化、社会生活各个方面。① 这是一种中规中矩的历史总结之言,可视其为皮尼奥蒂体例的遗风。但相比之下,皮尼奥蒂著作中的每一个"论说"(Essay)更像一个个网结,力图将托斯卡纳历史上的文化演进过程与其他历史因素的变化融合起来,使全书纲举目张。② 皮尼奥蒂试图书写这样一种历史情境:托斯卡纳的各种学问的复兴及其繁荣与托斯卡纳的历史地位上升具有内在关系。到了纳皮尔之后的19世纪末。历史学家维拉利关于佛罗伦萨史的著作则又是一种模式。维拉利经常要在大学讲课,这影响到其历史著作浓厚的专题研究色彩。维拉利《佛罗伦萨史的最初的两个世纪》③主要讲的是13至14世纪佛罗伦萨的历史变迁,尤其重视对佛罗伦萨政治体制及相应的社会文化现象之评述,如对佛罗伦萨公社即政治共同体的阐释、对佛罗伦萨在托斯卡纳地区的统治地位的论述、对但丁政治生涯的描述等。这些相当于美第奇家族势力崛起前或但丁时

---

① 纳皮尔在6卷本《佛罗伦萨史》(Florentine History from the Earliest Authentic Records to the Accession of Ferdinand the Third , Grand Duke of Tuscany)第1卷和第2卷的最后一章,均以"短论之章"(Miscellaneous Chapter)的形式对佛罗伦萨13和14世纪历史的方方面面加以评述、总结。这部通史性质的巨著大致有以下特点:第一,叙述的时间跨度长,从最早有记载的历史写起,直至托斯卡纳公爵费尔迪南德三世去世(1824)。因此该著作篇幅庞大,总共有6卷,译成中文近200万字。第二,用编年体写成,偏重政治史、军事史。当然作者也注意其他历史现象,例如第1卷的最后插入评论13世纪佛罗伦萨各种社会现象的"短论之章"(Miscellaneous Chapter)。这篇短论涉及的面很广,如商业、教主、市民精神等在评论的范围之内。第三,在史料的运用方面特别注意当时人的历史记载,增加了历史著作的可信度。例如第2卷在涉及14世纪佛罗伦的历史时就注意历史学家维拉尼著作中的内容。第四,对文化的关注。第2卷最后的"短论之章"(Miscella-neous Chapter)包含大量14世纪文化史的内容,如但丁、彼特拉克、薄伽丘等的文化创作活动等。

② 相关"论说"包括:第1卷"论中世纪时代的战争技艺"、"论说Ⅰ—意大利语的起源与演变"(Essay on the Art of War in the Lower Ages ; Essay Ⅰ-Upon the Origin and Progress of the Italian Language);第2卷"论说Ⅱ—论学问的复兴"(Essay Ⅱ-Upon the Revival of Learning);第3卷"论说Ⅲ—托斯卡纳的商业"(Essay Ⅲ-Tuscan Commerce);第4卷"论说Ⅳ—15世纪末至16世纪初的科学、文学与艺术状况"(Essay Ⅳ-State of Science , Literature and Arts , at the end of the Fifteenth and Beginning of the Sixteenth Centuries),等等。

③ P.Villari , The Two First Centuries of Florentine History : The Republic and Parties at the Time of Dante , 2 Vols.T.Fisher Unwin , 1894.

代的历史。不妨称之为断代性质的政治史。维拉利的体例将两个世纪作为总的时间框架贯穿全书,而单章论题的时间顺序又自成一体。这虽然是一种创新,但无疑弱化了皮尼奥蒂编年体的长处。(顺便指出,维拉利也没有提及皮尼奥蒂的研究成果。)再与20世纪的佛罗伦萨史方面的著作做些比较,皮尼奥蒂体例的优点仍显而易见。前文提到的海耶特与谢维尔的著作都试图在编年—文化合体方面做些探索。谢维尔开始加入一些文艺复兴史研究的当代概念,并在专题研究方面下了不少工夫。海耶特则对佛罗伦萨的历史梳理得比较清晰,并试图在佛罗伦萨史的撰写方面加入文化的内涵。但与皮尼奥蒂相比,两者所缺乏的仍是文化史内容方面能够提升全书质地的总框架。总之,文艺复兴史研究在融通编年与文化主线、编年与各种主题等关系方面会遇到各种两难的棘手问题,而皮尼奥蒂的体例恰恰在这方面找到了一个平衡点,难能可贵。

如果说皮尼奥蒂是继往开来,那么西蒙兹的著作则是焕然一新。西蒙兹以主题式文化史研究体例为主,并部分采取传统编年史的方式,以此阐释意大利文艺复兴时期的精神文化现象的本质及其演变过程。所谓"部分采取"指的是:其一,西蒙兹仅在第2卷即"学问的复兴"卷中比较注重编年的体例;其二,西蒙兹全书在遵循历史时间顺序方面往往不是很严格。回顾史学史的相关内容,布克哈特等学者的著作将传统的编年史体例打破,分成各个主题撰写文艺复兴史的内容。《意大利文艺复兴时期的文化》是其中的代表。[1] 往后模仿者不少,例如20世纪克洛宁的著作就是其中的代表。[2] 再加上鲁宾斯坦《美第奇治下的佛罗伦萨政府》、卢佛尔《美第奇银行研究》、黑尔《佛罗伦萨与

---

[1]　布克哈特《意大利文艺复兴时期的文化》分成6个专题书写,分别是:1."作为一种艺术工作的国家";2."个人的发展";3."古典文化的复兴";4."世界的发现和人的发现";5."社交与节日庆典";6."道德与宗教"。

[2]　V.Cronin, *The Florentine Renaissance*, E.P.Dutton & Co., Inc., 1967; V.Cronin, *The Flowering of the Renaissance*, Collins Clear-Type Press, 1969.

美第奇家族》①等专题研究,由此将佛罗伦萨史、美第奇家族史等的学术水准推向新的高度。总体上看,西蒙兹认同布克哈特式的文化史研究理念和创作方式。但西蒙兹《意大利文艺复兴》的编撰体例与皮尼奥蒂、布克哈特均有差异。西蒙兹的《意大利文艺复兴》很难归类,它既不是传统意义上的或经过皮尼奥蒂改造后的编年体形式,也不像布克哈特著作将各个文化主题合而为之的模式。严格地讲是借鉴两者而独成一体。例如,西蒙兹《意大利文艺复兴》第2卷《学问的复兴》几乎是一部融布克哈特主题史和皮尼奥蒂编年体而成的文艺复兴时期人文主义发展史。不过就整个7卷而言,西蒙兹围绕他心目中的核心学术难题并用主题和历史叙述交叉的方式通过互有关联的多卷本形式来进行解题。这称得上是皮尼奥蒂与布克哈特先前体例基础上的又一次创新,很难用某个概念来形容此项史学创新之举,不得已笔者用"文化主题—编年"合体来概括。也正是这种创新,西蒙兹构建一部"形散神不散"的多卷本文艺复兴研究专著。此处"形散"指的是西蒙兹《意大利文艺复兴》的每一卷都可以分拆阅读,并给予读者相关的文艺复兴历史知识。"神不散"指的是7卷内容前后贯通,完成解答文艺复兴时期最为关键的学术难题之任务。西蒙兹在为《意大利文艺复兴》美国版撰写的"作者注"中就明确指出,此多卷本系列著作是作者自己前后安排好的一个研究整体,但每一部又相对独立,不反对读者进行分拆性阅读。② 其中还渗透着西蒙兹作为一名性倒错者所特有的个体化学术因素。例如,西蒙兹本人就是一个柏拉图主义的信奉者,他需要询问文艺复兴时期与柏拉图主义相关的种种文化现象,其中特别关注文艺复兴时期与此审美理念相关的文学艺术家的生平与创作。

　　总之,两位学者分别用创新的体例完整地叙述、阐释了各自心目中的核心学术问题。皮尼奥蒂的问题是,托斯卡纳视角下的佛罗伦萨何以成为新雅典

---

① J.R.Hale,*Florence and the Medici*,Phoenix Press,2001.

② J.A.Symonds,*Renaissance in Italy*,Vol. Ⅰ "The Age of the Despots",Henry Holt and Company,1888,"Author's Note to the American Edition".

并影响意大利的文化进程？西蒙兹的问题是,意大利文艺复兴时期文学艺术繁荣的内在原因何在？相比之下,皮尼奥蒂的研究具有历史的纵深感和全景图式,并配以文化的主线,给人一种历史的说服力。西蒙兹的著作将文化中的精神主线做了进一步的开掘,让读者从心灵的深处去体验文艺复兴的繁荣局面。从近代西方史学的编年体发展情况看,皮尼奥蒂以编年史为基本框架并糅合文化史主线的研究体例没有得到广泛的响应,似乎文化史研究的核心任务就是对诸多文化观念的阐释,编年史体例不足以完成这项任务。确实,编年史的创作方法如果没有中心线索的穿引会有见木不见林的不足。但皮尼奥蒂的创作方法恰恰是为了克服这种不足。这些都留待今人进一步思考。不过站在历史学科自身特点的立场上看问题,我们应当积极肯定皮尼奥蒂的史学创作实践。

第二,两种对应互补的史观:历史嬗变中的文化与精神框架下的文化。

说到底,两位学者编撰体例均对应各自的史观。从表面上看,两人都强调文化在历史演变过程中的重要性。但皮尼奥蒂强调从历史的过程来看待文化所具有的优先地位、作用等;西蒙兹则以精神自身的体系为出发点来开掘文化中的思想要素。这些导致两位学者在看待文艺复兴时期文化现象的诸多差异。

皮尼奥蒂认为,历史(包括文化史)与自然界的规律一样都有一个漫长的演变过程,都要经历春夏秋冬、新陈代谢的发展周期。皮尼奥蒂指出,"人间事物(包括物质的和道德的)的命运都有一个从幼年、青年、壮年再到老年的周期发展过程,即使是艺术、文学都不例外,它们会达到优美的顶峰,其限度就是看还能否被超越,或者是否朝下走了。"[1]这个看似简单的文化史与自然现象的比拟其实不乏深意。在西方史学史上,历史学家通过自然现象来引申史观,这古已有之,近代以来也不乏其例。关键是不同的历史学家在运用自然现

---

① L.Pignotti,*The History of Tuscany*,Vol.Ⅱ,p.82.

象进行历史比喻时的侧重点不同,由此引申出的史观亦各有亮点。在 18 世纪的西方史学领域,像皮尼奥蒂那样将自然现象与文化现象结合起来进行历史分析,并试图寻找近代早期意大利从学问复兴到文化衰退的发展规律,这并不多见。《托斯卡纳史》是上述文化观的完整诠释。不过皮尼奥蒂将阐释的重点放在佛罗伦萨作为文化中心的形成和演变过程。大致包括希腊古典文化在托斯卡纳地区的历史积淀、佛罗伦萨与其他城邦的文化交流与竞争、但丁等文化巨擘的天赋和创造力、学问复兴的繁荣局面,等等。至于佛罗伦萨文化中心地位的逐渐消退问题,皮尼奥蒂则比较关注其中文化创造力下降的主观因素。

与布克哈特一样,西蒙兹也把文艺复兴主要视作文化现象。西蒙兹学术生涯的崇高目标就是要撰写文化史著作。大英百科全书在提到西蒙兹的时候用了“文化史”cultural history 一词。其实早在 18 世纪的德国史学界就已提到文化史的概念。当然在英国、法国等国家的学术著作中更多地以文明史的概念出现。从史学史的角度看,文化史写作方式的出现就是为了补通史、断代史、编年史等的不足。以往的一些历史写作方法往往难以揭示生动的人之精神及在人的精神主导下的创作行为、成果。就文艺复兴史的创作而言,许多著作标有文艺复兴的字眼,但就其内容而言,仍称不上文化史著述。最明显的例子就是法国史丛书之一《文艺复兴的世纪》①,该书完全以王朝顺序罗列历史事件。当然在西蒙兹看来,要写出一般意义上的意大利文化史是困难的,其复杂性就在于文化史必然要涉及个体。最佳的办法还是回到个案上来,例如要处理人文主义文化的复杂性,就必须直接从彼特拉克等人文主义者入手;从当时佛罗伦萨的美第奇家族、从佛罗伦萨等城市的图书馆入手,等等。② 再者,文化涉及一个人、一个民族的精神,并且是动态性的精神因素。由此看来,文化史就是展现个人与时代的精神主线、个人创作活动过程及其成果的历史研究方法。

---

① L.Batiffol, *The Century of the Renaissance*, William Heinemann, 1921.

② J.A.Symonds, *Renaissance in Italy*, Vol. Ⅱ, New Edition, pp.116−117.

　　显然,西蒙兹试图从人的精神特征而非某一种成就去观察、分析文艺复兴的文化本质,其最终目的是勾勒出文艺复兴的核心精神。西蒙兹的历史观受黑格尔、歌德等大家的思想影响颇深。这些文化大家十分强调精神、情感在历史中的作用。西蒙兹与上述思想大家一样认为精神有其自身的体系、发展规律、功能等。文化之所以古今相通,其道理就在于人的精神古今相通。这样,时间因素就在文化的古今对话中退居次要的地位。西蒙兹一生中的所有著述都将文化研究中的精神内容放在首位,历史学科各种要素的运用则成了文化史研究中的一条辅线。西蒙兹的《意大利文艺复兴》将"史"的称号略去,可见其用意。基于上述史观,西蒙兹分析意大利文艺复兴的历史创作过程就是用19世纪的人文主义理念去图解先前文艺复兴时期的人文主义心灵,其着眼点是精神、思想(Intellectual)等因素。当然,西蒙兹的"图解"并未丢失历史意识。《意大利文艺复兴》明言,"并不是那些发现引起了文艺复兴,恰恰是精神的能量、智力的天然爆发,这些使得当时的人们能够用之于发现。"①西蒙兹与米什莱一样,将中世纪视作沉迷于宗教信仰的时代,那时人自身的精神、地位、力量被低估了。文艺复兴时期的人文主义则以批判的精神解放了人自身具有的精神力量和创作潜力。西蒙兹在《意大利文艺复兴》第3卷"文艺复兴时期的美术"之"序言"中明确点题:"我不是去追溯意大利艺术的历史,而是要弄清楚艺术与主流文艺复兴文化运动的关系。为了做到这一点,我所有著作的主要目的更强调试着去解释艺术在其启端时与中世纪基督教的依赖关系,它们又如何从教会的控制下逐渐解放的过程,以及它们最后在古典文化复兴鼎盛时期所获得的自由。"②这些明显带有理性主义盛行的19世纪之历史回声,至20世纪仍是评价人文主义的主流观点。③ 在具体

---

　　①　J.A.Symonds,*Renaissance in Italy*,Vol.Ⅰ,New Edition,p.3.

　　②　J.A.Symonds,*Renaissance in Italy*,Vol.Ⅲ"The Fine Arts",New Edition,p.Ⅶ.

　　③　D.Bush,*Prefaces to Renaissance Literature*,W.W.Norton & Company Inc.,1965,Chapter Ⅰ "Humanism and the Critical Spirit".

评述时,西蒙兹将意大利人逐渐培养起来的以新柏拉图主义为中心的审美意识作为重点来评论,同时叙述如何通过文学艺术(其中特别是诗歌和美术的创作)体现出来。为此,西蒙兹需要用大量的个案研究来证明那种新精神的本质以及丰富多样性。西蒙兹至少花3卷的笔墨(实际上远远不止3卷的容量)来阐述文学艺术的创作情况。西蒙兹还用单卷本的人物评传来达到上述目的。如本书已经提及的《但丁研究导论》、《米开朗基罗传》、《薄伽丘小传》等。

当然,西蒙兹的文化观、历史观比较复杂,尤其是夹杂着性倒错者的某种文化思考因素。西蒙兹写作中的诗性色彩亦很浓烈。另外,西蒙兹在研究文艺复兴这个特定历史时期的各种现象时借鉴当时许多学者的历史观点和研究成果,[1]而在很多场合西蒙兹对其参考的著述没有一一标示出来。这些均给后人的评析带来不少困难。

皮尼奥蒂与西蒙兹两位诗人历史学家不同的史观决定了各自对意大利文艺复兴诸多社会文化现象的认识差异。概括总结如下:

(1)在对佛罗伦萨文化地位等的认识方面:皮尼奥蒂透过托斯卡纳的视角将新雅典兴起的历史过程清晰地呈现在读者眼前。简言之,对新雅典的概念要有完整的认识。西蒙兹也有历史的大视野,尤其是西蒙兹善于利用自己的学术特长将文艺复兴大舞台上各位主角的出演环环相扣地传递给观众,使读者对佛罗伦萨的文化中心地位有一个直感的认识。不过,西蒙兹疏于对佛罗伦萨文化地位历史演变过程的微观性研究,这多少影响到对文艺复兴时期佛罗伦萨中心地位的历史性整体认识。

(2)在学问复兴的认识方面:皮尼奥蒂对古典学问复兴的历史积淀因素和来龙去脉叙述得比较清晰;西蒙兹则进一步将学问复兴何以在意大利有如此辉煌的成就之原因做了学术开掘,即对民族性格与文化繁荣的关系加

---

① J.A.Symonds, *Renaissance in Italy*, Vol. I, New Edition, "Preface".

以评析,从而在更深层次的意义上认清楚意大利文艺复兴的独特性、意义等。皮尼奥蒂在论述学问复兴时将法学和医学的复兴放在首要地位进行叙述、评析。同时比较注重自然科学方面的内容,为此还特别提到当时亚里士多德著作的影响。[①] 这些均符合文艺复兴时期的实际历史情况。一般而言,意大利学问的复兴离不开大学的教育,而中世纪大学对神学、法学、医学等尤为重视,并授予相应的博士学位。特别是法学和医学的发展与市民社会的实际需求关系密切。所以从法学、医学出发认识当时佛罗伦萨、托斯卡纳乃至整个意大利的学问复兴过程不失为回归历史的认识。西蒙兹的研究的目的与皮尼奥蒂不同,《意大利文艺复兴》关注学问复兴的重点是文学艺术,尤以艺术为上。所以西蒙兹在认识文学艺术的繁荣时比较看重人文主义的新精神,相应地比较看重彼特拉克等思想家对古典学问、对人的各种解释。

(3)在对美第奇家族文化作用等的认识方面:皮尼奥蒂将美第奇家族兴衰的历史置于整个托斯卡纳的历史进程中加以考察,因此皮尼奥蒂对美第奇家族的历史作为叙述得比较全面。皮尼奥蒂不仅提到美第奇家族对文学艺术的奖掖,并通过文化的传播带来更大范围的学问复兴浪潮,还注意美第奇家族的政治策略、商业手段等现实的方面。西蒙兹则抓住美第奇家族尤其是大洛伦佐对柏拉图主义的偏爱及由此引起的民族智慧、性格等的塑造,将文学艺术繁荣的精神源流揭示出来。也就是说,西蒙兹在评论美第奇家族的文化作用时着墨较浓,给学人印象比较深刻。[②] 两位学者在涉及美第奇家族的历史地位、作用时都带有不同程度的批判意识,在这方面需要学人给予足够的关注。

---

① L.Pignotti, *The History of Tuscany*, Vol. Ⅱ, p.119.

② *A Short History of the Renaissance in Italy: Take from the Work of John Addington Symonds*, by Lieut-Colonel A.Pearson, Chapter Ⅸ "Literary Society at Florence".

三、两种历史方法论下的叙事模式

概而论之,皮尼奥蒂的历史方法论就是在"新雅典"名下展开回归历史的叙事模式。"新雅典"一名究竟由谁最先在历史著作中提出,这尚待考证。回溯史学史,马基雅维里与奎恰迪尼的《佛罗伦萨史》已经对佛罗伦萨的突出历史地位及相关历史事实做了比较全面的描述。马基雅维里的《佛罗伦萨史》不乏社会生活、政治、军事、文化的方方面面内容,特别是作为受美第奇家族之邀而撰写的著作还不得不花费相当的笔墨来提及相关史实,不过全书并未将佛罗伦萨正在变成新雅典的核心因素即文化放到突出的位置。① 奎恰迪尼像其时的有识之士一样,对佛罗伦萨、意大利的文化优势保持在自豪感的层面。这种情况无助于他们理性分析意大利的现状及国际关系。加上奎恰迪尼《佛罗伦萨史》的核心内容是佛罗伦萨如何与周边城邦交往的过程中求得立足之地的一系列事件。这些制约着新雅典意识作为主线索在奎恰迪尼《佛罗伦萨史》中的建构。② 到了18、19世纪,西方史学界将古代雅典与近代佛罗伦萨做比较已经司空见惯。③ 但作为贯穿全书的概念,作为一种独特史观和体系下的新雅典概念运用则不能不首先提皮尼奥蒂著作中的阐释。按照皮尼奥蒂的观点,意大利经历3个辉煌的时期,第1个时期主要是希腊文化在托斯卡纳的积淀;第2个时期是奥古斯都年代;第3个时期就是托斯卡纳的学问复兴年代,其中佛罗伦萨作为"新雅典"将其光辉照亮整个欧洲。④ 可见,皮尼奥蒂笔

---

① 关于马基雅维里《佛罗伦萨史》的总体评价可参见该书英译者之一曼斯菲尔德所写的"导论",Niccolò Machiavelli, *Florentine Histories*, A New Translation by L. F. Banfield and H. C. Mansfield, Jr., Princeton University Press, 1988, "Introduction"。

② 关于奎恰迪尼《佛罗伦萨史》的总体评价可参见英译者多曼迪所写的长篇导论,Francesco Guicciardini, *The History of Florence*, Translated, Introduction, and Notes by Mario Domandi, Harper & Row, Publishers, 1970, "Introduction"。

③ 特劳罗佩在处理历史资料等问题上,将雅典与佛罗伦萨做比较,参见 T. A. Trollope, *A History of the Commonwealth of Florence*, Vol. I, p.7.另见 H. E. Napier, *Florentine History, from the Earliest Authentic Records to the Accession of Ferdinand the Third, Grand Duke of Tuscany*, Vol. I, p.IX。

④ L. Pignotti, *The History of Tuscany*, Vol. II, p.80.

下的新雅典概念更注重文化的源流。按照作者的想法,古代的雅典铸造成后来的西方文明,近代的雅典同样是近代以来西方文化的发源地。皮尼奥蒂需要阐述清楚这种新文化的主要内容和特征,而托斯卡纳是分析新雅典的恰当范围。皮尼奥蒂在阐述时的基本构想是:新雅典的确立主要得益于商业、政治和文化的综合实力,其中新的文化起到了关键作用。这种新文化是城邦生活的需要,也是文学艺术巨擘天赋的体现。以后佛罗伦萨史、文艺复兴史(包括西蒙兹的文艺复兴史)研究,都可以看到新雅典概念的运用。① 可见,新雅典概念在历史方法论上强调具体的事例及其发生的过程。具体而言,皮尼奥蒂"新雅典"概念下的叙事内容和形式有这样一些学术亮点:

第一,立足托斯卡纳叙述新雅典的形成、发展历程,重新定位佛罗伦萨、比萨等城邦国家的历史地位。

托斯卡纳史与佛罗伦萨史血脉相连。但究竟是立足托斯卡纳看佛罗伦萨,还是以佛罗伦萨为中心带过托斯卡纳,这两者之间仍有区别。从史学史的发展状况看,皮尼奥蒂的托斯卡纳视野要比其他佛罗伦萨史撰写者的视野更为宽阔。在历史上,希腊文化不是向佛罗伦萨一个城邦国家渗透,而是向整个托斯卡纳地区、甚至意大利的扩散。皮尼奥蒂在著作中比较妥善地处理托斯卡纳各城邦国家应有的历史地位。重新认识比萨、锡耶纳、阿雷佐、卢卡等与佛罗伦萨的关系。也使人们理解,佛罗伦萨的优势不是一个城邦的优势,而是托斯卡纳的优势。走出中世纪时的托斯卡纳逐渐形成比萨、锡耶纳、卢卡、佛罗伦萨等城邦中心,后来佛罗伦萨作为新雅典是融合了比萨、卢卡、西耶那等托斯卡纳地区各城邦的因素而成。如果没有比萨的成就,佛罗伦萨的辉煌亦不成气候。也许是出于个人对比萨这一教育重镇文化氛围的切身体验,当然更是基于史实,皮尼奥蒂在著作中不时流露出对比萨的敬仰之情。在托斯卡

---

① 西蒙兹在《意大利文艺复兴》第1卷中就古代雅典和近代佛罗伦萨的政治、文化等做了精辟的比较分析,J.A. Symonds, *Renaissance in Italy*, Vol. I "The Age of the Despots", New Edition, pp.185–186。

纳近代早期的历史上,比萨之所以在托斯卡纳地区首先脱颖而出,这与其率先脱离封建体制有直接的关系。[①] 由于地理位置和比萨大学的教育地位,在相当长的时间内比萨成为托斯卡纳地区开文化风气之先的中心区域。以后佛罗伦萨取得对比萨的统治权,佛罗伦萨的文化地位也渐渐上升。这些都脱离不开佛罗伦萨借用比萨文化势力的各种举措。总体上看,美第奇家族统治下的佛罗伦萨还是懂得如何开掘和发挥包括比萨大学在内的教育优势。[②] 后来大洛伦佐将佛罗伦萨的高等学院迁往比萨,由此可见一斑。至于比萨大学的起起落落、佛罗伦萨与比萨大学的关系、佛罗伦萨与周边地区教育状况的关系等,皮尼奥蒂均做了比较细致的叙述。这样,皮尼奥蒂向读者展示佛罗伦萨最终成为托斯卡纳中心的历史过程,也使人看到佛罗伦萨这个新雅典兴起的各种合力:如佛罗伦萨成为商业贸易的中心;佛罗伦萨成为意大利举足轻重的政治平衡因素;美第奇家族势力在意大利渗透,等等。显然,这些合力并不局限在托斯卡纳。皮尼奥蒂在行文中始终以托斯卡纳为一个聚焦点来透视整个意大利,注意意大利的因素(包括精神层面的因素)对托斯卡纳的作用力。其中特别注意到有一种文化的力量如意大利天赋(genius)的刺激力量。[③] 考虑到意大利的经济环境,皮尼奥蒂将新雅典的历史进步过程还与整个国际环境紧紧关联在一起。反过来讲,确实也需要从国际环境来反观意大利、托斯卡纳、佛罗伦萨的各种历史现象。例如在文化方面看待托斯卡纳的诗歌发展历史时,皮尼奥蒂就注意普鲁旺斯诗人及其诗歌创作对意大利的影响。[④] 在上述以托斯卡纳为支点的国际视野下,皮尼奥蒂更有说服力地将历史上新雅典中心的佛罗伦萨地位凸显出来,即就国际关系层面的合力而言,佛罗伦萨作为新雅典的中心地位是通过商业、与国际社会的各种竞争、通过学问复兴的国际交

---

① L.Pignotti,*The History of Tuscany*,Vol. I,p.270.

② L.Pignotti,*The History of Tuscany*,Vol. IV,pp.233–237.

③ L.Pignotti,*The History of Tuscany*,Vol. II,p.87.

④ L.Pignotti,*The History of Tuscany*,Vol. II,p.137.

流过程逐步确立的。其中第 1 卷的论说"低级时代的战争技艺"（Art of War in the Lower Ages）和第 3 卷论说"托斯卡纳的商业"（Tuscan Commerce）就有独具慧眼的历史叙述。由此引申出佛罗伦萨为何又成了近代欧洲文化发源地的观点。西蒙兹后来在分析佛罗伦萨中心地位确立问题上同样放眼意大利、国际的环境。①

第二,强调学问复兴的历史积淀因素和历史演变进程。

皮尼奥蒂在新雅典概念下对托斯卡纳地区学问复兴的进程做了全方位地梳理。《托斯卡纳史》4 卷的重点是后 3 卷即我们通常所说的文艺复兴时期的托斯卡纳史。因为有新雅典这一核心历史主题,因此鸿篇巨制仍不失其有机整体的贯通之气。从某种意义上讲,《托斯卡纳史》4 卷就是围绕学问复兴问题所做的历史叙述:第 1 卷论述的历史底蕴以及在中世纪慢慢崛起的各种因素。皮尼奥蒂的基本观点是:托斯卡纳从古代起就与希腊文化有联系,并就伊特拉里亚语与希腊语之间的关系做了研究。② 到了罗马时代和中世纪这种联系又有发展,比萨大学是其中的桥梁。再则,托斯卡纳在近代意大利语的形成中具有不可替代之地位,其中提到托斯卡纳语经由但丁、薄伽丘等学者的创作成果,从而成为一种学问性的语言、一种可以用来写作的语言。③ 比较而言,皮尼奥蒂尤其看重薄伽丘在语言创造中的作用。④ 正是在众多学者的努力下,一种在意大利具有扩散力的托斯卡纳语逐渐形成。在中世纪被视为第一部用意大利语写成的《马拉斯皮纳历史》（History of Ricordano Malaspina）中,由托斯卡纳语记载的文件成为史实的主要来源。⑤ 如此语言优势累积过程为

---

①　J.A.Symonds,*Renaissance in Italy*,Vol.Ⅳ,New Edition,p.122.

②　L.Pignotti,*The History of Tuscany*,Vol.Ⅰ,p.67.

③　L.Pignotti,*The History of Tuscany*,Vol.Ⅰ,p.253.原文:"The Tuscan language, fortunately boasting of the first illustrious writers,became the learned language,the language of writing."

④　L.Pignotti,*The History of Tuscany*,Vol.Ⅱ,p.199.

⑤　L.Pignotti,*The History of Tuscany*,Vol.Ⅰ,p.250.详细的语言变迁情况可参见 Lorenzo Pignotti,*The History of Tuscany*,Vol.Ⅰ,"Essay Ⅰ-Upon the Origin and Progress of the Italian Language"。

以后学问复兴和文化繁荣奠定了基础。关于托斯卡纳语的特点与新的文化诞生之间的关系,后来西蒙兹表达了与皮尼奥蒂大致相仿的想法。① 特别有意思的是,《托斯卡纳史》字里行间不时向读者转达托斯卡纳早已具有的文化优势,例如对于古代希腊、罗马文化的理解等。在对文化的叙事过程中,作者还就相关问题做了研究,如军事与城邦公民自由等。② 第2卷主要涉及学问复兴的问题以及佛罗伦萨、比萨、锡耶纳等的地位变迁。也正是从第2卷起,与我们学术界通常讲的文艺复兴史内涵十分贴近了,其中意大利文版第3卷"论文Ⅱ"的标题即"科学与文学的复兴(Del Rinascimento delle Scienze e Lettere-Saggio Secondo)"③皮尼奥蒂特别注意到比萨大学等文化教育机构在文化传承(如法律传承等)方面的作用。④ 第3卷主要叙述美第奇家族与佛罗伦萨作为新雅典地位的历史。其中在描述美第奇家族成员如科斯莫、大洛伦佐等的性格特征时提及他们对文学艺术的保护、促进作用。此外作者还论及手工业、贸易等在新雅典地位中的作用,并辟专章论之。⑤ 第4卷的主体是与新雅典全盛时期相关的科学、文学、艺术等创作情况。⑥ 至此,皮尼奥蒂所谓的新雅典历史是由文化史穿引的托斯卡纳地区史画上句号。当然,皮尼奥蒂的不足之处在于未能将知识复兴的精神层面做深层次的开掘。这一任务恰恰由西蒙兹的著作来完成。

第三,扎根托斯卡纳的文化土壤呈现美第奇家族的历史作为。

就单独的美第奇家族史这一主题而言,在皮尼奥蒂的时代已经有威廉·

---

① J.A.Symonds,*Renaissance in Italy*,Vol.Ⅱ,"The Revival of Learning",New Edition,p.325.

② L.Pignotti,*The History of Tuscany*,Vol.Ⅰ,p.227.

③ 意大利文版第4册(Tomo Quarto),第93—237页。英文版第2卷的相应翻译为"Essay Ⅱ-Upon the Revival of Learning"。需要指出的是,即使到了今天,对皮尼奥蒂的Rinascimento一词进行英译,也只能使用revival,尽管今天的意大利语Rinascimento已经有了与Renaissance对等的意思。

④ L.Pignotti,*The History of Tuscany*,Vol.Ⅱ,pp.88-89.

⑤ L.Pignotti,*The History of Tuscany*,Vol.Ⅲ,"Essay Ⅲ-Tuscan Commerce".在这部分内容中,皮尼奥蒂就佛罗伦萨手工业、贸易等的历史做了详细论述。

⑥ 英文版这方面的内容大概占第4卷的一半左右,相当于意大利文版的整个第10册。

罗斯科的《大洛伦佐传》①和《利奥十世传》②以及少数几本有分量的美第奇家族评传、回忆录等。③ 皮尼奥蒂的许多观点、想法（如对佛罗伦萨城邦特点的认识等）未必独一无二，在纳皮尔的著作中谈及佛罗伦萨时亦谈到了相类似的和平、贸易、独立、自由等观点。④ 特别是大洛伦佐对当时国际、国内局势掌控问题方面的认识，也是学术界、思想界普遍关注的现象。例如，美第奇家族的强势一直能保持下去，意大利的政治稳定、甚至统一都不是不可预计的。对此，在文艺复兴时期马基雅维里等的著作中就可以找到端倪。⑤ 那么皮尼奥蒂笔下的美第奇家族回忆录有何亮点呢？这里仍需要回到皮尼奥蒂的托斯卡纳视野。皮尼奥蒂在第 3 卷中对美第奇家族的治国之道加以详细的叙述。但这些叙述只是一个铺垫，作者真正的用意是通过美第奇家族在政治、经济等方

---

① W.Roscoe,*The Life of Lorenzo de Medici*,*called the Magnificent*,*with the Poesie del Magnifico*, J M'Creery,J Edwards,1795.

② W.Roscoe,*The Life and Pontificate of Leo the Tenth*,J M' Creery,1806.

③ 在皮尼奥蒂同时代，除了罗斯科《大洛伦佐传》外，还可提及这样一些著作：荷兰学者藤豪夫《美第奇家族回忆录》（M.Tenhove,*Memoirs of the House of Medici*,*from Its Origin to the Death of Francesco*,*the Second Grand Duke of Tuscany*,G,G.and J.Robinson,1797）、英国学者诺布尔《显赫的美第奇家族回忆录》（M.Noble,*Memoirs of the Illustrious House of Medici*:*From Giovani*,*the Founder of Their Greatness*,*Who Died in the Year* 1428,*to the Death of Giovani-Gaston*,*the Last Grand Duke of Tuscany*,*in* 1737,T.Cadell,Jun.and W.Davies,1797）等。这种研究的热情在皮尼奥蒂去世后仍在延续。1908 年，英国学者豪斯堡在其《大洛伦佐与黄金年代的佛罗伦萨》（E.L.S.Horsburgh,*Lorenzo the Magnificent and Florence in Her Golden Age*,Methuen & Co.,1908）书中还提到德国学者罗蒙特《大洛伦佐传》（A.Von Reumont,*Lorenzo de' Medici*,*the Magnificent*,Smith,Elder & Co.,1876），同时认为该书的英译问题较大，应同时参考德文原著 A.Von Reumont,*Lorenzo de' Medici il Magnifico*, Leipsig,1874;阿姆斯特朗《洛伦佐·德·美第奇与 15 世纪的佛罗伦萨》（E.Armstrong,*Lorenzo de' Medici and Florence in the Fifteenth Century*,G.P.Putnam's Sons,1902），等等。西蒙兹在自己的著作中亦提到罗蒙特的《大洛伦佐传》，参见 J.A.Symonds,*Renaissance in Italy*,Vol.Ⅲ,New Edition, p.55.

④ H. E. Napier, *Florentine History*,*from the Earliest Authentic Records to the Accession of Ferdinand the Third*,*Grand Duke of Tuscany*,Vol.Ⅱ,p.531.

⑤ 1513 年，马基雅维里写完《君主论》。1516 年马基雅维里将此书献给大洛伦佐的孙子小洛伦佐（1492—1519）。其时，小洛伦佐的政治势头正旺，准备征服乌尔比诺。根据奎恰迪尼的看法，这位洛伦佐还试图进一步征服教皇国的所有领土，甚至试图征服那不勒斯王国。此时马基雅维里将《君主论》呈上，个中的用意昭然若揭。

面施展雄才大略来为后面的文化兴盛做历史的引子。正是托斯卡纳的文化底蕴烘托出美第奇家族存在的光环,而美第奇家族的存在则使托斯卡纳成为名副其实的新雅典。这样,将美第奇家族的历史功绩、个人性格等放到新雅典历史嬗变的整个过程中来考察,便能见出皮尼奥蒂的独到的史识。就像新雅典非一日之功而成一样,皮尼奥蒂笔下的美第奇家族史也有曲折的兴衰历史过程。在新雅典名下,皮尼奥蒂需要解决一些实实在在的历史课题:美第奇家族的统治在形式上是唯我独尊,但最终如何获得成功? 又最终如何使佛罗伦萨成为近代意大利文化的发源地和中心? 显然,这些不是美第奇家族的专权所能解释的。皮尼奥蒂以为佛罗伦萨的政治体制和政治状况很复杂,美第奇家族之所以能左右政局,其中一个关键点是美第奇家族善用"平衡术"(Balance)。① 例如美第奇家族在佛罗伦萨排除异己的同时花巨资赞助艺术、慈善事业和税务等,以此平衡佛罗伦萨的各种势力及社会反响。这些已经得到学术界各种最新研究成果的验证。② 在处理意大利和国际事务时同样是这种平衡术在起作用。大洛伦佐说服那不勒斯国王相互结盟以保持和平就是其平衡外交策略的典型事例之一。③ 后来西蒙兹也充分注意到这种平衡术。例如西

---

① L.Pignotti, *The History of Tuscany*, Vol. Ⅱ, p.324.

② R.Fremantle, *God and Money: Florence and the Medici in the Renaissance*, Leo S.Olschki Editore, 1992, p.42.根据作者的研究成果,科斯莫·美第奇去世后有一项秘密文件被披露。它告诉世人美第奇家族在1434—1471年期间投资艺术、慈善和税务方面的总金额(按今日计算)达150—250百万美金。当时佛罗伦萨每年的国家收入大致为300,000佛罗令(金币),因此美第奇家族的这笔支出平摊到每年来计算的话,大致相当于岁入的百分之六,十分可观。另参见布克哈特《意大利文艺复兴时期的文化》(何新译),第75—77页。根据上述信息,我们大致能换算出当时1个佛罗令(金币)约等于20世纪90年代的3000美金。当然,各种换算所依据的凭据不同,结果也自然不同。丹尼斯顿著有《乌尔比诺公爵》(J.Dennistoun, *Memoirs of the Dukes of Urbino, Illustrating the Arms, Arts, and Literature of Italy, from* 1440 *to* 1630, Longman, Brown, Green, and Longmans, 1851)一书,其第1卷"序言"第ⅩⅥ页有关于佛罗令的币值说明。根据维拉尼的记载,1340年当时1个佛罗令约等于72谷(grains)纯金重量,或24克拉(carats)足金重量。西斯蒙第则推算为1/8盎司(ounce)或60谷重量。奥西尼(Orsini)推算1533年大概为70谷或22克拉重量。如果用今天的黄金牌价来计算,大致为1佛罗令等于200—250美金。但影响币值的因素很多,不能作简单的换算。特别是当年的具体购买力如何还要做具体的分析。

③ L.Pignotti, *The History of Tuscany*, Vol. Ⅲ, pp.208-209.

蒙兹借用奎恰迪尼的评述,认为美第奇家族通过联姻等手段来拉拢教皇,使教廷的势力成为政治平衡的重要筹码。其中乔万尼·美第奇(即后来的教皇十世)之所以在13岁便取得主教的头衔就直接与大洛伦佐将女儿出嫁给当时教皇西克图斯四世的儿子有关。① 当然,美第奇家族能够得心应手地在佛罗伦萨乃至整个意大利搞平衡术,最关键的因素是其经济上的优势。皮尼奥蒂一言点穿科斯莫·美第奇权力的实质即"通过富有赢得权力"(viz., riches)。② 不可否认,与美第奇家族发挥经济优势、搞平衡术相随的是政治上的各种暴君手段。

皮尼奥蒂还从美第奇家族成员私人品性和公共生活中的表现来展开分析。皮尼奥蒂十分注意对美第奇家族成员个性的描述。③ 在美第奇家族与学问复兴的关系问题上,特别是在文化势力培植方面,因美第奇家族的个性而巩固了佛罗伦萨的文化中心地位。众所周知,美第奇家族的一些成员(其中的代表就是大洛伦佐)具有出众的文化修养、才气。皮尼奥蒂对大洛伦佐身上的文人雅士一面有过描述。④ 还指出其善用人才从事文化教育事业,由此奠定新雅典的基础。⑤ 作为一名严谨的历史学家,皮尼奥蒂还不时用婉转的笔触提醒不能对美第奇家族的作用过分渲染。从历史的角度看,佛罗伦萨、托斯卡纳对文学艺术的重视早已形成气候,经过美第奇家族的提携、促进又迎来文化的美第奇时代。⑥ 又例如薄伽丘去世后至美第奇家族科斯莫回佛罗伦萨前,托斯卡纳地区有许多值得一提的文人在进行富有成果的文化创作活动,如萨卢塔蒂、布鲁尼、曼内蒂等。在这方面,皮尼奥蒂还修正、补充了罗斯科《大

---

① J.A.Symonds,*Renaissance in Italy*,Vol.Ⅰ,New Edition,p.317.

② L.Pignotti,*The History of Tuscany*,Vol.Ⅲ,p.149.

③ L.Pignotti,*The History of Tuscany*,Vol.Ⅲ,p.148.

④ L.Pignotti,*The History of Tuscany*,Vol.Ⅲ,pp.236−237.

⑤ L.Pignotti,*The History of Tuscany*,Vol.Ⅳ,pp.234−235.

⑥ L.Pignotti,*The History of Tuscany*,Vol.Ⅳ,p.229.

洛伦佐传》中的一些观点。① 再说,美第奇家族对文学艺术的重视也迎来了许多竞争(包括美第奇家族藏品方面的竞争等)。以后的文化史表明,或者受到文化巨擘的影响,或者通过文化的交流竞争,从而使新雅典的文化氛围推向整个意大利。这样,对文学艺术的崇尚就成为意大利的一种时尚(fashion)。② 西蒙兹后来亦不惜笔墨谈论美第奇家族招聘费奇诺等学者的文化作为,并特别述及大洛伦佐与文人之间的交往。③ 这样,在美第奇家族的商业经济实力、文学艺术休养、外交军事手段等光环下使佛罗伦萨赢得半个多世纪的和平环境,并取得各项事业的发展。总之,新雅典因其历史过程中文化的活力而赢得意大利乃至欧洲的声誉。

西蒙兹《意大利文艺复兴》写作模式则是在"新精神"概念指导下展开的,其历史方法论特点是围绕各种"主义"来评述具体的历史现象(详见第三章第二节一)。因此与皮尼奥蒂著作的"叙"相比,西蒙兹的写作更注重观念史、注重"评"的一面。1875 年《意大利文艺复兴》第 1 卷出版后的一则书评这样写道:"这部著作缺少历史的连贯性,更像是系列的哲学论文。"④ 到了西蒙兹所在的 19 世纪,各种"主义"充斥历史学领域。西蒙兹的著作亦不乏主义登场,诸如"抒情主义"⑤、"理性主义"⑥、"天主教主义"⑦、"异教主义"⑧等。甚至在文艺复兴一词之外使用"再生主义"(revivalism)⑨概念。在所有关于"主

---

① L.Pignotti,*The History of Tuscany*,Vol.Ⅳ,pp.229-230,note.在这个长注里,皮尼奥蒂质疑罗斯科将过分的学问复兴内容堆积到美第奇家族的做法。认为在运用托斯卡纳语的复兴方面确实应当更多地提美第奇家族的功劳。但佛罗伦萨各种样式的学问复兴一直在进行之中,不是事事都关联到美第奇家族。

② L.Pignotti,*The History of Tuscany*,Vol.Ⅳ,pp.229-230.

③ J.A.Symonds,*Renaissance in Italy*,Vol.Ⅱ,New Edition,pp.150,233.

④ *The Letters of John Addington Symonds*,Vol.Ⅱ,Ed.H.M.Schueller and R.L.Peters,p.377,note 3.

⑤ J.A.Symonds,*Renaissance in Italy*,Vol.Ⅶ,New Edition,p.9.

⑥ J.A.Symonds,*Renaissance in Italy*,Vol.Ⅶ,New Edition,p.253.

⑦ J.A.Symonds,*Renaissance in Italy*,Vol.Ⅶ,New Edition,p.253.

⑧ J.A.Symonds,*Renaissance in Italy*,Vol.Ⅰ,New Edition,p.357.

⑨ J.A.Symonds,*Renaissance in Italy*,Vol.Ⅰ,New Edition,p.473.

义"的阐释中,人文主义(humanism)是《意大利文艺复兴》的核心概念。正是
在 19 世纪,思想家们创造并广泛宣扬"人文主义"概念。这一概念最初由德
国学者尼特哈默尔、伏伊格特等人提出,德语为 Humanismus。主要指人文学
科的教育。柏林大学校长洪堡特认为,德国的复兴需要培养出一个个富有个
性、全面发展的人。这样,人文主义概念在德国教育界等文化领域得到广泛的
认可,并在欧洲范围内逐渐流行开来。与此呼应,19 世纪的思想家强调理性、
自由、进步等体现人的价值理念之重要性。西蒙兹的青年时代就是在上述人
文主义文化氛围下成长起来的。因此西蒙兹对意大利文艺复兴史的研究带着
鲜明的人文主义意识和 19 世纪主流意识。但西蒙兹的历史意识促使这位诗
人历史学家在研究意大利人文主义等思潮时未偏离文艺复兴时期特定的历史
环境。这是难能可贵的学术精神。因此在思考西蒙兹的各种"主义"时,学人
需要用批判意识来还原历史的情境,避免走入非历史的怪圈。布克哈特曾意
识到,"写文化史的一个最严重的困难就是为了无论如何要使人理解而必须
把伟大的知识发展过程分成许多单一的,和往往近似武断的范畴。"①可以说
布克哈特、西蒙兹等学者都在尝试如何既回避不了"近似武断的范畴"(如人
文主义等范畴)又要走出范畴武断的文化史写作模式。② 西蒙兹是如何"尝
试"的呢? 西蒙兹对文艺复兴时期意大利的人文主义概念做了这样一个界
定,即它是一个新的、生动的概念,强调人作为理性存在的尊严。③ 这里有明

---

　　① 　布克哈特:《意大利文艺复兴时期的文化》(何新译),第 1 页。

　　② 　布克哈特《意大利文艺复兴时期的文化》德文名 *Die Kultur der Renaissance in Italien*:*Ein
Versuch* 中的"*Ein Versuch*"就是"一部尝试之作"的意思。

　　③ 　J.A.Symonds,*Renaissance in Italy*,Vol.Ⅱ,New Edition,Chapter Ⅱ,p.52.由于此概念对理
解西蒙兹的文化观和意大利文艺复兴史研究至关重要,这里有必要做一个比对性的注释。西蒙
兹该卷的目录有一个明确的提示,即"人文主义定义"(Definition of Humanism)。与此相对照,布
克哈特在《意大利文艺复兴时期的文化》也多次使用人文主义概念,但布氏全书并未就这个概念
做定义性的解释。中文何新译本目录第 8 章下面有一个"人和人文主义概念"标题,这个标题值
得商榷。布克哈特该书的 1869 年定版即第 2 版(*Die Kultur der Renaissance in italien*:*Ein Versuch*,
Verlag von E.A.Seemann,1869)与米德尔莫尔 1878 年的英译本(*The Civilization of the Period of the
Renaissance in Italy*,Tr.S.G.C.Middlemore,C.Kegan Paul & Co.,1878)均使用"人和人性的概念"

显的 19 世纪思想文化印痕。不过西蒙兹在具体阐释人文主义概念时尽量避免概念来概念去的武断之举。这样,西蒙兹的人文主义概念在狭义使用上与皮尼奥蒂的思路相似,即突出学问复兴(Revival of Learning)这条主线。西蒙兹的历史观比较注重历史概念的前后相继问题,认为历史既是单个的又是连续的。[①] 因此分析文化现象同样要梳理出整体的线索。这些体现出西蒙兹对学术复兴、人文主义思考等大思路上。《意大利文艺复兴》整个第 2 卷基本上是在阐释人文主义精神现象。西蒙兹在阐释时将学问复兴内容按人文主义概念划分为 4 个历史阶段:第 1 个阶段是人文主义的确立阶段,大致以 14 世纪为时限。主要是彼特拉克、薄伽丘等人对古典文化的推崇。第 2 个阶段是 15 世纪人文主义的进一步推广时期。佛罗伦萨和罗马是两个中心。其中佛罗伦萨在科斯莫·美第奇的资助下,出现了学术的繁荣景象。第 3 个阶段大致相当于 15 世纪下半叶的历史阶段。是人文主义者开始确立思想体系并根据这种思想体系来创造新的文化阶段。标志性的事件是佛罗伦萨的大洛伦佐对人文主义文化所起的巨大推动作用。当时的美第奇花园学校中有著名的学者费奇诺在研究、讲学。于是新柏拉图主义成为人文主义的核心思想。第 4 个阶段是人文主义走向衰落(Fall)的阶段。时间始于 16 世纪上半叶。这种衰落也有一个过程。意大利的种种现实问题需要具有世界眼光的人去运用知识解

(Die Menschheit und der Begriff des Menschen; Man, and the conception of Humanity)。这里,布克哈特自觉地意识到用 19 世纪的人文主义概念去指称意大利文艺复兴时期人文学等问题的复杂性,所以避免以定义式语句来阐释人文主义概念。西蒙兹的文化史研究虽然带着强烈的观念史、19 世纪意识、个体理解等特点,并且用了定义式的语句来勾勒人文主义的内涵,但在具体阐释时还是尽可能回到历史的语境中去。这样,西蒙兹对人文主义的定义与布克哈特对人、人性、人文学等的阐释有一个共同点,即都注意回到历史文化语境中进行解析。例如文艺复兴时期意大利的人文学家在如何看待人、人性等问题上带有非常世俗化的倾向,在强调人的尊严同时还主张极端个人主义的道德观等。这些在当时意大利特定的历史条件下都是流行的观念和文化现象。总之,西蒙兹、布克哈特阐释意大利文艺复兴时期人文主义等概念时重视概念史与历史语境关系相结合的学术视野,这对于今天的文艺复兴史研究学者来说是一种警示,即研究中注意慎用"人文主义"概念。

　　① J.A.Symonds, *Renaissance in Italy*, Vol. Ⅰ, New Edition, p.4.

决问题。这样,对古典学问的复兴就转变为对现实问题的应对。接下去的任务就是拿出现实的各种方案来应对宗教问题、国家统一问题、处理与其他国家的经济政治关系问题、解答科学疑问,如此等等。狭义的人文主义即注重人文学科、注重古典文化的热情也相应地发生变化,慢慢地消退了下去。在阐述过程中西蒙兹还明确指出,这种学问的复兴不是简单地开掘古典文化,还渗入许多人文主义者的创造活动和内容。其4个阶段分别有各自的代表人物,如第1阶段的文学三杰;第2阶段的布鲁尼;第3阶段的费奇诺;第4阶段的本博,等等。他们分别代表了中世纪到近代的过渡、美第奇家族形成势力前、美第奇家族的全盛、美第奇家族势力消退后等历史时期。① 显然,西蒙兹所追寻、评述的是人文主义精神主线。就一个时代的文化而言,就是要寻找一个时代的精神特点。西蒙兹在《意大利文艺复兴》的一开始就问什么是"文艺复兴"的问题。学界通常的回答就是知识的复兴。但西蒙兹还认为,"文艺复兴的历史不单是艺术史、科学史、文学史,甚或是民族史,而是欧洲各民族所表现出来的人类精神实现自我意识自由的历史。"②要回答这种自我意识的自由问题就需要对人文主义的精神本质做深入的探讨。西蒙兹认为人文主义的核心精神就是渗透其中的理性精神(如经验性的逻辑思考)、批判精神(如怀疑主义)和时代精神(如新柏拉图主义)等。西蒙兹还以人文主义为主线审查文艺复兴时期的种种历史现象,其中包括宗教改革、天主教会的反应等。在西蒙兹的笔下,宗教改革也有革命性的一面,即人的理性解放因素。19世纪上半叶,海涅曾说,"自从路德说出了人们必须用圣经本身或用理性的论据来反驳他的教义这句话以后,人类的理性才被授予解释圣经的权利,而且它,这理性,在一切宗教的争论中才被认为是最高的裁判者。这样一来,德国产生了所谓精神自由或有如人们所说的思想自由。思想变成了一种权利,而理性的权能变得合

---

①　J.A.Symonds,*Renaissance in Italy*,Vol.Ⅱ,New Edition,Chapter Ⅰ,p.117.

②　*A Short History of the Renaissance in Italy:Take from the Work of John Addington Symonds*,by Lieut-Colonel A.Pearson,p.3.

法化了。"①意大利的宗教现象则比较复杂。西蒙兹注意到意大利文艺复兴时期宗教信仰与理性思考的协调问题,认为"意大利思想家真正的当务之急文化是,探求如何由基督教和古代思想互相和谐而产生出哲学的信仰,它所形成的神学应当将柏拉图主义者和斯多葛主义者、希伯来的密法和神山上的教义都包括进去。"②这段话启示我们如此思考:人文主义者十分强调人与自然、人与神、感性与理性、理性与信仰等的和谐。

不过西蒙兹所突出的各种主义并非空洞无物的观念。西蒙兹的意大利文艺复兴史研究十分在意突出人物个性与文人情怀、突出丰富生动的创造活动本身。与人物生平有关的一些历史案件如萨沃纳罗拉案件等都栩栩如生地呈现在读者面前。再如对薄伽丘与彼特拉克的关系亦写得十分生动传神。1350年,薄伽丘在佛罗伦萨任职期间结识了彼特拉克,成为终身挚友。③ 这是薄伽丘人生旅途中的重要事件。彼特拉克的人文主义思想深刻地影响了薄伽丘的精神世界。(可以参见丘伯在《薄伽丘传》第20章的详细记载。④)彼特拉克曾经在一封给年轻人的信中说到此次相遇的情况。在彼特拉克看来,相遇也许是偶然的,因为当年彼特拉克正好到意大利中部旅行路过佛罗伦萨,于是两人得以会面。但彼特拉克又认为,两人其实早已认识各自的才气、诗文,这是心心相印的必然。从两人的友情中又可以见出,薄伽丘以其一贯的谦和性格崇敬彼特拉克。彼特拉克离开佛罗伦萨后,薄伽丘多次到其他城市去看望彼特拉克。当然,这种崇敬也不是无原则的。彼特拉克的性格向来孤傲,有时对但丁亦流露出一丝嫉妒的意思。对此薄伽丘多有批评指责。从中也反映出两

---

① 海涅:《论德国宗教和哲学的历史》(海安译),商务印书馆1974年,第42页。

② J.A.Symonds, *Renaissance in Italy*, Vol. Ⅱ, New Edition, pp.16–17.

③ 笔者本书在涉及彼特拉克生平研究方面还参考:E.H.Wilkins, *Studies in the Life and Works of Petrarch*, The Mediaeval Academy of America, 1955;T.G.Bergin, *Petrarch*, Twayne Publishers, Inc., 1970,等等。

④ T.C.Chubb, *The Life of Giovanni Boccaccio:A Biography*, Cassell and Company Ltd, 1930, pp.169–182.笔者这里引用的是第1版,坊间已很难觅得,现在一般使用的是1969年版本。

人友谊中的高贵一面。西蒙兹在自己的著作中生动地传达上述文人间的关系。[①] 所有这些都是对传统史学的一种革新。人的精神、性格等成了历史评述的核心。基于学术研究的需要,也基于个人的兴趣爱好,西蒙兹对文艺复兴时期意大利著名的文人做了许多个案学术研究。可以认为,整个7卷的著作无处不以人物研究作为内容穿引。在西蒙兹的眼里,"文人"和"人文主义者"是意思相当的概念。(《意大利文艺复兴》第2卷第1章的标题是"The Men of the Renaissance",直译就是"文艺复兴时期的人",但考虑到具体的内容,译成"文艺复兴时期的文人"和"文艺复兴时期的人文主义者"未尝不可。)许多评论现在已经成了历史学界普遍的看法,如评价彼特拉克时都会称其为人文主义之父或最伟大的人文主义者,[②]如此等等。西蒙兹的人物评价(仍以彼特拉克为例)还有其独特的一面,即西蒙兹不仅向学人展示在彼特拉克身上呈现出的"新精神",而且将生动的个性栩栩如生地加以刻画,例如彼特拉克一意追逐桂冠诗人称誉;对谄媚的喜好;自恋;喜欢孤独,等等。[③] 有些人文主义者虽然西蒙兹没有在《意大利文艺复兴》中为他们单独立传,但将散见于全书的诸多叙述汇总起来,还是能看出西蒙兹的精心刻画。其中的历史性描述和精辟的见解即使在今天仍有不可替代的学术参考价值。

---

① J.A.Symonds, *Renaissance in Italy*, Vol. Ⅱ, New Edition, pp.64-65.

② *A Short History of the Renaissance in Italy: Take from the Work of John Addington Symonds*, by Lieut-Colonel A.Pearson, Smith, Elder, & Co., 1898, pp.134-135.学术界经常要提及的一本彼特拉克评传作品是罗宾森的《第一个近代学者和文人》(J. H. Robinson, *Petrarch: The First Modern Scholar and Man of Letters*, Haskell House Publishers Ltd., 1970,该书初版于1898年),这与西蒙兹的赞誉大致相同。(本章第二节还会谈及罗宾森的"文人"一词。)

③ *A Short History of the Renaissance in Italy: Take from the Work of John Addington Symonds*, by Lieut-Colonel A.Pearson, p.135.

西蒙兹《意大利文艺复兴》所涉历史人物情况统计

卷次	人物姓名	起止页码; 字数(万字)	统计;备注
I	马基雅维里	pp.263-290;1.68	共2人; 马基雅维里与《君主论》合为章的标题。
	萨沃纳罗拉	pp.389-420;1.92	
II			没有单独立传的人物,但整个第2卷描述人文主义问题并就诸多人文主义者做了分散的评述。
III	米开朗基罗	pp.280-319;2.34	2人; 第3卷主要评论艺术。
	切利尼	pp.320-351;1.92	
IV	文学三杰合传	pp.51-119;4.14	共8人; 第4、第5卷评论文学,兼及历史学、哲学。
	大洛伦佐与波利齐亚诺合传	pp.313-370;3.48	
	布尔齐与波依阿尔多合传	pp.371-431;3.66	
	阿里奥斯多	pp.432-457;1.56	
V	阿雷提诺	pp.1-43;2.58 pp.336-375;2.40	仅1人; 专章评论阿里奥斯多的《疯狂的奥兰多》。
VI	塔索	pp.334-394;3.66	仅1人; 第6卷主要评论天主教的反应。
VII	布鲁诺	pp.38-83;2.76	共6人; 第7卷主要评论文艺复兴后期的意大利思想、文学艺术等。
	萨尔比	pp.84-127;2.64	
	瓜尔利尼、马尔利诺、基阿布雷拉、塔索尼合传	pp.128-184;3.42	

上表提供我们这样一些信息:

其一,在单章的人物选择方面十分讲究,在7卷的著作中只选了19位人物。但这19为人物所占的比重为1卷左右的分量,可见作者的重视程度。同时,对上述每一位重要历史人物的描述中都提到各自身上的“新精神"和性格特点。

其二,在政治思想家方面主要提马基雅维里与萨沃纳罗拉,这大致能反映出意大利在政治思想方面核心内容。西蒙兹认为马基雅维里这位《君主论》作者的思想"非常有分析力和实证性,他知道如何将自己严格地限定在所选择的研究主题范围内"。① 至于萨沃纳罗拉,西蒙兹认为他既没有路德的新教精神又没有文艺复兴的近代心灵。② 那么西蒙兹对萨沃纳罗拉感兴趣的理由何在? 西蒙兹认为,萨沃纳罗拉对意大利的现状和将要发生的事情有一种预判力,这是其思想的历史价值之所在。③

其三,在艺术方面将米开朗基罗与切利尼做比较研究,对此西蒙兹有独到的考虑。米开朗基罗与切利尼的艺术创作生涯及反映出的精神状况恰好体现了文艺复兴时期意大利艺术世界的两个方面,即一意追求新柏拉图主义境界和十分看重势利两个方面。尤其是对米开朗基罗个性的概括及对文艺复兴时期意大利人文主义者特征的概括字字有落盘之声,进一步印证了自由独特个性、批判创造力等组成的"新精神"。

其四,在文学部分特别提到大洛伦佐的名字,并对大洛伦佐的诗歌进行了分析。大洛伦佐不仅是美第奇家族中对文艺复兴影响最大的政治家,他本人亦很有文学艺术的修养。我们国内在这方面的研究还差强人意。另外,西蒙兹用4万字的篇幅评论阿里奥斯多,可见其重视的程度。西蒙兹对阿里奥斯多思想和文风中的"透明性"(transparent)给予特别的关注。④ 第5卷仅就阿雷提诺一个人做专题讨论,其中亦有诸多用意。如果说文艺复兴时期的文化突出了世俗性的特点,那么阿雷提诺是世俗性文化的典型。在西蒙兹的笔下,阿雷提诺是意大利文艺复兴时期文学的代表,而这种荣誉竟来自一种玩世不

---

① J.A.Symonds, *Renaissance in Italy*, Vol. Ⅰ, New Edition, p.263.

② 布克哈特也指出,在文艺复兴时期的意大利根本就没有越过否认教士统治的范围。参见布克哈特:《意大利文艺复兴时期的文化》(何新译),第447页。

③ J.A.Symonds, *Renaissance in Italy*, Vol. Ⅰ, New Edition, p.390.

④ J.A.Symonds, *Renaissance in Italy*, Vol. Ⅳ, New Edition, p.453.

恭的心态和文风。① 还有些不太受读者重视的人物(如瓜尔利尼、马尔利诺、基阿布雷拉等),西蒙兹则以新的视野加以评述,启人思考。

其五,在科学思想方面专题评述布鲁诺也是以点带面的做法,主要想说明人文主义在文学艺术等方面的"解放"并没有解决所有的问题,许多物质世界的、宗教的问题还需要科学家做进一步的解释,也就是期待着科学思想的解放。这些就是体现在布鲁诺这位科学家身上的新精神。②

其六,有些人物没有在《意大利文艺复兴》中辟单章加以专题研究,像但丁也只是放在合传中论述。这不是西蒙兹的疏忽,事实上西蒙兹一生的学术亮点之一是以专著的形式对几位重要的人文主义者进行重点研究,其中包括但丁研究、薄伽丘研究、米开朗基罗研究、切利尼的翻译等。这些研究成果与《意大利文艺复兴》合为一个整体,学人只有两厢参照才能识得全貌。

从上述皮尼奥蒂、西蒙兹两位学者的叙事写作模式可以得出这样的结论:他们都注重文艺复兴的历史演变过程。比较而言,皮尼奥蒂以新雅典论为中心的叙事模式更强调客观的历史事实,而西蒙兹以新精神为理论支撑点的历史评述模式更突出观念现象、人物性格等内容。在具体的历史书写过程中,皮尼奥蒂的著作以叙事为主,不过多评论历史事件的功过得失、价值地位等,而是将看法渗透在叙述之中。例如皮尼奥蒂对当时托斯卡纳学问复兴的文化现象及相关社会现象并非一味赞扬,而是以历史批判的目光审视之。同时,《托斯卡纳史》在表达批判意识及相关史观时多采用寓论于史的方法。例如作者通过叙述1530年左右帝国军队入侵时佛罗伦萨青年人如何动员起来为自由而战的场景,③让读者自己在阅读过程中体验共和自由立场。这种相对审慎

---

① J.A.Symonds,*Renaissance in Italy*,Vol. V,New Edition,pp.336-338.

② J.A.Symonds,*Renaissance in Italy*,Vol.Ⅶ,New Edition,Chaper Ⅸ"Giordano Bruno".参见论文:P.Remnant,"Symonds on Bruno - An Early Draft",*Renaissance News*,Vol.16,No.3(Autumn,1963),The University of Chicago Press。

③ L.Pignotti,*The History of Tuscany*,Vol.Ⅳ,p.173.

的历史书写方式与皮尼奥蒂所秉持的历史客观主义态度有关。皮尼奥蒂比较在意史家的看法与历史事实之间的距离问题。在皮尼奥蒂看来,后人的评论与曾经发生的历史事件之间存在着许多不相对应的状况。例如后人称呼科斯莫·美第奇为"祖国之父",事实上这种称呼掩盖了当年科斯莫·美第奇操纵佛罗伦萨政局的各种排他性手段。① 为此皮尼奥蒂在叙述科斯莫·美第奇从外乡返回佛罗伦萨事件时没有做过多的渲染,只是借他人之口来表示对"祖国之父"科斯莫的态度。② 即使是对大洛伦佐的赞美也是"中性"的。例如将大洛伦佐的外表和思想做比较;大洛伦佐如何不在议事会里听取各种意见而是私底下分别听取重要公民的看法,等等。③ 但皮尼奥蒂有了中心思想、又渗透文化史的内容,这种编年史的叙事模式仍然使读者见出作者的历史观点等。比如个体主义问题,在文艺复兴时期并没有个体主义概念,那时更多地是文人及其作品的个性。将这种个性呈现出来,要比空泛地谈论个体主义更有历史价值。这样,皮尼奥蒂在探讨学问复兴的历史现象时将重点放在人物、作品的叙事方面。另外一个突出现象是,皮尼奥蒂的历史书写方式看似过多地叙述史实,而有些史实不一定与主题有密切的关系。但历史是多棱镜,多一个角度就是多一份思考的余地。例如,当时托斯卡纳各个城邦还在你争我夺之中,还很难说哪个城邦一定就是未来的盟主。在这一托斯卡纳史想法的指导下,皮尼奥蒂做了非常得当的处理。特别表现在皮尼奥蒂对比萨、卢卡等城邦历史的描述方面。④ 当然皮尼奥蒂的著作也不乏评论之处,例如上文提到的皮尼奥蒂对马基雅维里生平、思想评论;对美第奇家族的批评,等等。所有这些评论均不影响整部著作的叙事风格。总之,以叙事为主兼有评论的书写方式为

---

① L.Pignotti,*The History of Tuscany*,Vol.Ⅲ,p.77.

② L.Pignotti,*The History of Tuscany*,Vol.Ⅲ,p.73.

③ L.Pignotti,*The History of Tuscany*,Vol.Ⅲ,p.165.

④ 可以参见第1卷等处对卢卡邦主卡斯特鲁乔的描写,这种心境与当初马基雅维里对卡斯特鲁乔的描述和心境何其相像。参见 Niccolò Machiavelli,*Life of Castruccio Castracani*,Translated by Andrew Brown,Hesperus Press Limited,2003。

《托斯卡纳史》的创新之点刻上严谨、客观等印记,使原本思想性较为浓厚的文化史内容能够在信史的光环下传递给读者。

西蒙兹文化史研究的性质决定了其研究过程非常在意观念的特征和演变,这使得西蒙兹的文化史写作自然而然地带有更多"评"的成分。但如何进行评论? 西蒙兹通过其作品给出了很好的答案,即以发生的历史事例为基础和限度展开各种评论。此处不妨再来透析西蒙兹《意大利文艺复兴》"评"的历史宽度。《意大利文艺复兴》第1卷"暴君的时代"的落笔重点涉及文化与时代、环境的关系。西蒙兹认为,文艺复兴的文化现象之所以首先在意大利发生,这与意大利特定的历史条件有关:意大利语、政治自由、商业财富等都是同时代其他国度所不能比拟的。[①] 在19世纪的文化史研究领域,注重时代、环境关系者大有人在。西蒙兹的同时代人、《英国文学史》的作者法国文学批评家泰纳就把种族、环境、时代3种因素作为研究一个国度文化现象的主要线索。[②] 西蒙兹还具体分析意大利历史社会现象,以便说明是怎样的时代造就了人文主义者的个性及其作品。西蒙兹在《意大利文艺复兴》中特别注意到意大利中世纪向近代转化过程中的"公社"(Commune)地位及公社与市民的相互关系问题,以表明"公社—市民社会—文艺复兴"三者间的密切关系。[③] 西蒙兹与布克哈特都将"暴君的时代"作为分析意大利文艺复兴历史背景的核心概念。不同的是西蒙兹将"公社的兴起"(Rise of Commune)作为一种铺垫,这就点出了文艺复兴何以在意大利发生的根本原因之所在。或者说,有了这个铺垫才能使读者明白何以暴君的时代会关联到文艺复兴的问题。说到14至16世纪的意大利,必然要涉及城市国家现象。Commune可以译为"公社",但这一中文词必须做些具体的解释,否则会引起误解。就意大利当时的

---

① J.A.Symonds, *Renaissance in Italy*, Vol. I, New Edition, pp.4–5.

② Hippolyte A. Taine, *History of English Literature*, Vol. I, "Introduction", Frederick Ungar Publishing Co., 1965.

③ J.A.Symonds, *Renaissance in Italy*, Vol. I, Smith, Elder, & Co., 1880, Chapter II "Italian History" and Chapter III "The Age of the Despots".

历史情景而言，Commune 是一种城市政治共同体或城市国家。① 通常我们问，为何文艺复兴发生在意大利而非其他国度？这涉及两个互为关联的历史文化现象：其一，意大利人对古代罗马文化的认同感；其二，意大利城市政治共同体的发达。学界包括西蒙兹在内都认同古代罗马留给意大利的遗产有城市和法律。到了中世纪，意大利与德国有某种相像的政治情况，都属于神圣罗马帝国的一部分。这就为城市的自立创造了宽松的条件。在意大利城市国家中的市民（burgher）有充分的政治表达权，而且有明确的政治意识。在那时的市民群体中有能力者为上，统治者也要将政治共同体组织的像个样子，否则就会倒台，共同体运行也会受到波折。按照西蒙兹的描述，当时的意大利城市政治共同体中的各个政治成分如主教、人民（popolo）等在城市政治共同体即Commune 中不断进行政治协调，由此形成相应的城市政治机构。例如当时的城市政治共同体大都出现了议事会之类的机构，并选出执政官来行使权力。由于意大利城市国家内外情况的复杂性，根据城市政治共同体中的市民选择，一些有权势、有政治能力的家族逐渐控制了政权机构，于是形成了家族专制的局面，如米兰等。问题是原来的政治共同体机构并未消失，只不过由权势家族控制而已。一旦机会成熟，市民仍可以恢复原来政治共同体的局面，米兰就一度恢复共和国。所以对暴君政治下的政治治理局面要有一个完整的认识。西蒙兹在分析米兰共和国时大致表达了这样一种观点，即家族统治延续了 200多年，但老百姓依然认为自己是这个国家的统治者。但事实上城市政治共同体依靠自身的力量无法摆脱虚弱的窘境。② 在这种情况下，暴君运用自己的

---

　　①　朱龙华：《意大利文艺复兴的起源与模式》（人民出版社 2004 年）一书注意到公社与共和国形成的关系。但公社与后来暴君统治的关系则阐述得不够详细。马丁斯：《权力与想象：意大利文艺复兴的城市国家》（Lauro Martines, *Power and Imagination：City-States in Renaissance Italy*, Alfred A.Knopf, 1979）一书大致从"权力"在当时城市国家及城市国家间关系中的作用来阐述公社的结构让位给暴君统治的问题。这些都值得学界参考。

　　②　*A Short History of the Renaissance in Italy：Take from the Work of John Addington Symonds*, by Lieut-Colonel A.Pearson, p.49.

权力来影响、控制市民的生活。问题是政治共同体中的市民并不认可暴君的世袭统治,他们只认可有能力治理国家的暴君统治。同时,市民非常熟悉暴君统治的环节,甚至可以认为市民就是暴君统治的直接参与者。说到底,暴君并没有抑制市民生活的发展,反倒是市民以自己的各种智慧来组织城邦、维系自己的生存。就古典文化的复活而言,与当时市民生活关系最密切者不外乎法学、医学等学问之道。于是一大批人文主义者回到希腊、罗马的文化遗产中寻找理论的来源。市民凭借着罗马帝国留下的罗马法遗产,形成由法律支撑的市民政治生活。大学(包括医学院和一些重视科学的学院)则为古代希腊罗马遗产的复活提供直接的学问场所。总之是市民生活的需要促使古典文化的复苏,其中暴君因为政治的需要而顺应了这一潮流。由此看来,君主统治与市民参政成了相互依存的力量。懂得了上述情况,文艺复兴在各个暴君统治的国度里活跃起来的问题也就迎刃而解了。西蒙兹在论述完公社、暴君等历史现象后,接下来各卷就以学术、艺术、文学为主题将人物评述的内容贯穿始终。

虽然西蒙兹、皮尼奥蒂两位诗人历史学家在史观、方法等方面有诸多不同,西蒙兹提到许多参考著作时也未曾提皮尼奥蒂的学术成果,但事实上西蒙兹与皮尼奥蒂著作之间存在着藕断丝连的关系,在许多历史现象、概念的阐述方面具有前后相继的关系。稍加梳理便不难发现西蒙兹在涉及具体的史实内容及相关概念时留有皮尼奥蒂历史意识的影子,或者说不难在皮尼奥蒂的著作里找到源头。这里只是在源头的意义上进行比较,因为许多概念(特别是"暴君"概念)在布克哈特等历史学家那里早就普遍使用。但如果要溯源的话,那么18世纪历史学家皮尼奥蒂至少是更早的使用者。试举几例:其一,暴君(tyrant,despot)概念。皮尼奥蒂在书中多次提到暴君概念,并指出暴君无视人的尊严。① 西蒙兹则直接将《意大利文艺复兴》第1卷的标题命名为"暴君的时代"(The Age of the Despots),在对暴君的诸多评议中就包含恐怖性局面

---

① L.Pignotti, *The History of Tuscany*, Vol. II, p.370.

的意思。① 其二,"意大利人的天赋"(Italian genius)概念。皮尼奥蒂认为意大利人的天赋(Italian genius)也有一个从无知起步的阶段,但它具有自身独特的力量,②例如但丁那种崇高天赋所具有的力量等。③ 皮尼奥蒂又认为,像但丁、达·芬奇、米开朗基罗等的创作都是创新的、大胆的、宏大的,并无法仿制。④ 西蒙兹同样认为文学巨擘的作品无法替代。⑤ 因此像米开朗基罗的作品也是独特的,只有了解其个性才能把握其作品的底蕴。⑥ 其三,"三杰"(triumvirate)概念。对于三杰概念人们已经习以为常。但真要追究其使用的源头还很少有人说得清楚。皮尼奥蒂将但丁、彼特拉克、薄伽丘视为托斯卡纳、意大利文化的奠基者,并称其为"三杰"(triumvirate)。⑦ 西蒙兹则在著作中以"三杰"(triumvirate)为题并用整整 1 章评述 3 位巨擘的成就。⑧ 其四,"佛罗伦萨与雅典"(Florence and Athens)比较。皮尼奥蒂在《托斯卡纳史》中明言"佛罗伦萨是新雅典"(Florence a new Athens)。⑨ 西蒙兹将佛罗伦萨与雅典的关系比作月亮借助太阳之光的关系,如果说古代雅典是黄金时代,那么佛罗伦萨的复兴则是白银时代。⑩ 如此等等。

有了皮尼奥蒂、西蒙兹等学者对上述概念的阐释,往后的学界从更大的范围内继续开掘那些概念(尤其如"三杰"等)的内涵,在学术圈内外也逐渐推广开来,成为文艺复兴史研究中的基本概念。当然还有更多的概念可以做比较研究。总之,两位学者对文艺复兴许多核心内容的描述方面有惊人的相似之

---

① J.A.Symonds,*Renaissance in Italy*,Vol. Ⅰ,New edition,p.92.

② L.Pignotti,*The History of Tuscany*,Vol. Ⅱ,p.87.

③ L.Pignotti,*The History of Tuscany*,Vol. Ⅱ,p.162.

④ L.Pignotti,*The History of Tuscany*,Vol. Ⅱ,pp.160–161.

⑤ J.A.Symonds,*Giovanni Boccaccio:As Man and Author*,pp.2–3。

⑥ J.A.Symonds,*The Life of Michelangelo Buonarroti*,Vol.1,p.ⅩⅩ.

⑦ L.Pignotti,*The History of Tuscany*,Vol. Ⅱ,p.204.

⑧ J.A.Symonds,*Renaissance in Italy*,Vol. Ⅱ,New Edition,Chapter Ⅱ "triumvirate".

⑨ L.Pignotti,*The History of Tuscany*,Vol. Ⅱ,p.80.

⑩ J.A.Symonds,*R enaissance in Italy*,Vol. Ⅱ,New Edition,p.31.

处。同时,两人通过不同的史观、编史方式对意大利文艺复兴的核心内容做了有针对性的表述和阐释,完成了各自预设的学术任务即何为历史上的新雅典和新精神,或者说皮尼奥蒂试图说明佛罗伦萨文化中心形成的历史根源;西蒙兹侧重于解读文化史上属于精神、心理等方面的学术难题。

从西方史学史的角度看,皮尼奥蒂与西蒙兹两位学者的学术成果均有待历史学界做更进一步分析、评价。严格地讲,皮尼奥蒂的史学观念和方法在以后的史学发展中并未得到很好的继承、发展。西蒙兹试图深究民族性格这一精神层面因素的主题式文化史研究成果也没有得到学术界的很好理解。事实上皮尼奥蒂与西蒙兹开创的文艺复兴史研究路途各有其存在的价值。两者合起来将在文艺复兴史研究领域产生比较完美的编撰、书写效果。再吸收 20 世纪以来兴起的各种新史学理念和编史体例,那么文艺复兴史研究领域将更值得期待。这些对于我们身处新世纪的历史研究工作者而言,无论在历史智慧还是学术创新方面都将是一次考验。

第二节　新精神与意大利、佛罗伦萨的新气象

一、新精神概念与本土文学

皮尼奥蒂早在自己的著作中提到,意大利的城邦挣脱了封建束缚后,人们重新评估和自由地发挥自己的"精神力"(energy of mind)。[1] 此处的精神力与稍后时兴的"新精神"(new spirit)已十分贴近。到了西蒙兹的时代,新精神概念成为广泛使用的学术名词。西蒙兹的好友霭利斯更是直接将其评述 19 世纪重要文人的著作定名为《新精神》[2]。在 19 世纪的思想文化领域,新精神概念包含理性精神、批判意识、自然主义、人的自由意志等内涵。在文艺复兴研

---

①　L.Pignotti,*The History of Tuscany*,Vol. Ⅱ,p.85.

②　H.Ellis,*The New Spirit*,Constable & Company Ltd.,1890.

究领域,一些学者将人文主义者崇尚古典的热情称为新精神。以前为人熟知的是19世纪布克哈特《意大利文艺复兴时期的文化》就新精神概念所做的描述:"从尼古拉五世(1447—1455年)以后,教皇表现出了一种文艺复兴时期所特有的纪念过去的新精神。这种美化这个城市的新的热情一方面给遗迹带来了一种新的危机,另一方面也使人产生尊敬的心情,因为它们构成罗马驰名的理由之一。"①"这一时期对于意大利古典时代的热情并不限于京城以内。薄伽丘已经把巴耶(位于南意大利的一个遗址。——笔者注)的广大遗迹称为'具有现代新精神的古城'"。② 不过,霭利斯、布克哈特那个时代对新精神做比较完整阐释者仍不得不提西蒙兹在各种文本中所表述的观点。③

西蒙兹在1863年于牛津剧场宣读其《文艺复兴论文》时引用雪莱的诗作提出世界的"更新"(Anew;Renew)概念。④ 到撰写《意大利文艺复兴》时则在第1章以"文艺复兴的精神"(The Spirit of the Renaissance)为题展开论述。其中提出文艺复兴就是"自我意识自由的获取"(attainment of self-conscious freedom)⑤、"近代世界的精神"(the spirit of the modern world)⑥、"理性的解放"(emancipation of reason)⑦等论点。西蒙兹曾有一段相关评论,"从中世纪过渡到文艺复兴时代有一个我们不得不关注的标志即新理想,它毫无疑问影响了意大利的文学。天主教的信仰和愿望——在这些方面《神曲》仍然是其艺

---

① 布克哈特:《意大利文艺复兴时期的文化》(何新译),第175页。

② 布克哈特:《意大利文艺复兴时期的文化》(何新译),第177页。这里需要做个说明:布克哈特两处提及"新精神"概念时分别用了德文 neue monumentale Geist(精神)和 neu fuer moderne Gemueter(心灵),见德文版 J.Burckhardt, *Die Kultur der Renaissance in Italien:Ein Versuch*, Kroener,1988,pp.133,134。

③ 笔者在《在诗情与史实之间——英国诗人历史学家约翰·阿丁顿·西蒙兹评介》(《史学理论研究》2015年第2期)一文中就"新精神"问题做了详细评介。

④ J.A.Symonds, *The Renaissance:An Essay Read in the Theatre*, Oxford, June 17, 1863, Henry Hammans,1863,p.5.

⑤ J.A.Symonds, *Renaissance in Italy*, Vol. I, New Edition, p.3.

⑥ J.A.Symonds, *Renaissance in Italy*, Vol. I, New Edition, p.3.

⑦ J.A.Symonds, *Renaissance in Italy*, Vol. I, New Edition, pp.5,9.

术的丰碑——开始失去对人们想象力的控制。随着人文主义的重新发现,现实的世界日益得到更多的关注,那死后的彼岸世界在人们心灵的视野中渐渐变得黯淡无光。人们无论是对天堂幸福的期待,还是对炼狱痛苦的恐惧,都不再感受到强烈的真挚情感,而正是这种情感激发了但丁的诗篇和奥尔卡尼亚的壁画创作。新文化是从负面能量的角度来考虑、呈现上述两种情感的,它们一方面在哲学的沉思之中被当做带有瓦解性的东西,另一方面则在激起怀疑和批判的行为中被当做有害之物。于是情况就变成这样,人们渴求心灵安慰的感觉在过去幸福年代的梦幻中得到一个避难所。而在纯文学的理想境界这一边,则是反映人们激情的艺术化本能,并提供模仿性活动的范围,还将其对应到深层次的、真实的意大利人情感上来。这是一种渴望淳朴乡村生活的情感;是对人化自然爱恋的情感……"①可见,新精神与具体现实的思想情感理想关联在一起,所以文艺复兴从本质上讲也是思想性的。② 这就决定了西蒙兹《意大利文艺复兴》所要表述的重点是精神的层面。但真正明确使用新精神概念来总括文艺复兴时期的思想文化特征则要算到西蒙兹人生最后一篇论文即1893年发表的《新精神》(New Spirit),该文副标题为"对14、15、16世纪精神解放的分析"。③ 根据西蒙兹的概括,新精神的内容主要有:其一,思想洞察力与道德独立性的复苏,通常学术界也称此为个体精神;其二,崇尚自然主义和理性批判精神;其三,异教精神。④ 这里的异教精神直接涉及与审美创作直接有关的思想要素如古典文化、柏拉图主义、复杂的宗教意识等。至此,西蒙兹对其学术生涯长期探索的文艺复兴精神最终定名为"新精神"。西蒙兹

① *A Short History of the Renaissance in Italy: Take from the Work of John Addington Symonds*, by Lieut-Colonel A.Pearson, pp.290-291.

② J.A.Symonds, *Renaissance in Italy*, Vol. I, New Edition, p.5.

③ J. A. Symonds, *The New Spirit (An Analysis of the Emancipation of the Intellect in the Fourteenth, Fifteenth and Sixteenth Centuries)*, from J.A.Symonds, *Last and First——Being Two Essays: The New Spirit and Arthur Hugh Clough*, Nicholas L.Brown, 1919.

④ J.A.Symonds, *Last and First——Being Two Essays: The New Spirit and Arthur Hugh Clough*, pp.20,23,24,27,35,37,57.

的人物研究(但丁研究、薄伽丘研究、米开朗基罗研究等)无一不涉及上述新精神的元素。当然,不同历史人物身上的新精神又是复杂的。如果仅仅考虑但丁思想情感的中世纪一面,那何谈新精神元素。但注意推广本土语言、描述鲜活人和事的一面,但丁人生和作品的"新"就突出地显示出来。为了更好地说明新精神问题,西蒙兹还做了许多历史背景方面的探索,如孕育新精神的意大利公社、古典文化的推广等历史因素。

意大利文艺复兴时期的新精神最为集中地体现在本土文学等历史文化现象上。西蒙兹《意大利文艺复兴》"文学卷"等部分内容就是从新的精神与本土文学等角度展开的具体分析研究。本土文学直接涉及本土语言问题。西蒙兹用诗性的语言这样描述道:"随着第一波对古典文化的热情暂告一个段落,对于意大利本土语言的诉求逐渐成为共识。没有一个近代的民族像意大利那样创作出但丁、彼特拉克、薄伽丘笔下的杰作。意大利人的自尊也承受不起将《神曲》、《抒情诗集》、《十日谈》排除在经典行列之外的做法。在阿尔贝蒂、洛伦佐·德·美第奇这些具有敏锐洞察力人的眼里,后世会将尊荣归于那些创造并改进了本土语言的人。由此看来,早期人文主义者的立场被认为是错误的。难道他们后来的成就可以脱离开本土化的意识和成果来评定吗？一种共同的意大利语源于托斯卡纳语,后来在使用过程中逐渐完善,现已在学者规范后的原则下被大家使用。这样,作为'16 世纪文学'的一部部杰作便登堂入室了。它们有《奥兰多》和阿里奥斯托的喜剧、马基雅维里的历史作品、桑纳扎罗的《阿卡迪亚》、塔索的《耶路撒冷》和瓜里尼的《帕斯托尔·菲多》等,同时还有丰富多彩、各种各样次一级的诗文作品。"①当然本土语言的实践与希腊文、拉丁文(指与教会内使用有别的古典的拉丁文)的研读是同时展开的。正是通过古典希腊文、拉丁文的复兴使学者全方位看到历史上生动的人文内涵。与中世纪国际化的拉丁文不同,与经院哲学家阐释圣经教义时使用的拉

①　*A Short History of the Renaissance in Italy*：*Take from the Work of John Addington Symonds*，by Lieut-Colonel A.Pearson，p.299.

丁文也不同,意大利托斯卡纳等地区使用的本土语言是日常生活中大众使用的交流工具。本土语言能够生动地传达历史、现实中发生的各种事件。当文化精英用本土语言去进行写作,无疑是将目光转向了生动的社会生活。由此形成本土文学创作的热潮。所以西蒙兹从本土文学这一切入点来分析意大利的文学状况可谓别具慧眼。但丁用当时的托斯卡纳语创作《神曲》就是新精神的生动体现。西蒙兹认为本土文学不只是复兴,还是民族自我意识的认同,"意大利文学的第一个、也是最耀眼夺目的时代结束于薄伽丘时代,他为未来的民族事业探索了一条具有指导意义的途径。正如我们所看到的,经过将近一个世纪的希腊语和拉丁语学术研究,这项事业取得了成功。研读但丁、彼特拉克的杰作或者体会他们的语言被认为是低于像瓦拉、波吉奥和蓬塔诺那样去思考人性尊严和高贵。但到了 15 世纪末,主要是在洛伦佐·德·美第奇和他的朝臣们的影响下,对母语的浓厚兴趣复苏了。因此,与行将消亡的中世纪文学相比,文艺复兴时期的本土文学,本身就是一种复兴或再生。它恢复了但丁、彼特拉克和薄伽丘倡导过的模式,并将这些模式与在很长一段时间里黯然失色的经典著作结合起来。这个由有识之士培育的民族产生了自我身份的意识,并恢复了本土的语言;托斯卡纳方言逐渐变成了意大利语。"①可以这么认为,正是本土文学带来了文学的繁荣,还带来了民族意识、民族精神的生长(另见第四章第二节二)。本土文学是意大利文艺复兴时期民族性格、精神的体现。文学家们在倍感亲切的语言形式中试图将意大利社会生活中鲜活的因素刻画出来,写民族历史、现实社会中具体发生的人和物成为主流的文化现象。从世俗化角度看,人文学者是世俗化内容的提炼者和书写者,这种世俗化内容是世俗社会的精神需求,这与中世纪基督教哲学家用拉丁文来阐释圣经的情境形成鲜明对照。

西蒙兹认为与本土语言关联在一起的本土文学样式很多,但"在所有种

---

① *A Short History of the Renaissance in Italy*:*Take from the Work of John Addington Symonds*,by Lieut-Colonel A.Pearson,p.262.

类繁多的文学样式当中,有 3 种样式特别适宜于代表这一时期意大利的文学。它们分别是中短篇小说、罗曼蒂克史诗及田园诗歌。说到中短篇小说和田园诗歌,我们有足够的理由称其为意大利近代的本土化产物。它们适合了人民和时代的需求。中短篇小说对于意大利的现实主义和客观意识起到了合适的艺术化传播作用。田园诗歌则提供与古代文学进行交流的支点,并传递出一种对自然美的平和感觉,它标志着与 16 世纪有别的民族性格特征。田园诗歌与中短篇小说在很大程度上构成了薄伽丘遗产中最为珍贵的部分。"①从当时意大利的实际文化状况看,中短篇小说含有更多取悦市民喜好的娱乐性因素。或者说是空闲时间中由朗读者念给大家听的故事,是为了放松听众的心态。因此在形式上这些故事不能太长,而且要有一定的刺激性,能让听众敞怀大笑。中短篇小说的质地和流行由此可见一斑。对此,西蒙兹在著作中用注释的形式给予必要的说明。②

在那些本土文学作家群中,不同的作者、作品各有特点,更不用说那些对本土文学推广起着各种特殊作用人群的作品特点。西蒙兹在自己的著作中充分注意到大洛伦佐的文学创作情况及大洛伦佐对推动本土文学创作方面所起的独特作用。③ 但无论特点有何不同,有些是共同的,即善于观察人性,懂得大众和不同阶级的喜好。钦提奥的作品就是其中一例,"在他所呈现的各种各样场景中,正是他的悲剧动机产生了巨大的吸引力,因为他十分了解其所属的那个阶级的喜好和习惯,他从未陷于低俗之物而不能自拔,他懂得如何去挑选那些众多能打动人的罪案。这些就是构成钦提奥中短篇小说中的大众性内容,而这些与美的艺术是不一样的。甚至可以拿他与故事大王薄伽丘进行比较,钦提奥不是伟大的剧作家或叙事作者,钦提奥有属于他自己的东西,即他

---

① J.A.Symonds,*Renaissance in Italy*,Vol.Ⅳ,New Edition,pp.371-372.

② *A Short History of the Renaissance in Italy:Take from the Work of John Addington Symonds*,by Lieut-Colonel A.Pearson,p.279.

③ J.A.Symonds,*Renaissance in Italy*,Vol.Ⅱ,New Edition,p.285;Vol.Ⅳ,New Edition,pp.3,323.

曾经研究、分析和消化过各种类型的人类行为和情感。"①本土文学在那个时代流行过程中情况比较复杂，或过于沉醉于本土语言而忽略其他样式，或沉迷于其他文学而对本土文学不屑一顾，对此西蒙兹有各种评述。"学问家们的这种态度导致批判性见识的迟钝。尼科洛·德·尼科利尽管是佛罗伦萨人，称但丁是'为面包师和鞋匠而写作的诗人'。皮科·德拉·米兰多拉欣赏洛伦佐·德·美第奇的诗歌要胜于欣赏彼特拉克的诗歌。兰迪诺在那个年代不无理由地抱怨道，本土语言并不为伟大的作家所称道。"②这些从一个侧面反映出文艺复兴时期文学、审美欣赏的各种倾向。上述情况也提醒学人在考虑新精神、本土文学时要注意问题的复杂性。首先，文艺复兴经历古代拉丁文复兴阶段和本土文学兴起等阶段。其次，无论使用何种语言形式进行创作，都可以发现新的精神元素。最后，在不同文人的身上其新精神的表现方式和内容都有各自的特点。

在研究本土文学时，还需要注意文学家身上的世俗性因素。但丁无疑是西蒙兹关注的重点。在西蒙兹所在的 19 世纪，学人对意大利文艺复兴时期各个领域的文化现象亦有不同程度的关照。例如在文学史方面，对但丁的研究就形成了学术的气候，够得上"但丁学"的称号。摩尔对但丁的整体研究；③汤因比的但丁词典编撰；④维拉利对但丁时代的历史研究；⑤各种《神曲》译本，⑥

---

① J.A.Symonds, *Renaissance in Italy*, Vol. V, New Edition, p.90.

② *A Short History of the Renaissance in Italy: Take from the Work of John Addington Symonds*, by Lieut-Colonel A.Pearson, p.264.

③ E.Moore, *Studies in Dante*, First Series, Oxford University Press, 1896.以后又出了第 2、第 3、第 4 系列。具体情况参见本书附录Ⅲ"参考文献"。

④ P.Toynbee, *Dictionary of Proper Names and Notable Matters*, Oxford University Press, 1898.现在通常使用辛格尔顿的修订本：Revised by C.S.Singleton, Oxford University Press, 1968。顺便提及，辛格尔顿所译《神曲》亦是该领域的权威性译著。

⑤ P.Villari, *The Two First Centuries of Florentine History: The Republic and Parties at the Time of Dante*, 2 Vols, T.Fisher Unwin, 1894.

⑥ *Dante' Comedy: Inferno*, Tr. J. A. Carlyle, George Bell, 1891; *The Divine Comedy of Dante Alighieri*, Tr.C.E.Norton, Houghton Mifflin Company, 1891.

等等。另外需要提及的是德·桑蒂斯曾写有经典作品《意大利文学史》。① 由德·桑蒂斯1839至1848年间在那不勒斯讲学的讲稿汇集而成。后一版再版,成为此领域的经典作品。其中但丁部分的论述引人关注。在上述"但丁学"的气氛中,西蒙兹一方面高度评论但丁那种超越性的、柏拉图主义的情感,另一方面充分注意但丁世俗化的、现世的人生和情感。西蒙兹向学人展示一个双面的但丁:超越的和世俗的;中世纪的新时代的,如此等等。这里主要谈谈但丁世俗生活和世俗情感的一面:到了13世纪末14世纪初,一种与城市发展相随的新兴市民社会已初具形态。在佛罗伦萨的城市共和国里,有法律地位的自由市民管理着代表自己利益的国家。人们呼吸城市的自由气息,并强烈地感受到自己的主体地位。人觉醒了。但丁也是在世俗社会中生存的个体。身上不免世俗性的因素。那时的诗坛清浊混杂,有市侩气。但丁亦不能幸免。有时会与一些混迹诗坛的人士斗气,相互攻评。这些说明了但丁性格中世俗的一面。这种世俗性是但丁生平个性中的有机组成部分,也正是世俗生活使但丁的阅历不断增长,使他看到精神世界的美丽和尘世行为的丑陋。总之,世俗生活的各种矛盾铸造了一个具有活脱个性的诗人但丁。在当时世俗的佛罗伦萨人看来,但丁才华过人,有生动的演讲能力,又善用俗语写作,是世人眼中德才兼备的好公民。这种声誉为但丁日后的仕途做了很好的铺垫。从1295年起,但丁积极参加政治活动,并加入政府枢纽即城邦"执政团"的行列。但迎接他的却是政治的厄运。② 所有这些发生在但丁身上或围绕着但丁的世俗性事物成为但丁文学视野的焦点,也从一个侧面折射出所谓本土文学的"新"。西蒙兹正视但丁作品中的世俗情感是对但丁人生的真实写照,也是

---

① F.de Sanctis, *History of Italian Literature*, Barnes & Noble, Inc., 1968.该书初版于1870—1871年间。德·桑蒂斯所著并非专题的意大利文艺复兴时期文学史。直至20世纪,英语世界终于出现了一本专题性的著作,即佛莱切的《意大利文艺复兴文学》(J.B.Fletcher, *Literature of the Italian Renaissance*, Kennikat Press, Inc., 1964.麦克米伦出版公司初版于1934年)。

② B.Reynolds, *Dante: The Poet, the Political Thinker, the Man*, I.B.Tauris, 2006; J.Woodhouse, *Dante and Governance*, Oxford University Press 1997.

但丁《神曲》的真正魅力所在。浏览《神曲》，许多内容都是现实的人和事。例如但丁少年时所崇敬的老师勃鲁内托·拉蒂尼是一位当时著名的人文学者、哲学家、政治家，同时又有恋童癖。后来但丁把自己的老师放在《神曲》"地狱篇"中的地狱里，当然他还是称呼拉蒂尼为自己精神不朽的启蒙人。可见，但丁就是在世俗世界中搏击的诗人。① 但丁通过《神曲》全方位展示托斯卡纳及意大利历史、现实社会中的人和事，亦展示托斯卡纳语的魅力。当然就本土文学而言，更需要肯定但丁用俗语创作《神曲》，从而奠定本土语言、本土文学的基础。

本土文学还包括题材和创作样式的新颖因素，在这方面西蒙兹当然不会忽略薄伽丘的影响和地位。除上文提到的一些评价外，西蒙兹还如是评论薄伽丘："但如此生动活泼的是诗人之自然天赋，当他在形式上完成一种革命时，当他如此处理那些材料时，他同时引介的是精神的因素，此精神带着些感觉、带着些情感、带着些科学，它既非古典亦非中世纪，而是侧重于近代。"②关于薄伽丘与中短篇小说在当时意大利流行的情况，西蒙兹做了进一步的分析，认为"在薄伽丘值得关注的遗产当中，最有成就的一部作品当然是《十日谈》。16世纪由薄伽丘定型的中短篇小说一直是广为流行的文学创作形式。在意大利，由中短篇小说弹奏文艺复兴的基调，就好比在英国由戏剧弹奏基调一样。倒不是说中短篇小说在各种叙事作品中有什么唯一的优势，就特殊意义而言它在暴君的时代适合意大利与日俱增的大众口味。14世纪以降，社会生活的条件经历了一场革命。在一些大城邦王朝统治者的影响下，商人、手工业者的地位提升到与旧贵族相当的水平。在佛罗伦萨那样的共和国国度里，市民阶层呼吁自己的社会地位。同时，这种共同体将普通人排除在人文主义文化之外。文学已经感觉到了社会的转型，文学作品的塑造迎合中产阶级的口

① 奥尔巴赫所著《但丁：世俗世界中的诗人》（E.Auerbach, *Dante: Poet of the Secular World*, Tr.R.Manheim, The University of Chicago Press, 1961）一书可资参考。

② J.A.Symonds, *Giovanni Boccaccio: As Man and Author*, p.31.

味,与此同时取乐贵族统阶层的空闲生活。中短篇小说就是此等环境下自然产生的结果。它的优点和缺点则与市民阶层身上的长处不尽相同。"①薄伽丘的文学创作样式和内容还在亚平宁半岛外流传开来。在英国的传播状况还可参看珍贵的历史文献即潘特的译著《逍遥宫》②。薄伽丘作品中许多世俗性的故事情节经常被人引用。例如莎士比亚《罗密欧与朱丽叶》的内容与薄伽丘《名女》中第 13 章"巴比伦殉情少女"的故事线索就十分相像。莎士比亚的《辛白林》和《善始善终》、莫里哀的《受气丈夫》、莱辛的《智者纳旦》、拉封丹的《故事诗》等都多少采纳了《十日谈》的素材。③

在形成本土文学的过程中,免不了出现一些反映人性阴暗、世俗流弊的作者和作品。其中西蒙兹特别提及阿雷提诺的创作情况。"在皮埃特罗·阿瑞提诺将意大利的创作从拉丁文完全分离这一点之外,其实还有更多的事情需要提一下。他不只在意大利文学领域还在更多的方面被视作赫赫有名的人物。不管其具有多么毋庸置疑的天赋,但就性格、心灵中的粗鄙一面而论,阿雷提诺无法排在大师的行列。他是那个时代典型的流氓,而且将流氓作风发挥到极致。在最高层次的文学、政治、教会领域竟然对那种流氓作风的成功表示欢迎、对那种傲慢顶礼膜拜,还沾沾自喜于这种容忍。其实他就是那个屈从于波吉亚家族社会中的文痞。他使意大利文学走向消亡。我们迫不得已将这种意大利范围的谴责堆在阿瑞提诺的身上。"④在阿雷提诺那里,不管其文辞描述的对象是谁,常常挟带私意。例如他曾经用阿谀奉承并带着些指点性建议的笔触来评价米开朗基罗的《最后的审判》,其中目的之一是为了得到米开朗基罗的一张草图或其他有价值的原创稿件。米开朗基罗"听话听声",用巧

① J.A.Symonds,*Renaissance in Italy*,Vol. V,New Edition,pp.44–45.

② W.Painter,*Palace of Pleasure*,Ed.J.Jacobs,3 Vols.,David Nutt,1890.

③ 方平:《幸福在人间》序文,引自薄伽丘:《十日谈》(方平、王科一译,全译本),上海译文出版社 1988 年,第 34—35 页。

④ *A Short History of the Renaissance in Italy:Take from the Work of John Addington Symonds*,by Lieut–Colonel A.Pearson,p.288.

妙的文辞来应对阿雷提诺,使对方的意图落空。西蒙兹在《米开朗基罗传》中绘声绘色地记叙了此事。① 总之,这些粗鄙的人和事不只是阿瑞提诺一个人的特点,当时的许多作家都需要迎合市民社会的低俗需求,从而使自己的作品染上市侩气。皮尼奥蒂认为即使像薄伽丘这样的作者也不可避免在其著作中存有这样那样的瑕疵。为此皮尼奥蒂鼓励人们更应当去学习薄伽丘作品中优美、自然等因素。② 至于有些人认为薄伽丘的作品"败坏(spoiled)"了意大利精神一说,文学史家德·桑蒂斯在自己的著作中提出反驳意见。德·桑蒂斯认为"败坏"的用词是不准确的。我们需要从中世纪超人间的文学想象到文艺复兴时期回到人间、自然的文学世界这一转变过程中来评价薄伽丘作品及其在世界文学发展史上的地位。③ 这些提醒今人如何完整地去诠释薄伽丘其人、其作。同时需要对意大利本土文学的各种特征做完整的阐释。

顺便指出,西蒙兹在研究意大利文艺复兴时期文学史时还关注其时的各种创作样式,例如书信、书信体样式等。西蒙兹注意到一个简单的事实,即书信是学者之间、社会各阶层人士之间相互沟通的最重要手段。在这方面,彼特拉克可视作近代早期用其独特书信体写作的学者。继彼特拉克的书信风格后,巴尔吉扎(Barzizza)成为书信体这一典雅文学分支的奠基人。④ 鉴于彼特拉克书信的重要性,另一位学者罗宾森《彼特拉克:第一位近代学者与文人》以彼特拉克的书信为对象进行专题研究,并在副标题中对书信做了提示。书中认为彼特拉克并不是古代书信体的简单模仿者,他在接触西塞罗等的书信体之前已经确立了自己的书信风格。与古代的西塞罗一样,彼特拉克与文艺

---

① J.A.Symonds, *The Life of Michelangelo Buonarroti*, Vol. II , Chapter XI , Section III . 米开朗基罗的应答信件参见 *The Letters of Michelangelo*, Translated from the original Tuscan, edited & annotated in two volumes by E.H.Ramsden, Stanford University Press, 1963, Vol. II , p.3。

② L.Pignotti, *The History of Tuscany*, Vol. II , pp.188-189.

③ F.de Sanctis, *History of Italian Literature*, Barnes & Noble, Inc., 1968, Vol. I , pp.290-291.

④ *A Short History of the Renaissance in Italy*: *Take from the Work of John Addington Symonds*, by Lieut-Colonel A.Pearson, pp.141-142.

复兴时期大多数意大利学者一起通过书信来传达文人的理想和特征。根据上述两位作者的提示,我们还可以进行更深入的研究。①

二、政治精英的新理想与实践

政治精英们是新时代的弄潮儿。他们有自己的理想,并用此理想去改变世界。在西蒙兹的笔下,但丁、大洛伦佐、萨沃纳罗拉、马基雅维里、奎恰迪尼等人以各自的理想去处理现实的问题。那种不回避世俗社会实际问题的政治态度是他们成为佛罗伦萨政治精英的重要标志。佛罗伦萨的政治精英们曾以不同的方式将各自的理想烙在佛罗伦萨的政治版图上,不过最终都带着遗憾

---

① J.H.Robinson,*Petrarch:The First Modern Scholar and Man of Lettesr*,1970,pp.229-231.作者在提到"man of letter"即"文人"一词时始终围绕彼特拉克的书信创作进行论述。作者一再强调彼特拉克像古代西塞罗、塞涅卡一样通过书信来表达自己的思想,认为彼特拉克的书信是理解意大利文艺复兴时期思想不可或缺的来源。这里有必要就"文人"一词做些辨析,这有助于学人理解西蒙兹的创作乃至文艺复兴史的相关历史现象。我们不妨发问:在文艺复兴时期的意大利人是怎样看待、怎么解读"文人"一词的? 英语 man of letters 概念在 19 世纪流行开来,大致指那些有文学修养、搞文学创作、知识广博的人。在文艺复兴时期经常提到的文人概念是拉丁语 literati,英文的 letter 一词就是从这个词根演变而来。中世纪乃至文艺复兴时期的常人会这样思考一位男子的工作状况和地位:你是干哪个行当的? 写写字、写写书信,这是古代中世纪有学问人的一个标志,那时动笔头的人,甚至整个中世纪时代搞写作的人能够写写信是件了不起的事情。这和诸多因素有关,例如造纸术的运用要到很晚才推广开来。所以中世纪写信的人就是后人所说的文人(Literati)。中世纪还有一门口授技术,主要是王公贵族、政权机构需要有人代拟书信、公函等,甚至有钱人要写封情书也需要代笔,于是有学问的人就执笔代言。当时的书信撰写者很多是政权机构中的秘书。彼特拉克也在教廷机构中当过秘书。这种现象到了文艺复兴时期的意大利仍是一种常态。那时搞创作的情况比较复杂,有的写些诗,人们称其为诗人;有的则钟情于人文学科的修辞技艺,特别将其运用在写书信、写演讲稿等。对于后一种创作者而言,书信体是基础,其体裁还可以运用到更广泛的写作实践之中。例如彼特拉克就创造了独特的书信体裁,还包括以第二人来叙事的形式。所以我们回到文艺复兴时期的意大利来提文人概念就要联想当时人对书写者的观念。简言之,那时所谓会写写画画的人大致是指书信创作者。罗宾森启示我们,如果回到那个时代来理解 man of letters 概念,我们就应当想到彼特拉克是一位书信体作者。当然译成"书信体作者"的话,今人会说不确切,怎么把文人译成了书信体作者呢? 但在那个时代的语境了,人们就是这样考虑文人概念的。由此再来讨论西蒙兹的文人概念就不难发现,西蒙兹心目中的文人更多地带着些 19 世纪知识人的特征(见本书第一章第一节二)。布克哈特也是 19 世纪的文人。但西蒙兹和布克哈特都是有历史意识的学者,因此当西蒙兹和布克哈特回看文艺复兴时期意大利的文人、人文学者时都注意他们与书信体作者的关系。

退出历史舞台。此等想法在西蒙兹的年代不乏知音。《佛罗伦萨的缔造者们》一书就是这样看待社会政治、文化精英群体的,认为他们从不同的角度共同铸造佛罗伦萨的辉煌,而这种铸造的过程又充满各种斗争。所以佛罗伦萨有自己的品质,但此品质则是辉煌与斗争并存。所以要用历史和现实的双重眼光去看待当时所发生的一切。① 说到底,他们中的任何一位都未必看得清佛罗伦萨、意大利、甚至新的时代究竟在发生什么深刻的变化。同时又不得不面对现实紧迫问题进行政治抉择。在当时,这种政治抉择很难说哪些是正确的、成功的;哪些是偏离政治航线的。于是西蒙兹以历史的态度并回到政治精英们所处政治环境之中去分析、总结时代变化,得出诸多具有启示意义的结论。这是西蒙兹文艺复兴研究涉及政治部分内容的价值之所在。

以下着重就西蒙兹对萨沃纳罗拉与马基雅维里两位政治思想家的研究内容做些比对评析。在诸多政治精英中,萨沃纳罗拉曾经是一位在佛罗伦萨政治前台以政府首脑身份掌控大局的人;马基雅维里则用第二国务秘书的头衔为国效力。萨沃纳罗拉又是一位修士,在他身上所发生的一切,更有政治上的戏剧性,这给了诗人历史学家西蒙兹充分发挥历史想象力的余地。《意大利文艺复兴简史》在人物专题方面唯一选入的就是这位宗教改革人物。这反映出西蒙兹与选编者皮尔森共同具有的历史眼力。学者罗德《文艺复兴时期四位道德代言人》首选的政治人物也是萨沃纳罗拉,可谓史家共识。② 西蒙兹《意大利文艺复兴》花费很多笔墨来研究萨沃纳罗拉与马基雅维里两人的性格、政治意识与政治实践。其中涉及两人的共和国意识、两人对腐败的认识、两人对政治大势的判断、两人受困于个性和环境的制约因素等。虽然分析中不乏批判的基调,但总体上认为他们身上不同程度地体现着新的时代精神。读者会得到这样一些信息:在政治上,萨沃纳罗拉与马基雅维里都不回避现实

---

① Mrs.Oliphant, *The Makers of Florence*, A.L.Bunting, Publisher, 1899.

② R.Roeder, *The Man of the Renaissance*, *Four Lawgivers*: *Savonarola*, *Machiavelli*, *Castiglione*, *Aretino*, The Viking Press, 1933.

的迫切问题。就此而言,他们都称得上有现实意识的政治家。此外,两位政治思想家的个性亦拖累了各自的政治判断和政治实践。他们的政治理性都有些偏激之处。以萨沃纳罗拉为例,宗教狂热导致其政治的务实批判立场打了折扣。譬如萨沃纳罗拉知道美第奇家族的问题在哪里,但萨沃纳罗拉自身也最终走上宗教独断的政治之路。当然,对于萨沃纳罗拉的政治举动也要回到历史的环境中去认识。笔者在各种场合提到了一个政治现象,即在文艺复兴时期,出现像萨沃纳罗拉、莫尔、卡尔文之类的宗教政治思想家,他们设想以基督教社团为基础建构城邦国家政治共同体,这是在中世纪晚钟敲响时非常富有时代意义的政治举动。在近代西方国家政治共同体大量涌现之时,萨沃纳罗拉在佛罗伦萨的宗教改革是当时诸多建立城邦国家政治共同体举动中最有影响力的事件之一。早在中世纪的阿奎那等思想家的眼里,基督教会就是人们生存的政治场所或宗教政治共同体。意大利与教廷有着特殊的宗教、政治联系。天主教会的势力已经渗透到政治生活的各个角落。甚至当欧洲国家在进行如火如荼新教改革之际,意大利也没有产生任何脱离天主教会的意愿。有学者认为意大利人的思想从来没有越过否认教士统治的范围。① 因此萨沃纳罗拉等人的宗教政治实践得到一时的响应和成功,这里存在着各自特殊的历史和现实基础。只是在今天的某种历史语境下,萨沃纳罗拉等宗教人士的政治实践被当作乌托邦之举,似乎只有像马基雅维里等人的政治设想具有世俗的、现实的基础。事实上,当时的政治精英根本就说不清楚哪种政治选择是现实的,哪种是乌托邦的之类问题。西蒙兹之注重萨沃纳罗拉,正是认可这位宗教人物的政治预判力,也切入到文艺复兴意大利城邦国家政治共同体孕育、生

---

① 布克哈特《意大利文艺复兴时期的文化》(何新译)第447页是这样解释的:"这里我们遇到了一个问题:为什么意大利在才智方面如此伟大,竟没有更有力地来反对教士统治呢? 为什么她没有完成和更早地完成一个像在德意志发生的那样的宗教改革呢? 对于这个问题曾经给过一个巧妙的回答。人们告诉我们说:意大利人的思想从来没有越过否认教士统治的范围,而德意志宗教改革的起源和力量是来自它的积极的教义,特别是来自信仰可以释罪而善功不能赎罪的教义。"

长、完善过程中的核心问题。①

在进行萨沃纳罗拉与马基雅维里比较分析时有必要插入一个相关政治人物即美第奇家族的大洛伦佐。②《意大利文艺复兴》对美第奇家族大洛伦佐生平、性格、事业的描述很生动全面,也是这本著作能吸引读者的重要因素。在西蒙兹的笔下,大洛伦佐是作为近代早期世俗政治社会权势人物的代表。正是他将佛罗伦萨玩于股掌之中。相比之下,萨沃纳罗拉则是沉浸在宗教理想

---

① 萨沃纳罗拉在佛罗伦萨建立基督教城邦政治共同体的举动受到诸多学者的关注,可参见:P.Villari, *Life & Times of Savonarola*, T.Fisher Unwin, 1889; Ralph Roeder, *Savonarola*: *A Study in Conscience*, Brentano's Publishers, 1930; Lauro Martines, *Savonarola and Renaissance Italy*, Pimlico, 2007,等等。

② 从历史上人们对美第奇家族大洛伦佐的看法到学界的传统观点,再到西蒙兹等学者对大洛伦佐的批判性评述,读者对"大洛伦佐"这个译名需要有一个整体的想法。中文的"大"有伟大、宏大、博大等多种涵义,这似乎与 Magnificent 很贴近。在 14 至 16 世纪那个年代的通信来往礼节中,相互用 Magnificent 来称呼是很普遍的现象,它大致表示对一个人尊敬之情,即某某大人的意思。而"大洛伦佐"称呼中的"大"已经超出了通常尊称的范围,更是对洛伦佐人格、实际能力、作为的赞誉。庸格在其《美第奇家族史》一书第 8 章"大洛伦佐"(Colonel G.F.Young·C.B., *The Medici*, Modern Library, 1930, pp.149-150, "Lorenzo the Magnificent")中提到,"In Lorenzo the Magnificent the ability of this family reached their climax.Probably no other man has ever had great talents in so many directions.In statesmanlike insight and judgment; in political wisdom and promptness of decision; in power of influencing men; in profound knowledge of the ancient classical authors; as a poet and writer who bore a principle part in the development of the Italian language; in artistic taste and critical knowledge of the various branches of Art; in knowledge of agriculture, the life and needs of the people, and country pursuits; in all these different directions was Lorenzo eminent.The title of Magnificent, which has by common consent been accorded to him, was not due to any ostentation in his private life, for there he was notably unostentatious. 'He was so called because of his extraordinary abilities, his great liberality, his lavish expenditure of his wealth for the public benefit, and the general magnificence of his life in which Florence participated.' So that his name is intended to bring to our minds, not personal ostentation, but the splendour with which he invested Florence."(根据作者原注,文中引文出自 E.Armstrong, *Lorenzo de' Medici*)。由此看来,中文"大洛伦佐"是一个既与历史、传统见解相匹配又有一定伸展性的翻译。因为笔者觉得"大"字能容纳了更多的意思。西蒙兹等学者对大洛伦佐不乏批判的用意,这提示今人在理解这个翻译中的"大"字时最好从中文俗语"了不得"之类的角度去考虑,说明这位历史人物干什么事都有能耐。这就是历史理解中的"古"与"今"两个维度。布克哈特《意大利文艺复兴时期的文化》何新译本译为"豪华者洛伦佐",花亦芬译本译为"辉煌者洛伦佐·梅迪西"。无论怎样翻译,都需要从两个理解的维度上考虑"Lorenzo the Magnificent"这个词的意思。唯其如此,在进行西蒙兹文化观、文艺复兴史等学术研究时才能避免偏颇。"大洛伦佐"一词如此,本书提及的其他概念如"人文主义"、"文人"、"自由"等亦如此。

之中的虔诚信徒。在大洛伦佐与萨沃纳罗拉的心中各有一幅文艺复兴时期的政治图景,"洛伦佐·德·美第奇当时在佛罗伦萨只手遮天,在他身上体现着文艺复兴时期的异教精神,这是一种自由文化精神,也使得他成为最适合作为萨沃纳罗拉对立面的典型。萨沃纳罗拉曾依据古典文化复兴的结果对文艺复兴做过评价,他也为其国家构想一幅精神复苏的图景。"①说到底是两者的信念不同,"萨沃纳罗拉和洛伦佐作为文艺复兴时期十分时尚的两种对立信念的号召者而势不两立:一边是再生的异教主义,而另一边则是《福音书》的精神。二者实质上都具有近代意义,因为文艺复兴的作用就在于让人的心灵去恢复、继承昔日古典的和基督教的自由,并从中世纪的桎梏中解脱出来。"②西蒙兹记叙了这样一件事,表明两人的势不两立。大洛伦佐曾用尽手段对付萨沃纳罗拉,萨沃纳罗拉也不乏心机去应对其对手。到了大洛伦佐的弥留之际,他请萨沃纳罗拉去主持其临终忏悔仪式。萨沃纳罗拉要求大洛伦佐答应3件事:第一,全身心地感激上帝的仁慈;第二,归还不义之财;第三,恢复佛罗伦萨的自由。大洛伦佐对最后一个条件不予理会。于是在没有得到萨沃纳罗拉赦免的境况下,大洛伦佐这位不可一世的佛罗伦萨霸主离开人世。③ 此等情景不难反映出萨沃纳罗拉的宗教情怀。不过崇高的理想和宗教情感并没有淹没其现实的政治批判眼力,萨沃纳罗拉从宗教道德角度所审视的社会问题其实都是些实实在在存于佛罗伦萨及意大利社会中的具体迫切问题。就此而言,西蒙兹称其为"预言家"(Seer),"他始终以一个修道士的态度来看待文艺复兴和宗教改革,他一方面对异教文化全然不信任,另一方面又不愿改变罗马天主教会的教义和传统。然而我们不能把萨沃纳罗拉的一生从意大利文艺复兴的历史中剥离出来。他比其他任何人更清醒地意识到他的国家所面临的道德

---

①　J.A.Symonds, *Renaissance in Italy*, Vol. Ⅰ, New Edition, pp.394-395.

②　J.A.Symonds, *Renaissance in Italy*, Vol. Ⅰ, New Edition, p.396.

③　详细情况参见 *A Short History of the Renaissance in Italy: Take from the Work of John Addington Symonds*, by Lieut-Colonel A.Pearson, p.105。

和政治处境。当意大利所有城邦国家似乎都沉浸在和平的世界里并做着繁荣的美梦时,他就预言了战争并感觉到巨大灾难的迫近。面对教皇臭名昭著的劣迹和暴君们的恶行,他主张净化习俗。他的预言很快就旋风般地降临意大利。又因为他于意大利历史的关键时刻而在佛罗伦萨太过独特的作为,仅这一点足以让我们对他不能一笔带过。"①布克哈特也曾经用"最伟大的预言家和传道者"②来评价萨沃纳罗拉。但西蒙兹又用"灾难"(Scourge)来评价萨沃纳罗拉的政治作为。罗德《萨沃纳罗拉——一项信仰研究》③第 7 章"道德的改革"也深刻地揭示了萨沃纳罗拉内在的思想矛盾。萨沃纳罗拉的悲剧在于他没有坚持佛罗伦萨共和国多年来形成的自治传统,从美第奇的家族政治又走向了宗教的独裁统治。佛罗伦萨原本被美第奇家族一家独大压得太久,许多弊病为大家痛恨,所以萨沃纳罗拉一时的改革会赢得成功。但他试图通过另一种独裁来持久维持统治,且离现实真正的改革需求甚远,与传统和现实势力均发生激烈的冲突,失败就是很自然的事情。对此,西蒙兹做了诗意性的评述:"1495 年,那时美第奇家族已遭驱逐,法国军队已经开往那不勒斯,我们不久就会看到人们呼吁萨沃纳罗拉重建国家政体。于是他恳求人们抛弃旧的体制,建立一个威尼斯式的大议事会。在历史学家的笔下,佛罗伦萨曾在体制建设方面有过许多实验,如果萨沃纳罗拉不是用其特有的天赋硬生生地将基督宣布为国家政体的主宰,那么这一体制看上去似乎是佛罗伦萨人曾经实行过的体制中唯一最佳的选择。由于对政治组织的不满,也没有耐心再去等待机构的逐渐完善,萨沃纳罗拉决定进行一场道德和宗教改革。奢华、虚荣、恶习都被抛弃。旋即妇女和年轻人抛弃丝绸锦缎服饰,狂欢的歌声也停止。圣歌和宗教游行取代了淫秽颂歌和异教徒的狂欢。法律也在同样严苛、粗暴的精神下加以改造。高利贷也被废止。不管怎样,萨沃纳罗拉颁布命令而佛罗伦

---

① J.A.Symonds, *Renaissance in Italy*, Vol. I, New Edition, pp.389–390.

② 布克哈特:《意大利文艺复兴时期的文化》(何新译),第 464 页。

③ R.Roeder, *Savonarola : A Study in Conscience*, Brentano's Publishers, 1930.

萨则贯彻实施。在他魔力般的影响下,佛罗伦萨顿时气象一新。这种变化太迅猛了,人们的心思还未准备好。它也与文艺复兴的文化发生猛烈的冲突。它引起众多温文尔雅中产阶级市民的不满,他们怒火冲天,发泄放纵的、世俗化的情感。反对是不可避免的。"①其实马基雅维里早就认识到其中的问题实质之所在。在马基雅维里看来,法是国家权力的基础。如果在这个问题上举棋不定、模棱两可,就会导致一个人的政治命运乃至一个国家的政治命运的损毁。② 马基雅维里将萨沃纳罗拉改革作为典型的事例予以考察。马基雅维里的分析和评判是:在1494年的改革事件中,萨沃纳罗拉起了主导的作用。萨沃纳罗拉的一系列政治改革中,有一项关于法律申诉的改革很引人注目。其中规定,如果八人国务委员会和正义旗手在做出涉及国家利益的重大事项时,那么当事人有向人民申诉的权利。这项决定刚通过不久,正义旗手就指责有5个公民因犯有侵害国家利益的罪行而必须受到死刑判决。这时,5个公民决定向人民申诉这项判决。但这个申诉请求很快就被当局拒绝了,因为他们明显地触犯了法律。这就把萨沃纳罗拉推到政治生涯的风口浪尖上,如果这个申诉是可以进行的,那么法律的权威性就受到了挑战,因为法律不能随意被践踏;如果这个申诉不可提起,那么申诉就应当停止,因为法律不能如此随便。可萨沃纳罗拉的许多布道从来不谴责那些有违法律的人,对那些一意孤行的人反而有所宽容。这种对漠视法律的偏袒精神严重影响了萨沃纳罗拉的政治声誉和前途。③ 所以政治家应当一切从法律出发谈政治治理、谈公共的和个人的关系。一个君主,如果他还记得以前暴君统治的一切后果的话,那么他就会用法律来维系新的国家。当然,君主要维护自己的利益,这是很自然的事

---

① J. A. Symonds, *Renaissance in Italy*, Vol. I, New Edition, pp.411-412.

② A. Bonadeo, *Corruption, Conflict, and Power in the Works and Times of Niccolò Machiavelli*, University of California Press, 1973, p.105.

③ Machiavelli, *The Discourses*, translated from the Italian by C. E. Detmold, Modern Library, 1940, pp.229-230.

情,但只有在法律的前提下,才能既照顾到个人的利益,又兼顾共和国的利益。① 显然,几百年前马基雅维里的论断可以看作西蒙兹评述绝佳的注脚。也就是说,萨沃纳罗拉的宗教实践并没有酿造成一个以法为基础的和谐共和国体制。他暂时成功的重要因素之一是依靠人格的力量,布克哈特亦指出"像这样的人格是路德时代以前所没有再见到过的。"②正是这种人格力量将大批的信徒团结在萨沃纳罗拉当院长的圣马可多密尼克修道院周围。从其改革的具体内容看,想让僧侣来管理所有的国家事务,这也是一种幻想。而对于那些他不理解或无法驾驭的事务就想用极端的办法来处置,对于文化复兴带来的各种社会变化他也缺乏感悟。所以,"他就是不开明"。③ 萨沃纳罗拉还动用警察来干预私生活,甚至指示仆人来监视自己的主人。这与卡尔文在日内瓦的治理手段有十分相像的一面。他的宗教立场同样不讨好教廷。要么像宗教改革那样挑战教廷的权威,要么教廷进行自身的改革,但既不触动教廷的根本权威,又与教廷对着干,所以宗教道德改革这条路也走不通。另外,他的政治改革立足于纯洁教会和纯洁宗教理想的基础上,这同样解决不了现实中的问题。结果是众叛亲离。再说时间一长,大家也厌烦与教廷对峙的行为。手工业、商业阶层也怨声四起。对此,西蒙兹均做了具体的描述。④ 萨沃纳罗拉自己也逃不脱悲惨的命运,最后被送上了火刑柱。

马基雅维里的政治实践也是悲剧性的。马基雅维里的政治理想是保持佛罗伦萨共和国政治体制的稳定性,并在大局上希望意大利能够迅速走出分裂的局面,形成强大统一的国家。但马基雅维里的特殊政治地位决定了他实现理想的限度。再说马基雅维里政治个性中的某些因素(诸如玩世不恭等)不

---

① Machiavelli, *The Discourses*, translated from the Italian by C.E.Detmold, p.113.
② 布克哈特:《意大利文艺复兴时期的文化》(何新译),第 465 页。
③ 布克哈特:《意大利文艺复兴时期的文化》(何新译),第 468 页。
④ *A Short History of the Renaissance in Italy: Take from the Work of John Addington Symonds*, by Lieut-Colonel A.Pearson, pp.108–109.

一定能够被众人所理解。毕竟当时的现实社会还留着浓厚的基督教道德氛围。而马基雅维里好表现自己的个性也导致其在政治实践中很难平衡、处理好各种人脉关系。西蒙兹不时提到马基雅维里对世界和人生的认识有玩世不恭的成分。在马基雅维里的眼里，现实的社会不是善的力量在支配。① 西蒙兹再度回到恶的论题下进行评论，他说："世界不是整个都是坏的，但要真正地理解马基雅维里的结论，那我们就得设定世界的基本力量是恶的。"②有意思的是，西蒙兹带着几分无奈的笔调谈及马基雅维里政治人生中的玩世不恭因素。西蒙兹认为马基雅维里是位头脑清醒的人，在那个浑浊的时代里，他也只能用非道德的手段来应对人生和世界中发生的一切。因此"他个人的道德观念很淡漠。他毫不掩饰对软弱和愚蠢的蔑视。他对世界和人类的认识带着玩世不恭的意味。他政治著述所表达的冷峻哲学、他尖刻幽默中蹦出的那些辛辣说辞，使其不落俗套。据说他在弥留之际说了些亵渎神灵的话，把所有人类本性中的神圣部分都奚落了。透过这些迷里雾里般的传闻，我们能够体谅这位极度幻灭和失望心灵中的怨恨。"③所以看透一切的心境既能带来务实的政治理念与作为，也会导致悲剧性的政治人生。

　　《君主论》是马基雅维里著述中影响最大的一部。西蒙兹在《意大利文艺复兴》第 1 卷有专门的章节评价马基雅维里及其《君主论》。应该讲，西蒙兹对马基雅维里撰写《君主论》并将其呈现给美第奇家族的境况之描述还是比较客观的。"而在马基雅维里那里，只要能摆脱贫困和孤寂就会去做那些'效犬马之力'的费心事情。马基雅维里并不欠羞辱过、拷打过自己的美第奇家族什么情，那么他呈递给美第奇家族的薄礼又是什么呢？是一本论著《君主论》，换句话说是颂扬君主的书。那些将此书误解为马基雅维里赔罪

---

① 　J.A.Symonds,*Renaissance in Italy*,Vol.Ⅴ,New Edition,pp.337-338.

② 　J.A.Symonds,*Renaissance in Italy*,Vol.Ⅴ,New Edition,p.146.

③ 　*A Short History of the Renaissance in Italy*：*Take from the Work of John Addington Symonds*,by Lieut-Colonel A.Pearson,p.156.

的人或者囿于理性主义解释的历史学家都会认为《君主论》的字里行间带着恶意。"①西蒙兹认为在当时特定的历史背景下,马基雅维里此举既带有人文主义的自傲之情又不免逢迎权势的屈尊之意。西蒙兹还用马基雅维里《君主论》的"献词"作为佐证。② 西蒙兹对马基雅维里的评价主要依据黑格尔的观点。黑格尔认为,马基雅维里对国家统一的必要性有明确的认识。马基雅维里根据当时意大利的现实,主张采取各种手段去实现这种统一。马基雅维里的非道德政治手段虽然与19世纪所谓正统的政治道德理论相悖,但黑格尔还是认为在马基雅维里的时代,运用那些手段也是对付现实的有效之举。③由此出发,西蒙兹认为马基雅维里《君主论》中的治国之道是基于过去的经验和现实的状况。马基雅维里对政治上的恶和腐败有全面的认识,并寄希望于君主来拯救意大利的自由。鉴于意大利公众社会中的非道德状况,马基雅维里倡导以恶制恶、以暴制暴的政治手段。④ 佛罗伦萨的政治治理也不能例外。马基雅维里强调以能人治理为中心的德性政治(virtue politics),简言之即"能人政治"。这种能人政治的理论适应当时意大利城邦国家最迫切的政治需求,即统治者如何具备治国的各种才能,以确保国家的稳定和政治治理的有效性。为此,统治者必须具备古典人文学科的知识、学养,能够从古典的传统中汲取治国的经验(这是品德层面的基本内涵);又懂得如何完善法律制度并运用法律处理国家事务;统治者还必须具备行政方面的能力,诸如熟悉公函、演说、外交方面的技能等;统治者同样要懂得协调城邦政治共同体各方势力的权益,如此等等。总而言之,统治者必须具备各种治国的能力(包括法律内的和

---

① *A Short History of the Renaissance in Italy*:*Take from the Work of John Addington Symonds*,by Lieut-Colonel A.Pearson,pp.152-153.

② *A Short History of the Renaissance in Italy*:*Take from the Work of John Addington Symonds*,by Lieut-Colonel A.Pearson,p.153.

③ J.A.Symonds,*Renaissance in Italy*,Vol.Ⅰ,New Edition,pp.288-289.另见中文版黑格尔:《历史哲学》(王造时译),上海书店1999年,第416页。

④ J.A.Symonds,*Renaissance in Italy*,Vol.Ⅰ,New Edition,p.289.

法律外的），以便在那个道德混乱的强权政治时代谋求家族与城邦国家的生存。这里特别就非制度性政治手段的运作问题做些说明。在马基雅维里等近代西方政治家、政治思想家看来，人性十分复杂，其中的许多因素在社会层面表现出"恶"的形式。这种以个人利益、一国利益为基础的因素常常会突破各种制度的限制。例如外交上的协定就有可能被弃之不顾，如此等等。正是考虑到上述人性之"恶"、国家利益优先法则等的因素，因此一个君主或最高的统治者就应当使用各种手段去应付由人性之恶等因素带来的复杂现象，从而使一个国家政治运作的各种要素能正常发挥作用。例如在一定的历史环境中，政治家要运用威仪、惩戒、宗教等手段来驱使民众服从国家法律制度。①这里也提示了一个问题，即非制度性政治手段运作的前提和目的仍然是制度。关于制度性的建设，后来马基雅维里在《李维史论》中做了详细的阐释。西蒙兹注意到马基雅维里政治学说的两个方面，其一是《君主论》所注重的政治手段；其二是《李维史论》所强调的制度建设和保障。但时人更记得马基雅维里在《君主论》的极端说辞。据瓦尔基的记载，当时佛罗伦萨人听闻马基雅维里的言论，贫者害怕失掉尊严，富者害怕丧失财产，两者都觉得是对自由的致命打击。②

在马基雅维里的时代，与西方近代政治文明相匹配的系统权利学说还未形成。因此上文西蒙兹在阐释马基雅维里那种玩世不恭的政治学说时表现出情有可原的态度。但总体上看西蒙兹批评马基雅维里没有从人性的本能、健全的心灵等角度建立起像伯克那样的系统政治理论，相反给出了一套不正常的国家统治法则。③关于最后的评判笔者不敢苟同。既然马基雅维里的主张在当时具有现实的意义，那为何要用后来的政治原则去拆分马基雅维里的政

---

① 在马基雅维里所欣赏的李维著作中就提到威仪的作用，参见 Livy, *The Early History of Rome*, *Books* Ⅰ-Ⅴ *of The History of Rome from Its Foundation*, Penguin Books, 2002, p.39。

② *A Short History of the Renaissance in Italy: Take from the Work of John Addington Symonds*, by Lieut-Colonel A.Pearson, p.154.

③ J.A.Symonds, *Renaissance in Italy*, Vol.Ⅰ, New Edition, p.290.

治主张呢？我们还可以进一步问，以后西方的国家政治理论和实践路径真的是脱离了马基雅维里的政治思维轨迹吗？[1]马基雅维里对自由、共和等问题的认识不能用19世纪、20世纪乃至当今的一些政治概念去图解。在布克哈特的眼里，当时佛罗伦萨每一个公民都将自己的精神能力贡献给了城邦的存在，认为在其他暴君统治那里是一家一姓的事情，而在佛罗伦萨成了全体公民研究的问题。[2]正是在这个意义上，布克哈特借用马基雅维里之口将佛罗伦萨视为活的文化有机体，"马基雅维里在他的《佛罗伦萨史》（到1492年为止）中把他的出生城市描写成为一个活的有机体，把它的发展描写为是一个自然而独特的过程；他是近代人中第一个具有这种观念的人。"[3]这里"活的有机体"提法与布克哈特心目中的文艺复兴个体自由精神观点是一致的。[4]那么自由、公民自治这些布克哈特评价的核心是否被高估了呢？对其赋予过多的近代意义也是否值得商榷呢？那时的意大利包括佛罗伦萨在内，家族政治介入到社会生活的方方面面。公民对自由的认可与19世纪的态度亦有差别。从某种意义上讲，公民对自由的认可度是以政府能否保障城邦的安全、稳定为前提的。美第奇家族可以剥夺许多竞争者的权益，但他们可以堂而皇之地说，我们维护了城邦的存在。而公民对一家一姓的专权亦觉得是一种政治家能力的体现。这些是学人需要回到当时历史境况的认识前提。马基雅维里在谈及上述概念时涉及当时佛罗伦萨、意大利的具体政治社会现实，与后人所谓自由是人的本质之类想法有区别。因此在马基雅维里那里，捍卫自由往往与捍卫具体的历史事项有关。所以马基雅维里用现实的、人性的等世俗化的政治意识来解释各种政治现象，这是根本性的问题。那么马基雅维里心

---

① 笔者在《近代以来西方国家政治理论与实践的路径》（政治思想史2011/3）一文中对此问题做了回答，可参考。

② 布克哈特：《意大利文艺复兴时期的文化》（何新译），第72页。

③ 布克哈特：《意大利文艺复兴时期的文化》（何新译），第80—81页。

④ 周春生：《文化是个性与精神的呈现——写在布克哈特〈意大利文艺复兴时期的文化〉发表150周年之际》，上海师范大学学报2010/3。

目中的社会规范是什么呢？就是国家政治共同体的有效运作、稳定等。在这样一个国家政治共同体里，法律意义上的公民权利和义务得到遵从、保障。国家政治共同体的各种规定不是按理想的模式设计的，它是历史地形成的。需要按照历史和现实的各种因素来考虑国家政治共同体的结构、运作等。

笔者以为，马基雅维里始终以世俗的人和自然人性为观察、研究社会现象的聚焦点，并由此引出对现实社会和人类历史的人性论解释。这样看来，作为政治思想家的马基雅维里不可能超脱人性和现实这两个基本点。由于马基雅维里的政治思想始终抓住这两个基本点，因此对历史和社会的解释无处不闪烁务实的睿智和论断。在马基雅维里的政治哲学体系里不存在所谓抽象的、先定的政治理性原则，也未确定形而上学的善、恶、个体自由等原则，总体上是将人性当作一切政治行为的向心力或根本制约力。费米亚指出，"对于马基雅维里而言，世上的一切不是由理性和心灵控制着；现实的结构根本上是一种生理情感的系统。"[1]马基雅维里在自己的著作中也经常将国家政治与人的肌体做比较。[2] 此类观点会引出批判的声音，即认为将人性当作政治行为的向心力，这可能导致社会道德伦理的错乱，因为人性中存在着许多不确定的因素，由此产生道德标准的难产。思想史上所谓一般的善的概念只是理性的设定而已，它可以是黑格尔"绝对精神"意义下的善，也可以是基督教等宗教意义上的善，如此等等。当涉及某种善时就是指特定的社会伦理规范，其分析不仅要以现实的人性为基点，同时要回到特定的社会政治环境。学人进一步要问：在一个特定的社会政治环境下，以人性为基点分析社会政治现象是否具备开放的、普遍的政治价值元素呢？马基雅维里在著作中反复强调，人性古今同

---

[1] J.V. Femia, *The Machiavellian Legacy*：*Essays in Italian Political Thought*, Macmillan Press Ltd, 1998, p.17.

[2] Machiavelli, *The Discourses*, translated by Detmold, Modern Library, 1940, pp. 397－399, 271－275, 155.

一、全体相类,并由此出发建构人性、个体权利与国家政治制度等互有关联的国家政治模式。马基雅维里还认为,就人性的自然层面而言无所谓善恶、对错的区别。所谓善恶只是现实社会通过法的形式对人性的一种认定。① 在这种思维模式下,只有将人性与政治的关系放到特定的社会环境中去考虑才有现实意义。在文艺复兴时期,马基雅维里及许多人文主义者并不讲究后来理性主义时代所流行的思辨样式。马基雅维里政治理论所强调的不是抽象的终极之善,而是避免可能会出现的恶,或者说是一种现实理性。马基雅维里曾分析"爱戴"和"畏惧"两种人性的状况,认为"人们冒犯一个自己爱戴的人比冒犯一个自己畏惧的人较少顾忌,因为爱戴是靠恩义(di obligo)这条纽带维系的;然而由于人性是恶劣的(tristi),在任何时候,只要对自己有利,人们便把这条纽带一刀两断。可是畏惧,则由于害怕受到绝不会放弃的惩罚而保持着。"② 关于这些政治思考,西蒙兹还欠缺深入的分析。

在军事问题上,西蒙兹认为马基雅维里在爱国心与注重现实的政治眼力下提出一些富有远见的看法。西蒙兹在比较马基雅维里与萨沃纳罗拉的政治主张时设问:谁才是真正具有爱国、崇高的因素? 按照西蒙兹的理解,马基雅维里的现实主张亦是爱国情怀下的明智之举。③ 事实上,这种爱国主义的激情在《君主论》的结尾得到了最强烈的释放。④ 总而言之,马基雅维里感兴趣的是意大利的强大方法;国家治理的有效性手段;国与国抗衡的实力和外交途径,⑤如此等等。马基雅维里的其他各种政治主张都与这种爱国情怀有关联,

---

① Machiavelli, *The Discourses*, in *Machiavelli*: *the Chief Works and Others*, translated by A. Gilbert, Duke University Press, 1965, Vol. Ⅰ, p.315.

② 马基雅维里:《君主论》(潘汉典译),第 80 页。

③ J.A.Symonds, *Renaissance in Italy*, Vol. Ⅰ, New Edition, pp.289-290.

④ 马基雅维里:《君主论》(潘汉典译),商务印书馆 1985 年,第 124—125 页。关于马基雅维里的民族主义、爱国主义情绪,《君主论》最后一章与整部书的关系等问题曾引起学者间的争论,参见 W.Peery, Edited, *Studies in the Renaissance*, University of Texas Press, 1954, "The Concept of Nationalism in Machiavelli's *Prince*"。

⑤ G.Mattingly, *Renaissance diplomacy*, Penguin Books, 1955.

并集中体现在马基雅维里对雇佣军危害性的看法并倾尽全力提议组建佛罗伦萨自己军队的举动上。① 当时意大利国家政治的突出现象就是暴君统治。暴君在国家统治方面玩的是一场权力分配的游戏，同时靠实力说话。这里所说的实力主要指军队。意大利长期实行雇佣军制度。雇佣军与雇主的关系完全因利益而定，因此雇佣军与一个国家的内政没有直接的关系。雇佣军的害处十分明显。马基雅维里以当时的意大利为例，"弗兰西斯各·司芬佐为了能够享受和平年代的荣耀生活，不仅欺骗了曾支付他军事开支的米兰，还剥夺了米兰人的自由，成为了他们的君主。"②从 1499 年到 1500 年，马基雅维里还数次被派往围困比萨的雇佣军中，在那里竭尽心力，处理各种棘手的事务，还险遭生命不测。马基雅维里做出结论：必须废除雇佣军的军事体制，而代之以公民兵的形式。以公民兵为主的军队与雇佣军的最大区别就是其存在与国家政权的运作息息相关。在意大利以外的国家，当时的法国之所以傲视群雄，其根本的方面还是有一支为国王掌控的强大军队。对此，马基雅维里也有充分的认识。但西蒙兹认为马基雅维里的军事实践未达到预期的目的，共和国也没有因这支军队而维系住自己的政治生命。究其因，西蒙兹认为这是因为美第奇家族专横手段与金元政治已经泯灭了佛罗伦萨人的尚武精神的潜质，想靠马基雅维里等人的振臂一呼根本无济于事。③ 西蒙兹的这一观点还是很有回味的余地。佛罗伦萨在文艺复兴时期中心地位的确立得益于美第奇家族以商业为中心的各种政治外交手段，包括在文化方面的投资，而非军力的支撑。当佛罗伦萨以美第奇家族为首的商业帝国陨落，整个佛罗伦萨的政治、经济地位开始下降，而意大利乃至周边国家的总体政治环境依然如故，那么有一支军队

---

① *A Short History of the Renaissance in Italy*：*Take from the Work of John Addington Symonds*，by Lieut-Colonel A.Pearson，p.155.

② Machiavelli，*Art of War*，Translated，edited and with a commentary by C.Lynch，the University of Chicago Press，2003，p.14.

③ *A Short History of the Renaissance in Italy*：*Take from the Work of John Addington Symonds*，by Lieut-Colonel A.Pearson，pp.151-152.

又如何呢？马基雅维里做其能够做的军事事业，但无法扭转的是历史嬗变的趋势。这就是马基雅维里的军事理论和实践的悲剧所在。西蒙兹还提到马基雅维里就暴君、共和国等介入战事的必要性所发表的观点，以及如何建立意大利国家军队的设想，等等。[①]

在文学方面，西蒙兹认为马基雅维里的喜剧作品《曼陀罗花》集中体现了他对现实社会的体验和看法。作品描述了这样一个故事：曼陀罗花是一种草本植物，它既有治病疗效，又有毒副作用。移居国外的原佛罗伦萨青年商人卡里马科听说佛罗伦萨律师尼洽先生的太太卢克蕾佳美貌出众，于是立马而回，以魇风流情愿。卡里马科得知卢克蕾佳婚后无孕，而尼洽一家人又望嗣心切。卡里马科在认识了食客李古潦之后，与卢克蕾佳忏悔神父提莫窦修士和卢克蕾佳母亲索斯特拉塔串通一气，上演了一出围绕曼陀罗花的风韵喜剧。此剧的关键人物是李古潦。他编制了这样一个故事：首先让卡里马科装扮成医生说动卢克蕾佳，只要喝下用曼陀罗花调制好的汤汁就能怀孕得嗣。但喝下曼陀罗花汤汁后第一个与卢克蕾佳交欢的男人将中毒身亡。然后说动迂腐憨直的尼洽，并让提莫窦修士和索斯特拉塔说动卢克蕾佳。计谋就绪，于是在一个月光迷人的夜晚，由卡里马科装扮成一个将被俘捉并将第一个与卢克蕾佳喝毒汁后交欢的替罪羊，李古潦、提莫窦修士（此时正冒充卡里马科）和尼洽等人谋划捉替罪羊。最后卡里马科如愿以偿，皆大欢喜。在这幕剧中，卢克蕾佳等虔诚的信仰最后都输给了人性的支配力。就此情节，西蒙兹评论道："马基雅维里竭尽全力创作喜剧《曼陀罗花》。作品中那些阴险的和令人厌恶的内容可以视作对近代社会的一种体味，其震慑力是无可置疑的。……它质朴无华地给出了作者对佛罗伦萨生活沉思后可怕的想法。"[②]可见西蒙

---

① *A Short History of the Renaissance in Italy：Take from the Work of John Addington Symonds*，by Lieut-Colonel A.Pearson，p.155.

② *A Short History of the Renaissance in Italy：Take from the Work of John Addington Symonds*，by Lieut-Colonel A.Pearson，p.288.

兹评论中的政治批判意蕴。在近代世俗化的社会里,人性的支配力量逐渐强大起来,宗教等的道德制约因素则退居其次。这是所有文化人必须面对的一个现实。

第四章　文化浸透民族性格的血液

——西蒙兹解答意大利艺术史难题的学术脉络

西蒙兹算得上一位"合格"的艺术史家(art historian)①。哪里见得"合格"呢? 其一,西蒙兹曾创作《米开朗基罗传》《意大利文艺复兴(美术卷)》等艺术家评传、艺术史批评著作。不难看出,西蒙兹对米开朗基罗艺术作品(包括各个细部)、对文艺复兴时期众多艺术家作品都有专业性很强的细致理解、描述和阐释。其二,西蒙兹对19世纪的艺术史研究领域亦十分关注。他曾提到19世纪透纳的艺术创作、克罗的艺术史研究、特别是布克哈特的艺术史著作等。其三,在展开各项具体的意大利文艺复兴时期文化现象研究时,西蒙兹面对沉甸甸的学术成果不做已有研究成果的简单阐释者,而是在丰富成果基础上开辟独特的分析路径,成为沉甸甸学术成果的逻辑延伸、补充和进一步发挥,并将已有的成果提升到新的高度。

因此要客观地把握西蒙兹文化史研究的精髓尤其需要梳理学术脉络。特别表现在艺术史研究方面,由兰奇、库格勒起始的艺术史研究几乎涵盖画派、风格等方方面面的探讨内容。西蒙兹则在艺术与艺术家性格的关系问题上找到学术的突破点,并用其民族性格理论解答了文艺复兴史研究领域的罗马难

---

① 参见伯克顿在《隐秘的自我》一书中的提法, O. S. Buckton, *Secret Selves : Confession and Same-Sex Desire in Victorian Autobiography*, p.60。

题。可以这么认为,西蒙兹解答罗马难题的思路贯穿整个《意大利文艺复兴(美术卷)》,甚至成为《意大利文艺复兴》7卷的中心线索之一。所谓罗马难题询问的是:为何意大利到了罗马宗教改革时期仍能延续几个世纪来的艺术创造热情? 它暗含的一个问题是:为什么意大利人对古典文化的爱好、对文学艺术的创作热情能延续几个世纪之久? 又为何特别在艺术创作创作领域高潮迭起、佳作不断? 显然,这些问题的答案只能到深层次的精神层面去寻找。西蒙兹的答案是:无论是艺术成就还是更广泛层面的文化成就,其根本的推动力是与时代相呼应的新精神及艺术化民族性格。当然,新精神、艺术化民族性格还与其他制约性社会历史因素有关,而这些由布克哈特做了回答。相比之下,在民族性格、民族精神与意大利文艺复兴关系问题上布克哈特看得更远、思考得更深。所以,学人需要在19世纪西方的文艺复兴学术史研究整体框架中批判性地找到西蒙兹艺术史观、《意大利文艺复兴》等著作的学术地位、价值等。

第一节　面对沉甸甸的艺术史研究成果

一、兰奇、库格勒的基色

关于西蒙兹对意大利艺术史及代表性人物的详细评述可参考本书"附录I　西蒙兹点评意大利文艺复兴时期重要人物、作品概览"。① 下面主要梳理西蒙兹研究意大利文艺复兴艺术史的一个重要现象即"罗马难题"之学术史线索。兰奇、库格勒、布克哈特、克罗、卡瓦卡塞莱、瓦根、摩莱里等艺术史家的著作大致代表了19世纪艺术史研究的最高水平。确切地讲,在上述艺术史家的主要研究范围和成果面前,西蒙兹只不过做了"拾穗"和"增色"两项事宜。因此将西蒙兹纳入19世纪文艺复兴艺术史研究领域就必须做两部分的

---

① "概览"中的点评内容亦可作为本书第四章第一节一、二、三相关内容的参考。因本书整体理念和布局的关系,正文中不再考虑重复性论述西蒙兹对意大利艺术史的阐释。

学术工作,其一是深入了解西蒙兹同时代人在意大利文艺复兴艺术史研究领域的进展情况;其二是西蒙兹所做的具有学术启示意义的艺术史研究补充。唯其如此,方能呈现出一个完整的 19 世纪艺术史学术画面。

西蒙兹《意大利文艺复兴》的第 3 卷是美术卷。在文艺复兴艺术史论题的范围内,西蒙兹所在的年代确实很少有艺术史著作使用《意大利文艺复兴(美术卷)》之名。但为数众多的艺术史著作之核心部分仍是意大利文艺复兴时期的内容。从现有的资料看,西蒙兹对当时的艺术史著作有深入的研读。其《意大利文艺复兴(美术卷)》所叙述、阐释的许多内容引自先前时代或同时代艺术史大家的著作。在西蒙兹开列的书目中就提到意大利艺术史家兰奇的名字。① 更是一再提到布克哈特的《意大利艺术指南》。② 例如在分析文艺复兴意大利建筑史的 3 个发展阶段问题时就引证布克哈特在《意大利艺术指南》中的观点。③ 布克哈特平素爱好艺术,尤其爱好建筑艺术,写有《文艺复兴时期的建筑》、《文艺复兴时期的祭坛画》等艺术史作品。学人都知道,布克哈特的名声又与其导师库格勒的创作成果始终关联在一起。因此要了解布克哈特艺术史方面的学术成果就必须将其导师库格勒的成果一并考虑。在艺术史研究的过程中,西蒙兹的许多研究方法和内容(例如佛罗伦萨艺术对意大利的影响④、佛罗伦萨艺术与威尼斯艺术之间的比较⑤等)学人不难在上述艺术史的著述中找到各种来源。从表面上看,西蒙兹著作中那些涉及画派、风格的专业性程度似乎没有超出先前的理论高度。但必须指出的是,西蒙兹的意大利艺术史研究不属于兰奇、库格勒的路径,因此西蒙兹在实际的研究过程中并

---

① J.A.Symonds, *Renaissance in Italy*, New Edition, Vol. Ⅲ, p. Ⅸ.

② J.A.Symonds, *Renaissance in Italy*, Vol. Ⅲ "The Fine Arts", New Edition, "Preface".《意大利艺术指南》德文版: J. Burckhardt, *Der Cicerone*, Kroener, 1986, 初版于 1855 年;英文选本: J. Burckhardt, *The Cicerone:An Art Guide to Painting in Italy for the Use of Travellers and Students*, T.Werner Laurie, 1918。

③ J.A.Symonds, *Renaissance in Italy*, New Edition, Vol. Ⅲ, p.51.

④ J.A.Symonds, *Renaissance in Italy*, New Edition, Vol. Ⅲ, p.190.

⑤ J.A.Symonds, *Renaissance in Italy*, New Edition, Vol. Ⅲ, pp.132-133.

不是以画派之类作为分析的重点,也很少在这方面引用兰奇、库格勒著作中的观点和内容。这些情况也提醒学人,在研究意大利文艺复兴艺术史的过程中更有必要对兰奇、库格勒那种体系派的学术情况有一个系统性的了解。西蒙兹对于形态化的文化研究有自己的独特看法。西蒙兹认为形态化、概念化的东西与文化创造的实际过程是有距离的。为了了解艺术家的创造实践,后人就必须尽量使自己回到原先的、个体化的历史状态中去,并与艺术家进行历史对话,最终开掘出艺术家的内在心灵①(另见第六章第一节二)。西蒙兹的上述艺术史研究观点其实是瓦萨利艺术史观点的延续。又例如西蒙兹在研究意大利伦巴第的艺术风格时指出,这种风格在意大利的艺术史上是很难说得清楚的事项之一。我们的任务就是回到这一地区的人们当年如何与罗马的艺术接触、又如何只属于他们自己的艺术创作环境等历史事实中去研究。② 也就是不要局限于风格的研究,更重要的是研究艺术史的个案。更全面准确地讲,西蒙兹的上述艺术史研究思路属于瓦萨利、克罗、卡瓦卡塞莱那一派的门径,是上述艺术史研究方法的继承。实际的研究状况也确实如此,我们会发现西蒙兹的艺术史研究特别注重瓦萨利、克罗、卡瓦卡塞莱的研究成果,不时将他们的观点做比对阐述。③ 相比之下,西蒙兹更关注艺术的社会价值。在这方面,西蒙兹带有拉斯金、佩特等的研究风格。上述描述告诉学人,如果只考虑画派、风格等问题,那么看库格勒等的艺术史著作要比阅读西蒙兹的艺术史著作更有学术参考价值。同时,只有了解库格勒等的观点才能更准确地从学术史的角度认识西蒙兹著作中的相关提法。这里不妨再次询问:在沉甸甸的艺术史研究成果面前,西蒙兹的文艺复兴艺术史研究究竟有什么称道的独特贡献呢? 为回答此类的问题,我们不得不缓缓踱步于 19 世纪的艺术史研究画廊,然后在画廊的尽头看看是否能找到西蒙兹笔下艺术史研究的学术亮点。

---

① J.A.Symonds, *Essays, Speculative and Suggestive*, pp.167, 175.

② J.A.Symonds, *Renaissance in Italy*, New Edition, Vol.Ⅲ, note 1, pp.31–32.

③ J.A.Symonds, *Renaissance in Italy*, New Edition, Vol.Ⅲ, pp.146, 180, 198–199, 371.

　　讲到艺术史就会联想到那朵艳丽的百合花。浏览佛罗伦萨的历史和翻阅美第奇家族的族谱,首先映入眼帘的是镶嵌百合花艺术图饰的佛罗伦萨市徽与美第奇家族族徽。在历史上,佛罗伦萨市徽图像源自美第奇家族族徽。美第奇家族族徽由 6 颗药丸组成,其中最上方的一颗镶有百合花图饰。[1] 这些历史图像让人对百合花的城市文化意境与世俗社会的内涵充满想象。这种想象在瓦萨利的艺术创作中已经显露。瓦萨利曾创作壁画《大洛伦佐与学者谈经论道》,画面上能见到不少百合花的图饰。瓦萨利还有一幅名画《大洛伦佐与使节》,只见画的中央坐着大洛伦佐,后面站着一名护旗手,旗帜上映有一朵耀眼夺目的百合花。[2] 显然在瓦萨利的艺术想象中,百合花远远超出艺术、情感隐喻的范围,它是城市、家族文化历史的一种象征。引申开去,百合花不只是佛罗伦萨的代名词,还是意大利文艺复兴的一种象征。这足以见出瓦萨利艺术史观的深层次想法。后世学者要完整地认识百合花的丰富象征性因素不仅要考虑艺术史自身的内容,还不得不回到瓦萨利图饰中的世俗性层面,不得不回到长时段历史与文化的嬗变过程。而这些恰恰是西蒙兹研究意大利文艺复兴艺术史的出彩之处。为了品赏这朵艺术百合花的香艳,西蒙兹除了在社会史、文化史等方面具有历史批判视野外,还在实证方面非常留意佛罗伦萨乌菲兹美术馆、威尼斯美术学院等的馆藏艺术品。这些在《意大利文艺复兴(美术卷)》时有点题。例如在评点佩鲁吉诺的艺术心理问题及瓦萨利的相关评价时就引证乌菲兹美术馆的藏品;[3]在评论巴托罗米欧的艺术创作时也提

---

　　[1]　关于美第奇家族族徽上百合花图饰有各种解读。有人以为是美第奇家族与法国的特殊交往关系,而将法国国花鸢尾花的图饰添加到 6 颗药丸最上方那颗。在花卉门类中,鸢尾花与百合花有别。但鸢尾花法语为 Fleur-de-lis,显然其语源学意义牵涉到百合花的图像。在文化习俗上,人们往往将百合花视为有情景牵连的许多花卉之统称。所以文化史家惯用百合花之名来解读美第奇家族族徽上的那朵鸢尾花图饰。

　　[2]　G.Vasari, *Lives of the Most Eminent Painters, Sculptors and Architects*, Newly translated by G. DuC.De Vere, Philip Lee Warner, Publisher to the Medici Society, Limited, 1915, Vol. Ⅹ, "Giorgio Vasari"中的两幅插画。

　　[3]　J.A.Symonds, *Renaissance in Italy*, New Edition, Vol. Ⅲ, p.217.

及乌菲兹美术馆;①在分析威尼斯的现实主义艺术创作时则提到威尼斯美术学院,②如此等等。西蒙兹对于英国、德国等国的各种美术馆藏品亦十分了解。当然西蒙兹的这方面了解程度尚未达到鉴赏学的学术水准。西蒙兹更熟读瓦萨利的艺术史著作。需要再次提及的是,瓦萨利《意大利艺苑名人传》(*Lives of the Most Eminent Painters*, *Sculptors and Architects*)③为读者留下许多意蕴深远的百合花历史图像。该书"米开朗基罗传"前印有作者亲手为其恩师亦是其心目中最伟大的艺术家绘制的木刻画像一幅。画面中米开朗基罗的前胸衣饰用精美的百合花图饰点缀。④ 这里的百合花图饰究竟想传达什么意境呢? 或者说瓦萨利想告诉读者这百合花图饰背后的米开朗基罗内心世界是什么呢? 米开朗基罗学成于佛罗伦萨,后到罗马攀登艺术事业顶峰,期间对威尼斯画派的色彩运用颇有敬慕之意。那么学人以米开朗基罗艺术人生为聚焦点进一步发问,作为文艺复兴艺术隐喻与象征的百合花还舒展开哪些特别的风姿呢? 再翻阅瓦萨利这部文艺复兴艺术史开山之作,字里行间不时提出艺术的真正难点在于心灵问题。⑤ 瓦萨利的这一艺术难题在 19 世纪西方的文艺复兴艺术史研究领域又呈现怎样的解题格局呢? 西蒙兹后来正是在瓦萨利百合花心灵象征的启示下找到罗马难题的解题突破口。另外需要指出的是,19 世纪西方的意大利文艺复兴艺术史研究不是孤立的学术探讨行为。在艺术史方面,以画派、风格研究为中心并从历史的角度勾画出各画派、各代表性艺术家的基本特征,为未来的研究确立基本的学术框架。与此同时,在佛罗伦萨史研究方面,以文化为焦点全方位梳理佛

① J.A.Symonds, *Renaissance in Italy*, New Edition, Vol.Ⅲ, p.224.

② J.A.Symonds, *Renaissance in Italy*, New Edition, Vol.Ⅲ, p.265.

③ 该书初版于 1550 年。

④ G.Vasari, *De' Piu Eccellenti Pittori Scultori E Architettori*, Instituto Geografico De Agostini, 1967, Vol.settimo, p.97.

⑤ G.Vasari, *Lives of the Most Eminent Painters*, *Sculptors and Architects*, Newly translated by G. DuC.De Vere, Philip Lee Warner, Publisher to the Medici Society, Limited, 1912, Vol.Ⅰ, p.ⅩⅩⅨ.

罗伦萨的社会历史演变状况,从而使一座文化名城的形象呈现在读者面前;在美第奇家族史研究方面,将家族史与意大利整体的历史结合起来、将人物的历史作为与人物的性格等结合起来,从不同角度评价美第奇家族在文艺复兴时期的世俗性历史作用(特别是文化繁荣方面的作用)等。所有上述研究成果的形成均建立在学者对当时图书资料、档案资料、实物资料等的充分研读和考证基础之上,凸显19世纪学术研究的功力。总之,无论是西蒙兹研究还是其他更大范围的研究都需要了解上述三位一体的学术框架。

在18、19世纪西方艺术史学科体系的建构过程中,艺术史家的主要任务是就不同时期的学派、艺术创作风格进行分类研究,并通过研究展示艺术家的内在心灵。这就是通常讲的技术与心灵两个主要的艺术史分析层面。其中意大利文艺复兴艺术史研究领域的奠基者是意大利学者兰奇(Luigi Lanzi,1732—1810)和德国学者库格勒(Franz Kugler,1808—1858)。《意大利艺苑名人传》问世两个半世纪后,兰奇的《意大利绘画史》意大利文版于1795年付梓。① 不选半个世纪,库格勒《绘画史手册》②又与读者见面。兰奇与库格勒前后相继的两部著作提供世人欣赏文艺复兴艺术百合花的特定视角,也大致定下了近代西方研究意大利文艺复兴时期绘画史的主基调,并引发相关艺术史研究的各种变奏、高潮。

兰奇学术生涯跨越18、19两个世纪,其最大贡献是对意大利文艺复兴时期的画派、画风等做了详尽的分门别类研究。在兰奇所属的18世纪艺术史研究领域,温克尔曼十分在意体系化的研究,并注重艺术风格、强调人生命的内

---

① A.L.Lanzi,*Storia Pittorica della Italia Dell' AB*,Renondini,1795.英文版于1828年问世,由Simpkin & R.Marshall出版公司出版,由Roscoe翻译。学界经常使用新版《意大利绘画史》(A.L.Lanzi,*The History of Painting in Italy*,tr.T.Roscoe,3 Vols.New Edition,Henry G.Bohn,1852),以下引用简称"A.L.Lanzi,*The History of Painting in Italy*,New Edition"。

② F.T.Kugler,*Handbuch der Geschichte der Malereivon Constantin dem Grossen bis auf unsere Zeit*,Berlin,1837.

在精神等,并写出里程碑巨著《古代艺术史》①。这些对于建构近代艺术史研究的框架具有指导性的意义。但温克尔曼艺术史研究的重点是西方艺术史两个重要时期即古代希腊艺术与文艺复兴艺术的前者。而后者的学术任务率先由兰奇承担起来。总体上,兰奇将意大利的绘画史分成下意大利(lower Italy)与上意大利(upper Italy)两个区域进行阐述。这里的"下意大利"是指托斯卡纳等地区,"上意大利"则指意大利北部地区如伦巴第、威尼斯等地区。在此分类下就不同的画派、画家创作风格等进行专项研究。兰奇虽然提各种画派(如佛罗伦萨画派、威尼斯画派等),但其定义具有开放的性质,即画派的形成、演变具有历史发展的过程。例如佛罗伦萨画派分成 5 个时期即复兴时期、达·芬奇和米开朗基罗时期、米开朗基罗的模仿时期、西格里②时期、科尔托纳③时期等;威尼斯画派分成 4 个时期即古典时期、提香时期、样式主义时期、新形式时期等。即使就同一个时期的画派、风格而言,学人也要做具体的分析。兰奇大致上提供构图、色彩、表现力等基本的分析手段。例如达·芬奇、米开朗基罗所在的佛罗伦萨画派第 2 时期可能在色彩、布料等的运用上没有什么特别的地方,但在情感(忧郁情感等)的表达方面、在匀称感方面比较突出,其目标是真实地表现自然和对象。在兰奇看来,上述第 2 时期佛罗伦萨画派的风格只代表一般画家的创作情况,而达·芬奇、米开朗基罗的风格还得另作特别的分析。④ 提香时期的威尼斯画派风格也是如此,大家在追求色彩、自然、生动等的完美性方面有共同点,但具体呈现的路途各异。⑤ 为此,兰奇根据其掌握的最新材料对达·芬奇、米开朗基罗、提香等重要画家的生平、创作

---

① J.J.Winckelmann, *Geschichte der Kunst des Altertum*. 近期的英文版有 J. J. Winckelmann, *History of the Art of Antiquity*(*Text and Document*), Tr.Harry Francis Mallgrave, Getty Trust Publications, 2006。

② Lodovico Cigoli(1559—1613),画家。

③ Pietro da Cortona(1596—1669),画家。

④ A.L.Lanzi, *The History of Painting in Italy*, Tr.T.Roscoe, Vol. Ⅰ, New Edition, pp.123–124.

⑤ A.L.Lanzi, *The History of Painting in Italy*, Tr.T.Roscoe, Vol. Ⅱ, New Edition, p.128.

等做了概括性较强的梳理。在评价画家、画作时也比较注意画的寓意及画家试图体现的精神境界。兰奇上述画派风格之论的许多内容成为意大利文艺复兴艺术史研究的经典。对此,英译者罗斯科对这位艺术史家及其著作给予极高的评价,甚至在思想、知识方面将其与牛顿、洛克、帕雷、吉本、休谟、伏尔泰等齐肩并列进行比较,同时认为其著作的主要价值是建立在认真研究基础上的艺术史记录。① 从艺术史研究的实际状况看,兰奇著作中的许多观点、内容确实成为往后艺术史家取材的重要来源。例如,斯本纳《美术传记史词典》② 这部19世纪艺术史词典精品引用兰奇的观点、论述尤多。

如果说兰奇的著作有画派、风格分析的思路,那么库格勒《绘画史手册》(包括意大利画派部分和德国、佛莱芒、荷兰部分)则是上述思路的进一步展开和完善。按照库格勒的意见,兰奇的著作又显得陈旧了,而库格勒自己则按照最新的材料并用新的观点去重新撰写意大利绘画史等。德文《绘画史手册》在1847年出修订版。③ 该书意大利部分的英译本则根据德文版的出版情况不断完善,并逐渐演变成英译者(如伊斯特雷克、拉亚德等)的自家著作。④

---

① A.L.Lanzi,*The History of Painting in Italy*,Tr.T.Roscoe,Vol.Ⅰ,New Edition,pp.6,8-9.

② S.Spooner,*A Biographical History of the Fine Arts*,Leypoldt & Holt,1867.顺便提及,词典类著作的编撰是某个时期学术发展水平的象征。与19世纪意大利文艺复兴艺术史研究相呼应,艺术类词典亦不乏精品。除斯本纳编撰的词典外,另值得一提的有:M.Bryan,*A Biographical and Critical Dictionary of Painters and Engravers*,New edition by G.Stanley,H.G.Bohn,1865;*Cyclopedia of Painters and Paintings*,Ed.John Denison Champlin,Jr.,Critical editor,C.C.Perkins,Charles Scribner's Sons,1887,等等。

③ F.Kugler,*Handbuch der Geschichte der Malerei*,Verlag von Duncker und Humblot,1847.库格勒将这一版的修订工作托付给了其信任的朋友布克哈特主持。布克哈特综合各种学术情况和读者的实际要求修改、补充了不少内容。参见布克哈特在库格勒为第2版所做"序言"后的补充说明。

④ *A Hand-book of the History of Painting,from the Age of Constantine the Great to the Present Time,Part I The Italian School of Painting*,Edited with Notes by C.L.Eastlake,John Murray,1842.随即1851年出英文第2版,书名稍有改动:*The Schools of Painting in Italy*,Translated from the German of Kugler by A Lady,Edited with Notes by Sir Charles L.Eastlake,John Murray,1851。这里的"Lady"就是Eastlake的夫人。1855年出第3版。第3版在插图等方面做了些修改,内容方面也有增添,例如在书末加了一篇帕尔格拉夫关于15世纪意大利雕塑的论文,如此等等。1874年的英文第4版

从某种意义上讲,一部库格勒著作的英文翻译史、修订史、改写史就是一部
19 世纪关于意大利文艺复兴艺术状况研究的学术演变史。不过,无论后继
者修订、改写、补充了多少内容,其基本格局仍在库格勒的体系之内。库格
勒还著有《艺术史手册》①等系列艺术批评史著作,表明其艺术史研究具有
建构学科体系的大思路。库格勒在意大利文艺复兴艺术史研究方面也有一
个庞大的撰写计划。后来,意大利文艺复兴时期建筑史则由其学生、好友布
克哈特(Jacob Burckhardt,1818—1897)撰写完成,其成果为《意大利文艺复
兴建筑史》②。

　　库格勒继承了德国学者在艺术史研究方面关注精神要素的学术风气,同
时将精神的勾勒与严谨的经验分析结合起来。这无疑是库格勒自认为比兰奇
研究"新"的实质。库格勒也采用兰奇那种迭次展开的方式对风格等问题进
行分析,如意大利画派下面分成托斯卡纳画派、威尼斯画派等,再往下则是以
主要代表人物为核心的画派等。从某种意义上讲,画派是由风格决定的。以
托斯卡纳画派(其中的代表是佛罗伦萨画派与锡耶纳画派)为例,库格勒认为
这个画派的艺术家就是从中世纪外在的神圣世界走出来,转向艺术家个体的

(Hand-book of Painting:The Italian School,based on the handbook of Kugler,revised and remodeled
from the latest researches,by Lady Eastlake,John Murray,1874)是经过伊斯特雷克重写的《意大利
画派手册》,也是通常人们使用的版本。书名从"译自"(Translated from)改成"基于"(Based on),
可见已经不是库格勒的原著了。需要说明的是,即使是以"Translated from"为名的英译本与库格
勒的德文本之间亦有诸多增减改动。但就其所译的基本内容而言,还算大体对应库格勒原著的
文字。以后是 1887 年的第 5 版,由艺术史家拉亚德(A.H.Layard)翻译、改写,至 1891 年出第 6 版
(The Italian Schools of Painting,Based on the Handbook of Kugler,Sixth Edition,Thoroughly Revised
and in Part Rewritton by Austen Henry Layard,John Murray,1907)。这个第 6 版至 1907 年共印刷 4
次。拉亚德译本的第 5、第 6 版仍用"Based on"的说词,这同样说明是拉亚德改写后的艺术史研
究作品。拉亚德在著作中回顾与库格勒著作出版相关的学术界情况,并特别指出学者要根据画
作所藏地点进行实地考察并加以批评性补充。至此,19 世纪库格勒著作在英语世界中的传播大
致告一段落。
　　①　F.Kugler,Handbuch der Kunstgeschichte,Verlag von Ebner & Seubert,1848.这是第 2 版,由
布克哈特修订。
　　②　J.Burckhardt,The Architecture of the Italian Renaissance,Ed.and intro.P.Murray,tr.J.Palmes,
The University of Chicago Press,1985.

内心世界,并以鲜明的个性、完美的画面来表达地上人间与天国神意之间的内在联系。① 进入 15 世纪后,艺术家的创作又有新的特点。那时艺术家们更强调用自己的心灵和感觉来体现一种自由的和富有自我创造力的能量。② 到了全盛时期则是这样一种风貌:艺术家用无可比拟的高贵形式和深邃感觉去表现人类文化纯粹的、神圣的能量。③ 与兰奇相比较,此处更明显勾勒出文艺复兴时期艺术创作风格中的个性化精神因素和对完美风格的艺术追求等。当然艺术史家对风格特征的评议绝非几句抽象性的定义就能了结,库格勒、伊斯特雷克、拉亚德都联系到艺术家个人的创作实践来表达自己的观点。米开朗基罗是全盛时期的艺术家代表,拉亚德根据库格勒的观点对其风格做如是概括,认为米开朗基罗的艺术是超自然的(Ultra-natural)。与此比较,古希腊的艺术则是高于自然的(Super-natural)。④ 也就是说,希腊的艺术与米开朗基罗的艺术都有抽象的一面,但米开朗基罗外在于自然,而希腊则使人看到自然。米开朗基罗更在意精神世界的自我表达和人神沟通之艺术个性。这样,通过米开朗基罗的艺术创作风格,学人不难从一个侧面去体验全盛时期意大利的艺术创作风格。总体上看,从兰奇到库格勒的文艺复兴艺术史研究建立在动态的、历史的审美观念之上。如何从艺术与文化关系的角度、从艺术形式的经验分析角度对文艺复兴艺术风格做定性研究,这项任务由布克哈特与沃尔夫林(Heinrich Wolfflin,1864—1945)共同承担。

布克哈特写有《意大利艺术指南》等为西蒙兹十分看重的艺术史著作。西蒙兹的这种艺术史赏识,自有其道理所在。像布克哈特那样全面撰写意大

---

① *Handbook of Painting*:*The Italian Schools*,Translated from the German of Kugler by A Lady,Edited with Notes by Sir Charles L.Eastlake,Part Ⅰ,John Murray,1855,pp.119-122.

② *Handbook of Painting*:*The Italian Schools*,Translated from the German of Kugler by A Lady,Edited with Notes by Sir Charles L.Eastlake,Part Ⅰ,p.191.

③ *Handbook of Painting*:*The Italian Schools*,Translated from the German of Kugler by A Lady,Edited with Notes by Sir Charles L.Eastlake,Part Ⅰ,pp.271-274.

④ *The Italian Schools of Painting Based on the Handbook of Kugler*,Sixth Edition,Thoroughly Revised and in Part Rewritten by Austen Henry Layard,John Murray,1907,Part Ⅱ,p.432.

利文艺复兴时期的绘画、雕塑、建筑艺术史,这在 19 世纪的艺术史研究领域不多见。与老师的庞大计划一样,布克哈特的文艺复兴艺术史研究也有一个系统的写作规划。除《意大利文艺复兴建筑史》、《意大利艺术指南》外,布克哈特的《追忆鲁本斯》①、《意大利文艺复兴祭坛画》②等个案研究亦称得上文艺复兴艺术批评史著作中的精品。布克哈特笔下的艺术史除继续秉承库格勒对风格作动态的、历史的、精神的研究主旨外,还提出了一套分析艺术等的文化史理念。此理念看重人性、自由、美感与文化史之间的关系。布克哈特认为通常有两种认识艺术史的途径,或将艺术看作历史的侍奉者,或将艺术当作文化史的中心。这样,艺术之美或成为历史内容中的一个构件;或艺术之美自身就是一个出发点,而文化史则成为艺术的侍奉者。布克哈特希望自己采取中间的道路来认识艺术史。也就是从一个描绘者的特定角度来看艺术之美。描绘者既离不开历史的和当下的审美活动场景,又具备普遍的审美意识。③ 这样才能领悟一部真正意义上的艺术史,即诠释艺术风格时需要借助文化史的视角,还需要具备品味艺术家及其作品的艺术情趣。《意大利艺术指南》"绘画史"部分在论及米开朗基罗的艺术创作时特意指出,大艺术家呈现出的艺术之美不是外表的优雅,更是全部生命力的展示。④ 布克哈特另一个艺术史研究贡献是从现实的世俗社会、国家政治和文化的多维角度来看待包括艺术现象在内的文艺复兴时期文化现象。至此,艺术风格探讨的学术拱门上还剩下最后一块合拢用的顶砖等着学人去填上,它就是一套在艺术形式分析方面具有相对普遍指导意义的经验性艺术学理论体系。此体系的建构者正是布克哈特的好友、布克哈特在巴塞尔大学的讲座继任者沃尔夫林。沃尔夫林《艺术

---

① *Recollections of Rubens*, by J.Burckhardt, Phaidon Publishers Inc., 1950.

② J.Burckhardt, *The Altarpiece in Renaissance Italy*, Ed.P.Humfrey, Phaidon Press, 1988.

③ 布克哈特《以类型为线索的意大利文艺复兴绘画研究》译者"导论", J.Burckhardt, *Italian Renaissance Painting according to Genres*, The Getty Research Institute, 2005, p.16。

④ J.Burckhardt, *The Cicerone：An Art Guide to Painting in Italy for the Use of Travellers and Students*, T.Werner Laurie, 1918, p.123.

史原理》①引导学人从审美的主体与客体的相互关系中去开掘艺术品的美感本质。沃尔夫林对艺术创作中讲究呈现客体的"线描"与更多考虑审美主体因素的"图绘"两种风格做了独特的阐释。具体地讲,有些画突出轮廓、线条所展示的画面像不像、美不美,这就是触觉意义上的线描;而有些画则主要引起鉴赏者对画的整体意蕴产生一种想象,此所谓视觉意义上的图绘。借此,学人可以将某些佛罗伦萨画家、甚至文艺复兴时期的主要画风等归于线描的体系,而将威尼斯画派及后来的印象派画风等归于图绘范畴。当然沃尔夫林还有其他相应的艺术风格分析手段。学人还可以进一步以上述理论为依据对艺术情趣、民族艺术性格、艺术史发展阶段等加以清晰地梳理。② 在文艺复兴艺术专题研究方面,沃尔夫林留下经典作品《古典艺术》。③ 该书以诸多艺术巨匠的作品为例阐述文艺复兴时期在线描、图绘等概念下的各种艺术特征。至此,兰奇的风格论、库格勒的心灵论、布克哈特的文化论、沃尔夫林的形式论共同建构成 19 世纪最有影响力的文艺复兴艺术史研究体系。

二、克罗、卡瓦卡塞莱的浓彩

19 世纪意大利艺术史研究的另一座高峰是克罗(Joseph Archer Crowe,1825—1896)、卡瓦卡塞莱(Giovanni Battista Cavalcaselle,1819—1897)合著的《新意大利绘画史》④。据笔者统计,西蒙兹《意大利文艺复兴(美术卷)》引证最多的是瓦萨利和克罗、卡瓦卡塞莱的著作。从中也见出西蒙兹的艺术史研

---

① H. Wolfflin, *Principles of Art History*: *The Problem of the Development of Style in Later Art*, Dover Publications Inc.,1986.中译本有沃尔夫林:《艺术风格学》(潘耀昌译),辽宁人民出版社1987 年。

② 沃尔夫林《艺术风格学》(潘耀昌译)的导言、第 1 章"线描和图绘"等。

③ H. Wolfflin, *Classic Art*: *An Introduction to the Italian Renaissance*, Phaidon Press Ltd.,1968.中译本有沃尔夫林:《古典艺术——意大利文艺复兴艺术导论》(潘耀昌等译),浙江美术出版社1992 年。

④ J.A.Crowe & G.B.Cavalcaselle, *A New History of Painting in Italy, from the Second to the Sixteenth Century*, John Murray,1864.

究思路。西蒙兹曾高度赞扬艺术史家克罗、卡瓦卡塞莱两人的学术成果,认为《新意大利绘画史》是当时最权威、准确的艺术史著作。[①] 西蒙兹还在英国《评论季刊》上撰写欣赏克罗、卡瓦卡塞莱艺术史著作的专文。[②] 在赞美的同时,西蒙兹阐述了自己的艺术史观点:对于一名文化史家来说,艺术是精神活动极其重要的组成部分。艺术史家要对主题有一个总体的研究规划。但不必纠缠于哪个画派占优势并在竞争中成为民族艺术发展的导航者。也就是不要把重点放在画派之类的问题上。当然艺术史家需要知道意大利的艺术智慧问题,它们是民族性的绘画基础,甚至是民族历史中各种困境、复杂性、多样性的基础。当涉及具体的艺术问题时,艺术史家的学术工作就是要追溯起源并将每个城邦的个性化艺术特点及相互之间的联系说清楚。总之,艺术史家一方面要对民族艺术性格、形式发展有个定位性的大思路,另一方面要重视对具体艺术家、城邦艺术个性的具体化研究。[③] 克罗、卡瓦卡塞莱正是在这两个方面对艺术史做出了贡献。在一些需要加以学术确认的场合(例如在鉴定西莫内·马尔蒂尼的画作情况时),西蒙兹会引用克罗、卡瓦卡塞莱著作中的观点。[④] 当然西蒙兹作为一名严肃的历史学家不会轻易地附和某种观点,对于有商榷的地方也会直言指正。[⑤]

克罗是英国学者,卡瓦卡塞莱是意大利学者,两人长期合作进行意大利艺术史的研究工作,成为学界的佳谈。[⑥]《新意大利绘画史》出版后赞誉声不断。意大利艺术史家摩莱里在《德国美术馆中的意大利大师们》"序言"中称克罗、卡瓦卡塞莱的这部著作及相关的其他几部著作是论意大利绘画的

---

① J.A.Symonds, *Renaissance in Italy*, New Edition, Vol. Ⅲ, p.131.

② 西蒙兹的侄女在著作中专门提及此事。参见 G.Paston, *At John Murray's*, *Records of A literary Circle*:1843-1892, John Murray, 1932, p.197.

③ J.A.Symonds, *Renaissance in Italy*, New Edition, Vol. Ⅲ, pp.131-132.

④ J.A.Symonds, *Renaissance in Italy*, New Edition, Vol. Ⅲ, p.158.

⑤ J.A.Symonds, *Renaissance in Italy*, New Edition, Vol. Ⅲ, p.172, note 3.

⑥ J.Crowe, *Reminiscences of Thirty-Five Years of My Life*, John Murray, 1895.其中有关于克罗、卡瓦卡塞莱两人相识、合作写书等事宜的记载。

最重要作品。① 当然,对他们学术地位的肯定也有一个认识的过程。② 在与先前艺术史作品的关系方面,克罗、卡瓦卡塞莱同样受惠于库格勒的研究成果,例如克罗曾修订、部分改写库格勒的北方绘画史。③ 但就总体而论,他们的研究方法有诸多不同于库格勒的地方,其中最明显的不同是库格勒强调体系,并由体系出发论个案;而克罗、卡瓦卡塞莱的著作更强调个案、强调作品元素如何自然而然地构成一个整体形式的过程。就具体的绘画创作而言,不再一味强调某种形式对创作一幅画的制约作用。④ 这是他们艺术理论的一个关节点即内容对形式具有选择、组合的优先地位。由此引申出的一个观点是,淡化画派意识。因为画派的某些风格很难说就是某一派的专利品,如对自然的模仿该属于哪一派呢? 所以克罗、卡瓦卡塞莱也喜欢评论画派的特征问题,但更乐于评论某个画家创作内容、特点、过程等具体问题。例如他们对 15 世纪佛罗伦萨艺术家的绘画风格做了非常简略的概括,即利用各种艺术手段去模仿古典和自然。⑤ 随即展开对具体艺术家的论述。克罗、卡瓦卡塞莱选拉斐尔和提香作为两个重点研究时仍注意避免画派分析的偏向,将重点放在发现两人创作成果的特点上。就此而言,克罗、卡瓦卡塞莱又回到了瓦萨利讲究个案研究的传统。其实瓦萨利也谈宽泛意义上的艺术风格,例如提到以马萨乔为代表的近代风格(modern manner)等。⑥ 不过瓦萨利在研究时更看重艺术

---

① G.Morelli, *Italian Masters in German Galleries*, *A Critical Essay on the Italian Pictures in the Galleries of Munich-Dresden-Berlin*, Tr.Mrs.L.M.Richter, George Bell and Sons, 1883, p. Ⅴ.

② 斯本纳《美术传记史词典》将兰奇、库格勒等艺术史家的著作列为重要参考资料源,却未提克罗、卡瓦卡塞莱的名字。学术认同方面的差异由此可见一斑。

③ *Handbook of Painting*: *German*, *Flemish*, *and Dutch Schools*, Based on the Handbook of Kugler, Re-modelled by the late Prof.Dr.Waagen, and thoroughly revised and in part re-writings by J. A.Crowe, John Murray, 1898.

④ J.A.Crowe & G.B.Cavalcaselle, *A New History of Painting in Italy, from the Second to the Sixteenth Century*, Vol.Ⅰ, John Murray, 1864, "Preface".

⑤ J.A.Crowe & G.B.Cavalcaselle, *A New History of Painting in Italy, from the Second to the Sixteenth Century*, Vol.Ⅱ, John Murray, 1864, pp.284–285.

⑥ G.Vasari, *Lives of the Most Eminent Painters*, *Sculptors and Architects*, Newly translated by G. DuC.De Vere, Philip Lee Warner, Publisher to the Medici Society, Limited, 1912, Vol. Ⅱ, p.86.

家个体的特点,而非纠结于画派风格之类论题。瓦萨利的个案研究传统经过17、18世纪艺术史家的各种发挥后,终于在19世纪形成一条清晰的克罗、卡瓦卡塞莱艺术史继承路线。当然,克罗、卡瓦卡塞莱等的返回是在综合了各种研究成果后的新的艺术史总结。从积极的一面看,这种艺术史总结及相关研究成果与库格勒的成就之间产生了互补互惠的学术效应。

克罗、卡瓦卡塞莱的著作还有一些不同于其他艺术史著作的学术"意外"之处,例如《新意大利绘画史》没有为米开朗基罗设立专题研究,对达·芬奇、拉斐尔亦没有放在重点位置予以论述。粗一看,这些很让人费解。也许下面的说明算得上是一种理由。克罗、卡瓦卡塞莱在"序言"中特别提到瓦萨利、兰奇的著作,认为瓦萨利的著作带着其时、其地的生动性向读者传递丰富多样的内容,并随着时代的发展不断膨胀。兰奇的著作则是简单明了的概括。也许克罗、卡瓦卡塞莱他们自己达不到如此重要的学术境地,但他们所要做的就是利用最新的材料,并在前人著作的基础上、在更广的范围内做进一步有价值的增补(addition)。① 所谓增补是谦逊的用词,其实是对艺术三杰外众多艺术史上讲得还不够、不透的艺术家予以详论,试图比较完整地勾勒出意大利文艺复兴时期的艺术发展脉络。换句话说,他们的艺术史研究宗旨之一是让瓦萨利等艺术史家的研究更趋完善。众所周知,米开朗基罗是瓦萨利评述对象的重中之重。克罗、卡瓦卡塞莱没有必要再去做那些重复性的研究事项。当然,他们不是忽视米开朗基罗等的艺术创作实践。后来克罗、卡瓦卡塞莱专门为艺术三杰之一的拉斐尔立传,②该传记作品对达·芬奇、米开朗基罗亦做了详细描述、评论。克罗、卡瓦卡塞莱另著有《北意大利绘画史》③,它与《新意大

---

① J.A.Crowe & G.B.Cavalcaselle, *A New History of Painting in Italy from the Second to the Six-teenth Century*, Vol. I , "Preface", p.3.

② J.A.Crowe & G.B.Cavalcaselle, *Raphael：His Life and Works*, 2 Vols.John Murray, Vol. I , 1882;Vol.II,1885.顺便提及,该书没有插图,实为一大遗憾。

③ J.A.Crowe & G.B.Cavalcaselle, *A History of Painting in North Italy*, 2 Vols.John Murray, 1871.

利绘画史》合成姊妹篇,其他还有《提香传》①等,由此构成一个研究系列。这些无愧于"新瓦萨利"②的称号。

三、瓦根、摩莱里、贝伦孙的鉴赏

画派、风格、心灵分析等批评史内容,这些更多地属于艺术史研究中的宏观面。就鉴赏学而言,具体的艺术品鉴赏则需要详细地了解鉴赏对象的来龙去脉、构件等各个细节。这些只能由专业性很强的艺术鉴赏指南类著作来予以回答。以此为中轴线,西蒙兹艺术史创作实践的强项、弱项很容易被区分开来。或者说西蒙兹艺术史研究的取向会在鉴赏学的节骨眼上一清二楚彰显学界。在19世纪艺术史家的各种写作进程中,有些艺术史家游历一国或多国的艺术展馆,并在充分研究的基础上写成艺术史鉴赏专著,其中德国艺术史家瓦根(Gustav Friedrich Waagen,1794—1868)博士的《英国艺术珍宝》就是为众多艺术鉴赏家交口称赞的上乘之作。此著在今天还是藏友拍卖、赏玩文艺复兴时期英国藏品的指南。当年瓦根利用各种关系到英国一个个美术馆、一家家名流私藏室去实地考察,终于搜罗辑佚、撰得一稿。瓦根对每一件藏品都做了鉴赏学意义上的细致描述。同时瓦根的写作方法带有参观游记的性质,这样就比较生动地传达出珍宝及珍宝所藏地的情境。当然瓦根也没有忘记在著作中体现宏观性的艺术理论内容。为此瓦根像库格勒一样在书中提出意大利画派、荷兰画派、德国画派、英国画派类的概念。③(那时不太使用北方画派的提法。)再往下就是佛罗伦萨画派等。④ 瓦根还就画的寓意提出看法,认为意大

---

① J.A.Crowe & G.B.Cavalcaselle, *Titian:His Life and Works*,2 Vols.John Murray,1877.

② "New Vasari"出自《北意大利绘画史》(J. A. Crowe & G. B. Cavalcaselle, *A History of Painting in North Italy*,vol.Ⅰ)版权页背后介绍作者《意大利绘画史》的《星期六评论》杂志评语。

③ Dr.Waagen, *Treasures of Art in Great Britain:Being An Account of the Chief Collections of Paintings,Drawings,Sculptures,Illuminated Mss*,John Murray,1854,Vol.Ⅲ,pp.446-447,5-7.

④ Dr.Waagen, *Treasures of Art in Great Britain:Being An Account of the Chief Collections of Paintings,Drawings,Sculptures,Illuminated Mss*,Vol.Ⅲ,p.2.

利画派的世俗气氛明显,北方画派的宗教气氛浓郁。例如他在评论瓦加
(Perino del Vaga)的作品时指出画作没有宗教的感情,是模仿他导师拉斐尔
及佛罗伦萨画派的风格在进行创作。①

　　与克罗、卡瓦卡塞莱艺术史创作相随,摩莱里(Giovanni Morelli,1816—
1891)的《德国美术馆中的意大利大师们:慕尼黑、德莱斯顿、柏林美术馆中的
意大利绘画之批判性评论》②和《意大利画家:对他们作品的批判性研究》③成
为前者的重要补充,展现出艺术史研究的新气象。摩莱里自称其著作的优点
是基于对画家所有作品的掌握知识及历史性解读所进行的批评。④　这里的
"掌握"就是实地研究而来的知识,与此相关的"批判"亦名副其实。《德国美
术馆中的意大利大师们》对意大利文艺复兴时期著名画家的诸多藏品之属
性、细部及各种说法做了详细的实地考订分析,如对提香《男士画像》的详细
考订等。⑤　总体而言,瓦根、摩莱里等艺术史家的研究成果从经验层面使鉴赏
者在评论文艺复兴的艺术遗产时有理可依、有据可凭,更具科学说服力。柯亨
在《贝伦孙传》中称,除布克哈特及受过专门训练的德国学者外,卡瓦卡塞莱、
摩莱里的研究、特别是摩莱里的著作又影响了以后贝伦孙的研究生涯。⑥　显
然作者注意到从摩莱里到贝伦孙的艺术批评史线索。

---

　　①　Dr.Waagen, *Treasures of Art in Great Britain:Being An Account of the Chief Collections of Paintings,Drawings,Sculptures,Illuminated Mss*,Vol.Ⅲ,p.325.

　　②　G.Morelli, *Italian Masters in German Galleries:A Critical Essay on the Italian Pictures in the Galleries of Munich-Dresden-Berlin*,Tr.Mrs.L.M.Richter,George Bell and Sons,1883.

　　③　G.Morelli, *Italian Painters*,*Critical Studies of Their Works:The Borghese and Doria-Pamfili Galleries in Rome*,Tr.C.J.Ffoulkes,with an introduction by A.H.Layard,John Murray,1892;G.Morelli,*Italian Painters*,*Critical Studies of Their Works:The Galleries of Munich and Dresden*,Tr.C.J.Ffoulkes,John Murray,1893.

　　④　G.Morelli, *Italian Masters in German Galleries*,*A Critical Essay on the Italian Pictures in the Galleries of Munich-Dresden-Berlin*,Tr.Mrs.L.M.Richter,p.Ⅵ.

　　⑤　G.Morelli, *Italian Masters in German Galleries*,*A Critical Essay on the Italian Pictures in the Galleries of Munich-Dresden-Berlin*,Tr.Mrs.L.M.Richter,pp.174-175.

　　⑥　R.Cohen, *Bernard Berenson:A Life in the Picture Trade*,Yale University Press,2013,pp.67-68.

贝伦孙(Bernard Berenson，1865—1959)是一位非常富有传奇色彩的艺术鉴赏家。① 贝伦孙与西蒙兹算是擦肩而过的同时代人。从西蒙兹这一面看，其艺术批评史没有朝着艺术鉴赏学的方向前行，再则贝伦孙声名鹊起的年代还要稍稍靠后些，这些都是擦肩而过的理由。再从贝伦孙一面看，贝伦孙并没有漏过西蒙兹的名声。贝伦孙站在文艺复兴艺术鉴赏学的立场就西蒙兹、拉斯金等人老调重弹的艺术批评史内容多有微词。② 显然，贝伦孙想告诉世人更多新的并有扎实鉴赏功底的文艺复兴艺术史观点。贝伦孙既是19世纪西方的意大利文艺复兴艺术史研究收官阶段的文化奇人，又是20世纪上半叶文艺复兴艺术史研究的权威。从某种意义上讲，贝伦孙的一生都贡献给了文艺复兴艺术史的研究。"I Tatti"这一贝伦孙在佛罗伦萨郊外曾经的居所，如今已成了文艺复兴艺术鉴赏和文献研究的代名词。贝伦孙是犹太人，后皈依基督教。自认为哈佛大学打开了其艺术研究的心扉。当年贝伦孙与哈佛大学合作成立的"塔蒂—哈佛大学文艺复兴研究中心"一直延续至今。目前由哈佛大学韩金斯博士(Dr.Hankins)主持的"塔蒂文艺复兴译丛"(The I Tatti Renaissance Library)将上述贝伦孙的学术事业提高到新的水准。贝伦孙如此钟情于文艺复兴艺术鉴赏和艺术史研究，其心境正如日记所载的那样，"文艺复兴世界营造着这样一个社会，让大家有空闲去欣赏不是由科学而是由所有的艺术带来的精神，也正是艺术提供给世人为之驱动向往的视界和模式。"③贝

---

① 参见萨缪尔斯两部经常为学界引证的研究作品：E.Samuels, *Bernard Berenson : The Making of a Connoisseur*, Harvard University Press, 1979; E. Samuels, *Bernard Berenson : The Making of a Legend*, Harvard University Press, 1987. 贝伦孙还留下诸多书信、自传作品，如 B.Berenson, *Sketch for a Self-Portrait*, Pantheon Books Inc., 1949, 这里不一一列举。

② *The Selected Letters of Bernard Berenson*, Ed.A.K.McComb, Hutchinson, 1965, pp.20-21.其中的想法也被一些贝伦孙传记作者引用，如 M.Secrest, *Being Bernard Berenson : A Biography*, Holt, Rinehart and Winston, 1979, p.129。

③ *The Bernard Berenson Treasury*, A Selection from the works, *unpublished writings*, *letters*, *diaries*, *and journals of the most celebrated humanists and art historian of our times*: 1887-1958, Selected and edited by H.Kiel, Simon and Schuster, 1962, p.322.

伦孙在评论柯勒乔的艺术作品时指出，"艺术是人们个性之花朵。"①这样，作为艺术鉴赏家的贝伦孙与其笔下的艺术家之间就成了心灵交流的关系。可见贝伦孙的艺术鉴赏研究有着崇高的审美旨趣。但与西蒙兹不同，贝伦孙并未停留在艺术表达人性这个文化落脚点上。在笔者看来，贝伦孙是被艺术本身的美折服了，是一位典型的为"艺术而艺术"的人生实践者。在贝伦孙的眼里，一幅画作不会欺骗人。② 当然仅凭这些崇高艺术旨趣还不够，还需要其他因素的介入，这样贝伦孙才有可能成为真正意义上的、合格的艺术鉴赏家。检点那些因素，其中包括贝伦孙与艺术研究资助者的合作；玛丽阿诺数十年的陪伴与合作，③等等。在往后的岁月里，贝伦孙竭尽其财力，并使用各种商业化的手段和人脉云游四方并考察辑佚文艺复兴时期的艺术精品，由此营造艺术史研究的"基础设施"，并就藏品一一做了考订。鉴于贝伦孙的见多识广，萨缪尔斯称其为"半个多世纪里世界上最了不起的意大利文艺复兴艺术的鉴赏家"。④ 或者说从贝伦孙起，文艺复兴时期艺术作品风格等问题的探讨与文艺复兴艺术鉴赏学真正融合在一起。总之，贝伦孙的文艺复兴时期艺术鉴赏研究有两个标准，其一是艺术史家要具备与先前艺术家沟通的心灵；其二是具备对艺术品真伪、各种特征的鉴赏能力。

　　西蒙兹的意大利艺术史研究还特别提到雕塑史家帕金斯和建筑艺术史家弗格森的名字。⑤ 帕金斯写有多种意大利雕塑史研究著作，如《托斯卡纳雕塑

---

①　B.Berenson, *The Study and Criticism of Italian Art*, George Bell and Sons, 1901, p.36. 贝伦孙共留下 3 部《意大利艺术研究和批评》系列著作，上引书为第 1 系列，稍后又出版第 2 系列和第 3 系列。

②　*The Bernard Berenson Treasury*, *A Selection from the works*, *unpublished writings*, *letters*, *diaries*, *and journals of the most celebrated humanists and art historian of our times*: 1887-1958, Selected and edited by H.Kiel, p.35.

③　N.Mariano, *Forty Years with Berenson*, Alfred · A · Knopf, 1966.

④　E.Samuels, *Bernard Berenson: The Making of a Connoisseur*, p.XI.

⑤　J.A.Symonds, *Renaissance in Italy*, New Edition, Vol.III, p.VIII.

家:其生平、作品及时代》①、《意大利雕塑家》②、《意大利雕塑家手册》③、《拉斐尔与米开朗基罗比较研究》④等。前 3 种著作在西蒙兹的《意大利文艺复兴（美术卷）》中经常被引用。⑤ 帕金斯在其著作中亦就流派、风格等问题做了重点分析。帕金斯的主要研究对象是雕塑，同时亲手为自己的著作绘制大量插图。在帕金斯那个年代的素描插图中，唯雕塑作品的素描难度最大。所以像帕金斯之类著作中的插图就成了艺术史中的艺术史。这是我们品尝 19 世纪关于意大利文艺复兴艺术史著作的意蕴时必须附带具备的艺术鉴赏眼力。弗格森的建筑史研究著作也引人关注，其代表作有《插图本建筑史手册》⑥、《近代建筑风格史》⑦等。由于图文并茂，学人可以在弗格森的著作中直观地看到意大利文艺复兴时期不同城邦的建筑风格，并读到作者简略又不失专业水准的阐释文字。概而言之，有了兰奇、库格勒以画派、风格为主轴的奠基性研究成果；有了克罗、卡瓦卡塞莱以个案研究为核心的扩展性论述；有了瓦根、摩莱里、贝伦孙等的丰富、具体知识，再加上帕金斯、弗格森等的专项研究，于是文艺复兴艺术史研究的学术气候形成了。如果各种条件均具备妥善，那么西蒙兹完全可以凭借这些知识去进一步认识总结意大利文艺复兴时期的艺术百合花的美感底蕴。但西蒙兹没有走这条大而全的总结之路，而是独辟蹊径贡献新的思考力和新的研究成果。面对上述艺术史的辉煌研究成果，哪里才

---

① C.C.Perkins, *Tuscan Sculptors: Their Lives, Works, and Times*, Longman, Green, Longman, Roberts, & Green, 1864.

② C.C.Perkins, *Italian Sculptors*, Longmans, Green, and Co., 1868.

③ C.C.Perkins, *Historical Handbook of Italian Sculptors*, Remington and Co., 1883.

④ C.C.Perkins, *Raphael and Michelangelo: Critical and Biographical Essay*, James R.Osgood and Company, 1878.

⑤ J.A.Symonds, *Renaissance in Italy*, New Edition, Vol.III, pp.46, 90, 103, 118, .329, 372.

⑥ J.Fergusson, *Illustrated Handbook of Architecture: Being A Concise and Popular Account of the Different Styles of Architecture Prevailing in All Ages and All Countries*, Second Edition, John Murray, 1859.

⑦ J.Fergusson, *History of the Modern Styles of Architecture: Being A Sequel to the Handbook of Architecture*, John Murray, 1862.

是西蒙兹进一步研究的突破口呢？或者至少这样思考,西蒙兹在何种思路下去写一部新的艺术史才能避免重蹈覆辙呢？

事实上,上述西蒙兹同时代的艺术史研究还处于起步阶段。不仅画派、风格等问题还可以进一步探讨,而且留下了一些值得加以开拓的学术领域。例如艺术与观念之间关系这些属于艺术精神史研究领域的内容就需要加以开拓。于是出现了诸多试图在理解文艺复兴艺术和艺术家精神内涵关系方面有所作为的艺术史家。佩特、拉斯金与西蒙兹就是其中最具代表性的3位。提特尔鲍姆的博士论文《三位维多利亚人的意大利文艺复兴观》①就佩特、拉斯金与西蒙兹3人的学术特点做了比较研究。作者认为佩特、拉斯金与西蒙兹带着各自的审美立场来批判意大利文艺复兴时期的艺术作品。佩特从唯美主义的角度来审视画作;前拉斐尔派的拉斯金则在意道德与艺术的和谐之美;西蒙兹是一位诗人历史学家,强调性格与艺术创作的关系。这些均是文艺复兴艺术史研究中的历史大思路。

第二节　民族性格与艺术繁荣

一、构思艺术史新画卷与罗马难题

在上述丰富的研究成果基础之上,西蒙兹着手构思艺术史研究的新画卷。可以做这样的发问:西蒙兹在上述艺术史研究成果的基础上还能增补、发挥点什么呢？不妨看看西蒙兹撰写意大利文艺复兴时期艺术史的宗旨。他在《意大利文艺复兴(美术卷)》的"序言"中指出他自己的著作直接面对原始的材料、情境等,并注意前人对意大利艺术史的各种研究状况。然而更重要的是展示文艺复兴艺术现象背后所蕴含的精神。② 对于这种精神的内涵,西蒙兹在

---

① R.Titlebaum, *Three Victorian Views of the Italian Renaissance*, Garland Publishing, Inc., 1987.

② J.A.Symonds, *Renaissance in Italy*, Vol. Ⅲ "The Fine Arts", New Edition, p.Ⅸ.

评论不同的艺术家、艺术作品时有过各种不同的表述。当然其中的诸多表述都是学术界普遍认同的。在西蒙兹的心目中,文艺复兴时期的艺术与其他各种文化创作成果一样试图模仿古代的经典作品;试图将古代与基督教结合起来;试图关注自然、现实的人和物;试图表达作者自由的个性,如此等等。西蒙兹更想表达的是柏拉图主义精神现象问题。

不妨先来评说拉斯金与佩特的相关论述。像贝伦孙这代人就是读着拉斯金、佩特的著作走向艺术研究道路的。① 西蒙兹在撰写《意大利文艺复兴(美术卷)》也提到自己曾阅读拉斯金的《佛罗伦萨的早晨》(*Mornings in Florence*)②、《近代画家们》(*Modern Painters*)③等著作。④ 在 19 世纪维多利亚时代的文化氛围下,强调艺术的道德、宗教价值亦成为艺术史研究中的重要思潮之一。拉斯金的艺术史观在很大程度上体现出拉斐尔前派艺术史理论取向。拉斐尔前派的情况比较复杂,很难定义。大致上拉斐尔前派是对 19 世纪那些主张艺术、宗教、道德融为一体的艺术家、艺术批评家的称呼。拉斐尔前派的画家、评论家们都试着探寻"精神化的自然主义"。⑤ 他们看到了文艺复兴以来的一些艺术偏向,尤其对文艺复兴艺术中的程式化、世俗化一面不乏批评之词⑥(参见本书"尾声")。拉斐尔前派试图回归艺术的自然本真状态,让神圣的精神与生动的现实境况结合起来,由此引导个体和社会产生积极的、崇高的审美情趣。为此拉斐尔前派还对中世纪的艺术重新做了审美批评,认为其中有许多值得今人借鉴之处。拉斯金对威尼斯建筑艺术的研

---

① R.Cohen, *Bernard Berenson: A Life in the Picture Trade*, p.3.

② J.Ruskin, *Mornings in Florence: Being Simple Studies of Christian Art for English Travellers*, 出版社、出版年代不详。

③ J.Ruskin, *Modern Painters*, 5 Vols.The Waverley Book Company, Ltd., 1900.拉斯金在该系列著作中特别为英国画家透纳的艺术成就做了辩护。

④ J.A.Symonds, *Renaissance in Italy*, Vol.Ⅲ, New Edition, pp.75,96.另见 J.A.Symonds, *Renaissance in Italy*, Vol.Ⅶ "The Catholic Reaction", New Edition, p.218, note。

⑤ *Pre-Raphaelitism: A Collection of Critical Essays*, Ed.and with an introduction by J.Sambrook, The University of Chicago Press, 1974, "Introduction", p.3.

⑥ J.Ruskin, *Pre-Raphaelitism*, The Waverley Book Company, Ltd., 1900.

究及其成果是回归中世纪想法的代表。① 总之,拉斯金、拉斐尔前派倡导中世纪、文艺复兴时期那些将宗教情感与优美自然的艺术形象融为一体的艺术创作实践。

与拉斯金同时代的唯美主义代表佩特②则企求在艺术自身的世界中为人类寻找解救自身的路途。他的美学理论以柏拉图主义为理论基石,即认为美是先天地存在于人的内心和世界之中。从某种意义上讲,一部人类的历史就是用唯美的境界和创作来提升人的主体自由、价值的文化进程。③ 佩特"为艺术而艺术"的主张就是为艺术超越性所做的学理辩护。此主张强调艺术是超越功利的人类创造行为,艺术创作就是将美自身的意蕴开掘出来,并引导欣赏者进入唯美的世界。④ 佩特所要维护的就是艺术在人类生存过程中的真正引领价值。当然,佩特并未局限于从审美视觉等主体性的精神角度分析艺术史上的种种现象,也注意到艺术与整个文化、社会环境之间的关系。为此,佩特就达·芬奇、波提切利、米开朗基罗等文艺复兴时期艺术家在各自艺术生存环境中所形成的独特艺术心理做了极富文学性的个案分析。佩特《文艺复兴》这部学术论文集就是以上述唯美主义为视角阐释文艺复兴时期文学、艺术创作中人性、美、文化史相互关系的力作。不过总体上看,佩特的艺术分析还是弱化了道德的因素。

现在就谈罗马难题。罗马难题首先是罗马教廷的政治之难。这里需要对16世纪最初30年的罗马教廷困境有一个总体的印象。至少就国际环境而言,此时的罗马教廷面临风声鹤唳的政治险局,保住教廷和天主教会的权势稳定成为最迫切的任务。面对险局,教皇们还心存天主教会复兴的意愿,说白了

---

①　J.Ruskin,*The Stone of Venice*,3 Vols.The Waverley Book Company,Ltd.,1900.

②　W.Iser,*Walter Pater：The Aesthetic Moment*,Cambridge University Press,1987.

③　W.Iser,*Walter Pater：The Aesthetic Moment*,p.74.

④　10 卷本佩特著作集(由 Macmillan and Co.,Ltd.出版公司在 20 世纪初分卷出版)中的每一部直接或间接关联到文艺复兴史研究内容,且渗透作者的唯美主义的倾向。

就是天主教会需要改革，为未来的存在寻找到适宜的生存途径。这时期在位的教皇有尤利乌斯二世(1503年当选)、利奥十世(1513年当选)及克莱门特七世(1523年当选)。他们的"对手"神圣罗马帝国、法国都是欧洲举足轻重的势力。其中神圣罗马帝国的查理五世(1519年称帝)、法王路易十二(1498年即位)都有抑制教廷、掌控意大利的野心。路易十二的军队还直接入侵米兰。不过很有军事头脑和手段的尤利乌斯最终未使法国的政治图谋得逞。利奥十世在位期间又发生了新教改革的事件。利奥十世对马丁·路德曾有怀柔之举，又用足策略周旋于法国、西班牙之间，于危难之际挽救天主教会。但神圣罗马帝国的军队洗劫罗马的事件最终还是在1527年发生了。无奈，教皇克莱门特七世与皇帝查理五世于1528年签订巴塞罗那协定。1530年，教皇克莱门特七世在博洛尼亚为皇帝查理五世加冕。总之，天主教会的权势尽管在衰落，但未在他们的手中丢失。那么罗马教廷上述风起云涌岁月的另一面还会有文学艺术的繁荣吗？实际的文化状况是意大利文艺复兴的景象未曾暗淡下去。此等境况必然会引发艺术史家的诸多联想。如果说前文所述艺术史研究构筑了一个创新、严谨、庞大的学术框架，那么西蒙兹试图在上述框架的层面上再做思考、再做文章。西蒙兹在更为本质性方面做一个设问：何以意大利会结出如此辉煌的艺术硕果？这个设问是对艺术史研究成果的进一步提升，它不只是画派、风格等问题的延续，更在于对艺术环境、文化氛围的总体关照。事实上，艺术史研究也是在微观与宏观两条学术线索的交叉中演进的。就狭隘意义上的文艺复兴而言，西蒙兹的新精神概念也在设问：何以佛罗伦萨在那个时代出现如此广泛的文学艺术创作活动并诞生如此辉煌的诸多作品？以佛罗伦萨为中心的古典文化热和文学艺术创作热情又为何一定能在罗马、意大利传播开来？为何罗马教廷还有那么多的教皇在推动文艺复兴的开展？事实上，西蒙兹新精神研究的浓墨之笔正在于破解罗马难题方面所做的学术努力。研究文艺复兴史的学者都会碰到这样一种历史现象，即14世纪的意大利诞生了诸多文学艺术大家，到了15世纪出现了全盛时期的文学艺术繁荣，这两个时期的文化中心是佛罗伦萨。但到了 15 世纪后期、16 世纪初,罗马逐渐成为文学艺术繁荣的中心和象征。不过就客观条件而言,罗马与佛罗伦萨、威尼斯等相比有各种不足。关于这些情况,学者达米科在《教皇罗马的文艺复兴人文主义:宗教改革前夜的人文主义者和教士》一书做了说明。例如,佛罗伦萨的富有家族直接与商业有关,他们需要人文主义者用世俗的观念去处理各种社会问题。人文主义者由此成为社会政治、经济的直接参与管理者。相反,在罗马的富有阶层恰恰是教会的人士,他们不需要人文主义者用古典的学问来处理宗教社会的种种问题。① 不过历史留给人们思考的课题是:为何有那么多的教皇(如尼古拉五世、庇护二世、尤利乌斯二世、利奥十世、克莱门特七世、保罗三世等)都在文艺复兴复兴时期对古典文化给予高度重视并成为艺术庇护人? 为何作为天主教会中心的罗马同样给予艺术家创作的自由天地? 更为何在历史困局中的罗马仍能发挥艺术中心的作用? 显然,单单从客观的社会因素等来分析无助于问题的彻底解决。即使是分析佛罗伦萨等城邦的艺术繁荣也不能仅仅从外部因素来考虑,例如那时的佛罗伦萨等城邦具有繁荣的艺术品市场等。到了 20 世纪《新编剑桥世界近代史》的编撰者那里,还是认为很难说清楚其中的原因。"当布拉曼特(1444—1514)于 1499 年从米兰来到罗马定居的时候,这个既没有自己的艺术家,作为艺术中心又是一座无足轻重的城市,竟一跃而起,上升到此后维持繁荣达二百年之久的显著地位。艺术和文化的领导权从佛罗伦萨永久地转移到了罗马。很难说明这是什么原因。"②无奈编者想到了个体方面的因素,"一方面是由于罗马教廷权势的增大和尤利乌斯二世个性的刚强,另一方面也由于布拉曼特的卓越天才以及因重建圣彼得教堂而提出的独一无二和令人激动的任务。在布拉曼特的指引下,

① J.F.D'Amico,*Renaissance Humanism in Papal Rome:Humanists and Churchmen on the Eve of the Reformation*,The John Hopkins University Press,1983,p.62.
② 波特主编:《新编剑桥世界近代史》,第 1 卷"文艺复兴 1493—1520"(中国社会科学院世界历史研究所组译),中国社会科学出版社 1988 年,第 187 页。

文艺复兴建筑艺术进入了一个朴实而伟大的新阶段,'盛期文艺复兴'的'宏伟风格'获得它自己应有的地位。"①编者所设想的这一个别历史因素仍有其道理所在。因为罗马天主教会为了强化自身的地位,将修缮圣彼得大教堂及附属设施作为重要象征性因素来考虑。这无疑成为罗马艺术中心形成的动力之一。但修缮圣彼得大教堂等举措是充分条件,而非必要条件。它只能用来说明为何罗马恰恰在此时而不在更早些时候成为文学艺术创作中心的问题。但是缺乏某种更为深层次的因素,即使罗马具备了更好的条件也不可能成为艺术创作的中心。显然,诸如此类的社会历史现象很难用逻辑的推断和个别因素的归纳能够回答、解释清楚。同时说明西蒙兹所面对的是很难处理的历史文化现象。

在研究上述罗马难题的过程中,西蒙兹与大多数学者一样先从文化的外在输入作为考虑解答罗马难题的起步。西蒙兹认为罗马与佛罗伦萨等城邦不同,"从佛罗伦萨去看罗马,我们会为这样一种现象感到震惊,即这个教皇所在地在文学艺术方面并没有属于自己的真正的生命力。她的理智、情感都是外在输入的,而她的创作活动随着不同教皇的个人兴趣而发生种种变化。"②这种想法西蒙兹在《意大利文艺复兴》中多次提及。③ 例如人文主义势力的渗透;教皇、教会卷入世俗的潮流之中;教皇自身对人文主义的重视;来自佛罗伦萨的影响,如此等等。另外,罗马深厚的文化、历史积淀给了艺术家展示个性的广阔舞台。但西蒙兹敏锐地意识到所有这些外部力量不足以成为解答罗马难题的最终途径。16 世纪初是天主教会复兴(注意西蒙兹经常用 revival of catholic 一词)的年代,这时各界对古典文化的兴趣与先前 14、15 世纪的复兴浪潮相比已不能同日而语。但此时以罗马为中心的文学艺术创作热情仍此起

---

① 波特主编:《新编剑桥世界近代史》,第 1 卷"文艺复兴 1493—1520"(中国社会科学院世界历史研究所组译),第 187 页。

② J.A.Symonds, *Renaissance in Italy*, Vol. Ⅱ, New Edition, p.156.

③ J.A.Symonds, *Renaissance in Italy*, Vol. Ⅳ, New Edition, p.317.

彼伏,成果迭出。许多学者都意识到,必须对罗马中心形势下的文艺复兴历史形态做出令人信服的解释。[①] 西蒙兹的初步解释是,以利奥十世的罗马文学艺术繁荣情况来分析,"那时意大利人的政治和思想的能量(energies)需要在此地找到一个中心。"[②]这里的思想能量涉及的不是外部的因素,而是内部的精神力量。

二、民族性格的解题突破口

前文已经述及,西蒙兹的艺术史研究有两个重点,其一是研究民族的艺术个性、艺术精神等;其二是注重个案研究并发现具体艺术家、城邦艺术的个性。因此西蒙兹著作的魅力肯定不在其大而全,应该在其独特的研究思路与学术突破口方面,而最引人注目的就是他对民族性格与意大利文艺复兴关系的认识。7 卷本《意大利文艺复兴》全书用力最勤的部分首推西蒙兹对意大利人性格特征的历史描述。其实,与西蒙兹做上述研究的同时,布克哈特也在探讨其意大利文化史研究的难题即何以文艺复兴成为意大利的历史文化现象。[③] 不过西蒙兹的答题思路别具一格,即性格文化的思路。[④]

就民族的性格而言,西蒙兹进一步指出艺术是意大利人智慧、性格的集中体现。"唯有希腊和意大利两个民族能如此作为,即他们将艺术的形式渗透到每一个地方以及各个精神领域,这种情况在意大利出现在文艺复兴时期。"[⑤]甚至认为"意大利人天生就具有审美的感觉",[⑥]特别可以提及的就是

---

① P.Partner, *Renaissance Rome 1500 - 1559: A Portrait of a Society*, University of California Press, 1976; B.Mitchell, *Rome in the High Renaissance, the Age of Leo X*, University of Oklahoma Press, 1973.

② J.A.Symonds, *Renaissance in Italy*, Vol. II, New Edition, p.320.

③ 周春生:《民族精神:布克哈特这样解释意大利文艺复兴之魂》,《新史学》第 12 辑,大象出版社 2014 年。

④ 笔者在《英国诗人历史学家西蒙兹的性格文化史研究——由〈米开朗基罗传〉、〈惠特曼研究〉引出的历史思考》(《世界历史》2017 年第 1 期)对西蒙兹的性格文化论做了总体性的探讨。

⑤ J.A.Symonds, *Renaissance in Italy*, Vol. III, New Edition, p.1.

⑥ J.A.Symonds, *Renaissance in Italy*, Vol. IV, New Edition, p.209.

佛罗伦萨人。① 这种处处与审美世界关联在一起的意大利人智慧是文艺复兴时期艺术创造力的生命所在。这里需要做个提示,西蒙兹著作中经常有"意大利人"的称呼。此称呼的内涵比较复杂,有时指的是文学艺术家等文化精英,有时则指称一般的意大利大众。这些需要结合上下文搞清楚称呼的对象。西蒙兹有一段精彩的论述:"艺术提供精神的氧气,缺此则文艺复兴的生命肯定要衰竭。在那个充满巨大创造力的时期,整个民族似乎都被赋予了审美的本能,正是凭借着这种本能创造出所有能够想象到的形式。"②也就是说,当艺术之美成为民族的性格、情趣、文化,名家们(包括教皇在内)都会汇聚到此文化潮流之中。后来在天主教会反向应对宗教改革的历史时期,人们不难发现意大利人的审美智慧——一种对古典之美的特殊领悟力和发自心灵深处的需求仍在延续。西蒙兹提到,"那么剩下的事情是,一个人如果要了解文艺复兴时期的意大利人,就必须研究他们的艺术,就必须尽快找到阿里阿德涅的线索(Ariadne-thread)③,以便走出他们民族性格那曲折的迷宫。"④可以将西蒙兹所阐释的艺术化民族性格概括为:强调艺术个性;对和谐之美的欣赏力;将宗教意识、自然意识与审美意识结合起来;对人体美的崇拜,等等。与此相对应,西蒙兹在《意大利文艺复兴》中就意大利民族性格的方方面面做了论述。大致有如下几点:天赋、创造力、对完美的追求,等等。西蒙兹还用其他形容词对上述艺术化民族性格加以肯定,例如将那时体现着审美情趣的民族性格说成"雅致"、"宽容"等。⑤ 西蒙兹笔下那种带着审美情趣或艺术化民族性格之诞生也有一个文化的摇篮,它就是佛罗伦萨。西蒙兹特别关注美第奇家族在这种性格培育历史过程中的作用。西蒙兹让大家看到,大洛伦佐是实际左右

---

① J.A.Symonds, *Renaissance in Italy*, Vol. Ⅰ, New Edition, p.195.

② J.A.Symonds, *Renaissance in Italy*, Vol. Ⅲ, New Edition, p.3.

③ 阿里阿德涅(Ariadne)是古希腊神话中国王米诺斯的女儿,她曾给情人忒休斯一个线团,使其走出迷宫。

④ J.A.Symonds, *Renaissance in Italy*, Vol. Ⅲ, New Edition, p.4.

⑤ J.A.Symonds, *Renaissance in Italy*, Vol. Ⅰ, New Edition, pp.381-382.

佛罗伦萨政局的家族统治者,但又是古典文化的爱好者、新柏拉图主义的信徒、诗人。西蒙兹将大洛伦佐与达·芬奇、布鲁内莱斯基等艺术巨擘一起称作"新精神"的代表,[1]也是佛罗伦萨这座城市的精神代表。[2] 随着大洛伦佐时代佛罗伦萨的势力在意大利占有举足轻重的影响力,新精神也伴随着艺术创作的成果向意大利推广开来。

西蒙兹从民族性格与文化关系入手解答罗马难题的过程中,对柏拉图主义的阐释是重要的学术环节。西蒙兹是个柏拉图主义感召下的诗人,又处处具备历史意识。他以其诗人历史学家的立场强调艺术中的新柏拉图主义智慧,试图通过历史的回顾来找到艺术繁荣的精神根源。这里涉及柏拉图主义与民族性格之间的关系并进而影响文艺复兴艺术创作等问题。如果说佩特强调为艺术而艺术的观点,那么西蒙兹更强调艺术对人性、对民族性、对个性的表现和升华功能。西蒙兹将柏拉图的光彩比作启明星以表示对 15 世纪思想家的影响。[3] 在同时期的其他民族那里,也有辉煌的艺术成就,但达·芬奇、米开朗基罗、拉斐尔只诞生在意大利,就好像莎士比亚只能出现在英国。为了深入探讨这种民族性格,尤其需要关注那些在柏拉图主义精神感召下将诗的心灵与艺术才气相结合的艺术创作实践。西蒙兹《米开朗基罗传》一书是对人的性格与文化关系的集中阐释。笔者将其中的观点概括为"性格文化"理念(详见第二章第一节)。而米开朗基罗就是受柏拉图主义精神感召的典型,对此西蒙兹在《米开朗基罗传》中有大量的评论。这些评论也逐渐成为学术界的共识。[4]

---

① J.A.Symonds, *Renaissance in Italy*, Vol. II, New Edition, p.7.

② J.A.Symonds, *Renaissance in Italy*, Vol.IV, New Edition, p.323.

③ J.A.Symonds, *Renaissance in Italy*, Vol. II, New Edition, p.234.

④ 以西蒙兹参考的米开朗基罗评传作品为例,体现此等共识的著作有:*Vita di Michelangelo Buonarroti*, narrata con l'Aiuto di Nuovi Documenti da Aurelio Gotti, Firenze: Tipografia della Gazzetta d'Italia, 1875, 2 Vols; H.Grimm, *Life of Michael Angelo*, translated with the author's sanction by Fanny Elizabeth Bunnett, 2 Vols, Little, Brown, and Company, 1865; J.S.Harford, *The Life of Michael Angelo Buonarroti*, *with Translations of Many of His Poems and Letters*, also Memoirs of Savonarola, *Raphael*, *and Vittorial Colonna*, 2 Vols, Longmans, 1858; C.H.Wilson, *Life and Works of Michelangelo Buonarroti*, John Murray, 1876, 等等。

米开朗基罗艺术思想研究专家克莱蒙特指出,米开朗基罗试图通过绘画去表现柏拉图所设想的"内在视界"(inner vision)。① 西蒙兹还注意到一个现象,即使是文艺复兴时期意大利人的宗教意识也充满了情感爱欲的成分。② 在那些创作背后蕴含着一个真诚、闪光的名词即"爱"。③ 随着柏拉图主义在文艺复兴时期意大利的逐渐传播,这不仅对艺术家个人的艺术创作有巨大的推动力,对民族的审美情趣之培养亦有精神的推动力。

西蒙兹《意大利文艺复兴》卷帙浩繁,这样落笔的重要原因是民族性格体现在不同的城邦特征之中,体现在文化巨擘的个体性格之中。这些需要作者通过对各个城邦的文化状况、通过对众多文学艺术家个体性格与相关文化创造成果的关系做大量个案研究后给出答案。西蒙兹以为意大利的每个城邦国家都有其特殊的质地,"这些质地从未丢失过,并通过它们的建筑、习俗、语言、政策以及政府机构反映出来。"④当然城邦的质地又通过富有个性的艺术家、文学家之创作生动体现出来。由此形成一种文化的氛围。无论是普通的艺术工匠还是教皇都会融入意大利文艺复兴时期的文化氛围之中,潜移默化地影响民族的性格。在文艺复兴时期的意大利,在生活的各个层面追求艺术的装饰,这不仅是市民生活的一部分,教皇的宫殿更会注意艺术的情趣,舍此就会被文化边缘化。但这种热情和文化氛围不是持久维持得下去的。只要其中的一些要素弱化了,整个的文化情趣也会渐渐暗淡下来。所以把握住那时的文化氛围也是研究民族性格的关键之一。西蒙兹的性格文化论理念始终有两个方面即民族性格与个体性格,或者说民族的形式与个体的形式。西蒙兹在《形式论注》文中,专门列出两个部分的"论注"即"民族形式"(National Style)和"个体形式"。⑤ 民族性格的形成要有领军人物,他们的创作热情能够

---

① R.J.Clements, *Michelangelo's Theory of Art*, Gramercy, 1961, p.406.

② J.A.Symonds, *Renaissance in Italy*, Vol.Ⅳ, New Edition, p.266.

③ J.A.Symonds, *Renaissance in Italy*, Vol.Ⅳ, New Edition, p.366.

④ J.A.Symonds, *Renaissance in Italy*, Vol.Ⅰ, New Edition, p.26.

⑤ J.A.Symonds, *Essays, Speculative and Suggestive*, Smith, Elder, & Co., 1907, pp.174,217.

震慑整个民族的心灵,甚至得到更广泛地区的敬仰,从而酿成千姿百态的文学艺术繁荣。西蒙兹在米开朗基罗等艺术家身上花的学术精力就是为了表达上述理念。正是有了这些艺术巨擘及其震撼人心的艺术作品,艺术化的民族性格才能在表层及无意识的深层固定下来,产生持续的文化效力。罗马能够成为艺术中心的深层次因素就在民族性格之中。需要补充说明的是,西蒙兹虽然在不同的场合提到民族性格、民族智慧等概念,但其真正的内涵主要指文化精英身上体现出来的一种文化质地。这是理解西蒙兹解答罗马难题时必须注意的学术环节。

西方史学界对于文艺复兴时期意大利的民族性格的关注由来已久。其实18世纪意大利诗人历史学家皮尼奥蒂早就对意大利人的艺术天赋问题做过各种描述。例如艺术的复兴之所以最初在托斯卡纳得到开展,这得益于托斯卡纳人的天赋。[①] 在西蒙兹重点参考的格里格罗维乌斯《中世纪罗马城邦史》第8卷第1部中指出:"在尤利乌斯二世的统治下,文艺复兴成为艺术的古典主义,艺术已经成了作为意大利民族精神的时代印记。"[②]布克哈特在关注意大利民族性格时也指出,"在16世纪里,我们看到了一系列的对于民族特征的正确而深刻的描绘,这些是当时其他民族所不能匹敌的。……佛罗伦萨人也开始喜欢描写他们自己;沐浴在他们正当取得的高度文化的光荣里,当他们不是由于任何特别的天赋才能,而是靠辛勤的劳动才能在意大利人中间取得托斯卡纳的优越的艺术地位时,他们的骄傲似乎达到了顶点。"[③]但像西蒙兹那样对文艺复兴时期意大利人的性格进行全方位的研究,并由此解答学术难题,这并不多见。

解答罗马难题自然会触及文艺复兴与宗教改革、反宗教改革关系的问题。

[①]　L.Pignotti, *The History of Tuscany*, Tr.John Browning, Young, Black, and Young, 1826, Vol. Ⅱ, p.216.

[②]　F.Gregorovius, *History of the City of Rome in the Middle Ages*, Vol.Ⅷ, Part Ⅰ, Tr.A.Hamilton, George Bell & Sons, 1902, p.123.

[③]　布克哈特:《意大利文艺复兴时期的文化》(何新译),第336页。

说文艺复兴与宗教改革有内在的关系,这在学界有许多共识。① 西蒙兹则从理性力量、理性自由的复苏出发来考虑两者的关系。② 但要解释清楚文艺复兴与天主教会的反宗教改革之间的关系并非易事。西蒙兹的思路是回到历史本身做客观的分析。西蒙兹试图展示这样一种历史情境,即反宗教改革同样不反文艺复兴。就文艺复兴的历史事实而言,对古典文化的兴趣原本就是文化精英的文化态度和创作热情,并未影响大多数群众的天主教信仰。"文艺复兴只是少数精英的创作,它所带来的社会变化并未波及广大群众。那么还会觉得大多数人去反思陈年过往最佳的方式有点怪吗? 这就是他们赞同天主教复兴的理由。"③所以宗教领域发生的反宗教改革现象、天主教复兴现象与文化精英的创作实践之间不是相互对立的关系。以此说明何以在反宗教改革的历史现象中仍有艺术化民族性格在起推动作用的问题。西蒙兹反对这样一种假设,"似乎我们所说的天主教会的变化很快将意大利的精神都丢弃了。"④西蒙兹提醒学人,即使在教皇保罗三世时期(1534—1549 年在位),米开朗基罗、切利尼、奎恰迪尼、班戴洛、提香等文学艺术大家还在从事诸多宏达的文学艺术创作工程。⑤ 回顾历史:当人文主义势头旺盛时,天主教会只是各种政治势力的一种,⑥而各个城邦国家又逐渐从封建的势力中解脱出来,形成了一种城邦精神,这种城邦精神也影响到文化的氛围。兰奇《意大利绘画史》第 1 卷

---

① 在史学界,以人文主义为线索将文艺复兴与宗教改革两种历史文化现象放在一起做通盘考虑、分析,这是一种尝试。此尝试的实质就是以更广、更长时段的历史眼力来阐释意大利文艺复兴的整个进程,如诺尔特《文艺复兴与宗教改革的时代》(C.G.Nauert, *The Age of Renaissance and Reformation*, The Dryden Press, 1977)一书所做的分析等。

② *A Short History of the Renaissance in Italy : Take from the Work of John Addington Symonds*, by Lieut-Colonel A.Pearson, p.11.

③ *A Short History of the Renaissance in Italy : Take from the Work of John Addington Symonds*, by Lieut-Colonel A.Pearson, p.316.

④ *A Short History of the Renaissance in Italy : Take from the Work of John Addington Symonds*, by Lieut-Colonel A.Pearson, p.316.

⑤ *A Short History of the Renaissance in Italy : Take from the Work of John Addington Symonds*, by Lieut-Colonel A.Pearson, pp.316-317.

⑥ J.A.Symonds, *Renaissance in Italy*, Vol. V, New Edition, p.462.

"序言"里就提到城邦精神和派系精神在意大利的强势地位。例如佛罗伦萨的精神与佛罗伦萨的画派;威尼斯的精神与威尼斯的画派,如此等等。① 到了15世纪末16世纪上半叶,天主教会面对复杂的宗教局面,需要强化其势力。那时的天主教徒渴望有一场天主教会的改革与复兴。这样,在其他城邦的文化优势渐渐消退的情况下,罗马反而因其特殊的历史境遇抬高了其政治、文化的地位。加上教皇个人的人文主义热情与艺术家由更宏大的艺术创作需求所引起的艺术冲动,当然更重要的是艺术化民族性格在新历史情境下的延续,这些最终导致罗马的艺术繁荣。由此看来,罗马艺术繁荣带有诸多独特的文化印记。为此,西蒙兹《意大利文艺复兴》就利奥十世、克莱门特七世、保罗三世等教皇与罗马难题相关的生平事迹做了充分的梳理,以加强解答罗马难题的完整性和说服力。不过对于人文主义者而言,这时的历史状况毕竟不同以往。原因之一是先前文学艺术领域风光无限,与那时的艺术品市场和需求有关。到了一定的饱和度,也慢慢消退下去。同时文人对古典文化的兴趣也到了尾声。在此形势下,人文主义者的各种表现自然带有当时历史的印记。② 西蒙兹则在《意大利文艺复兴》"天主教会的反应"卷里就相关情况对重要人文主义者的生平和创作行为做了详细的描述。

　　西蒙兹所解答的罗马难题中还有诸多学术问题值得进一步探讨。例如罗马逐渐成为艺术中心后,尽管诸多作为艺术庇护人的教皇亦给予艺术家充分的艺术创作自由,并提供各种有利于创作的条件,但为何罗马没有像曾经的中心佛罗伦萨那样具有强大的艺术影响力,使整个意大利再掀文艺复兴的高潮?在文学方面为何再也产生不出像佛罗伦萨文化沃土滋养下诞生的文学三杰?如此等等。这些问题仍需要回到民族性格方面来解决,甚至要对整个意大利

---

　　① A.L.Lanzi, *The History of Painting in Italy*, Tr.T.Roscoe, Vol. Ⅰ, New Edition, Henry G.Bohn, 1852, p.12, note ＊.

　　② 关于此等情况特别可以参见鲍斯玛的著作:W.J.Bouwsma, *The Waning of the Renaissance*:1550–1640, Yale University Press, 2000。

文艺复兴时期的民族性格做些深入的探讨。

西蒙兹解答罗马难题另一可贵之处就是贯穿其中的批判意识。西蒙兹并非一味赞颂意大利文艺复兴时期民族性格中的审美意识。从文艺复兴初期算起,意大利民族性格中的审美意识就十分复杂。从总体上看,西蒙兹对当时意大利民族的审美情趣给予积极的评价。因此意大利文艺复兴时期的社会尽管有种种不和谐的一面,但一个民族有如此审美情趣的陶冶和支配,其民族性格中健康、积极的一面仍值得肯定。这与布克哈特对文艺复兴时期意大利民族精神中健康因素的评价很相似。① 但不容忽视的现象是浸透在世俗性文化中的负面因素。西蒙兹对此多有批评。例如文化精英集团的审美意识、创作实践与大众的世俗化需求就有落差。一方面文化精英集团中那些富有创造性的艺术家对骑士爱情、对柏拉图主义等情有独钟,并在此意识指导下进行富有创意的文化实践;但另一方面世俗社会仍沉浸在直白的情欲艺术。西蒙兹在《薄伽丘小传》中指出:"文艺复兴时期的意大利人不相信骑士之爱与柏拉图式的爱,他们向往的就是那种尽情享受,并陷于世俗肉欲之中。"②这里的"意大利人"就是指的世俗社会中的广大普通人群。随着文艺复兴时期意大利社会腐败和各种不和谐因素的抬头,审美精神中的积极因素也会退化。甚至在文化的庇护人那里也不乏负面的世俗性因素。

由此看来,艺术史需要对罗马艺术繁荣现象做出更符合历史环境的解释。毕竟就整个意大利的文艺创作等文化实践而言,已经到了该选择新的发展方向的时刻。除了上述低俗的审美情趣对各种文化创作的影响力外,原来流行的固定创作样式也对文化精英集团的审美意识提出新的变革要求。以艺术为例,与罗马艺术繁荣相伴随的是形式主义创作风格。追求形式的别致胜于艺术真善美的整体考虑。总之,意大利文艺复兴时期的文学艺术创作热情在16世纪仍在延续,并在罗马再铸辉煌,这些与烙在文学艺术家身上的艺术化民族

---

① 布克哈特:《意大利文艺复兴时期的文化》(何新译),第431页。

② J.A.Symonds, *Giovanni Boccaccio:As Man and Author*, p.7.

性格有直接的关系。但艺术化民族性格并不是真空地带,当整个文化氛围发生了变化,艺术化民族性格也会蜕变,并影响到文学艺术发展的趋势。在上述文化环境下,罗马的文化繁荣无法再次掀动意大利往日的文艺复兴热潮。这些就是西蒙兹解答罗马难题过程中留给学人的学术启示。需要提一笔的是,有些学者可能对西蒙兹解答罗马难题的思考有点误解,例如克雷富顿就以为西蒙兹关注天主教会反向应对时的文艺复兴消退一面多些。按照克雷富顿的观点,天主教会反向应对举动对文艺复兴起着延长的作用,而非通常所说在加速其衰退。克雷富顿强调意大利文艺复兴在意大利民族心灵中深深扎下了根,有巨大的影响力。认为西蒙兹对上述情况可能考虑不充分。① 这种批评需要多方面加以探讨。克雷富顿"民族心灵"的提法与西蒙兹强调的艺术化民族性格论说可谓不谋而合。但指责西蒙兹没有充分认识到天主教会反向应对举动对文艺复兴的延长作用,这有点勉强。从实际研究情况看,西蒙兹既注意到了文艺复兴在罗马为中心时期仍在延续的史实,又注意到其时整个意大利的文艺复兴走向衰退的情况。这是比较中肯的看法。当然如何拿捏两者的度,这有待学人做进一步的研究。

三、与布克哈特的解题比较

西蒙兹回答了艺术化民族性格与艺术繁荣之间的关系,充满学术的想象与深入的思考。然而艺术化民族性格只是意大利更深层民族性格的一个组成部分。为何艺术化民族性格渗透着如此强烈的古典艺术情感成分? 为何艺术化民族性格能够在意大利推动文艺复兴的浪潮? 为何艺术化民族性格无法最终决定文艺复兴的历史走向? 这些需要更深入地进行民族性格、民族精神等与文艺复兴关系的文化解题。在这些问题面前,西蒙兹原有阐释的局限性就会显露出来。西蒙兹的研究属于这种艺术精神探究的范围。显然,要更完整

---

① M.Creighton,*Historical Essays and Reviews*,Longmans,Green,and Co.,1902,p.334.

地诠释精神史的问题,就必须从文化史、意大利史更广阔的角度来考察民族精神等问题。这不能不提及布克哈特对意大利民族精神的研究和阐释。因此了解布克哈特的解题是批判性地对西蒙兹解题进行打分的参考系。

在做专题的比较前不妨先概略地比较一下西蒙兹与布克哈特的个性、历史研究理念、历史研究核心内容等因素。西蒙兹与布克哈特都是文艺复兴史研究的合格人选,两人历史研究的共性都将文化当作个性与精神的呈现。各具特点的地方是:西蒙兹是诗人,布克哈特对视觉艺术有特别的爱好。因此,西蒙兹的个案研究侧重诗人,布克哈特则注重建筑艺术和绘画艺术。这里顺便提及一下,国内学术界对布克哈特的文艺复兴个案学术研究成果还没有引起足够的重视。① 事实上,那些个案学术研究成果是布克哈特学术水准的具体体现;两人都以勤奋的学术工作留下各自丰盛的文化遗产;两人都有特殊的性格,西蒙兹是同性恋者,喜欢旅游,布克哈特极具演讲天赋,终身未娶,淡于功名。

一个明显的事实是,西蒙兹的意大利文艺复兴史研究受布克哈特研究的影响很大。从时间上看,两人著述撰写和发表的过程基本上处于同一个时间段。具体而言,布克哈特发表其文艺复兴史研究著作略早于西蒙兹的创作。布克哈特德文版《意大利文艺复兴时期的文化》初版于1860年,英文版要到1878年发表;而西蒙兹《意大利文艺复兴》第1卷发表的年岁是1875年。西蒙兹自己坦言当其阅读布克哈特的著作时已经完成《意大利文艺复兴》的构想,并书写了大部分内容(可以参见西蒙兹《意大利文艺复兴》第1卷的序

---

① 这些学术个案研究成果有:《意大利文艺复兴祭坛画》(J.Burckhardt, *The Altarpiece in Renaissance Italy*, ed.Peter Humfrey, Phaidon Press, 1988);《意大利文艺复兴时期的建筑》(J.Burckhardt, *The Architecture of the Italian Renaissance*, ed.and intro.Peter Murray, trans.James Palmes, The University of Chicago Press, 1985);《追忆鲁本斯》(J.Burckhardt, *Vortraege zu Kunst und Kulturgeschichte, Erinnerungen aus Rubens*, Dieterich'sche Verlagsbuchhandlung, 1987.英译本为 *Recollections of Rubens*, by Jacob Burckhardt, Phaidon Publishers Inc., 1950.有编者导言、鲁本斯书信选等。该出版社还于1938年编辑出版有详尽插图的德文版布克哈特《追忆鲁本斯》, Jacob Burckhardt, Erinnerungen aus Rubens, Phaidon-Verlag, 1938), 等等。

言）。就基本的历史理念而言,两人有许多相仿的看法。例如在看待文艺复兴时期理性解放方面基本一致。历史学作为人文学科的一个分支不要忘了人文学科的本义,即它的核心是研究人,研究个体的人和历史的人的各种表现。最终是为了认识和完善人的内涵,使一个完整的人在现实生活中呈现出来。就此而言,两人研究的目的相当统一。将他们两者合并起来,人文学科的价值就得到充分的体现。布克哈特希望人类不要迷失方向;西蒙兹则让具体的个性升华有一个文化的阶梯。这些文化人生的启示是人文学科研究者始终要记取的因素。

但两人的研究重点还是有不同。这从西蒙兹早先的文艺复兴史研究大纲中可见一斑。作为诗人的西蒙兹,他更关注文艺复兴时期的艺术、文学状况。正是在文艺复兴时期出现了大量性格各异的文人,这是吸引西蒙兹研究文艺复兴的重要因素。西蒙兹试图对个体的人性乃至人类的本性世界做深入的开掘,希望能够引向美的境界。在这方面西蒙兹比布克哈特花费更多的心思。西蒙兹还做了许多个案研究。这些在布克哈特的著作中是简单处理的。布克哈特试图回答西方的历史从希腊到文艺复兴再到当下演变进程、文化的作用如何等大问题。布克哈特希望对欧洲文明的进程乃至人类文明的进程给出一些分析,尽管其结论有些悲观。说到底,布克哈特更关注历史、社会现象。当然这种全景式的思维亦离不开对人的研究,其中包括他的崇高人文理想。当然在具体看待历史进程问题上,布克哈特并不欣赏黑格尔那种辩证模式,在布克哈特那里,历史往往是人的心智向外投射自己灵感的断续、突进的模式。布克哈特在《意大利文艺复兴时期的文化》与其他著述中也注意到情感、理性与宗教的关系问题。在他自己的身上更是表现出新教的情怀。但与西蒙兹不同,布克哈特受过严格的历史学科教育,而西蒙兹更多接受的是文学方面的教育。

布克哈特对民族精神的分析也有一个历史的大思路。从中世纪起,意大利的政治状况就十分复杂。由于神圣罗马帝国和教会国的存在,意大利四分五裂的政治格局十分突出。这使得意大利的各个城市国家在对内和对外的关系上处于非常不稳定的状态。因此意大利慢慢滋生出向往统一的民族国家之政治情绪和意识。布克哈特如此评论:"显然,14 和 15 世纪期间意大利一般政治上的不稳定引起当时的优秀人物一种出于爱国的厌恶和反对情绪。但丁和彼特拉克在当时曾经宣称,一个共同的意大利是她的所有儿女们的最崇高的奋斗目标。"①这里,布克哈特敏锐地捕捉到其时意大利历史的独特因素,并在《意大利文艺复兴时期的文化》中不时提到"民族精神"②、"近代意大利精神"③、"人民的精神"④、"时代精神"⑤、"爱国主义"⑥等词汇。而上述民族精神及相关的政治文化现象在 14 世纪初的欧洲其他国家尚未出现。正是在意大利民族精神的刺激下,意大利的文化精英以巨大的热情到古典世界的文化中去找寻精神世界的源流,"人民的精神这时已经觉醒到认识到了自己的存在,并要寻求一个可以赖以存在的新的稳固的理想。"⑦"对古代罗马的追怀不失为对于这种民族感情的一个有力的支持力量。以它的文化重新武装起来的意大利人不久就感觉到他自己是世界上最先进国家的真正公民。"⑧文化精英如但丁、彼特拉克、薄伽丘、马基雅维里等都是怀抱着这种民族的精神、爱国热情向古代文明学习,"在 15 世纪里敞开无限崇奉古代文化的门户的恰恰是那些意大利民族精神最伟大的代表者本人。"⑨如果将目光转向整个欧洲,那么结论无疑是:上述在民族精神刺激下的文化复苏在欧洲其他地区是找不到可比对象的。最简单的一个事实是,像英国和法国这样的国家要通过百年战争(1337—1453)才逐渐有民族感情的苏醒。其他国家如德国、西班牙等在民族

---

① 布克哈特:《意大利文艺复兴时期的文化》(何新译),第 123 页。
② 布克哈特:《意大利文艺复兴时期的文化》(何新译),第 166 页。
③ 布克哈特:《意大利文艺复兴时期的文化》(何新译),第 168 页。
④ 布克哈特:《意大利文艺复兴时期的文化》(何新译),第 171 页。
⑤ 布克哈特:《意大利文艺复兴时期的文化》(何新译),第 217 页。
⑥ 布克哈特:《意大利文艺复兴时期的文化》(何新译),第 124 页;在第 82 页那里布克哈特还提到佛罗伦萨的爱国主义。
⑦ 布克哈特:《意大利文艺复兴时期的文化》(何新译),第 171 页。
⑧ 布克哈特:《意大利文艺复兴时期的文化》(何新译),第 171 页。
⑨ 布克哈特:《意大利文艺复兴时期的文化》(何新译),第 200 页。

感情问题方面又情况各异。① 但即使在那些地区的民族感情苏醒了,是否会出现像意大利那样的文艺复兴历史现象呢?

布克哈特研究意大利文艺复兴的历史时始终坚持这样一个基本观点,即意大利的人文主义者将古代罗马及与此相关的历史当作今日意大利文明的故土,甚至把古代的罗马神圣化了,"在那个时代,对于古代文化的享受和一切其他享受一起使得罗马生活具有一种独特的神圣化的特征。"②也就是说,意大利的近代生活与古典文化之间存在着密切的关系。所以,当时意大利的人文主义者在民族精神的支配下到古代罗马世界的世俗性文化中所要寻找的不仅仅是外表性的东西,而是精神文化的支柱,这种精神之间的合流才是意大利文艺复兴的本质。布克哈特指出,"在意大利则无论有学问的人或一般的人民,他们的感情都自然而然地投向了整个古典文化那一方面去,他们认为这是伟大过去的象征。"③人民"相信古典文化是意大利所拥有的能使它获得光荣的一项最高贵的事业。"④具体而言,意大利人文主义者在古罗马西塞罗的作品中、在古代优美的拉丁文中、在罗马的古迹中都能发现刺激民族精神的文化因素。在人文主义者的心目中,西塞罗的作品体现着意大利精神。⑤ 人文主义者也以无比崇敬的态度看待与罗马文化关系密切的希腊文化,布克哈特描述彼特拉克以宗教虔诚的态度来保存希腊文《荷马史诗》。⑥ 再来察看近代政治科学奠基人马基雅维里的著述、思想情况。马基雅维里不是一般地推崇古罗马史学家李维所写的《罗马史》,而是要在李维的著作中寻找佛罗伦萨共和国的立国之本和治国方略,并写成重要的政治学著作《李维史论》。⑦ 而在同

---

① 布克哈特:《意大利文艺复兴时期的文化》(何新译),第 123 页。
② 布克哈特:《意大利文艺复兴时期的文化》(何新译),第 180 页。
③ 布克哈特:《意大利文艺复兴时期的文化》(何新译),第 168 页。
④ 布克哈特:《意大利文艺复兴时期的文化》(何新译),第 203 页。
⑤ 布克哈特:《意大利文艺复兴时期的文化》(何新译),第 249—250 页。
⑥ 布克哈特:《意大利文艺复兴时期的文化》(何新译),第 183 页。
⑦ Machiavelli, *The Discourses*, translated from the Italian by C.E.Detmold, Modern Library, 1940. 目前有多种中文译本,如《论李维》(冯克利译),上海人民出版社 2005 年,等等。

时期的其他欧洲文明区域,虽然文化人和学校教育也崇拜、学习西塞罗、李维等古罗马作家的拉丁文作品,但那种学习不是将拉丁文当作本民族的语言,它更多地是与社会交往等实用目的有关,与意大利人家园感的学习不能相提并论,当然更不能与马基雅维里等在古罗马的作品中寻找治国方略的情景相提并论。不妨再谈谈人文主义者造访古代罗马城和其他意大利古迹的盛况。在初读《意大利文艺复兴时期的文化》时,读者往往会觉得布克哈特的历史写作很零散,例如作品为何要花那么多笔墨去谈人文主义者到罗马等意大利古代遗址瞻仰的情景。其实布克哈特著作中那些看似零散的笔触却始终围绕着一个中心,即试图从各个历史的视角去论证什么叫意大利文艺复兴。那些人文主义者是带着新的近代精神、民族精神去游览古迹,并在古迹中唤起历史的理想。① 学人可以进一步联想,即其他欧洲文明区域的文化人也崇敬罗马、意大利的文化,也会到罗马城等古代遗址去旅行,但那种旅行与意大利人视古代罗马文化为自己文明源流的旅行相比,在情怀上就有差距。总之,意大利文艺复兴是一道独特的精神文化风景线。西塞罗、李维等是意大利文化人心目中的精神导师、民族精神之象征;拉丁文是意大利人自己的语言;古代罗马城是意大利文明的发源地,如此等等。

知道了上述情况,我们就会很容易去理解布克哈特在《意大利文艺复兴时期的文化》一书的人物评价原则。有两类人引起布克哈特的关注,一类就是所谓多才多艺者,他们大多精神世界丰富,具备各种创作才能并在某些专长领域有独到的贡献。同时个性突出,身上带着世俗性的风气。这些多才多艺者有建筑家阿尔贝蒂(Leo Battista Alberti,1398—1472)②、近代最大的讽刺家阿雷提诺(Pietro Aretino,1492—1556)③、自传体作家和雕刻家切利尼(Benve-

---

① 布克哈特:《意大利文艺复兴时期的文化》(何新译),第173、175、177页。
② 布克哈特:《意大利文艺复兴时期的文化》(何新译),第132—135页。阿尔贝蒂出生年代说法各异。
③ 布克哈特:《意大利文艺复兴时期的文化》(何新译),第160—165页。

nuto Cellini，1500—1571）①等。在评价这些天才时，布克哈特说了许多人物个性、文化成就方面的内容。甚至不回避许多人物如阿雷提诺身上的世俗性精神。顺便指出，布克哈特是以历史的、批判的、客观的眼光并用叙事的语调来描述那些人物个性的。另一类是布克哈特详加论述的真正意大利文艺复兴的代表，如但丁、彼特拉克、薄伽丘、马基雅维里等。这些人物也具有人文主义者的一般特征，但更重要的是他们的生平、思想和文化创作与意大利的民族精神、政治理想有千丝万缕的联系。布克哈特甚至认为，是否具有这种民族精神是衡量当时文化精英的重要标志。例如但丁是"那个时代的最具有民族性的先驱"，②是"把古代文化推向民族文化的最前列的人"。③ 布克哈特在分析但丁时还非常注重其政治理想方面的表现。④ 显然，但丁等人的政治理想始终围绕着意大利的过去、现在和未来展开。布克哈特还注意到，那些文化精英的民族热情有多种表现形式，例如但丁不仅爱佛罗伦萨，也在政治构想中钟情于神圣罗马帝国。他在《君主国》（也有译作《论世界帝国》等）里就论述了这个世俗的帝国如何存在的问题。我们可以进一步设想，在当时的德国、西班牙等君主也惦念着这个神圣罗马帝国，但那是一种政治得失的算计。与但丁由爱国情怀引申出去的关于意大利和整个世界的构想不能同日而语。马基雅维里的爱国热情更是溢于言表，百感交集。他寄希望于像恺撒·波吉亚这样的强权人物来统一意大利，也希望美第奇家族能够出一位有才气者来领导意大利，而所有这些希望又具体反映在保住佛罗伦萨共和国的生存并不断强大起来这个政治焦点上。布克哈特充分注意到在马基雅维里身上所表现出的爱意大利、爱佛罗伦萨的高贵品质，并将此作为分析马基雅维里政治思想的线索。布克哈特分析马基雅维里这个人物时的出彩之处也就

---

① 布克哈特：《意大利文艺复兴时期的文化》（何新译），第 330 页。
② 布克哈特：《意大利文艺复兴时期的文化》（何新译），第 126 页。
③ 布克哈特：《意大利文艺复兴时期的文化》（何新译），第 200 页。
④ 布克哈特：《意大利文艺复兴时期的文化》（何新译），第 74—75 页。

在这里。作者以历史的眼力将马基雅维里的政治思想、政治举动与人文主义者对人性的关注联系起来,更与时代精神、爱国热情等挂起钩来,"他把现存势力看作是有生命的和能动的,对于可能采取的方法,观察得广泛而精确,既不想自欺也不想欺人。……对他来说,危险并不在于他冒充天才或在于思想体系的错误,而在于他自己显然也难于控制的强有力的想象力。他的政治论断的客观性,其坦率程度有时令人吃惊,但它是危急存亡之秋的时代标志。"①

布克哈特既然认为意大利文艺复兴有其自身的特征,那么构成这种特征的种种因素在后来发生了诸多变化,于是意大利文艺复兴逐渐衰落下去也就不难理解了。在诸多衰落的原因中,人文主义者爱国热情的逐渐丧失是根本性的。布克哈特分析道,16 世纪的意大利是文艺复兴的盛期,然而这时出现的诸多因素却不利于爱国主义热情的发展,这些因素有"文学艺术乐趣的享受,生活的舒适和高雅以及对于自我发展的无上兴趣",②等等。当然还与存在于人文主义者身上的各种弱点有关,如人文主义者身上的极端个体主义不利于新的道德文明的生长。③ 意大利的人文主义者原来崇拜古代文化的优点,当其发展到极端的形态,也就是人文主义者将自己迷失在古代世界和古代文化的路途之中,这就物极必反,最终不利于新的文化之生长。④ 这里再提示一下,布克哈特在书中没有详细展开对艺术领域诸多天才(其中包括艺术三杰在内)的分析。这不是布克哈特的疏忽,按照布克哈特对政治与文化关系的理解,政治与现实社会中各种强势的力量有关,因而政治的强势性会对思想文化等产生特定的影响。但文化与政治不是一一对应的关系。文化是自由自在的个体心灵世界之展示,因而文化人的创作活动和成果等有自

① 布克哈特:《意大利文艺复兴时期的文化》(何新译),第 83—84 页。
② 布克哈特:《意大利文艺复兴时期的文化》(何新译),第 124 页。
③ 周春生:《论文艺复兴时期人文主义的个体精神》,学海 2008/1。
④ 布克哈特:《意大利文艺复兴时期的文化》(何新译),第 270—271 页。

身的独特性,它们并不反映政治现象的整个结构。也就是说,文化本身并不是完全贴切地呼应政治现象的。正如上文所述,与文化昌盛相对应的却是爱国热情的减退。到了15世纪的下半叶,各种政治势力的干涉又使意大利面临危机的历史境况,于是民族感情再次以保护地方城邦利益的形式被唤起,可这些已经不能与14世纪唤起的民族感情相比拟了。①所以《意大利文艺复兴时期的文化》不高歌颂扬艺术三杰、不完整地去描述意大利的艺术史,这些对于阐明"意大利文艺复兴"的起源、本质和主要内容不会产生实质性的影响。

结论是:在当时城市国家的政治环境中出现多才多艺者,这是与近代市民社会、近代城市国家政治相关的一般文化现象。但与意大利民族精神相关的文艺复兴现象则是当时意大利特殊的文化现象。相应地在文化上就有布克哈特所说的"作为个人和作为民族的人"。②《意大利文艺复兴时期的文化》的第2编着重论述这个问题。应该讲,布克哈特比西蒙兹更深刻地看到了民族性格、民族精神的实质。简言之,没有这种爱国情怀下的民族精神,其他精神无法达到其辉煌的顶点。例如对古典文化的热情、艺术化民族性格的维持等等,它们会对文化的发展起推波助澜的作用,但当一个民族的生存意识渐次消退,那么其他的精神和文化发展都会受到根本性的影响。当然,西蒙兹在著作中也不时提到爱国情怀等,例如前文提及西蒙兹对马基雅维里爱国情怀的论述等(参见第三章第二节二)。但西蒙兹没有像布克哈特那样展开历史全景式的分析。由此看来,布克哈特看到了更上位的文化本质问题,而西蒙兹更在意与艺术发展、文化发展直接有关的精神问题。从以上诠释中也见出,布克哈特的民族性格、民族精神等的研究试图开掘意大利文艺复兴更厚重的历史底蕴;而西蒙兹的民族性格、民族精神等的研究则试图再现意大利文艺复兴的艺术特征和辉煌场景。需要再次指出的是,他们两人在考虑民族性

---

① 布克哈特:《意大利文艺复兴时期的文化》(何新译),第124页。
② 布克哈特:《意大利文艺复兴时期的文化》(何新译),第95页。

格、民族精神时虽然理论的基点不同,分析的侧重点亦有不同,但在一些具体问题的思考上颇有同感。当然,布克哈特没有像西蒙兹那样对文艺复兴时期意大利人的艺术性格做全方位的探讨,这是事实。说到底,与布克哈特的思考、研究重点不同有关。

第五章　文化通过比较彰显特征

——西蒙兹对英国文化史及文化人的理解

对本土文化开掘得深,则对其他文化认识得广。反过来,只有通过文化比较才能更深刻地认识本土文化的价值。西蒙兹文化比较的最终目的是想追究一个时代和一个民族的文化特性、精神面貌等,并得出一些有见地的想法。布克哈特曾问:为什么世界上只诞生一个英国的莎士比亚? 然后布克哈特从历史的角度回答了这一问题。西蒙兹则更具体地问:为何以莎士比亚为代表的英国剧作家特别钟情于戏剧文化? 进而问:为何英国人特别适应戏剧文化? 然后从民族的性格特征、诗歌语言、情感文化等角度回答了这一问题。西蒙兹在做文化比较时还十分在意不同文化之间的交流。西蒙兹文化史研究的重点是意大利文艺复兴时期的各种社会文化现象,同时关注意大利与英国之间的文化关系,例如意大利文化对英国的影响、意大利艺术与英国戏剧的比较,如此等等。

在对英国本土文化的研究方面,西蒙兹的叙述、评析与其文化观理念和自我情感密切关联。西蒙兹的文化史创作是寻找精神同路人的过程,可视其文化史创作为一种自我困惑的挣脱、超越。西蒙兹的文人特性、对柏拉图主义的情有独钟及其对完美理想境界的向往,这些都决定了西蒙兹选择哪些英国文人进行评述。在诸多英国文化人中,雪莱是西蒙兹最为敬仰的对象。雪莱的一生及文学创作是不断向完美理想境界的攀登过程,而这恰恰是西蒙兹的至上追求。因此在西蒙兹的单篇文人评传作品中,《雪莱传》应该受到后人更多的关注。西蒙兹对其他英国文化史、文化名人的主要研究成果有《英国戏剧史上的莎士比亚先驱者》、《锡德尼传》、《琼森传》等(详见第一章第一节三)。

第一节　英国戏剧史与英国文化

一、莎士比亚先驱者

戏剧是西蒙兹重点关注的文化研究领域之一。1884 年,西蒙兹发表戏剧史专著《英国戏剧史上的莎士比亚先驱者》。[1] 西蒙兹写这本书的宗旨之一是梳理以莎士比亚(W.Shakespeare,1564—1616)为巅峰剧作家形象的伊丽莎白时代和早期斯图亚特王朝的戏剧史脉络。[2] 按照西蒙兹的观点,那个时期的英国戏剧再可分成 3 个阶段,即前莎士比亚阶段、莎士比亚阶段、后莎士比亚阶段。前莎士比亚阶段属于戏剧创作的准备时期;莎士比亚阶段则表明戏剧的成熟,那时以莎士比亚为代表的戏剧名扬英伦三岛内外;后莎士比亚阶段的特点是戏剧渐渐衰落下去。[3] 作为戏剧研究学者不仅要关注戏剧的形式问题,更要关注深藏在戏剧背后的精神。而 3 个阶段产生出并不断延续着的正是人文精神(human spirit)。西蒙兹认为,有的文学批评着眼于个体的戏剧家、文学家如何展现内心的活动,此谓"传记式"(biography)的批评;另一种文学批评则着眼于群体的、民族的精神世界,也就是将个体与民族、时代关联起

---

[1]　J.A.Symonds, *Shakespeare's Predecessors in the English Drama*, Smith, Elder & Co.1884.这个版本没有索引。到 1900 年再版(即 J.A.Symonds, *Shakespeare's Predecessors in the English Drama*, Smith, Elder & Co.1900)时增加了索引,也成了学界通用的版本。后来的一些版本(如 J.A.Symonds, *Shakespeare's Predecessors in the English Drama*, Cooper Square Publishers, Inc.,1967 等)均根据 1900 年版重印。以下笔者使用 1900 年版。

[2]　J.A.Symonds, *Shakespeare's Predecessors in the English Drama*, "Preface".

[3]　J.A.Symonds, *Shakespeare's Predecessors in the English Drama*, pp.3-7.

来考查,此谓"历史式"(history)的批评。西蒙兹更倾向于后一种文学批评实践。① 由此亦见出西蒙兹对英国戏剧进行批评分析的理论高度。在以后的岁月里,与西蒙兹此项戏剧研究相关联的各种探讨热度在学术界持续升温。特别是19世纪末以降,前莎士比亚文学史研究的热潮此起彼伏。在戏剧史方面有:博阿斯所著《莎士比亚与其先驱者》②;罗甘与斯密斯合编的《莎士比亚先驱者》③,等等。至于莎士比亚先驱剧作家的选集、合集等更是不计其数。在如何看待19世纪西蒙兹的此项学术成果问题上,笔者以为学人需要像肯定西蒙兹《意大利文艺复兴》(文学卷)学术地位那样去评估《英国戏剧史上的莎士比亚先驱者》的价值。简言之,西蒙兹《英国戏剧史上的莎士比亚先驱者》试图以戏剧为聚焦点来勾勒英国文艺复兴时期文化的特点,这是其学术价值的根本所在。

这里需要插一笔:乡土情怀是常人的朴素心态,更是文人的浪漫天性。西蒙兹对自己的民族和国家不时会有浪漫的情思流露出来,那些带着褒奖心态的评论十分动人。例如西蒙兹认为文艺复兴时期的英国人具备了当时欧洲人所有的思想、情感发展阶段内涵;④又认为任何一种艺术形式等的发展都是一个"基因"(germ)现象;⑤莎士比亚是创造本身而非创作者(the creature,not as the creator);⑥对伊丽莎白时代的戏剧不能用分析而需要用体验去领会其中的内在精神,⑦如此等等。后来西蒙兹因病疗养的缘故将后期人生的居处安顿在远离故土的瑞士小镇达沃斯。在当时的通信条件下西蒙兹与故土的联系

---

① J.A.Symonds,*Shakespeare's Predecessors in the English Drama*,p.9.
② F.S.Boas,*Shakspere and His Predecessors*,Greenwood Press,Publishers,1969.此书由John Murray出版公司于1896年初版。
③ *The Predecessors of Shakespeare:A Survey and Bibliography of Recent Studies in English Renassance Drama*,Ed.T.P.Logan and D.S.Smith,University of Nebraska Press,1973.
④ J.A.Symonds,*Shakespeare's Predecessors in the English Drama*,p.10.
⑤ J.A.Symonds,*Shakespeare's Predecessors in the English Drama*,p.8.
⑥ J.A.Symonds,*Shakespeare's Predecessors in the English Drama*,p.13.
⑦ J.A.Symonds,*Shakespeare's Predecessors in the English Drama*,p.12.

并非十分通畅,不过西蒙兹仍有机会与英国特定的文化圈取得些联系,交流情感。这些都蕴涵着浪漫的乡愁因素。在很大的程度上,西蒙兹的文人情趣就是将乡愁融化在用比较视野研讨英国文化之中。所有这些都是我们研究西蒙兹笔下的英国戏剧史、英国文化史内容时不容疏忽的情感因素。

如果从文学史全面、完整性角度看问题,那么西蒙兹在当时没有必要再去写一本类似的英国戏剧史著作。或许细心的读者会注意到西蒙兹这样一种说法,即西蒙兹认为当时创作这本戏剧史的时候,费尽心思也难以找到足够多的学术参考资料。① 此等说辞只有在西蒙兹1862—1865年刚动笔写的情境下才有一定的道理。事实上西蒙兹的《英国戏剧史上的莎士比亚先驱者》发表于1884年。这之前已经有论述详尽的相关著作面世。西蒙兹在书中特别提到的沃德《英国戏剧文学史》就有厚厚的3卷,150万字的分量。② 当然西蒙兹所看到的沃德《英国戏剧文学史》是第1版,但分量也不小,约百万字。③ 就见解独到和完整性而言,至今也找不到同类作品的沃德替代者,更何况西蒙兹所处的那个年代。另外在西蒙兹的时代,关于莎士比亚时代及莎士比亚先驱者的文学研究及相关编撰已有诸多成果,如沃德《英国戏剧文学史》就用了1章篇幅(约10万字左右)来详细论述有关莎士比亚先驱的戏剧文学。各种附上导论的莎士比亚先驱戏剧家的著作选也已形成系列,如"美人鱼戏剧家丛书"④中的选本等。但像西蒙兹那样花50万字左右篇幅去做莎士比亚先驱者

① J. A. Symonds, *Shakespeare's Predecessors in the English Drama*, Smith, Elder & Co. 1884, "Preface", p. IX.

② A. W. Ward, *A History of English Dramatic Literature to the Death of Queen Anne*, 3 vols. 该书初版于1875年。西蒙兹构思动笔撰写《英国戏剧史上的莎士比亚先驱者》大致在1862—1865年这段时间,因此西蒙兹说那时的图书馆还没有此书。参见 J. A. Symonds, *Shakespeare's Predecessors in the English Drama*, "Preface"。"序言"写于1883年。这时西蒙兹已经读过沃德的书,并认为沃德的著作全面又公允。

③ A. W. Ward, *A History of English Dramatic Literature to the Death of Queen Anne*, 2 vols. Macmillan and Co., 1875.

④ 全称是:*The Mermaid Series: The Best Plays of the Old Dramatists*, 由 Vizetelly & Co. 分卷出版。

的戏剧史研究,这在当时的文坛并不多见。因此西蒙兹在沃德等文学史家研究的基础上再写前莎士比亚戏剧史必定想补充点什么。

　　笔者用"补充点什么"这样的说辞是有一定依据的。事实上,沃德在他的《英国戏剧文学史》(指第1版)第1卷的"导论"中已经就英国戏剧发达的原因做了全方位的探讨。在沃德看来,戏剧史发展总是与人类的性格有一定的关系。同时又与宗教情感有关联。因此用这些因素例如用宗教的情感等来说明戏剧的发展,这对探讨各个国家的戏剧史都是普遍适用的思考方法。问题是为何英国在文艺复兴时期会有那么发达的戏剧文化,显然不能简单地用传统的思路来解答。沃德以为,英国的抒情诗、史诗等的发展与戏剧发展之间有着内在的关联。而这种结合又与一个正在崛起的民族之生活、情感、需求关联在一起。也就是说,戏剧与民族历史的发展形成一种互动。说到民族这个层面,文艺复兴时期的意大利、法国、德国等欧洲国家均有不同于英国的历史存在因素。这些现象在古代希腊雅典产生过,在今天的英国再次出现。或者说唯独英国的民族情感与戏剧的互动发展最为典型。所以沃德的《英国戏剧文学史》通过梳理不同戏剧家的创作成果,着重探讨戏剧与诗歌、戏剧与民族历史之间的关系。[①] 总体上看,后来西蒙兹在《英国戏剧史上的莎士比亚先驱者》想要表达的一些基本观点均可以在沃德那里找到出处。那么西蒙兹"补充"了什么呢? 西蒙兹自己认为,要写好这样一部文学批评史著作有两个难点需要克服:一是方法;一是材料。而所有难点归结起来是这样一个问题即你采用怎样的核心观点。[②] 西蒙兹认为要解决这些难点确实很困难,因为伊丽莎白时期的文学涉及面太大、太复杂,诸如人性的体验、一个单一的民族性等等。总之要发问存于当世英国的那种生气勃勃的生活(exuberant life)怎么与

---

　　① A.W.Ward,*A History of English Dramatic Literature to the Death of Queen Anne*,Macmillan and Co.,1875,vol. I "Introduction",pp.XII-XXVII.这个导论在出第2版时被删去了。

　　② J.A.Symonds,*Shakespeare's Predecessors in the English Drama*,p.2.

戏剧会发生内在的关系。① 显然西蒙兹不认为这些难点可以由一位学者、一本著作得到解决。也就是说西蒙兹试图在沃德研究成果的基础上做进一步发挥。再说西蒙兹十分看重戏剧、戏剧诗人的地位,认为戏剧是时代、民族的一面镜子,而戏剧诗人又要比其他艺术家更能展现人们的生活。② 尤其对于英国来讲,"文艺复兴主要通过戏剧表达出来"。③ 同时,英国的戏剧完善时期正值英国社会的转型(transition)时期。凡此等等敦促西蒙兹继续研究民族、社会与戏剧的关系。笔者以为西蒙兹至少在以下几个方面做了非常有见地的补充和发挥:其一,西蒙兹在探讨民族性格、戏剧、诗歌等因素之间的关系时更在意民族性格的因素,同时不忽略戏剧等对塑造民族性格的反向作用;其二,西蒙兹通过对莎士比亚先驱戏剧史的完整梳理,将民族性格与戏剧发展之间的历史积淀过程讲得更为清晰;其三,西蒙兹在一些剧种、戏剧家个案研究方面亦有独到的一些看法。

正如篇名所提示的那样,《英国戏剧史上的莎士比亚先驱者》的主体是戏剧史研究与戏剧家研究两个大的分类。在戏剧理论、戏剧史、剧种方面,《英国戏剧史上的莎士比亚先驱者》包括以下内容:导论(第 1 章);民族与戏剧(第 2 章);奇幻剧(第 3 章);道德剧(第 4 章);喜剧的兴起(第 5 章);悲剧的兴起(第 6 章);浪漫剧的走红(第 7 章);剧场、剧作家、演员、观众(第 8 章);宫廷假面剧(第 9 章);英国历史剧(第 10 章);国内悲剧(第 11 章);喋血悲剧(第 12 章)。在人物评论方面有如下篇章,即约翰·黎里(第 13 章);格林、皮里、纳什、洛基(第 14 章);马洛(第 15 章)。其中对黎里(J.Lyly,1554—1606)和马洛(C.Marlowe,1564—1593)的评述最为突出,而马洛评述部分确切地讲就是一部马洛小传。西蒙兹研究戏剧理论、戏剧史、剧种有一个大的框架。西蒙兹认为各个剧种都有其自身产生的源流、特点、发展动因、存在土壤等。从

---

① J.A.Symonds, *Shakespeare's Predecessors in the English Drama*, p.3.

② J.A.Symonds, *Shakespeare's Predecessors in the English Drama*, p.18.

③ J.A.Symonds, *Shakespeare's Predecessors in the English Drama*, p.21.

戏剧创作环境来讲,英国的戏剧家有着得天独厚的条件。例如在那时的英国没有来自文化方面、来自政府号令等条条框框限制;戏剧家可以自由地进行想象和创作,①如此等等。西蒙兹赞成英国戏剧从奇幻剧、道德剧、幕间剧(interlude)等慢慢演变而来的看法。② 随着古典文化的复兴以及意大利戏剧作品被译成英文介绍过来,英国人对于拉丁语的悲剧作品有了进一步的了解,最为突出的是对古罗马塞涅卡作品的了解。③ 这些对于悲剧在英国的形成至关重要。观众的欣赏趣味、性格也会影响戏剧的发展。例如伦敦观众那种粗狂坚韧的性格对喋血悲剧的发展起着推波助澜作用。④ 西蒙兹还强调编年历史剧(Chronicle Play)⑤对于英国文学有着特殊的意义。或许在英国还缺少点史诗之类的文学作品,但历史剧的存在激发并赋予民族的史诗情结。那时的剧作家按照编年体的史实并用史诗般的形式呈现出来。这种呈现不是纯粹地借助历史材料去展示历史,它本身就是"再创造历史(reproduction of history)"。⑥西蒙兹特别举了莎士比亚、马洛等剧作家的历史悲剧来阐释这方面的观点。为了深入理解莎士比亚剧作的深刻涵义、莎士比亚先驱者剧作的地位等,西蒙兹在著作中做了各项文学批评方面的比较研究,其阐释的重点是文艺复兴时期英国同时代人的各种争论、批评观点。例如西蒙兹提到戏剧家格林(R. Greene,1558—1592)与莎士比亚的争论。格林以为像莎士比亚那种从演员起步登上戏剧家地位的文人虽然也能写出剧作来,但他们多半模仿先驱者的作品。反过来说,离开了格林等戏剧家的创作能有后来的成果吗? 戏剧史的现

---

① J.A.Symonds,*Shakespeare's Predecessors in the English Drama*,pp.55,59-60.

② J.A.Symonds,*Shakespeare's Predecessors in the English Drama*,p.73.

③ J.A.Symonds,*Shakespeare's Predecessors in the English Drama*,pp.179-181.

④ J.A.Symonds,*Shakespeare's Predecessors in the English Drama*,Chapter Ⅶ.

⑤ 翻译"Chronicle Play"这个词亦需要思量一番。在西蒙兹看来英国的 Chronicle Play 不是一般的借助历史题材写成的剧本,它有编年的史实、有悲剧的意蕴、有史诗的气势,故还是具体译成"编年历史剧"为佳。

⑥ J.A.Symonds,*Shakespeare's Predecessors in the English Drama*,p.291.更详细的论述可参见 Chapter Ⅹ.

状是,真正有创造力的戏剧家暗淡了下来,而那些模仿者却为人称道。① 这些似乎是文人相轻的话语,甚至是一种宣泄怨气。但它提醒学人要从历史事实和历史演变的多重视角去分析文艺复兴时期的英国戏剧状况。西蒙兹特别举出当时剧作家高森(Stephen Gosson)对浪漫剧的评论。高森的评论追根溯源,很有历史感。例如高森提到英国翻译家潘特《逍遥宫》(*Palace of Pleasure*)②所提供的素材。这些素材使读者认识到英国浪漫剧的古代源流、当世的意大利源流等。需要注意高森是位清教徒,许多观点出自清教徒的立场。另外,《英国戏剧史上的莎士比亚先驱者》还做了围绕剧作的社会文化史研究。根据西蒙兹的描述,伊丽莎白时代的伦敦造了 11 座剧场。大多数剧场造在郊外。这些剧场有些是公共的,有些为私人所有。私人剧场都是有钱人去的娱乐场所,其票价要高出公共剧场好几倍。公共剧场的票价相对便宜,例如观众可以花 3 便士去看普通的演出,尽管这笔钱对于最底层的老百姓来讲也不是个小数目。不同票价的座位档次也不同,买 3 便士这种最便宜票的观众只能坐在入口、过道,或静静地站着看戏。③ 西蒙兹还提到戏剧的庇护人、演员收入分成等方方面面的内容。这些内容汇集起来就是一部文艺复兴时期英国戏剧社会史。在人物研究方面,《英国戏剧史上的莎士比亚先驱者》辟专章评论戏剧家黎里。④ 西蒙兹对黎里做了这样的评价,认为他是一个发现者"discoverer"⑤,这些发现包括:"他发现了尤弗伊斯体(华丽文体——笔者注),产生出流行 20 年以上的影响力。他发现富有智慧性散文中妙语如珠的对话方式。他发现作为戏剧性奇妙动机的性暧昧。他发现作为戏剧性布局间或插入抒情

① J.A.Symonds, *Shakespeare's Predecessors in the English Drama*, p.438.

② J.A.Symonds, *Shakespeare's Predecessors in the English Drama*, p.201.在《逍遥宫》1890 编撰的版本中有诸多学术源流的提示,如莎士比亚的剧作《罗密欧与朱丽叶》就取材于意大利文学家班戴洛的作品,莎士比亚正是通过潘特的翻译等渠道了解到班戴洛作品的信息。

③ J.A.Symonds, *Shakespeare's Predecessors in the English Drama*, pp.229—230.

④ J.A.Symonds, *Shakespeare's Predecessors in the English Drama*, Chapter ⅩⅢ "John Lyly".

⑤ J.A.Symonds, *Shakespeare's Predecessors in the English Drama*, p.426.

诗的作用。他发现戏剧梦幻的效果。他发现假面剧与戏剧的融合,并引入宫廷剧与浪漫喜剧之中。"①这里的第 1、第 2 种"发现"就是指戏剧与诗歌的关系问题。西蒙兹当然不会忽略黎里情诗中的中世纪元素和意大利的元素。②这些元素也渗透在黎里戏剧创作之中。这些尚需学人在西蒙兹研究的基础上做进一步的开掘。③ 在论述马洛的创作特点、地位时④,西蒙兹再次围绕"戏剧诗歌"问题展开讨论,并从 3 个方面指出马洛"戏剧诗歌之父"(father of English dramatic poetry)⑤的确切含义,即马洛在适宜地运用白体诗时明白这样一些戏剧与诗歌的情况:第一,在大众舞台上的浪漫剧大有前途;第二,古典的剧作家已经发现了恰当的戏剧格律;第三,从内容到格律,将浪漫的主题与古典的诗歌提升到他那个时代还理解不了的高度。⑥ 如果说英国戏剧与诗文的结合曾让文艺复兴时期的英国文化出彩的话,那么马洛就是最初得心应手舞动这支画笔的诗人戏剧家。这是西蒙兹在分析马洛《铁木尔》戏剧创作时反复强调的关键点。⑦ 西蒙兹还非常注意马洛戏剧创作中的精神探寻问题,认为马洛就是想把人的精神实在中那些永恒的情感内涵揭示出来。⑧ 马洛又是对同性恋颇有颂词的文人。20 世纪学者佛尼《封闭的遗产——历史与同性恋想象:一部文选》曾遴选马洛诗剧《爱恋的牧羊人》中朱比特与伽涅墨得(Jupiter and Ganymede)之间的同性恋诗歌对白。⑨ 同时指出,正是马洛将希腊的同性恋文化引入英国文坛,并激起同性恋方面的巨大回声。⑩ 可见学界对马洛同性恋问题的关注度。作为性倒错文人西蒙兹择此大家研

① J.A.Symonds, *Shakespeare's Predecessors in the English Drama*, p.426.

② J.A.Symonds, *Shakespeare's Predecessors in the English Drama*, pp.404-409.

③ V.M.Jeffery, *John Lyly and the Italian Renaissance*, Russell & Russell, 1969.

④ J.A.Symonds, *Shakespeare's Predecessors in the English Drama*, Chapter ⅩⅤ "Marlowe".

⑤ J.A.Symonds, *Shakespeare's Predecessors in the English Drama*, p.468.

⑥ J.A.Symonds, *Shakespeare's Predecessors in the English Drama*, p.471.

⑦ J.A.Symonds, *Shakespeare's Predecessors in the English Drama*, p.498.

⑧ J.A.Symonds, *Shakespeare's Predecessors in the English Drama*, p.42.

⑨ B.R.S.Fone, *Hidden Heritage:History and the Gay Imagination-An Anthology*, p.140.

⑩ B.R.S.Fone, *Hidden Heritage:History and the Gay Imagination-An Anthology*, p.138.

究,亦有其特定的用意。不过西蒙兹并没有停留在同性恋的表象,而是深入到精神的更深层面。西蒙兹认为马洛就是在宣泄一种"不可能的爱(Impossible Amour)"。① 根据西蒙兹的解释,马洛的口头禅"Impossible Amour"与批评家们的各种说辞可能并不一致。马洛青年时代在性生活方面有许多出格的举动,但马洛自认为这是精神性的性冲动。所以马洛笔下的"不可能"其确切含义并非指存在着超越人的能力之不可能,而是指人们在追求那个无限美、力量、知识的过程中耗尽了存在于人身上的能量。这才是马洛诗歌的真正意蕴所在。② 西蒙兹在马洛研究方面还为《马洛戏剧集》撰写"导论"。③

二、英国文化特征

文化比较是 19 世纪西方学者在进行文化史研究过程中普遍采取的方法。在笔者本书前一章已经就艺术史做了比较,其他比较的思路亦贯穿各个部分。特别是前文曾特别就皮尼奥蒂与西蒙兹的各自历史研究状况做过全方位的比较。从中可以看出,无论是皮尼奥蒂还是西蒙兹他们都在著作中进行有特色的文化比较。皮尼奥蒂的文化比较观认为,不同的语言、不同的作者都有其自身的优点,因此不可能像相面术那样来对各种文化做比较,那肯定是不可取的。④ 从这一观点出发,皮尼奥蒂更在意通过比较去发现不同文化(如希腊和罗马等)、不同文化人(如但丁与彼特拉克、达·芬奇与米开朗基罗等)的特点。又例如在谈及但丁的人生遭遇和创作《神曲》的情景时就与英国诗人弥尔顿的境遇做比较,⑤如此等等。这一文化比较观也在西蒙兹的著作中体现出来。西蒙兹《意大利文艺复兴》不时就文艺复兴的各种问题在意大利、英

---

① J.A.Symonds, *Shakespeare's Predecessors in the English Drama*, p.486.
② J.A.Symonds, *Shakespeare's Predecessors in the English Drama*, p.486.
③ *Christopher Marlowe*, Ed. Havelock Ellis, with A General Introduction on the English Drama during the Reigns of Elizabeth and James I. By J.A.Symonds, Vizetelly & Co., 1887.
④ L.Pignotti, *The History of Tuscany*, Vol. II, p.177.
⑤ L.Pignotti, *The History of Tuscany*, Vol. II, p.154.

国、欧洲范围内做比较。例如文艺复兴时期意大利的艺术之所以与法国、英国有差异就是因为意大利遗留着古罗马各种辉煌的艺术巨制。[①] 文化比较研究需要关注文化之间的相互交流问题。在意大利文化对英国的影响方面，西蒙兹特别注意到文化译介等关键性史实，例如上文提到的潘特所译《逍遥宫》就是很重要的文化译介事例。正是这些译介作品丰富、提升了英国的戏剧创作，例如莎士比亚、佛莱切等剧作家曾借鉴上述译介的内容进行改编和再创作。[②]

　　西蒙兹笔下的文化比较更强调民族性格与文化发展之间的相互关联性。西蒙兹在探讨：意大利文艺复兴时期最为世人瞩目的内容是在绘画、雕塑、建筑等艺术创作领域。那么英国同时期文化的不同凡响之处在哪里呢？西蒙兹在《英国戏剧史上的莎士比亚先驱者》一书的第2章中特别就戏剧与时代、英国民族性等之间的关系发表了系列看法。前已论及，西蒙兹认为英国戏剧的全盛时期正处于英国历史的一个转型时期。西蒙兹对转型时期人们的心态亦做了评论，认为那时人们对中世纪还留着些思念，而对未来的英国社会则怀着憧憬。时代赋予人们充分想象的境地。[③] 这使我们想起布克哈特评价莎士比亚的话语，"一个明显的回答是：全欧洲只产生了一个莎士比亚，而这样的人是不世出的天赋奇才。更可能的是：当意大利戏剧正要完成一些伟大的事业时，反宗教改革运动爆发了，再加上西班牙对那不勒斯和米兰的统治并间接地对整个半岛的统治之助，使得意大利精神的最美丽的花朵濒于枯萎。很难想象，在西班牙总督的统治下，或者在罗马宗教裁判所的旁边，或者甚至在几十年以后莎士比亚自己的国家里，在英国革命时期，能产生一个莎士比亚。达到完美地步的戏剧是每一个文明的晚期产物，它必须等待它自己的时代和运会的到来。"[④]但西蒙兹还要深究：不是任何一个国度的人们在如此时代背景下

---

　　① 　J.A.Symonds, *Renaissance in Italy*, New Edition, Vol.Ⅲ, note 1, p.35.

　　② 　*A Short History of the Renaissance in Italy：Take from the Work of John Addington Symonds*, by Lieut-Colonel A.Pearson, p.283.

　　③ 　J.A.Symonds, *Shakespeare's Predecessors in the English Drama*, p.21.

　　④ 　布克哈特：《意大利文艺复兴时期的文化》（何新译），第310—311页。

都能产生出如此发达的戏剧以及莎士比亚这样伟大的剧作家。西蒙兹以为这需要民族的天赋。正是英国的语言、英国人的诗性智慧选择了舞台来展示其中的魅力。① 这样，戏剧与诗歌的结合问题也成了西蒙兹这部作品的核心主题之一。

　　西蒙兹提出英国文艺复兴以戏剧为中心舞台呈现其文化辉煌的课题，接着追问：为何英国的文艺复兴在戏剧方面表现得最为突出？西蒙兹的回答仍旧脱离不开对民族性格的认识。西蒙兹认为"对于英国人来讲，戏剧提供了与伟大的兴味、充满激情的时代相当的形式。在所有这些事物中，戏剧展露出一种只属于我们自己的诗性灵魂。"②正是在英国，"所有艺术中的形而上学者即诗歌只属于我们自己，诗歌还借着戏剧的载体传递英国人的灵魂。"③何为英国人独有的灵魂？西蒙兹进一步解释道，首先英国人天生地具有充沛的活力、狂放的气质。也就是说，英吉利民族的激情需要一种相匹配的文化形式即戏剧来释放这种能量。简言之，民族性格造就戏剧的辉煌。其次英语的语言既丰富且适用于口语，这种英语自身的特点又特别适用于戏剧艺术，西蒙兹在论白体诗中非常注重白体诗与戏剧的关系。④ 最后，英国人的诗性冲动如此强烈，能够选择、融化其他文化的因素，使之汇聚到表现自己的适当场所即戏剧上来。⑤ 西蒙兹注意到一个现象，即伊丽莎白时代的英国诗人相较于意大利和当时其他地区诗人对外在的自然有更真实的感受。那时的意大利诗人更注重内在的情怀，诸如新柏拉图主义等。⑥ 也就是说，英国人更喜欢用生动表演性质的艺术形式来展示自己的审美情怀，与诗歌关联在一起的戏剧无疑成

---

① J.A.Symonds, *Shakespeare's Predecessors in the English Drama*, pp.3,7,10-11.

② J.A.Symonds, *Shakespeare's Predecessors in the English Drama*, p.10.

③ J.A.Symonds, *Shakespeare's Predecessors in the English Drama*, p.11.

④ J.A.Symonds, *Blank Verse*, John C.Nimmo, 1895, Chapter Ⅱ "The History of Blank Verse".其中对文艺复兴时期英国戏剧家们在白体诗的运用做了历史梳理。

⑤ J.A.Symonds, *Shakespeare's Predecessors in the English Drama*, p.4.

⑥ J.A.Symonds, *Essays, Speculative and Suggestive*, Smith, Elder, & Co., 1907, p.392.

为最佳的选择。这就不难理解,在文艺复兴时期的英国,称得上文人大家者
(如马洛、莎士比亚、琼森等)多与戏剧创作实践关联在一起。也不难理解,何
以英国出了马洛、莎士比亚、琼森等戏剧家,而意大利的审美沃土能够培育出
达·芬奇、米开朗基罗、拉斐尔、提香等艺术家。说到底,都是那个时代民族性
格在文化层面上的反映。在意大利出现艺术领域的辉煌成就,这与民族性格
中逐渐培养起来的、以柏拉图主义为主体的审美情趣和性格密切相关。具体
而言,柏拉图主义那种和谐的、恬静的、神秘的精神特别适应绘画、雕塑、建筑
等艺术创作实践。

　　在西蒙兹看来,文化不只是表现民族性格,它还培育提升民族性格中的积
极因素。为此西蒙兹还比较意大利与英国的社会现象,进而指出戏剧对英国
民族性格的陶冶作用。西蒙兹通过《切利尼自传》这部文学作品点出文艺复
兴时期意大利社会的乱象:其时的意大利人可以在光天化日之下杀害其竞争
对手;可以系着匕首出入法庭;文人本博甚至忠告那些学者再不念《圣经》的
话恐怕他们的形象就会贬损,如此等等,不胜枚举,并认为这种乱象也发生在
其他欧洲地区。① 而同时期的英国人也许在自制力等方面不见得高人一等,
但与南欧等地区那种野蛮的情景相比毕竟有所区别,也就是更有道德的质地
(moral fibre)。② 何以至此? 西蒙兹认为英国的戏剧文化起了陶冶的作用。
正是戏剧将优美和卑劣等社会人性万花筒交给观众,让优雅的人性因素得到
洗练,让人们在美的大梦中去释放"人性中最高的能量(man' highest possibili-
ties)"。③ 以上想法无疑是西蒙兹这本著作的又一亮点。当然,西蒙兹的上述
比较研究只是一家之言,其中值得商榷的地方不少。但西蒙兹在做性格文化
研究方面的比较思路至今仍不失其启示的价值。

　　西蒙兹的文学比较还体现在除戏剧研究外的其他著述中,如西蒙兹为英

---

① 　J.A.Symonds,*Shakespeare's Predecessors in the English Drama*,pp.24-25.
② 　J.A.Symonds,*Shakespeare's Predecessors in the English Drama*,pp.25-26.
③ 　J.A.Symonds,*Shakespeare's Predecessors in the English Drama*,p.28.

国文艺复兴时期的作家托马斯·布朗编撰著作集并撰写导论,其中就注意与伯顿做比较。因为两位文人都是医生,都留下涉及医学、宗教等观点的作品。西蒙兹的分析比较实事求是,西蒙兹认为仅仅从作品《不经意的错误》(*Vulgar Errors*)来判断,那么看不出布朗有多么深奥的思想和引人入胜的文体。相比之下伯顿的《忧郁的解剖》包含了作者所有的理念、风格等。也就是说,伯顿只要一部著作就能让读者领略全部,而布朗则需要读者烦心阅读多部著作才能领略作者内在的情怀。例如读了布朗的《医生的宗教》(*Religio Medici*)、《瓮葬》(*Urn Burial*)等作品后,就会对布朗刮目相看。人们会看到他出众的文体、语言技巧;高贵的情感;深邃的想象力;宏大的思考力,如此等等,完全可以排在英国散文家的前列。①

《英国戏剧史上的莎士比亚先驱者》以文化史的眼光审视莎士比亚的先驱者、伊丽莎白时代的戏剧史,其目的就是要回答英国文艺复兴特点的形成有一个历史积淀的过程。西蒙兹也像众多文学批评家那样高度赞美莎士比亚的戏剧,认为它是一种艺术(art),是一种成熟的(mature)表现,其目标是用生动的情节来表现人的性格(human character in action)。莎士比亚的戏剧成为所有时代人性的学校(school of human nature for all time)。虽然莎士比亚戏剧所具备的所有优点离不开先驱者们的戏剧创作实践,之后仍有一些独具匠心的戏剧创作在继续,但那些戏剧家都无法成为莎士比亚那样的人(men)。② 也就是说,莎士比亚的先驱者和后继者的所有努力都汇聚到了莎士比亚那里并通过莎士比亚来体现戏剧的辉煌。或者说,莎士比亚以自己独有的智慧来接纳、提炼、升华那些戏剧的成果,最终练就无可比拟的戏剧灵魂。所以西蒙兹辩证地认为,没有先驱者也不会有莎士比亚,但没有了莎士比亚那么其他戏剧

---

① *Sir Thomas Browne's Religio Urn Burial*, *Christian Morals*, *And Other Essays*, Edited, with an Introduction by J.A.Symonds, Walter Scott, 1886, pp. Ⅵ-Ⅶ.

② J.A.Symonds, *Shakespeare's Predecessors in the English Drama*, p.5.

家的努力都会在人们的视野中消失。这些就是分析戏剧积淀的应有态度。①
为了将积淀的过程讲清楚,西蒙兹在著作中不时提到某某作者与莎士比亚的
前后承继关系。例如莎士比亚从黎里的诗歌和戏剧创作样式中就学到了不
少。这些都是文化史的事实。② 还是为了将积淀的过程讲清楚,西蒙兹需要
对文艺复兴时期戏剧家的文人个性和戏剧创作的来龙去脉做深入的解读。其
中对戏剧大家琼森的研究最为出名。西蒙兹对琼森戏剧的分析,其中既包含
琼森如何对古代希腊罗马作品的深刻理解并将其融化在自己的创作之中的内
容,又有英国戏剧为何广受欢迎的问题,并最终通过琼森来折射英国戏剧文化
的特点。③ 除此之外,西蒙兹还为一些戏剧大家的作品作序,例如为《韦伯斯
特和特纳戏剧集》撰写“导论”,其中在评论韦伯斯特时不忘戏剧诗人的问
题。④ 西蒙兹的有些评价还值得商榷。例如他为《托马斯·海伍德戏剧集》写
了“导论”。从“导论”的文字中可以看出西蒙兹是在步兰姆的后尘,即对海伍
德其人评价很高,认为在所有的质地方面一点都不落莎士比亚。⑤ 这些仁者
见仁智者见智的观点尚需进一步探讨评说。

第二节　文人的不同境界

一、锡德尼为诗辩护

通过文化比较让人看到某个民族、某个国家文明的深邃意蕴。文人之间
也需要通过比较而将各自动人的一面传达给读者。文艺复兴时期的英国有两

---

① J.A.Symonds, *Shakespeare's Predecessors in the English Drama*, p.14-15.

② J.A.Symonds, *Shakespeare's Predecessors in the English Drama*, pp.425-426.

③ J.A.Symonds, *Ben Jonson*, pp.52-53.

④ *Webster & Tourneur*, Ed.Havelock Ellis, with An Introduction and Notes by J.A.Symonds, Vizetelly & Co., 1888, p.ⅩⅩⅢ.

⑤ *Thomas Heywood*, Ed.A.W.Verity, with An Introduction by J.A.Symonds, Vizetelly & Co., 1888, p.Ⅶ.

位在批评界享有盛誉的文人即菲利普·锡德尼(Philip Sidney,1554—1586)和本·琼森(Ben Jonson,1572—1637)。西蒙兹曾创作《锡德尼传》①,被收入莫利主编的《英国文人丛书》。在西蒙兹的年代,如下论锡德尼的著作为学者称道,它们也是西蒙兹重点参考的学术著作,其中包括:劳伊德《锡德尼传》②按年代叙事,对于锡德尼广泛的交游、宫廷生活均有细致的描述。格雷维尔《锡德尼传》③则是较早的一种传记,格雷维尔是锡德尼的朋友,伊丽莎白朝的廷臣,有强烈的反西班牙、反教廷权威的政治倾向,称得上是政治哲学家。这本传记提供许多原始材料,成为后来各种锡德尼传记写作的必备资料。另外朱契《锡德尼回忆录》④利用了许多锡德尼的信函、著作材料。后来戴维斯认为格雷维尔、朱契的上述两种传记作品都需要改进,于是在综合各种传记作品成果基础上又推出一部新的《锡德尼传》⑤。西蒙兹辞世后还不断有这方面的新著与读者分享,如伯恩所著的锡德尼传记⑥等。锡德尼的政治生涯充满传奇色彩,阅读伯恩此著可见一斑。

西蒙兹的《锡德尼传》篇章结构如下:第 1 章 家谱、出生和童年;第 2 章国外行纪;第 3 章 进入宫廷生活和出使;第 4 章 法国婚配事件与《阿卡迪亚》⑦;第 5 章 再度进入宫廷与成婚;第 6 章《爱星者和星星》;第 7 章《诗辩》;第 8 章 最后的岁月与谢世。在伊丽莎白时代,锡德尼也算是出入宫廷内外、奔走海外四方的叱咤风云人物。又是诗歌、散文在行的文人。总之是一位有

---

① J.A.Symonds,*Sir Philip Sidney*,Macmillan & Co.,1886.另有美国版 Harper & Brothers Publishers,1902,等等。两个版本的页码有差异,其他相同。

② J.Lloyd,*The Life of Sir Philip Sidney*,Longman,Green,Longman,Roberts,and Green,1861.

③ *Sir Fulke Greville's Life of Sir Philip Sidney etc.*,First Published 1652,With an introduction by Nowell Smith,Oxford University Press,1907.

④ T.Zouch,*Memoirs of The Life and Writings of Sir Philip Sidney*,J.Mawman,Poultry,1800.

⑤ S.M.Davis,*The Life and Times Sir Philip Sidney*,Boston:1859.

⑥ H.R.F.Bourne,*Sir Philip Sidney*:*Type of English Chivalry in the Elizabethan Age*,G.P. Putnam's Sons,1904.

⑦ 读这一章时需要同时参考锡德尼的朋友格雷维尔撰写的《锡德尼传》。因为他们两人是当时法国朝廷向英女王求婚事件的重要反对者。

武士侠气的文人。对于这些,西蒙兹当然要做个交代,并引起读者的关注。西蒙兹以为,锡德尼作为一名朝臣还是有很好的名声。当然,一个文人要想在那个年代跻身文坛、仕途顺畅均离不开权贵的提携。锡德尼的舅舅莱切斯特是名噪一时的伊丽莎白女王之宠臣。莱切斯特很看好自己外甥的前途,于是推荐其步入宫廷,开始仕宦生涯。① 关于这方面的内容可以同时参考今人尼科尔斯分析锡德尼诗歌作品时对锡德尼人生和时代内容的阐释。② 另外,博克斯顿《菲利普·锡德尼与英国文艺复兴》③在叙述锡德尼的生平时用了3章的篇幅来谈论诗人与诗歌庇护人之间的关系问题,使学人了解到不少锡德尼的诗歌创作生涯与诗歌庇护人之间关系的细节。顺便提及,该书也为读者带来不少诗歌庇护人的知识。

西蒙兹《锡德尼传》对作为诗人一面的锡德尼形象之刻画较为生动。文艺复兴时期的文人对诗歌的价值多有评论,④甚至可以认作是那个时期的文学批评核心。学人可以就文艺复兴时期各国各文人对诗歌历史地位、价值等的不同看法做些比较。就西蒙兹身上所具有的文人诗性个性而言,无疑《锡德尼传》要对诗性的优先地位加以重点评述。为此《锡德尼传》辟专章就锡德尼为何重视诗性智慧或为何替诗辩护的问题做了阐释。⑤ 锡德尼不仅是当时著名的诗人,⑥还是诗歌批评名著《为诗辩护》⑦的作者。至于锡德尼为何创作《为诗辩护》的问题,西蒙兹自然不会遗漏一个众所周知的事实。当时英国的清教徒势力不小,他们鄙视世俗的文化、鄙视文学艺术。其中有一清教徒高

---

① J.A.Symonds, *Sir Philip Sidney*, p.34.

② J.G.Nichols, *The Poetry of Sir Philip Sidney: An interpretation in the context of his life and time*, Liverpool University Press, 1974.

③ J.Buxton, *Sir Philip Sidney and the English Renaissance*, Macmillan, 1966.

④ *Sidney's 'The Defence of Poesy' and Selected Renaissance Literary Criticism*, Edited and with an introduction and notes by Gavin Alexander, Penguin Books, 2004.

⑤ J.A.Symonds, *Sir Philip Sidney*, Macmillan & Co., 1886.

⑥ 林格勒所编锡德尼诗歌集比较全面,可资参考。*The Poems of Sir Philip Sidney*, Ed.W.A.Ringler, Jr., Oxford University Press, 1962.

⑦ 《为诗辩护》有中文译本,钱学熙译,人民文学出版社1998年。

森(即前文提到的评论家 Gosson,曾是演员、剧作家等)写了篇《骗人的学派》(*The School of Abuse*)小册子,攻击诗人、剧作家的创作行为和成果。在未征求意见的情况下高森将此小册子题名献给锡德尼。锡德尼很是恼火,只得提笔创作《为诗辩护》,来表达自己对诗歌等文学创作的真正看法。① 就哲学、历史与诗歌三者的关系而言,西蒙兹认为锡德尼对哲学的抽象和历史学的具体颇有微词,而诗则处于两者之间,以其特有的音乐般的魅力切入并呈现灵魂善的一面。② 20 世纪文学批评家博阿斯就从哲学家、历史学家、诗人 3 个角度来评论《为诗辩护》,③值得学人参考。西蒙兹转述锡德尼的观点,"对诗进行攻击其总体上就是对文化的攻击。"④所以要保卫文化就要保卫诗性智慧,而保卫诗性智慧就是在保卫文人的个性。

西蒙兹在评论锡德尼的诗论问题上给了后人进一步发挥的余地,也就是我们应当以文化的大视野来重新看待锡德尼《为诗辩护》中的观点及西蒙兹的评论。锡德尼在《为诗辩护》中提出一个非常重要的见解,即诗歌是最初引领人类走向文明的文学艺术表现形式。"因为诗,在一切人所共知的高贵民族和语言里,曾经是'无知'的最初的光明给予者,是其最初的保姆,是它的奶逐渐喂得无知的人们以后能够食用较硬的知识。"⑤这一观点启示学人,古希腊诗性智慧朗照下的命运女神、阿波罗神、酒神等艺术象征就是希腊文明的引领者。再放眼整个西方思想史,每一次成型的思考及其成果都是对诗性智慧问题之消化。就西方的文化史而言,那里曾经有 3 次大的诗性智慧勃兴:前苏格拉底时期、文艺复兴时期和 19 世纪至今的时期。其间,从苏格拉底哲学到基督教哲学,从 17 世纪的理性启蒙哲学到今天的科学理性浪潮,所有这些阿

---

① J.A.Symonds,*Sir Philip Sidney*,pp.156-157.

② J.A.Symonds,*Sir Philip Sidney*,pp.160-161.关于锡德尼为诗辩护的问题,笔者《对文艺复兴时期人文主义诗性智慧的历史透视》(史学理论研究 2010/4)一文有专门论述。

③ F.S.Boas,*Sir Philip Sidney*:*Representative Elizabethan*,Staple Press Limited,1955,pp.45-52.

④ J.A.Symonds,*Sir Philip Sidney*,p.157.

⑤ 锡德尼:《为诗辩护》(钱学熙译),第 4 页。

波罗式的理性宁静都是在形影不离地回应诗性智慧。这里首先遇到诗性智慧与基督教的神性问题。西蒙兹在《锡德尼传》中充分注意到锡德尼对诗歌与神圣世界关联性的看法,指出锡德尼心目中真正的诗人就是从模仿神的完美至善开始,最后让人回归神圣的思考。这些也是锡德尼心目中的诗人普遍优点,原话为:"他们在模仿神那种难以置信的优美;他们研究哲学,也研究道德、自然、天文、历史;真正的诗人……也就是最称得上善于模仿的诗人是在引导人、愉悦人,其模仿不是借助现有的、曾经有的和将要有的事物,而是用其毋庸置疑的意念引申到也许有、将要有的神圣思索。"①笔者以为,从某种意义上说,一部《圣经》让诗性智慧有了新的存在土壤。《圣经》中的"诗篇"以诗歌的乐调歌颂神、歌颂善、歌颂美、歌颂爱,"我们要来感谢他、用诗歌向他欢呼。"(《圣经·旧约》"诗篇"95 章。)沉浸在这种诗意背后的就是基督教信仰的"极致"底蕴,"要因他大能的作为赞美他,按着他极美的大德赞美他。"(《圣经·旧约》"诗篇"150 章。)也正是这种极致、全能、大爱等超验性的因素满足了诗性智慧想象的需求,或者说成为这种想象的引导,"为你名的缘故、引导我、指点我。"(《圣经·旧约》"诗篇"31 章。)比较而言,理性的思考方式使自己局限在经验的范围。《圣经》则叫人聆听、体悟。这种直觉式的交流将深邃、优美的一面呈现出来,使境界得到升华。基督教博爱的普世价值能调动起人心深处所有的情感。

　　为了更好地认识西蒙兹对锡德尼为诗辩护的评论,学人还需要准确地把握古希腊柏拉图的诗论。人类原始思维和人的童年记忆会渐离渐远而去。那种思维和记忆是人用整体的生命与对象世界打交道,是诗意情趣的源流。柏拉图的想象力在于世界上必须有一个绝对完美的世界存在,然后具体的世界才有存在的可能性。柏拉图更富有睿智的地方在于,他没有用结论式的语言说那个完美的世界究竟何为。这样柏拉图的完美世界就有可能与其他想象的

---

① J.A.Symonds, *Sir Philip Sidney*, p.158.

世界结合起来,构成千姿百态的文化宫殿。为此锡德尼《为诗辩护》就柏拉图的诗论做了一个辩护,认为传统看法将柏拉图当作诗的贬抑者是错误的。事实上,柏拉图所向往的是真正意义上的诗歌创作。西蒙兹在《锡德尼传》中转述了《为诗辩护》中的一段话,"因为它的优点是可以如此容易、如此公正地证实的,而那些爬行的谴责则可以如此迅速地踩到;因为它不是谎话的艺术而是真知灼见的艺术;不是柔弱萎靡的而是极能激发勇气的,不是糟蹋人才的而是造就人才的,不是被柏拉图驱逐的而是为他所尊敬的;因此还是让我们多种桂树来为诗人作桂冠——这种桂冠诗人的光荣,因为只有凯旋的军事领袖可以和他共享,是一个充分的凭据来显示他们应当有的评价——而不容许胡说者的恶浊气息再吹在诗的清泉上吧。"①锡德尼一言以蔽之,柏拉图心目中的诗就是神力感召下的创造。②

沿着西蒙兹阐释锡德尼《为诗辩护》中的思路,今人还可以做一个围绕诗性智慧与文明发展关系的全方位思考:人类文明的进程需要诗性的梦。原始人做着没有自我的梦,结果语言的发展将这场梦打碎了,人类步入文明世界。不过最初的文字是人类丰富感情的浓缩,一个字就是一种创造。每个民族文化渊源都与诗篇相连。后人丢失了初民的诗意创造,不时沉浸在概念化的文字运用之中。笔者想说的是,今天西方文明中的世俗化、技术化、单一化倾向会冲击时代诗性之梦,于是文明在彷徨。其实我们都在期待那场能够回归原本人性和自然的 21 世纪之梦,这就是诗歌、诗人、诗性智慧在当今时代的存在意义。全球化时代需要这样诗性的梦。我们或许无法知道最终的世界底蕴是什么,但只要在文化的创作过程中让对象美的结构呈现出来,诗性的文化之梦就有其存在的价值,就值得人们去深思、盼望。

---

① J.A.Symonds,*Sir Philip Sidney*,p.166.中译文引自锡德尼:《为诗辩护》(钱学熙译),第 51 页。

② 锡德尼:《为诗辩护》(钱学熙译),第 50 页。

二、琼森的文人大气

琼森、莎士比亚是同时代人，还有过共事的经历，亦是竞争对手。在那个时代的名声上，琼森的拥趸可能比莎士比亚还要多些。那么人们的膜拜之情出自何方？有些缘由可能经常为人提及，如琼森的周围有一个学术圈子（circle），就像当年达·芬奇在米兰的学术圈子一样。这种学术圈子会随着师傅唱徒弟和，慢慢形成一种气势。与此相比，演戏起家的莎士比亚还没有如此"圈子"势力。不过，西蒙兹从未囿于诸如此类的常见，还想发掘些更深层次的因素。

《琼森传》①是朗格主编《英国名人传》（*English Worthies*，Ed.Andrew Lang）系列丛书的一种。除撰写《琼森传》外，西蒙兹还编撰《琼森戏剧著作与情诗集》②等。先来了解《琼森传》的具体篇章情况。该作品由如下章节构成：第1章：出生与求学；第2章：成年初期；第3章：琼森的戏剧形式；第4章：杰作；第5章：宫廷假面剧与情诗；第6章：成年第2阶段；第7章：老年。仅仅从篇章结构看，平淡无奇，简之又简，没有在吸人眼球上动渲染性的手笔。其实，读者面对目录页上没有什么光彩文字的传记作品反倒要留个心思，说不定里面有沁人心脾的内容。《琼森传》即留有这份意念于其中。《琼森传》与西蒙兹的其他传记的写法不同，没有列出参考书目，在行文中亦很少引证学者的研究成果。即使提及也不注明出处。例如西蒙兹多处提到斯温伯恩的看法，但没有进行引注。③ 作者写作时的总体做法是将前人和同时代学者的各种看法消化

---

① J.A.Symonds, *Ben Jonson*, Longmans, Green, and Co., 1886.

② *The Dramatic Works and Lyrics of Ben Jonson*, Selected with An Essay, Biographical and Critical by John Addington Symonds, Walter Scott, 1886.还有多种琼森著作的选本可以参考：*Ben Jonson*：*A Collection of Critical Essays*, Ed.J.A.Barish, Prentice-Hall, Inc., 1963；*Ben Jonson and the Cavalier Poets*, Selected and edited by H.Maclean, W.W.Norton & Company, 1974；*Ben Jonson's Plays and Masques*, Selected and edited by R.M.Adams, W.W.Norton & Company, 1979。

③ J.A.Symonds, *Ben Jonson*, Longmans, pp,23,57,etc.斯温伯恩曾著有《琼森研究》一书，A.C.Swinburne, *A Study of Ben Jonson*, Chatto and Windus, 1889。

后嵌入叙述之中。显然,这种作品具有普及的性质。其实,与那些仅供研究者参阅的大部头学术著作相比,①普及作品更费研究者的工夫。尤其是普及作品需要作者用精炼的文笔、有洞察力的视野来传达核心内容。关于这一点,西蒙兹的《琼森传》还是受到些学界的关注。② 在西蒙兹的年代,琼森研究方面已经有很多上佳的学术参考资料。除斯温伯恩的研究著作外,还有季福德编辑的琼森著作集等。③ 在这部著作集中,季福德写了篇十几万字的回忆录。那么西蒙兹的评传和琼森著作辑录的闪光点何在? 或者说西蒙兹心目中琼森的文人大气又有哪些表现呢? 前文提及,西蒙兹受 19 世纪理性主义影响很深,赞赏文人必须具有理想境界和深究事物原委的思想力度。更为重要的是,文人属于可能为何种之人而非必定是何种之人的超凡脱俗者。这就是西蒙兹认为琼森具有大气的根本之所在。具体如下:

第一,琼森不是一般的舞笔弄墨者,而是超出世俗见解的智者。

西蒙兹的《琼森传》始终让读者相信,此传记作品不想停留在批评界的俗套,即如何肯定琼森的文学地位,又如何将琼森的《狐狸》、《炼金术师》加以重点剖析等,而是将立足点放在展示琼森特有的文人个性与大气方面。西蒙兹继承文艺复兴人文主义的精神遗产:真正的文人必须涉猎广泛,文人更是具有崇高的理想和审美情趣并用文学艺术等形式表现自我个性的诗性天才。或者说,西蒙兹心目中的文人气质不是简单的写字作文之才气,而是一种充满人生境界的大气。简言之,真正有大气之士的身上存在着比通常意义上文人还要多点的东西。这种人生境界就是始终向着完善境地努力的人生理想和作为。

---

① 目前比较详尽的琼森著作集以牛津版(*Ben Jonson*, Ed.C.H.Herford and P.Simpson, Oxford University Press)最为学人称道,共 11 卷,从 1925 年起分卷出版。

② *Ben Jonson*, Ed. C. H. Herford and P. Simpson, Oxford University Press, Oxford University Press, 1925, Vol. II "*The Man and His Work*", p.237.

③ *The Works of Ben Jonson*, With A Biographical Memoir by William Giffors, A New Edition, Phillips, Sampson, and Company, 1853.此为新版。新版对季福德原来撰写的回忆录和其他内容多有指正。这部著作集成为日后编订琼森著作时的重要参考底本。

如果用这些标准来品味琼森的文人气质,那会呈现怎样一幅人格图景呢? 西蒙兹就琼森与后来文坛领袖约翰森两人的特点做了比对形容:认为他们都非常博学(erudition),"两人在性格上都有一种大气,其影响胜过一般的文人。"(Both,as characters,were greater and more influential even than as men of letters.)①或者说像琼森这样的有识之士才是真正的文人。至少,琼森从来不感到自己是文人群体中的次等。这样的文人不为一般意义上的文人概念、名分所框限,他是与众不同的。例如在西蒙兹看来,琼森不太喜欢人们一般地称其为剧作家,因为那个年代大多数剧作家就是为了娱乐观众、去迎合愚蠢的喜好,而琼森以为自己恰恰是天生排斥愚昧的。由此可见其大气。② 西蒙兹在评叙琼森成年期第 2 阶段(1616—1626)如何平衡宫廷的重用、桂冠诗人的荣誉、著作集的出版等与文人理想的关系时做了细腻的分析,认为作为有大气境界的文人琼森仍是那个时期人生的主要方面。③ 一些评传作品也认为琼森并没有被环境限制住,还要朝新的目标前行。④ 人们可以从琼森对自己朋友、竞争对手莎士比亚的批评和赞美中反思琼森本人对时代、人生、诗、戏剧等的完美理想追求。不妨看看后来琼森是如何赞美莎士比亚的,从中折射出赞美者自身的境界。此事如下:莎士比亚去世后,其戏剧作品被汇集出版,琼森写了题词。其中有这样的赞美诗,"你的作品简直是超凡入圣,/人和诗神怎样夸也不会过分。/……因此我可以开言。/时代的灵魂!"⑤(当然题词中还有些说莎士比亚不懂希腊文、拉丁文之类贬抑用词。⑥)此处,琼森将自己向往的最高境界赋予了莎士比亚。读者还可以通过两人学术、思想的历史比较研究来

①　J.A.Symonds,*Ben Jonson*,Longmans,Green,and Co.,1886,p.156.

②　J.A.Symonds,*Ben Jonson*,pp.143-144.

③　J.A.Symonds,*Ben Jonson*,"Second Period of Manhood".

④　R.Miles,*Ben Jonson:His life and Work*,Routledge and Kegan Paul,1986,p.184.

⑤　中国社会科学院外国文学研究所、外国文学研究所资料丛刊编辑委员会编:《莎士比亚评论汇编》,中国社会科学出版社 1979 年,第 11 页。

⑥　中国社会科学院外国文学研究所、外国文学研究所资料丛刊编辑委员会编:《莎士比亚评论汇编》,第 12 页。

进一步体验西蒙兹的琼森评论。① 笔者以为，谈论琼森的文人大气时也不能忘了具体的历史境况。一个时代有一个时代的大气。作为剧作家的琼森其许多作品是为私人剧场量身定制的。与公共剧场不同，私人剧场中的观众要显示自己的高贵，喜欢看一些鞭挞人性愚昧、丑陋的讽刺剧。有学者将琼森创作的那些讽刺喜剧中译为"癖性喜剧"（comedy of humours）。② 所以琼森的大气有一种不屑于普通大众观赏趣味的清高意味。在琼森生活的年代，那种自视甚高的文人意识与上流阶层意识往往混合在一起。这些社会时代的因素值得今人在分析大气之类性格特征时重点关注。

第二，琼森作品融文学想象力与思想力于一体。

文人有清高的一面，琼森也不例外，他十分看重自己创作的神圣性。但这种清高需要有才华、天赋的资本，在这方面琼森是同时代其他作者所无法比拟的。③ 另外就是渗透在琼森作品中的思想力。同样对待一件事物、表现一种情感，有思想力的琼森就要比他者看得更深刻些。西蒙兹如此评论，"他的王者地位不在于最高的，而在于巨大的；不在于享有创造想象力方面的天赋和内在的本能，而在于因其思想机能方面那不倦的动能和巨大的能量而不得不为人们所尊重。"④此处再次显现西蒙兹对具有不断走向完整个体性之文人及其创造力的尊敬，也反映了西蒙兹一贯所持有的对具有深刻思想见地文人之崇尚态度。琼森是创作方面的多面手，但戏剧与诗歌仍是主要的领域。后来西蒙兹编撰琼森著作选时即以"本·琼森的戏剧著作与情诗"为题。就琼森的诗歌而论，西蒙兹在编选的"导论"部分做了这样的评价，即琼森是充满知性和判断力的诗人。⑤

---

① 学术界不乏比较莎士比亚和琼森的著述，如 G.E.Bentley, *Shakespeare and Jonson*: *Their Reputations in the Seventeenth Century Compared*, The University of Chicago Press, 1965, 等等。

② 王佐良、何其莘:《英国文艺复兴时期文学史》，外语教学与研究出版社 1996 年，第248 页。

③ J.A.Symonds, *Ben Jonson*, p.31.

④ J.A.Symonds, *Ben Jonson*, p.198.

⑤ *The Dramatic Works and Lyrics of Ben Jonson*, Selected with an Essay, Biographical and Critical by J.A.Symonds, p. X X X V.

读者不难发现,琼森的想象力不一定强在情节的引人入胜,更在于让读者、观者在形象化情节中领略到深刻的思想判断力和思想境界。由此也见出西蒙兹对那些有思想力的诗人之器重。西蒙兹《琼森传》第3章、第4章、第5章等对琼森的戏剧风格、语言特点等做细致的分析。西蒙兹在评述的过程中还就学术界对琼森作品中存在的机械化、僵硬感瑕疵之评论进行回应。在西蒙兹看来,那些并不代表琼森作品的主流,或许是一些效果性的装饰而已。从总体上看,西蒙兹认为琼森的戏剧、语言等借鉴了古罗马的古典风格,显得端庄、特征刻画清晰。① 而古代罗马戏剧作品的重要特征之一就是浸透在其中的思想力。不难看出,西蒙兹对琼森文学天赋评价的核心是文学想象力与思想力的统一,其中思想力为上。这也是西蒙兹自己文学创作的核心理念。但此等文学创作和批评理念是值得进一步商榷的。西蒙兹的诗歌未被广泛推崇;琼森的戏剧毕竟未超越莎士比亚,这些难道不是过分强调思想力的结果吗?

第三,琼森具有强烈的批评意识。

有境界者不乏批评意识。在这方面西蒙兹同样充分肯定琼森文学创作中的思想力度。西蒙兹觉得琼森的喜剧代表作品《狐狸》就不是简单的幽默、嘲讽之剧,而是对人性之恶的无情鞭挞、批判。② 故事围绕没有子嗣的有钱人即"狐狸"之遗产展开。各方贪欲之士动足心思,为的是得到这份遗产。"狐狸"也是商场、情场老手,乐于与狼共舞。在各方计谋的大较量后,剧情以恶人恶报的喜剧收场。《狐狸》的情节丝丝扣人,将人性中最为丑陋、阴暗的一面揭诸世人。此等人性批判还体现在琼森的其他戏剧作品(如《人人高兴》等)之中。琼森亦十分关注诗歌、戏剧的教育意义。西蒙兹转述琼森的主张,"他认为,舞台上的诗句不该仅仅为了愉悦观众,其根本目标在于引导。"③由此也见出西蒙兹对文人的社会教育、影响之重视。在文论方面,琼森也是那个时代最

---

① J.A.Symonds,*Ben Jonson*,pp.56-57.

② J.A.Symonds,*Ben Jonson*,p.70.

③ J.A.Symonds,*Ben Jonson*,p.31.

具有批评意识的文坛旗手,留下不少批评著述。① 西蒙兹向读者展示,正是琼森超越一般文人的大气境界为那段时期琼森的各种文学批评增添许多亮点。例如琼森注意到多恩诗歌在形式和内容方面的魅力,②等等。

正因为有上述考虑,西蒙兹在传记的最后将琼森的地位与弥尔顿等相提并论。③

三、雪莱的完美境界

西蒙兹的人生看似有诸多不完美的表象,但其一生始终在朝着自认为是完美的境界攀登。这种情况与诗人雪莱(Percy Bysshe Shelley,1792—1822)的人生状况十分相像。这样,西蒙兹就将自己的人生感怀倾注在《雪莱传》④的写作之中。由前文可知,西蒙兹对米开朗基罗的重视也浸透此等心心相印的情感成分。西蒙兹点评19世纪诗人勒弗罗伊的十四行诗亦见出类似的心境,⑤如此等等。

《雪莱传》列入莫利所编《英国文人丛书》,大致在15万字左右。西蒙兹在撰写《雪莱传》时参考不少前人的传记作品。在第2版的前言中还提到作家道登的经典作品《雪莱传》。⑥ 道登《雪莱传》的特色之一是大量引用雪莱书信等第一手资料来展示其生平、作品的风貌。后来的《雪莱全集》⑦有3卷是书信方

---

① 其批评著作被汇编成册,如:*Ben Jonson's Literary Criticism*,Ed.J.D.Redwine,Jr.,University of Nebraska Press,1970。

② J.A.Symonds,*Ben Jonson*,p.160.

③ J.A.Symonds,*Ben Jonson*,p.198.

④ 先是英国版:J.A.Symonds,*Shelley*,Macmillan and Co.,1878,然后是美国版:J.A.Symonds,*Shelley*,Harper & Brothers,Publishers,1879。到了1887年,Macmillan and Co.又出了一个新版。以下引用凡没有特别注明者均为新版。这部《雪莱传》已经出了中文译本,取名《雪莱传——天才不只是瞬间完美》(岳玉庆译),江西教育出版社2014年。这个副标题在西蒙兹《雪莱传》的初版和新版中都是不存在的,中译本不知道是根据哪个出版社的版本加上去的。不过副标题很符合西蒙兹对雪莱评价的愿意,也算是标题注吧。

⑤ *Edward Cracroft Lefroy:His Life and Poems*,including a Reprint of Echoes from Theocritus,By Wilfred Austin Gill,with a Critical Estimate of the Sonnets by the late John Addington Symonds,John Lane,1897.

⑥ E.Dowden,*The life of Percy Bysshe Shelley*,Routledge and Kegan Paul,1886.

⑦ *The Complete Works of Percy Bysshe Shelley*,Newly edited by Roger Ingpen and Walter E.Peck in ten volumes,Ernest Benn Limited,1927.其中第8、9、10卷为书信。

面的内容。出于种种原因西蒙兹并没有很好地利用上述道登的研究成果修改自己的作品，这实为一件憾事。如果西蒙兹能够像道登那样利用尽可能丰富的资料来重新全面地评述雪莱的生平，可能这位诗人的形象会更饱满、更动人。从编撰规模的角度看，那套丛书的篇幅、结构、编撰要求难以容纳大部头的学术探讨文字。这可能是后来西蒙兹修改《雪莱传》时未有大幅改动的原因之一。

《雪莱传》的篇章结构如下：第 1 章 出生与童年；第 2 章 在伊顿与牛津；第 3 章 在伦敦的生活与第 1 次婚姻；第 4 章 第 2 次寓居伦敦，与哈里特分手；第 5 章 在马洛的生活，意大利行；第 6 章 寓居比萨；第 7 章 最后的岁月；第 8 章 尾声。就传记创作而言，西蒙兹的历史眼力表现在根据不同评价对象的生平、思想和作品特点来规划传记的形式，因此西蒙兹的每部历史人物传记作品风格各异。《雪莱传》就其历史传记作品而言，写得中规中矩，从以上篇章结构的情况看，没有什么哗众取宠的标题。与其他大部头的雪莱传记相比，[①]西蒙兹的作品显得简约又不失文采。他自己对这部评传作品亦充满信心，认为自己的作品不像许多雪莱传记作品那样为枝节琐屑问题争论不休，而是"将一个原原本本的雪莱形象明晰完整地呈现给读者。"[②]西蒙兹像当时流行的传记作品写作一样，在正文前开列作者参考的雪莱著作集和重要的雪莱传作品。全书基本上按生平年代展开叙述，大致上第 1 章讲同年生活；第 2 章谈在伊顿公学和牛津大学的学习生涯。然后各用 2 章的篇幅讲述在伦敦和在意大利的生活。末尾叙述诗人最后的生活及西蒙兹的评论。整个叙述十分细腻，特别是作者在每一章中都在向读者展示雪莱的个性。例如求学那一章里，西蒙兹将雪莱有点孤独的个性向读者娓娓道来，让读者带着几分疑问不知不觉就走进了雪莱带有浓浓诗意的生平之中，[③]似乎只有这样慢慢道来的叙述才能准

---

① 学术界还有一些经常被人提及的雪莱评传巨著，如：W.E.Peck, *Shelley: His Life and Work*, Houghton Mifflin Company, 1927; R.Holmes, *Shelley the Pursuit*, E.P.Dutton & Co., Inc., 1975, 等等。

② J.A.Symonds, *Shelley*, pp.186–187.

③ J.A.Symonds, *Shelley*, pp.12–13.

确地展示雪莱的内心世界。西蒙兹也在自己的书中就为何进行细腻的历史叙事问题做了交代。在西蒙兹看来,雪莱的一生完全按照自己的思想和感情在行动,他的生命和诗是连为一体的。所以只能用历史叙事的形式而不可能用论文的形式去展示雪莱生动的个性和诗作。① 另外,作者在这部传记的起始就深深表达出对其敬慕的诗人过早离世的惋惜之情,因为存在于雪莱身上更为全面的才华还需要假以时日发展、更大的抱负还有待去实现。② 西蒙兹提示学人,历史家笔下的人物都是鲜活的个案,没有公式可以统揽,唯独比较才能互对互照、展示个性。后来斯宾格勒在《西方的没落》中也提出历史比较是历史人物研究特有方法的观点。③ 此等想法对我们评论西蒙兹的历史比较眼力有指导性的参考价值。在《雪莱传》中,西蒙兹通过与诸多诗人(如拜伦、沃兹沃斯、柯勒律治、济慈等)的比较来揭示雪莱思想和作品的独特性。④ 西蒙兹十分赞赏那些为完整的理想进行奋斗的人生,因而对呈现一个完整的文人形象有比较高的要求。西蒙兹对 19 世纪英国 3 位浪漫主义诗人(拜伦、雪莱、济慈)做比较的立意在于向读者表明,雪莱有更完整的人生、社会思考,其整个创作生涯就是向着更高、更完善的目标前进的过程,认为雪莱的地位要在后两人之上。雪莱称得上是一位真和美结合的诗人。这恰恰是西蒙兹最为看重的因素。即使在诗情、诗歌创作方面,西蒙兹也倾向于认为雪莱对拜伦的影响要更大些。⑤ 当然在诗歌批评史上不时有比较拜伦与雪莱等的特点、地位等文字,并出现一些意见相左的看法。⑥ 这些都值得今人做进一步的分析。不幸的是雪莱过早离世,于是人们看到了还不尽完善的雪莱形象。在西蒙兹看

---

① J.A.Symonds, *Shelley*, p.182.

② J.A.Symonds, *Shelley*, p.2.

③ 斯宾格勒:《西方的没落》(齐世荣等译),商务印书馆 1963 年,第 14—16 页。

④ J.A.Symonds, *Shelley*, pp.183-184.

⑤ J.A.Symonds, *Shelley*, pp.88-89.

⑥ 如:C.E.Robinson, *Shelley and Byron, The Snake and Eagle Wreathed in Fight*, The Johns Hopkins University Press,1976. 考虑到雪莱与拜伦的私人关系与诗歌创作的相互影响,这种比较已经成为习惯,西蒙兹也不例外。

来,拜伦、济慈等人都将各自的才华发挥得差不多了,而雪莱还在向高处走。雪莱是有政治抱负的,①雪莱的一生又爱憎分明。他所创作的《解放了的普罗米修斯》和《倩契》鲜明地反映出雪莱的善恶二元论。在这方面,雪莱于1819年1月26日写给皮科克的信中,其伟大的抱负表露无遗,甚至要构想为整个人类造福的宏图美景。雪莱说道,"我可以构想一部伟大的作品,它包含所有岁月中的发现,并调和那些曾经管控着人类的互有冲突之信条,"②雪莱的政治道德观受政治思想家葛德温的影响很大。威廉·葛德温(William Godwin,1756—1836)著有《政治正义论》③一书,主张理性、自由和天赋人权。雪莱在伊顿公学求学期间读过此书,被书中的观点所折服。④ 后来雪莱还娶了葛德文的女儿为妻。西蒙兹在《雪莱传》的第3章比较详细地评述了雪莱在爱尔兰事务等问题上的政治立场。西蒙兹注意到雪莱看重理性包括政治理性的一面,甚至让自己沉浸在理性的完美与超越之中。⑤ 由此看来,雪莱的悲剧正在于用其理想来反抗社会。⑥ 西蒙兹的文化人生体现在爱的境界上。为此西蒙兹在《雪莱传》中转引了不少其他雪莱传记作者的评语,其中就包括雪莱朋友霍格的诸多评语。霍格认为雪莱品质当中最为人称颂的地方就是对人、对世界的爱。为此雪莱坚守两条原则即崇尚自由和宽容。⑦ 作为诗人间的对话,西蒙兹理所当然看重雪莱关于诗在文化中的至上地位观点。西蒙兹在评传中花了不少笔墨转引雪莱《为诗辩护》的观点,"诗歌确实是神圣的东西。它既是知识的圆心,又是圆周;它包含所有科学,而一切科学又必须求教于它。它是所有其他思想体系的根本,同时是它们的花朵,……"⑧当然,西蒙兹在认同

---

① 雪莱的政治论述已译成中文,如《雪莱政治论义选》(杨熙龄译),商务印书馆1981年。
② J.A.Symonds,*Shelley*,p.116.
③ 威廉葛德文:《政治正义论》(何慕李译),商务印书馆1980年。
④ 《雪莱政治论文选》(杨熙龄译),"译者序",第Ⅲ页。
⑤ J.A.Symonds,*Shelley*,p.13.
⑥ J.A.Symonds,*Shelley*,p.94.
⑦ J.A.Symonds,*Shelley*,p.32.
⑧ J.A.Symonds,*Shelley*,p.114.

雪莱的上述观点时,也在书中对雪莱做了批评。例如批评雪莱在处理历史和诗的关系时对实证性的历史研究缺乏悟性,一味追求超越性的诗性智慧。① 西蒙兹的文人境界在强调诗性智慧优先地位的情状下也刻意让历史与诗两者结合起来,而雪莱往往在现实世界与超验世界的比较中将玄虚的一面看得更为重要。② 又例如,雪莱的诸多创作显得仓促和不完整。③ 尽管如此,在谈及文学史上的贡献时西蒙兹仍高度评价雪莱的地位,认为雪莱赋予英国文学新的品质即理想、自由和精神上的无所畏惧。④ 另外,西蒙兹高度赞美雪莱的浪漫抒情诗风格,认为其抒情诗中的审美境界可以与 19 世纪风景画作家透纳画作中的寓意相媲美。⑤ 在雪莱的抒情诗中,由爱和光将天上人间的事物穿引在一起,而那个神秘的爱和光的世界又带着些朦胧的意境,让读者生发出无尽的遐想。这正是透纳风景画的特点:美到极致,品味不尽。下面是一段西蒙兹所引雪莱《解放了的普罗米修斯》中画外音赞美普罗米修斯妻子阿细亚的英文原文,它集中体现出雪莱诗歌的浪漫、抒情与理想格调:

> Life of Life! Thy lips enkindle
>
>   With their love the breath between them;
>
> And thy smiles before they dwindle
>
>   Make the cold air fire; then screen them
>
> In those looks where whose gazes
>
> Faints, entangled in their mazes.
>
> Child of Light! Thy limbs are burning
>
>   Through the vest which seems to hide them,

---

① J.A.Symonds, *Shelley*, pp.68-69.

② J.A.Symonds, *Shelley*, pp.125-126, 13.

③ J.A.Symonds, *Shelley*, pp.184-185.

④ J.A.Symonds, *Shelley*, p.183.

⑤ J.A.Symonds, *Shelley*, p.125.

As the radiant lines of morning

    Through the clouds，ere they divide them；

And this atmosphere divinest

Shrouds thee wheresoe'er thou shinest.

Fair are others；none beholds thee.

    But thy voice sounds low and tender，

Like the fairest，for it folds thee

    From the sight，that liquid splendor，

And all feel，yet see thee never，

As I feel now，lost for ever！

Lamp of earth！Where'er thou movest

    Its dim shapes are clad with brightness，

And the souls of whom thou lovest

    Walk upon the winds with lightness，

Till they fail，as I am failing，

Dizzy，lost，yet unbewailing！[1]

（江枫的中文对译如下：

生命的生命！你的双唇能用

    爱，点燃从中通过的呼吸，

你的微笑在消失以前，就能

    使冷空气燃烧；然后再以

这样一种容貌把那些个微笑

---

[1]　J.A.Symonds，*Shelley*，p.125.

　　留住，谁看见谁会神魂颠倒。

　　光的孩子！你肢体的光焰在
　　　烧穿似乎遮蔽它们的衣衫，
　　就像黎明的曙光光柱射出来，
　　　不等被云挡住便把云射穿；
　　这神圣的光焰永远裹在你身，
　　无论你在什么地方大放光芒。

　　美女还有；却没有谁见过你；
　　　但是你的声音温馨而轻柔，
　　仿佛最美，因为它笼罩着你，
　　　挡住视线，不容华光外流，
　　都能感觉，却绝对看你不见，
　　就像此刻的我，不见到永远！

　　人世的明灯！无论你到何处，
　　　它阴暗的形体都始终沐浴
　　你的明光；谁一旦为你所爱，
　　　灵魂便会在风中飘然漫步，
　　直到衰竭，就像我这样衰竭、
　　眩晕、昏迷，然而绝不哭泣！)①

在雪莱的人生经历中，对女性的尊重、对女性美的赞美广为人知。阿细亚就是雪莱心目中的女性女神，亦是女性美的象征。阿细亚是信仰的光照。在《圣

---

　　① 江枫主编：《雪莱全集》第4卷，河北教育出版社2000年，第172—173页。江枫的翻译很用心，既符合原文的意思和诗风，又不失中文的语词构成习惯，确实值得借鉴。

经》里,神就是一种光,它流溢在宇宙人间,是最高的真理。阿细亚还浸透着爱的温柔。总之,她——阿细亚就是雪莱所追求的那种纯粹、一尘不染真善美理想境界之象征。西蒙兹自己的文风、意境也在不断实践雪莱的上述理想世界。但西蒙兹终究是雪莱隔代的倾听者、对话者。两者的思想境界、文风等还是有差异的。但这些并不妨碍两位诗人的文心相通。西蒙兹和雪莱都在爱、理想、追求完美的崇高境界下走完人生的历程;他们都出身富贵家庭,从小受到良好的家教;他们的少年时代都进入贵族学校求学,雪莱就读伊顿公学,西蒙兹则在名校哈罗念书,并都是粗俗教育环境的反抗者;他们是牛津大学隔代的校友;他们都有诗人的质地,雪莱是浪漫主义诗歌的代表,西蒙兹更多地抒发性倒错者的诗情;他们都有巨著存世,雪莱有《解放了的普罗米修斯》等诗篇,西蒙兹则有《意大利文艺复兴》等文化史著述;他们在语言习得上均颇有造诣,能用多种文字进行翻译;他们都深深感怀意大利的风土人情,雪莱后来定居比萨,而西蒙兹则定居与意大利接壤的瑞士,并经常造访意大利;他们都有生命付托的挚友,雪莱的朋友是大诗人拜伦,西蒙兹的好友是威尼斯研究专家布朗;他们最终都在意大利辞世,雪莱不幸在海中罹难,西蒙兹则 1893 年在罗马病殁,其灵柩安葬在雪莱墓地的附近,这算得上是一种永久的灵魂告慰。①

---

① 布朗《西蒙兹传》(H.F.Brown, *John Addington Symonds A Biography*)第 2 卷最后一张插图即为"在罗马的英国人墓地"。

第六章　文化由诗性智慧呈现

——西蒙兹诗歌、诗论、译介、游记管窥

西蒙兹的文化人生和文化创作充满诗性智慧。在黑格尔、乔伊特等思想大家的启导下,西蒙兹认为只有从情感、理性、信仰的各个角度看待文化才能理解文化的精髓,并写出真正意义上的文化史。在西蒙兹的眼里,具备诗性智慧是写出文化史作品的前提。就西蒙兹的历史研究风格而言,其学术制高点之一就是诗性智慧与史实叙述的结合。在许多场合,西蒙兹以诗人的身份、心灵与文艺复兴时期的文人展开诗性的对话,并通过对话寻找历史人物的内心世界。

西蒙兹还十分在意历史上文人对诗性智慧的各种看法,并就文化与诗性智慧的关系发表自己的见解。从文化史的角度看,人类最初的文化创造就是与诗性化创作紧紧关联在一起。文化史上那些带着纯真性情的诗人也有引领历史的一面。这样,书写诗歌的历史、为诗人作传等成了书写人类生动普遍历史的重要内容之一。在文艺复兴时代,出现一大批有个性、有创造力的巨人。这些巨人无一不是诗性智慧的代表。这里牵涉到一个问题,即文化人需要重新认识诗歌、诗人的内在价值,需要在更广的领域体现自身的诗性智慧功力及其文化价值。西蒙兹自己就是诗人,并留下众多反映忧郁情调等的诗歌作品。西蒙兹的诗歌创作与诗歌批评是上述理念的生动实践。这样,许多充满诗性智慧的文人在西蒙兹的笔下再次复活,其中包括希腊的诗人、中世纪的诗歌、

特别是意大利文艺复兴时期的各类作品。西蒙兹还以深情雅致的笔触将《切利尼自传》、《高兹伯爵回忆录》等作品译成英文，并成为翻译界的精品。西蒙兹所撰写的意大利游记将亚平宁半岛的人文景观栩栩如生地展现在读者眼前。

第一节 多维视角下的诗性智慧

一、诗性感知与理性认知

文化耕耘与文化史研究等离不开诗性的因素。在文化史的历程上，诗性智慧总是与文化人的纯真个性结合在一起。这种诗性智慧体现出真和美的融合。环顾文化史研究领域，不是任何人想写文化史就能提笔而就。你要拍一幅风景照，这时取景者的思路如何、相机结构等部件如何是关键。文化古今对话也需要一种使对话能够进行的前提，这个前提就应该包括今人诗性智慧之类的文化质地。在所谓的客观史学那里，历史学家将自己隐匿起来，似乎唯其如此才能客观地表现所要记叙的对象。但历史是人创造的，历史研究最主要的对象也是人。而诗性智慧就存在于活生生的个体身上并在人创作历史的过程中发挥作用，因此真正的历史学研究无疑离不开人与人之间的诗性交流。当然历史研究工作者并非个个是诗人，但懂得诗性智慧在历史研究中的地位则是不可或缺的潜质。

西蒙兹是一位诗人，还一再强调自己是文学美感质地型的学者。① 西蒙兹在文化认知与文化创作上充满诗性的意蕴。这里所谓"诗性"一词泛指与理性的、逻辑思维有别的直觉体认等认知形式、文化创造行为，其宗旨是追求对人生、世界的整体性感悟。② 作为诗人的西蒙兹一生追求完整的、纯真的人

---

① *The Memoirs of John Addington Symonds*, Ed.and intro.P.Grosskurth, p.242.

② 周春生《对文艺复兴时期人文主义诗性智慧的历史透视》(史学理论研究 2010/4) 一文对诗性智慧问题有详细的阐释。

和人性表达;他向往人的个性自由、解放;有宗教的情怀;内心深处怀着诗人的格调;又是一个同性恋者。这些合在一起,影响着西蒙兹对人生、社会的总体认识。具体而言,他受歌德的影响,推崇纯真的自然和生活。还受到同时代人如诗人惠特曼的影响,向往独立个性发挥。西蒙兹一生热衷于新柏拉图主义的理论。所有这一切铸就了西蒙兹的诗性智慧。他如是歌颂诗人:"诗人伟大的有力证明是:他的身上有最适宜的人性;他用道德的和谐去体验感觉、情感、意志、思想的平衡;他有能力关注整个的生命并呈现生命所有的底蕴。"①由此引申到如何看待文化的问题,例如如何评论艺术现象呢? 西蒙兹认为评论艺术绝不能像评论道德那样可以从物质的、精确的感觉等角度入手,"所有的艺术都是人内在存在、思想、情感通过美的文字、形式、色彩、声音之表现。我们的评论也必须由丰满的思想、情感加以决断并同样通过优美的符号去反映那些高贵的人性。"②也就是说,文化现象需要通过人的内在心灵世界并用美的形式予以体认把握。西蒙兹反复提到意大利的艺术在文艺复兴时期的尾声阶段如何衰落下去、又为何在反宗教改革时期得到复兴等问题。这些问题也只有到民族的内在心灵世界中去寻找答案。从某种意义上讲,西蒙兹撰写《批评主义的某些原理》③等文章就是为了解决此类心灵世界与文化创作之间的关系问题。从文化创造的角度还可以进一步认为,西蒙兹的上述观点说到底是将人的非理性因素抬高到文化创造力源泉的地位。因此,西蒙兹一生的学术研究特别关注那些追求纯真人性的艺术家及其艺术创作。这里牵涉到如何看待诗性智慧和理性认识之间的关系问题。

从西蒙兹的思想、学术成长历程看,西蒙兹应该是文艺复兴以来理性复苏的接续者。在文艺复兴时期,造船业、海外探航、毛纺织业等的需求直接间接

---

① J.A.Symonds,*Essays*,*Speculative and Suggestive*,p.323.

② J.A.Symonds,*Essays*,*Speculative and Suggestive*,p.58.

③ J.A.Symonds,*Essays*,*Speculative and Suggestive*,pp.53-78.

地促进了天文学、物理学等学科的发展。意大利以伽利略为代表的诸多科学精英用他们的理论和实践引起世人对科学、理性的重视。也就是思想界需要重新认识和确立理性的地位。18 世纪启蒙运动以降,理性在西方思想文化中占据着主导的地位。西蒙兹所处的 19 世纪,资本主义文明正在显示其活力。在文化上,理性主义、科学精神等主导着社会的思潮。作为理性文化环境中成长起来的西蒙兹当然十分看重理性的地位。例如对达尔文的科学精神等都有赞美之词。他写过不少以进化论为题的文章,如《进化论哲学》等。① 在西蒙兹的眼里,文艺复兴很重要的内容之一就是理性知识的复苏和理性地位的上升。西蒙兹在诸多场合表示对理性的尊重。不过西蒙兹心目中的理性是一个综合性的概念。在更多场合西蒙兹喜欢用心灵、智慧、思考、思想、精神这些内容更为丰富的词汇来指称理性,而非概念、判断、推理之类比较逻辑化的说法。例如西蒙兹对"美"的认识就是最好的印证。西蒙兹说:"在纯自然中永远找不到美,美需要人类思维的劳作从自然中去提取;美不是部分的、单一的特性,而是复杂的总体;美不是肉体的和血性的,而是心灵、想象和感觉。美作为自然中所见最佳之物是被引导出来的,就好像人类思维中的精华,它通过人的形式化概括来表达,它是人类天赋中不朽生命的赠礼。所以美是综合性的、知识性的、穿透着精神力的,艺术由此呼之欲出。"②就关注理性与情感两者关系而言,西蒙兹上述言论似乎与黑格尔"美是理念的感性显现"之类说法有些类同。但西蒙兹所指的理性与黑格尔那种本体论意义上的理性仍有区别。西蒙兹对哲学认识论层面上的理性不时表现出审慎的态度,认为哲学的理性分析只是在做这样一件事,即"哲学所能做的就是去分析人类思维和感觉的量度,去论断人类理解世界的限度,去展现我们应对能力的方向。哲学必须禁止那种对世界整体的本体论解释。"③这样的理性是有限度的。西蒙兹专门写了一

---

① 　见 J.A.Symonds,*Essays*,*Speculative and Suggestive* 首篇。

② 　J.A.Symonds,*Essays*,*Speculative and Suggestive*,p.139.

③ 　J.A.Symonds,*Essays*,*Speculative and Suggestive*,p.403.

篇《知识的限度》文章,进一步指出人的知识能力脱不开人自身经验的局限。说到底知识是有限度的,人不可能用这种有限度的知识能力去认识无限的世界。这里很有点康德哲学的味道,即哲学使我们懂得人类自身的认识能力限度,也就是人类要做认识能力范围内的事情。那种"世界原本是怎么样的"之类本体论发问其实超出了理性认识能力,也就是理性达不到对世界本体的完整性认识。同样,要想靠逻辑化的理性判断去认识美,那也是行不通的。只有调动人的各种能力去体验对象,美的世界才能显现出来。以上观点说明西蒙兹一生既维护理性的认知权威,同时对理性并非一味歌颂,而是持一种批判的立场。那么面对现实世界中那些不可用理性切割的缤纷万千、实实在在的各种事物,人们的认知方法又有哪些呢? 为此西蒙兹提出了诸多自认为是真切的认知方法,其中包括像雪莱所提倡的那样用情感去捕捉对象事物,①等等。在维多利亚时代理性乐观气氛流行的同时,西蒙兹与西方其他具有超前时代意识的文化人已经敏锐地觉察、分析出理性的局限性,并强调人的其他因素如诗性因素正是创造力的源泉、正是一个完整的人之象征。作为历史主体的人应该用其积极向上的精神创造出丰富、多面的文化。打开人类文明史的长卷,其进程始终伴随着诗性的智慧、行为和成果。事实上,即使是最严谨的科学思维也渗透着诗性的因素。特别是文艺复兴时期的思想文化更是诗性智慧的爆发。

回顾西方文化史的进程:在19世纪末和20世纪初,欧洲思想文化领域蔓延着一股非理性主义思潮。非理性主义有两个相辅相成的理论要点:其一,它强调理性的概念判断有其不可避免的局限性,理性不可能完整地表现生命本能的意蕴;其二,它强调生命本能是人和世界的真正本体部分,是人认识自己和认识世界的基石。西蒙兹的同时代人、19世纪的意志论者叔本华曾这样赞美诗人的地位,"诗人却在一切关系之外,在一切时间之上来把握理念,人的

---

① *The Letters of John Addington Symonds*, Vol. I, Ed. H.M.Schueller and R.L.Peters, "Biographical Introduction", p.32.

本质,自在之物在其最高级别上恰如其分的客体性。"①也就是说,平时人们是将自己放在某种关系之内逻辑地看世界、思考问题,因此他们被各种"关系"、"逻辑"束缚住了手脚。相反诗人的纯净使他们挣脱了俗界的东西,于是看得更远、想得透彻。诗人恰恰能用其诗性的智慧去体验人性的全部和完整的世界,"真正诗人的抒情诗还是反映了整个人类的内在[部分],……他是人类的一面镜子,使人类意识到自己的感受和营谋。"②早在18世纪的欧洲史学界已出现浪漫主义历史哲学。赫尔德等历史哲学家重视人的自然感性和诗性智慧在文化创造中的作用,认为贴近自然、抒发人性深处的情怀,这是人之为人、历史之为历史的基础。甚至出现对中世纪人与自然相交融的诗意想象和怀念之情。这种浪漫主义情思是产生18、19世纪文化史著述(当然包括西蒙兹历史创作在内)繁荣局面的催生因素之一。在历史学领域,以狄尔泰为代表的历史直觉主义亦主张用记忆中的自由想象去直觉和洞察历史事件,并与历史人物进行心理交流。20世纪的斯宾格勒宣称理性及理性哲学体系已走到了它的尽头,"成体系的哲学完结于十八世纪末。康德把它的最大可能性用本身宏伟而且照例是西方心灵所能最后达到的形式提了出来。"③所以在19世纪出现像西蒙兹这样具有诗性智慧的历史学家是有思想渊源可寻。存在于西蒙兹思想观念中的非理性因素是时代文化潮流的一种映照。

　　这里还需要提及西蒙兹关于理性与信仰关系的认识。在西蒙兹的认知体系中,人们借用理性去认识世界时还需要使用情感等认识手段,其中就包括信仰的因素。例如西蒙兹在分析文艺复兴时期的文化现象时就十分注意信仰因素在各种场合下的作用。西蒙兹向人们展示西方文化史上这样一幅理性与信仰交融的图景:中世纪时代的阿奎那以神为中心构建信仰与理性的关系。阿

① 叔本华:《作为意志和表象的世界》(石冲白译、杨一之校),商务印书馆1982年,第339页。

② 叔本华:《作为意志和表象的世界》(石冲白译、杨一之校),第345—346页。

③ 斯宾格勒:《西方的没落》,第73页。

奎那认为,因为有了神法,于是人们可以根据理性和自然法去认识和制订实在事物的规则。① 延续阿奎那的思路,文艺复兴时期的人文主义者则通过双重真理意识去抬高理性的地位。另外,文艺复兴时期的意大利社会十分世俗化,学人需要从各个角度来维护人的现世情感和权益,需要将宗教的信仰与人的自然情感沟通起来。其中的许多学说与传统的基督教教义发生碰撞。在正统的教会人士看来,人文主义者世俗化宗教观念是异教性的。当然,大多数人文主义者都是基督教徒,他们还需要维护这份教徒的情感。于是文艺复兴时期的宗教信仰变得复杂化了。彭波那齐、费奇诺是其中的代表。彭波那齐认为由理性求得的真理和由信仰得到的真理是两种不同的认识结果。例如彭波那齐认为知识是能够用逻辑的手段来求证的,同时这种手段不能脱离人的感觉等。即使是灵魂不死之类的问题也不能用超越感觉、经验和理性的方法去证明。但从信仰的角度看,灵魂不死是能够成立的。这就是所谓双重真理,而彭波那齐之所以强调信仰真理,这是因为理性知识需要一种保证。这里有明显的亚里士多德主义倾向。② 按照亚里士多德的观点,要保证判断的正确性就必须设定一个最终意义上的不证自明概念,这个概念的正确性究竟由谁来担保? 其回答是"神"。③ 这种观点在文艺复兴时期的思想界非常流行。西蒙兹在评论彭波那齐那种复杂的认知结构时也持类似的看法。西蒙兹进一步指出,彭波那齐虽然不相信灵魂可离开肉体存在或灵魂不朽,但为了使科学与信仰有一个连接点,他还是站在基督徒的立场接受了上述信念。④ 费奇诺则认为,信仰中的完美和理性所把握的事物结构之完美是一致的,或者说两种真理虽然从表面上看其认识途径不同,但在性质上如在达到的目的等

---

① 阿奎那:《神学大全》,引自《阿奎那政治著作选》(马清槐译),商务印书馆 1963 年,第108 页。

② 关于彭波那齐的双重理论等可参见克利斯特勒:《意大利文艺复兴时期八个哲学家》(姚鹏、陶建平译),上海译文出版社 1987 年,第 101—102、104—105 页。

③ 亚里士多德:《形而上学》(吴寿彭译),商务印书馆 1959 年,第 6 页。

④ J.A.Symonds, *Renaissance in Italy*, Vol. Ⅴ, New Edition, p.416.

方面是一致的。① 以此说明理性与信仰具有同等的地位。在文艺复兴时期，自然神论的各种观点逐渐流行开来。一般来讲，自然神论者都试图请神来担保理性的至高无上地位。人文主义者主张信仰和理性各有其存在的合理性，同时两者互相补充，构成人的认识真理性。西蒙兹在评述皮科、费奇诺等学人的认知世界时特别指出，他们思想的一个重要特点是调和柏拉图主义与基督教的思想。同时提醒学人要记住信仰因素是如何渗透进文艺复兴时期人文主义者的世俗化认知结构的情状。② 在艺术领域，许多画家都将神的意志、地位引入画面之中。所有上述复杂的哲学认识论均影响到西蒙兹的认知世界。西蒙兹如是说："神与法则的概念就是去合并科学的普遍性理论。或者说，精神性植根于自然，这是一种具有无限生命力的想法。"③西蒙兹实际上是将神、科学理性、人的精神、自然情感等因素融合在一起。如果说文艺复兴时期思想家的理性和信仰世界十分复杂，特别是信仰世界玄之又玄，那么西蒙兹自己的观念体系、信仰世界同样复杂得难以辨析。例如，什么是西蒙兹心目中的神呢？西蒙兹自己也没有确切的表述，学者们也感到是个未知数，大致上属于不可知论的范畴，或者推而论之属于西蒙兹自己的神吧。④《西蒙兹回忆录》中有专门论述宗教的章节。西蒙兹说过，他不是天生就有强烈宗教情感的人，但为了使内心世界有一个支撑，西蒙兹认为自己需要宗教信仰。⑤ 确实，作为性倒错者的西蒙兹需要在信仰与性倒错心理关系方面找到一个平衡点。这样，西蒙兹心目中的神应该是渗透在所有的事物之中，让人去过一种"整体性的生活"。⑥ 由此看来，西蒙兹思想体系中信仰的力量也有救赎的意义。不过与神

---

① 关于学者费奇诺的灵魂不朽等理论可参见克利斯特勒：《意大利文艺复兴时期八个哲学家》（姚鹏、陶建平译），第53—56页。

② J.A.Symonds, *Renaissance in Italy*, Vol. I, New Edition, pp.357,134.

③ J.A.Symonds, *Essays, Speculative and Suggestive*, p.10.

④ F.Harrison, *John Addington Symonds*, Macmillan and Co., 1896, p.20.

⑤ *The Memoirs of John Addington Symonds*, Ed.and intro.P.Grosskurth, p.244.

⑥ *The Memoirs of John Addington Symonds*, Ed.and intro.P.Grosskurth, pp.246,252.

学家不同,西蒙兹的信仰始终与情感、自然、理性等粘合在一起,并存在于鲜活的生活之中。由此得出结论:存在于西蒙兹身上的非理性与理性双重因素不是矛盾纠结的关系,而是相互合流,起着提升人生境界的精神作用。归根结底,我们仍需要回到西蒙兹的人生来认识上述观念现象,西蒙兹需要用各种认识的手段(其中重要的方面是情感因素)来洞察人性和世界底层的意蕴,从而求得性倒错者生理、心理的一种安稳;而作为一位受过良好家庭教育和全方位知识训练的文人,西蒙兹又需要在人生处世、文化创作过程中用各种经得起检验的知识来分析纷繁复杂的现实事物,以求得结论的客观、公允与平衡。

总之,在理解西蒙兹的认知世界时需要做各种综合性的考虑。

二、生动叙事与历史尺度

简言之,西蒙兹的文化史研究及其叙事方法是诗笔与史笔的交融。这里先着重谈谈诗笔,这也是《意大利文艺复兴》及西蒙兹一生文化创作的夺人眼球之处。

诗笔与史笔交融下的叙事风格传达出一种意境,即作为一名始终与诗打交道的历史学家,其胸怀必定既博大、纯真,又独特、敏感。从某种意义上讲,以此笔触撰写的历史著作就是向人们展示历史中的纯真和美。回顾历史,在文艺复兴时期出现了一大批具有创造力的人及其作品,特别是这些人物在新柏拉图主义的感召下将古典世界充满活力的文化内容复活了。那时的历史环境为个性充分发挥和文化创造提供了各种条件。反过来,文化的繁荣也给了社会一种人文主义的理想标准和激励。在文艺复兴时期的意大利,人文主义者的最高追求就是努力成为富于诗性创造力的多才多艺个体。人文主义者身上那些诗性的智慧、气质在文学艺术作品中体现得很充分,即使在很讲究客观性的史学研究领域也呈现出诗性的味道。许多人文主义历史学家喜欢模仿古典的史学创作风格,即著作要写得有文采并让人在阅读后产生借鉴的作用。布鲁尼、马基雅维里、本博、奎恰迪尼、瓦尔基等人的历史著作无不具有上述特点。至于那些写人物传记的作品更是如此。薄伽丘、曼内蒂各自撰写的《但丁传》、马基雅维里的《卡斯特拉卡尼传》等无一例外。就连当时的政治家甚至教会人士都在诗性智慧的朗照下进行各种文化创造活动。① 上述文化史的事实对后来历史学家的研究和书写方式提出了各种要求，其中之一就是如何去写活、呈现那些充满诗性因素的文化史情境。不过那些文化史情境与西蒙兹的个性、文化意识倒是非常契合，也是为何西蒙兹要花毕生的精力从事文艺复兴研究的根本理由之所在。从更深的层面看，人的心灵与社会亦需要一些纯真的诗性理想来维系。这样，有了诗人历史学家的努力从而使历史的画面变得色彩斑斓，充满情趣。西蒙兹历史研究及其成果的真谛就是从诗、诗人的境界让人见出另一种历史图景——一种带着纯朴理想的人文心境，力图给阅读者以美与善的启迪、教育。

再具体地看看西蒙兹充满诗意的历史书写情况。西蒙兹诗意地命名佛罗伦萨为"智慧的城市"（the City of Intelligence）②。西蒙兹在《意大利文艺复兴》第2卷"思想的信奉"章节里不无见地地指出，"真正说来，意大利人从美学的角度来评判才气要甚于道德性的批判。"③西蒙兹还特别关注文艺复兴时期佛罗伦萨思想家费奇诺诗意地理解柏拉图哲学的情况，他写道："柏拉图那些有巨大影响的理论和那种渗入灵魂本质解释中的神话，也就是柏拉图意识中那些带有诗意的思想，这些对于费奇诺来讲是更有价值的东西，要胜过柏拉图理念论中那些由逻辑的理解形式呈现出的深刻问题。"④正是基于对文艺复兴时期诗性智慧的认识，西蒙兹在评论具体人物如文学三杰的地位时同样带着诗性的智慧和笔触予以勾勒，而这些描述最为传神的地方是浸透其中的文人风骨。西蒙兹这样评论到，"因为有了但丁，近代世界的智慧才能笑傲一

---

① 参见已出的哈佛大学出版社"塔蒂文艺复兴丛书"（The I Tatti Renaissance Library）各种著述，其中有教皇庇护二世《见闻录》（*Commentaries*）等。

② J.A.Symonds, *Renaissance in Italy*, Vol. Ⅰ, New Edition, p.Ⅷ.

③ J.A.Symonds, *Renaissance in Italy*, Vol. Ⅱ, New Edition, p.25.

④ J.A.Symonds, *Renaissance in Italy*, Vol. Ⅱ, New Edition, p.237.

切,才能自信地去创造自己的时尚;因为有了彼特拉克,同样的智慧才能穿越黑暗的海湾,才能去重新估量以往宏大的传统;因为有了薄伽丘,还是那些智慧才能展露世界的壮丽,才能展露青春、力量、爱和生命的美好,同时无惧地狱的恐怖和死亡迫近的阴影。"①西蒙兹动情地对学人说:"因此我们真应该欢呼彼特拉克这位新精神半岛上的哥伦布,是他发现了近代的文化。"②彼特拉克的人文主义思想又深刻地影响了薄伽丘的精神世界。薄伽丘是在佛罗伦萨与彼特拉克相识,这是其人生旅途中的重要事件。西蒙兹如此评论:"薄伽丘的英雄崇拜不只是向着维吉尔,也向着他年轻时代心目中的大师和成年时期的偶像但丁,这种崇拜最能体现其亲善、友爱的谦和性格,这种性格是极易动感情的。当环境使他与彼特拉克发生了直接的私下接触时,他就把灵魂中燃起的所有敬慕之情转移到这位健在的人身上,将其视作古代荣耀的唯一继承人。彼特拉克成了薄伽丘良智的指导者、学问研究的导师和人文哲学方面最有分量的思想模本。"③

西蒙兹还用诗一般的语言对艺术三杰做比对赞颂,称"达·芬奇是巫师或占卜士,文艺复兴因他而提供其神秘感和贡献其魔力。"④在西蒙兹看来,达·芬奇的科学和艺术两种能力从未在工作中分离过。⑤ 还指出,他的科学方面的能力与艺术方面的目的恰好是平衡的、适当的和互相支撑的。⑥ 西蒙兹用细腻的笔触来形容拉斐尔的情感和仪态,"拉斐尔在这个世界上所找到的只有欢愉,这种欢愉伴随着他那纯洁无瑕之美的理想。……拉斐尔的靓丽是得体和柔和的,其迷人之处不是来自力量或神秘的东西,而是发自畅怀动人的魅力。"⑦

---

① J.A.Symonds, *Renaissance in Italy*, Vol. Ⅰ, New Edition, p.9.

② J.A.Symonds, *Renaissance in Italy*, Vol. Ⅱ, New Edition, p.62.

③ J.A.Symonds, *Renaissance in Italy*, Vol. Ⅱ, New Edition, pp.64~65.

④ J.A.Symonds, *Renaissance in Italy*, Vol. Ⅲ, New Edition, p.228.

⑤ J.A.Symonds, *Renaissance in Italy*, Vol. Ⅲ, New Edition, p.229.

⑥ J.A.Symonds, *Renaissance in Italy*, Vol. Ⅲ, New Edition, p.239.

⑦ J.A.Symonds, *Renaissance in Italy*, Vol. Ⅲ, New Edition, p.240.

对米开朗基罗的研究是西蒙兹文艺复兴史研究中的出彩之处。这里举些诗意的描述场面。《哀悼基督》是米开朗基罗的杰作之一,通过圣母对儿子的悼念而将哀情引向极至状态。但这里的哀悼不只是叫人沉浸在悲痛之中。圣母怀抱耶稣的身躯让人感受到一种神圣的力量。西蒙兹这么形容,"这是一座宁静的、和谐的雕塑,将深邃的宗教情感和古典的宁谧表达综合在了一起。"①1516 年,米开朗基罗回到佛罗伦萨,随后于 1519 开始在佛罗伦萨设计创作美第奇教堂的墓穴雕刻等,至 1534 年完成。其中尼摩尔公爵朱利亚诺(是大洛伦佐的儿子,1478—1516)的英雄般雕像及《昼》与《夜》表达了永无结论的、带着悲凉感的思索。对面就是乌尔比诺公爵洛伦佐(大洛伦佐的孙子,1492—1519)的沉思般雕像,雕像下面是《晨》与《暮》。西蒙兹发出如此惊叹,"站立在这些雕像面前,我们不用去呼叫它们太美了! 我们去细声地说,多么不可思议、多么宏大呵! 不过长久注视后,我们又发现它们远远不是雅致所能概括的美之赠礼。它们中的每一尊都是跳动着的思想、是敞开着的艺术家的心灵、是雕塑中的精品。"②以上描述,恰如其分,十分传神。说到底,评价的对象决定了评价的形式。像诗一样的文学艺术作品,其贴切的传播形式只能是诗。诗笔与史笔的结合使得西蒙兹有时不需要太沉重的负担,似乎非得刻意让自己的传记去反映整个社会历史场景等,倒不如将个体的方面说个透,让人去感悟诗人、诗歌的力量。即使在反映社会历史场景时也不忘历史生动的一面,这样的历史既有主线,又不失生动的画面。

上述诗性的历史互动说到底还是作者文人理想与文艺复兴时期文人理想间的思想、情感共鸣。历史学家黑尔对西蒙兹的这种互动做了有见地的评述,认为文艺复兴时期的历史震撼着西蒙兹的心灵,他在那段时期中发现了高度完美的个性、发现了完整的人。③ 人们可以批评西蒙兹诗性智慧引领下的历

---

① J.A.Symonds, Renaissance in Italy, Vol. Ⅲ, New Edition, p.285.

② J.A.Symonds, *Renaissance in Italy*, Vol. Ⅲ, New Edition, p.306.

③ J.Hale, *England and the Italian Renaissance*, Chapter 8 "John Addington Symonds", Fontana Press, 1996, p.189.

史写作带有何种主观性,也有人认为西蒙兹的这种意大利文艺复兴研究比较随意,看不出史学研究中观点、方法等方面的系统性。但事实上缺乏此等诗性智慧的历史学家又怎么能写出真正有力度的文艺复兴史研究作品？我们想起中国古代的诗话和词话,它同样用诗的语言评价作品,人们不感到夸饰。① 说到底,还是评价的对象决定了评价的形式。《意大利文艺复兴》、《米开朗基罗传》等典型地反映了上述风格。可以这么评论《意大利文艺复兴》这部巨著:它历史地、诗意地展示文艺复兴时期意大利的社会和文化,读者应该去欣赏浸透在著作中的诗人情趣和文人风骨。这里涉及文化史研究中的"形态化"问题。西蒙兹的诗人历史学家身份强调围绕形态化的人类创造物如语言等进行民族史、个体史和艺术史的历史研究。西蒙兹并未将自己局限在一般的实证史学窠臼之中,而是在实证史学的基础上又向前迈出了一大步,即担当起如何写活历史的任务。为此西蒙兹写过一篇很有学术创见的文章《形态论注》(Notes on Style)。西蒙兹以语言为例,人们使用的都是一般的形态或形态化的抽象语词概念,但其最初建构的状况或其最初的含义我们已经很难知晓了。② 但语言史本身又是活的文化史,西蒙兹引用惠特曼的话,认为语言不是抽象的东西,而是浸透着一代代人脚踏实地的情感。③ 人们如何透过形态化的概念去寻找语源学上的各种涵义？其办法只有回到民族的形态史、个体的形态史和艺术的形态史中寻找。这一寻找意义的过程,也是我们让古人"rewrite"④语言或复活语言的过程。这就涉及动态的、活的历史研究方法论问题,同时涉及在历史范围内的想象问题。这种方法的关键是研究者必须具有厚实的历史知识,并在研究中自觉地参与历史。事实上,西蒙兹著述的很大部分是作者自身诗人情怀、想象的展露。所以西蒙兹的历史著作像是生长在历

---

① 周春生:《对文本有效性哲学解释的一次尝试——赫斯的"范性论"与中国诗话批评语词"清"》,上海师范大学学报 2001/4。

② J.A.Symonds, *Essays, Speculative and Suggestive*, p.167.

③ J.A.Symonds, *Essays, Speculative and Suggestive*, p.175.

④ J.A.Symonds, *Essays, Speculative and Suggestive*, p.226.

史土壤上的抒情诗。话又说回来,如果西蒙兹仅仅停留在诗人与诗人对话的层面上,那么他只是文学批评家而已。但他试图从更广阔的社会层面去研究促进文学艺术繁荣的各种因素。西蒙兹透过诗人的生平去展现一个时代,反过来又通过时代的广阔层面去分析诗人的心理、创作过程和作品内涵等,由此写活一个历史人物和一段历史。因此不要纠结西蒙兹对其所选的研究人物有些情感方面偏袒的细节问题,学人需要发现的是西蒙兹展现活生生历史的创作宗旨。有了这种宗旨,西蒙兹才可能化毕生精力对历史上有影响力的诗人做了那么丰富的个案研究。

所有这些决定了西蒙兹作品中不时出现的诗意描述是一种有历史限度的文化想象。或者说,西蒙兹的文化研究虽然浸透诗性的成分,但这不是让这位历史学家进行天马行空般地随意书写。在更多的场合,西蒙兹是用历史学家特有的历史眼力来审视人的文化创造行为和人的个性,也就是提倡各种历史课题研究过程中有限度的想象。西蒙兹的文笔热情洋溢,但又不失历史学家的冷静。西蒙兹文化研究著作的历史性表现为这样几个方面:

第一,所描述的情境大多有来历出处,不做超出历史限度的随意比附。在关键问题上尽量用原始材料进行说明、论证。在引用后人的文献方面注意选择有历史定评的权威著作。例如《米开朗基罗传》就使用档案文献。其副标题为"基于佛罗伦萨博纳罗蒂家族档案材料的研究"(Based on Studies in the Archives of the Buonarroti Family at Florence)。《米开朗基罗传》还参考了大量公认的学术权威著作(详见第二章第一节二)。其中《米开朗基罗传》在引证、翻译、诠释米开朗基罗的十四行诗歌创作时,将当年历史学家瓦尔基的评注视作唯一权威的文本。[①] 在创作过程中,西蒙兹时时关注学术界的动态,以便做相应的修改。《雪莱传》在出第 2 版时西蒙兹注意到由著名雪莱研究学者道登撰写的著作[②],

---

① J.A.Symonds, *The Life of Michelangelo Buonarroti*, Vol. Ⅱ, John C.Nimmo, 1893, pp.176-177.
② E.Dowden, *The life of Percy Bysshe Shelley*, Routledge and Kegan Paul, 1986.直至今天,道登的这本著作仍不失其雪莱生平研究著作中的经典地位。

只是觉得已有的板式框架难以根据道登的成果去重写已有的内容。① 相关情况还出现在《锡德尼传》(详见第五章第二节一)、《琼森传》(第五章第二节二)等著作的撰写方面。

这里再就西蒙兹选用的历史名著做些说明。西蒙兹在撰写佛罗伦萨历史、美第奇家族大洛伦佐的生平事迹时重点参考了几部学术名著,其中有法国史学家西斯蒙第的《中世纪意大利共和国史》②。西斯蒙第试图从城邦共同体的角度将佛罗伦萨等城市的自由文化氛围及各个城市的个性呈递给读者。在18世纪末19世纪初的西方史学界,浪漫主义史学意识很有势力。其中之一是对中世纪时代的怀念。西斯蒙第对中世纪佛罗伦萨的自由氛围很有感念,这决定了他对美第奇家族的独裁不抱好感。这种浪漫主义史观既不是理想主义,也不是乡愁,而是19世纪自由主义、历史批判主义在中世纪史与近代早期历史研究中的体现。《中世纪意大利共和国史》共分成8个部分,每一部分的开始有一个历史性的"总论"。紧接着是一个关于"共同体"(communes)的历史性分论。再往后是对各个重要城邦历史的叙述。每一部分的结尾则是生活、文化现象的概括性描述。西斯蒙第《中世纪意大利共和国史》对认识佛罗伦萨历史具有启示意义的内容如下:在意大利的范围内描述佛罗伦萨的历史,从而更准确地把握佛罗伦萨的历史地位;佛罗伦萨中世纪城市政治共同体形成过程中的自治特点;佛罗伦萨自由市民既不违背基督教信仰又世俗化的市民道德体系;美第奇家族统治给原本透明性政治体制带来的负面效应,等等。

西蒙兹还重点参考德国学者罗蒙特的《大洛伦佐传》③。此传记特别显示

① J. A. Symonds, *Shelley*, Macmillan and Co., 1887, "Preface", p. V.

② J. C. L. Sismondi, *History of the Italian Republics in the Middle Ages*, tr. W. Boulting, George Routledge & Sons, 1906. 原为 16 卷本, 发表于 1807 年至 1818 年。1832 年, 由作者亲自撰写的一卷本同时用英语和法语出版, 有多种版本如 J. C. L. Sismondi, *A History of the Italian Republics*, Peter Smith, 1970。

③ A. Von Reumont, *Lorenzo de' Medici, the Magnificent*, Smith, Elder & Co., 1876.

出这位德国学者的历史严谨性。罗蒙特在"序言"中认为,罗斯科撰写《大洛伦佐传》的时候,无论在原始资料和意大利历史知识等方面均有欠缺。所以80年后再来写这样的传记就需要在此等学术方面有所改进。① (关于罗斯科的史观等详见后文。)罗蒙特秉持德国历史学家惯有的严谨学风,为学术界奉献了一部更有学术性的大洛伦佐传记。统览全书,除了上述优点外,罗蒙特传记的其他特点有:(1)对大洛伦佐的生平记叙更为详细。(2)用整整1部(即第4部,全书总共6部)的篇幅来评述当时的文化现象。作者从自己的文化观出发对当时文化现象的方方面面做了评点。这样写法的特点是比较集中。罗斯科的传记则将文化史的内容贯穿在洛伦佐的人生历程之中。两厢比较,各有长短。(3)就大洛伦佐时代和美第奇家族与意大利其他城邦国家的关系做了全面的梳理。例如作者非常注意大洛伦佐与罗马、那不勒斯之间的关系。其中第3部的相当部分就是记叙大洛伦佐与罗马、那不勒斯之间的争斗。(第3部的标题之一就是"War with Rome and Naples"。)同时将争斗背后复杂的教俗之间、意大利与神圣罗马帝国之间、意大利与其他大国之间复杂的国家关系呈现出来。到了第5部第6章,作者进一步指出大洛伦佐在罗马与那不勒斯复杂关系中所扮演的中间人角色。(作者用了"Mediator"一词。该章的标题是"Lorenzo as Mediator between Rome and Naples"。)这样,前后贯穿,清晰地勾勒出这段复杂的历史。

西蒙兹在描述米开朗基罗的生平事迹时采自瓦萨利的著作尤多。在西蒙兹的时代,瓦萨利的著作受到前所未有的重视。有人说,博斯威尔的《约翰逊传》成就了约翰逊的英名。以此来形容瓦萨利著作的地位亦十分恰当。正是瓦萨利的《意大利艺苑名人传》使文艺复兴时期的艺术巨擘流芳百世。② 无疑瓦萨利著作的英译及相关个案研究伴随着整个19世纪的艺术史研究进程。在维多利亚时代,名著英译出版成为确定各家学术地位的标志之一,受到前所

---

① A. Von Reumont, *Lorenzo de' Medici, the Magnificent*, p. X.

② B. Berenson, *The Study and Criticism of Italian Art*, George Bell and Sons, 1901, p. 1.

未有的关注,并取得了诸多里程碑性质的成果。事实上,瓦萨利著作在意大利文的修订、编辑方面已有标志性的学术成果。① 英文译本大致有如下几种:福斯特夫人的译本②、巴拉什菲尔德译本③、动笔多年到 20 世纪初才出版的德·维尔译本④等。除上述翻译外,还有不少节选本。⑤ 瓦萨利自己就是名画家,但他的生平事迹没有引起 19 世纪艺术史家的足够重视。⑥ 尽管如此,19 世纪艺术史中的许多内容、观点多采自瓦萨利的著作。例如瓦萨利对米开朗基罗《最后的审判》壁画的评论就被 19 世纪诸多艺术史家采纳。瓦萨利在自己的著作中称此画体现了一种艺术的"崇高力量(sublime power)"、"绘画的宏大形式(grand manner of painting)"、"让人类看到命定的结局(enabling mankind to see the fateful result)"等。⑦ 后来兰奇引申出"崇高与恐惧的形式(sublime and awful manner)"⑧评语。库格勒进一步概括为"这一特别的悲剧性宏大场面弥漫着如此生灵,他们被拖入失望和地狱煎熬的

① G.Vasari,*Le Vite de' piu eccellenti Pittori Scultori e Architetti*,14 Vols.Firenze:Le Monnier,1855.

② G.Vasari,*Lives of the Most Eminent Painters,Sculptors and Architects*,Tr.Mrs.J.Foster,Henry G.Bohn,1852;George Bell & Sons,1883-1885.

③ G.Vasari,*Lives of the Most Eminent Painters,Sculptors and Architects*,Tr.E.H.And E.W.Blashfield,George Bell & Sons,1894,译其中的 70 人传。

④ G.Vasari,*Lives of the Most Eminent Painters,Sculptors and Architects*,Newly translated by G.DuC.De Vere,Philip Lee Warner,Publisher to the Medici Society,Limited,1912-1915.顺便提及,学术界经常使用的译本还有海因茨译本(Tr.A.B.Hinds,ed.W.Gaunt,J.M.Dent & Sons,Ltd.,1963)、布尔译本(Tr.G.Bull,Penguin Books,1987)等。

⑤ *Vasari's Lives of Italian Painters*,Selected and prefaced by Havelock Ellis,The Walter Scott Publishing Co.,Ltd.,没有出版年份;*Stories of the Italian Artists from Vasari*,Arranged and translated by E.L.Seeley,Chatto and Windus,1906,等等。

⑥ 在英语世界,19 世纪对瓦萨利生平研究的著作凤毛麟角。博厄斯《瓦萨利传》(T.S.R.Boase,*Giorgio Vasari:The Man and the Book*,Princeton University Press,1979)中提到 19 世纪的瓦萨利研究文献捉襟见肘。20 世纪初有一本卡尔登的《瓦萨利传》(R,W.Carden,*The Life of Giorgio Vasari,A Study of the Later Renaissance in Italy*,Philip Lee Warner,1910)面世。

⑦ G.Vasari,*Life of Michelangelo Buonarroti*,Translated with an introduction by George Bull,The Folio Society,1970,p.76.

⑧ A.L.Lanzi,*The History of Painting in Italy*,Tr.T.Roscoe,Vol.Ⅰ,New Edition,p.140.

境地。这并非令人憎恶的恐惧象征被赋予真正的道德尊严,此等尊严是更高艺术目标的前提条件。"①斯本纳的词典更是将上述"崇高"、"宏大"等评价要素当作米开朗基罗艺术作品的特征。② 以上诸多瓦萨利的观点在西蒙兹的著作中亦屡有引述,如西蒙兹在提到《最后的审判》时的一些想法等。西蒙兹可能比较多地关注瓦萨利对米开朗基罗此画在人体创作上的价值,③同时试图对此画的悲剧性涵义加以点题。为此,西蒙兹引了贝耶尔的评论,以揭示其中反抗命运的深刻内涵。④ 另外,西蒙兹更在意瓦萨利对米开朗基罗性格与艺术创作相互关系方面的论述。在叙述米开朗基罗与达·芬奇的"艺术战斗"史实时,基本上按照有几份史料述几份情景的方法进行,而且不多加评论。⑤ 即使史料中有关于两人不和的记载,西蒙兹在引述时也不多加渲染。⑥ 对于有些不甚理解、又难以解释的情节则给予保留性地提及而已,如已进入老年的米开朗基罗还迷恋年轻时的情感问题,⑦等等。

第二,回到历史文化的境况中进行叙述,恰到好处地展开诗性的形容、比较等。西蒙兹对文艺复兴时期佛罗伦萨、意大利的世俗社会特点认识比较深刻,对社会文化方面的新柏拉图主义氛围亦有独到的见解,尤其对重要历史人物的生平素有研究。所以在评价具体人物及其作品时会让读者自然联想到具体生动的场景。例如在比较米开朗基罗与切利尼两人的人生、艺术特点时既

---

① *Handbook of Painting:The Italian Schools*,Translated from the German of Kugler by A Lady,Edited with Notes by Sir Charles L.Eastlake,Part Ⅱ,John Murray,1855,p.308.

② S.Spooner,*A Biographical History of the Fine Arts*,Leypoldt & Holt,1867,"BUONAROTTI,Michael Angelo".

③ J.A.Symonds,*The Life of Michelangelo Buonarroti*,Vol.Ⅱ,p.64.

④ J.A.Symonds,*The Life of Michelangelo Buonarroti*,Vol.Ⅱ,p.67.

⑤ 将这些情节展开的话,甚至可以成为一本有文学色彩的评传作品,如《没有交上手的战斗》(Jonathan Jones,*The Lost Battles*,Simon & Schuster,2010)围绕着两位艺术家及其他艺术家之间的艺术竞争,勾画文艺复兴的艺术氛围。相比之下可见出西蒙兹的历史学家严谨态度。

⑥ J.A.Symonds,*The Life of Michelangelo Buonarroti*,Vol.Ⅰ,pp.173-174.

⑦ J.A.Symonds,*The Life of Michelangelo Buonarroti*,Vol.Ⅱ,p.174.

传神又可信。西蒙兹认为米开朗基罗和切利尼是两位最值得联系具体社会文化时代背景和具体性格特征等做些比较的艺术家,认为"意大利文艺复兴时期艺术家的生平可以由两部人物传记来加以描述。米开朗基罗·波纳罗蒂和本维努托·切利尼几乎在思想、情感、经历和目标等所有的方面都相背。一个在艺术中表达自己强烈的个性;另一个则用自己多种多样的生活记录来反观时代的光明和阴影。切利尼就像某些置有强力翅膀的创造物升腾在人类活动的上空。他激起了自己每一个冲动,寻觅着每一种欢愉和只有在粗鲁动物性驱使下才能有的美感。缠绕着米开朗基罗的是:深邃的哲学思考、死亡观念和评判、严肃的心灵斗争等,他用宗教的情怀来侍奉美的世界。切利尼是即时的创造物,是腐败、受奴役但仍旧辉煌的意大利之镜片和镜子。在米开朗基罗那里,文艺复兴的天赋达到了顶点,但他在品格上还是一个单纯的共和主义者,他既想挣脱但又禁锢于奴隶和官宦的多样性中。米开朗基罗将艺术当作高贵的和心灵指使的思想之工具。切利尼则用无尽生动的天性去侍奉情感世界,把艺术教导成无灵魂的异教世界的侍女。因此我们可以在这样两个人物的身上学到那个时代的两个方面。他们两个人是那样的特别,这里就不需要发问什么了。他们的特别之处与16世纪其他意大利人身上那些到处渗透、扩散、不完美性没有什么差异。"①这里处处有比喻,而这些比喻无处不以瓦萨利的著作和《切利尼自传》中的相关历史境况描述作为依据。稍有相关学术素养的读者立即会从西蒙兹的比喻中联想到米开朗基罗与切利尼两位历史人物实实在在的性格、艺术特点。相对而言,米开朗基罗一直活在精神世界里,在为人处世方面略显保守;而切利尼则是混迹江湖的艺术才子,浑身上下折射世俗社会阴影。这些都有历史的记载,更不用说米开朗基罗的书信之类更为真切的历史记录文字。所以西蒙兹的文学性描写不仅具有历史材料的可信度,还有历史场景的生动性。

———————

① J.A.Symonds, *Renaissance in Italy*, Vol.Ⅲ, New Editon, pp.281-282.

第三,站在历史批判的立场上评述所研究的对象,不惟流行观点是用。例如西蒙兹对文艺复兴时期的历史人物、文化创作现象等并非一味歌颂。在研究美第奇家族成员大洛伦佐方面,那时已经有一部上文提及的"统治"了整整一个 19 世纪的美第奇家族史学术著作,它就是罗斯科的《大洛伦佐传》①。在史观方面,罗斯科的文化观有一种值得西蒙兹借鉴的思路,即罗斯科认为人们的行为常常是一种冲动的结果。当然引起冲动的因素有许多,这许许多多因素一经汇聚起来,人就会在相应的客体面前发生冲动。② 也就是说,性格在文化创造等历史行为中具有直接的支配力。在内容方面,作者用其文化的视野和优美的文笔将美第奇家族史、佛罗伦萨史、学问复兴的历史做了三位一体的融合,生动地传达出大洛伦佐的政治人生、文化品位和错综复杂的相关事迹。罗斯科还写有《利奥十世传》③。罗斯科《大洛伦佐传》"序言"可以使读者了解到该著作的学术含量。作者尽可能参考了各种相关资料,尤其是涉及美第奇家族的资料。④《大洛伦佐传》的文化史视野、艺术史研究功力、对大洛伦佐的性格和文化修养的开掘,这些都是该著作的学术生命力

---

① W.Roscoe,*The Life of Lorenzo de Medici*,*called the Magnificent*,*with the Poesie del Magnifico*,J M'Creery,J Edwards,1795.该书出版后不久就被译成法语、意大利语、德语等文字。现在学术界一般使用后来由其儿子 T.Roscoe 修订的版本,如 W.Roscoe,*The Life of Lorenzo de Medici*,*called the Magnificent*,Revised by his son Thomas Roscoe,eighth edition,Henry G.Bohn,1865。

② W.Roscoe,*The Life of Lorenzo de Medici*,*called the Magnificent*,revised by his son Thomas Roscoe,p.401.

③ W.Roscoe,*The Life and Pontificate of Leo the Tenth*,J M'Creery,1806.现在学界通用 W.Roscoe,*The Life and Pontificate of Leo the Tenth*,2 vols.David Bogue,1846。这个版本的编者是 Hazlitt,从他在书前的说明(Advertisement)中可知,此版本在注释、参考资料的翻译等方面有了诸多改进。正因为如此,1846 年版本在学术界较为流行。另外,沃恩在《美第奇家族的教皇》(H.M.Vaughan,*The Medici Popes*,Methuen & Co,1908)的"前言"(Preface)部分(第 8—9 页)就利奥十世生平的学术研究做了简略的勾勒:在 1549 年,佛罗伦萨出版了 P.Giovio 所著《利奥十世传》(*Vita Leonis* X),此著虽有诸多瑕疵,但直到 250 年之后的 1797 年才出现法博洛尼较有学术性的《利奥十世传》(A.Fabroni,*Leonis* X.*Vita*)。罗斯科的著作在很大程度上参考了法博洛尼的著作。再往后值得提及的就是 1906 年出版的帕斯特《教皇史》(L.Pastor,*The History of the Popes*,*from the Close of the Middle Ages*)中的相关部分内容。

④ W.Roscoe,*The Life of Lorenzo de Medici*,*called the Magnificent*,revised by his son Thomas Roscoe,eighth edition,Henry G.Bohn,1865,pp. XVII - XIX.

之所在。① 但总体上看,罗斯科的赞美态度贯穿全书。西蒙兹评价大洛伦佐的态度则总体上是批判性的。西蒙兹引述马基雅维里、奎恰迪尼、萨沃纳罗拉的各种评论后对大洛伦佐的言行做了如是批判,"他有过错。人们应该想到洛伦佐钟情于群众中那些随大流的而非基于智慧的欢愉。他代表着那个时代最坏的一面,就好像他也带给那个时代最好的精神;如果说他知道如何去奴役佛罗伦萨,那是因为他自己的秉性与大众的本性粘合在一起,同时他的天赋能使他的行为披上美的伪装。"②另外在西蒙兹看来,与大洛伦佐同时代的意大利文学艺术家为世人贡献了无数经典作品,但也夹杂着各种随波逐流的灰色内容(另见本书"尾声")。所有这些都需要历史学家用批判的眼光来还原历史。

总之,要写活文化史就需要将诗情与历史态度、方法融为一体。从西蒙兹的上述文化史创作特点再来品味"诗人历史学家"这一称呼,甚为恰当。西蒙兹的历史研究及其成果就是一首回味无穷的诗。当然,他不是凭空随意与历史人物进行诗意的对话。他的历史视角和诗情表露交织在一起,使其历史著作变得开合有度、精彩纷呈。我们既能看出一种历史的线索,又会被其中的诗情激起心潮,与作者一起分享诗和纯真心灵的喜悦。西蒙兹更深层次的历史想法是要告诉世人,历史现象不只是物的堆积,还有创造者精神层面的因素,而精神层面的内涵不乏对人性、对美好事物的追求。这种追求引领人类社会向高尚的一面

---

① 他用了 revival 一词来定性当时的境况,例如"意大利复兴"(revival of Italy)。参见 W. Roscoe, *The Life of Lorenzo de Medici, called the Magnificent*, revised by his son Thomas Roscoe, pp.316-317。同时吸取瓦萨利的诸多观点和研究成果来评论这种复兴的历史。例如在艺术史方面,罗斯科就引述瓦萨利的观点,首先谈契马布埃在绘画上的复兴(restore)地位。参见 W. Roscoe, *The Life of Lorenzo de Medici, called the Magnificent*, revised by his son Thomas Roscoe, p.317. 瓦萨利称契马布埃的绘画是"绘画艺术的第一束光亮",另参见 Giorgio Vasari, *Lives of the Most Eminent Painters Sculptors and Architects*, tr.G.DuC.De Vere, Philip Lee Warner and the Medici Society, 1912-1915, Vol. I, p.3. 但罗斯科不囿于前人的看法,在涉及艺术(如对契马布埃绘画)的评论方面经常做同时代或古今的对比研究。从中也见出罗斯科的艺术史研究功力。对大洛伦佐诗作的分析、点评参见 W.Roscoe, *The Life of Lorenzo de Medici, called the Magnificent*, revised by his son Thomas Roscoe, p.181。

② J.A.Symonds, *Renaissance in Italy*, Vol.IV, New Edition, p.337.

进步。史学界亦需要诗人历史学家对历史上有重要影响力的诗人做富有时代气息的历史点评。此类历史评价活动也是追求真、善、美的一个组成部分。

第二节 诗情与美文

一、充满忧郁之诗作

前文提及西蒙兹是诗人,其生前出版过好几部诗集,如《情深意长》①、《新与旧》②、《心灵的画像》③、《漫游》④、《花颂》⑤等。哈里森在评述作为诗人的西蒙兹时指出,也许从诗人所应有的品质、格调来讲,西蒙兹还算不上真正的诗人。哈里森还注意到西蒙兹的自我评价和其老师乔伊特对西蒙兹诗歌的评价问题,认为西蒙兹之所以在诗歌中还占有一席之地,那是因为西蒙兹善于用自己的思想来捕捉不同诗歌的主题。或者说,西蒙兹的诗歌创作有自己不落俗套的一面。⑥ 这些评论集中到一点,就是西蒙兹诗歌中渗透的主观意念成分太强,这多少影响到诗人应有的品质和诗歌创作的境界。或者说诗歌中太强的思想性反而使诗本身的意蕴减色不少。以辞害意不可取,以意害辞或许更不可取。通常诗人、诗歌都需要某种"无我境界"的格调。西方文学批评家艾略特的诗歌理论也强调诗人需要将自身个体的因素减少到最低限度,从而让诗歌特有的魅力展现出来。⑦ 这一批评理论用到评价西蒙兹的诗歌创

---

① J.A.Symonds,*Many Moods:A Volume of Verse*,Smith,Elder,& Co.,1878.

② J.A.Symonds,*New and Old:A Volume of Verse*.

③ J.A.Symonds,*Animi Figura*,Smith,Elder,& Co.,1882.按照西蒙兹的解释,*Animi Figura* 这一诗集名取自古代塔西佗著作中的话,意为"心灵的画像(Portrait of a Mind)"。参见西蒙兹为该诗集写的"序"。

④ J.A.Symonds,*Vagabunduli Libellus*,Kegan Paul,Trench,& Co.,1884.

⑤ J.A.Symonds,*Fragilia Labilia*,Thomas B Mosher,1902,reprinted by Isha Books,2013.

⑥ F.Harrison,*John Addington Symonds*,Macmillan and Co.,1896,pp.16-17.

⑦ 爱略特:《传统与个人才能》,引自《爱略特文学论集》(李赋宁译著),百花洲文艺出版社1994年。

作有一定的参考价值。确实,西蒙兹的一些诗歌比较"显露",少了一份婉约、浑然的情趣。当然这些情况与西蒙兹的艺术主张有关。西蒙兹始终将包括诗歌在内的各种艺术当作人性、道德的一种文化宣扬。这种理论虽具有崇高的目的,但是否有助于西蒙兹进入更为宽广、独一无二的艺术世界呢?我们可以去批评西蒙兹诗歌创作中的是是非非,不过有一点是不能忽略的,即西蒙兹诗歌中所浸透的性倒错者忧郁情调和柏拉图主义之爱应该受到学人的重视,也值得诗歌爱好者进一步品尝之。

作为性倒错者西蒙兹的一生充满彷徨、感伤、孤独的气氛。同理,西蒙兹诗歌的核心部分就成了性倒错心理的宣泄。或者说,西蒙兹诗歌的美是与性倒错复杂内心活动粘合在一起的。例如西蒙兹在威尼斯与福塞托擦出情谊火花,诸多情诗也自然流出(另见第一章第一节一)。从某种意义上讲,西蒙兹的《心灵的画像》、《漫游》就是浸透性倒错者忧郁心理、性倒错之爱的诗歌作品集。《心灵的画像》每一篇、每一句都脱不了忧郁的性倒错内心活动。该诗歌集的最后一篇名为"神秘之玄道"(*Mystery of Mysteries*)。① 西蒙兹试图从基督教的原罪概念等各种玄之又玄的要素来寻找并倾诉与性倒错相关的神秘之源、内心之痛。整篇诗歌在原罪、死亡、承受痛苦的几个神秘世界中低吟哀诉:"那有罪的要去说谎,那说谎者要去承受痛苦",②多么纠结。这种思绪万千的忧郁心理在西蒙兹的诗歌中时有体现。《新与旧》有十四行诗云:

> 我不知道我是什么——噢,多么恐惧的想法!
>
> 我也不知道我的同类是什么:
>
> 在我与世界之间有一道屏障
>
> 无比坚固地阻挡着。
>
> 每一个人都隐藏自己
>
> 都躲在自我感觉的笼子里

---

① J.A.Symonds,*Animi Figura*,pp.121−140.

② J.A.Symonds,*Animi Figura*,p.121.

再也没有同志之谊,就像在呼唤星体

而穿越那星体就像穿越空虚。

他的自我没人能理解,他兄弟的内心也看不透

那爱恋者一声感叹

"没有一处场所

能接纳我们幸福美丽的心灵。"

就从睡眠中起身吧,或许能发现叠影

将两个分离者——两个亡灵合一。①

诗歌中的"我"是模糊的,每一个"我"都是难以理喻的。或许在睡梦中会有些清晰的身影。在如此复杂的忧郁思考下,人间之爱亦变得十分沉重。《漫游·海神篇》第1首如是传达同性恋撕心裂肺的缠绵之爱:

我念叨人间最后的悲怆:

那脆弱的灵魂在莫名的干渴中煎熬;

那茫然的心胸在长久地自我责难;

那只有他们明瞭的爱,腼腆又缥缈

此爱撕心裂肺、猛烈粗狂;

凝固的心在跳在跳,快要爆炸;

灵魂还希冀那痛苦万般的热望:

我哭叫着,躲到

这痛苦世界的背后,它在引诱淡出——

这个虚幻的世界,那里感觉是地狱,

感觉在酝酿行动,它打破封闭

像是把我们梦幻中的真理抓住——

就待在那里,曾经的出演不再被纠缠和众目睽睽,

---

① J.A.Symonds, *New and Old : A Volume of Verse*, p.219.

　　　　我们钟情的玛雅世界难道不实在？①

诗歌中的同性恋是一种挣扎着的爱：现实的世界不真实，更不用说真实的同性恋能够在现实的世界中存在。为此，诗人西蒙兹陷入无限的惆怅之中不能自拔，一切都变得空虚。可西蒙兹觉得这样写空虚的心灵和世界还不过瘾，那么只能写死亡了。忧郁心理与死亡主题联结在一起，这在性倒错情怀中倒不见怪。《情深意长》中有一组"死亡沉思十四行诗"，其中第 2 组十四行诗这样吟诵爱与死亡：

　　　　爱与死亡之思是如此
　　　　　　它们互不分离混合无间，
　　　　　　当爱的翅膀将灵魂拍拍飞天
　　　　　　那囚处轰然倒地。

　　　　爱在清晨使劲地鸣啼，
　　　　　　它的双眸平和晶亮，
　　　　　　只有死亡——那死亡呵知乎爱恋
　　　　　　爱的清脆叫声还有什么言语能及？

　　　　死亡答道：听，你叫的那样撕心裂肺
　　　　　　抛开恩仇呵有爱在挂念
　　　　　　那朵勿忘草就在大自然里：

　　　　擦干眼泪，他们嬉笑着靠在一起，
　　　　　　那低沉的欢乐音符
　　　　　　对着灵魂说，"靠紧我，爱不会褪去！"②

此思此念，让人泪目。这里的"死亡"就是能够体会同性恋的另一个纯净的世界。所以同性恋是属于另一个世界的爱。这样，爱与懂得爱的另一个世界即死

---

　　①　J.A.Symonds, *Vagabunduli Libellus*, p.11.
　　②　J.A.Symonds, *Many Moods：A Volume of Verse*, p.138.

亡紧紧粘连在一起。这是何等深层、极致的感情。这些爱与死亡的诗歌当时已流传开来。惠特曼就崇敬地读完西蒙兹《情深意长》另一首"爱与死亡"的三行体诗。[①] 如此死亡的主题反复在西蒙兹的诗中出现。但西蒙兹更想表达爱是不会死亡的情感。这与其说是情感的挣扎，还不如说是诗人在寻找走出忧郁的灵魂支柱。在西蒙兹十分欣赏的米开朗基罗等艺术大家作品中也有类似与命运抗争、搏斗和艺术自我拯救的场景。如此看来，西蒙兹并未对生命、情感丧失希望，于是在更多的场合呈现一种百感交集的情景。《情深意长》中的"生命情歌"让爱、神圣的因素来调节阴森、恐怖的气氛，刻画出复杂的内心世界：

> 我独自漫步穿过林间，
> 　听着夜莺在低语呻吟。
>
>
> 我思忖那声音不像是大人、孩童、
> 　飞鸟、妇人发出，而是万籁和弦：
> 恐怕只有在天堂能有此完美的声响
> 　是天使合唱回声中的谐音，
> 　是小天使对着前面
> 蓝宝石圣座上的基督与玛利亚在诵吟。
>
>
> 我独自漫步穿过林间
> 　听着夜莺在低语呻吟
> 在走过灌木小道时遇一小伙，
> 　但见未曾有过的白净和充满情感的双眸；
> 他唱诵着，尽是欢乐，
> 　但又充溢着死去活来的爱之烦忧

---

① 巴宾顿辑录了此事，参见 P. L. Babington, *Bibliography of the Writings of John Addington Symonds*, p.120。

> 生呀死呀——此歌悲恸哀怨，
>
> 就像一只野天鹅在啼叫"死亡之恋"。

> 我独自漫步穿过林间，
>
> 听着夜莺在低语呻吟。

> 爱在明净的眼中燃烧
>
> 死亡的顿挫之声又是那般哀悯；
>
> 在荒野的树下穿过时不免颤抖，
>
> 听着那断续的沙哑歌唱：向着死亡走去的爱情，
>
> 然后一切安静下来
>
> 直到灌木丛中飞鸟再起那唤醒灵魂的调音。①

这里的"唤醒灵魂的调音"其实就是爱、信仰、文化创造等拯救性因素。同性恋需要通过相应的文化来表现自身的情感，来超越自我。所以西蒙兹像米开朗基罗一样最终信赖生命中那些超越性的神秘力量，并试图通过得体的文学艺术手段使一个忧郁到极致的自我得到拯救。西蒙兹曾创作诗歌"艺术就是一种爱"（见第二章第二节二）。该诗歌将艺术当作神、青春、正当和向往，是甜蜜的自我实现。② 这与西蒙兹一贯主张的艺术表现人性、人通过艺术实现自我的超越的观点是一致的。当年伯顿撰写了一部奇书《忧郁的解剖》③，贯穿全书的一个观点是必须从医学和文化的双重角度来诊断文艺复兴时期忧郁症的病因。在伯顿的诊断下，认为忧郁者大都陷入封闭的个体世界之中。同时，伯顿将文艺复兴时代个体主义的另一侧面即偏重内在完美世界、钟情孤独

---

① J.A.Symonds, *Many Moods: A Volume of Verse*, Smith, Elder, & Co., 1878, p.176.另参见 pp. 182,189,202。

② J.A.Symonds, *New and Old: A Volume of Verse*, p.64.

③ R.Burton, *The Anatomy of Melancholy*, 3 Vols.J.M.Dent & Sons Ltd., 1932.

彷徨的愁思等情绪也加以诊断。这样,一方面是个体中的理想主义,另一面是现实社会中极端个体主义的无方向感,两者在忧郁情感中交织在一起。进而论之,文艺复兴时期之所以忧郁病泛滥,伯顿将其归纳为个体内在世界中的基督教理想、柏拉图主义等与个体现实世界之间的冲突。同样,治疗的手段也不能忽视文化的因素。只有对某一个体适宜的文化关照、文化创造才会有具体的疗效。伯顿的诊断用在西蒙兹的忧郁心结上十分匹配。所以如何对忧郁心理进行得体的文化治疗,今人可以围绕西蒙兹的人生范例做进一步的思考。西蒙兹的启示是:给自我和艺术创作设计一个得体的理想境界,并将情感、信仰、理性等结合在一起,由此慢慢地解开忧郁心结并超越自我。这就是文化的力量。

二、希腊诗人之评析

在西蒙兹的历史著作中,厚厚的两卷《希腊诗人研究》①与《意大利文艺复兴》具有同等的文化史研究地位。译成中文约 60 万字左右的篇幅。从史学史的角度看,研究文艺复兴时期的文化与研究古代希腊罗马的文化是珠

---

①　《希腊诗人研究》出版情况比较复杂,1873 年第 1 卷出版:J.A.Symonds, *Studies of the Greek Poets*, Smith, Elder, & Co., 1873。到了 1876 年出第 2 卷时才有"第 2 系列(Second Series)"的标注。后来第 1 卷在 1877 年再版,打上"第 1 系列(First Series)"的提示。第 2 系列在 1879 年也出了第 2 版,并保留 Second Series"第 2 系列"字样。第 1 版编排相对自由度高,反映出西蒙兹著作的一个特点即从其最初构思时并没有定下一个完整的框架,只能说有一个基本的框架,所谓"Series"是也。两个系列不完全按照时间顺序进行内容安排和人物选择。这些说明还有不断完善的空间。后来出作者授权美国两卷整套版时(J.A.Symonds, *Studies of the Greek Poets In 2 Volumes*, Harper & Brothers, 1880),作者开始注意希腊诗人、希腊文化史的时间顺序,从历史的角度对两个系列的内容等做了些新的调整,基本内容未变。所以引用该书的西蒙兹生前英国版,可以见出作者文化史创作中的某种学术选择性;引用生前美国版又可见出作者的"历史"态度。在美国版的基础上,1893 年出了第 3 版,也是最后的定稿(J.A.Symonds, *Studies of the Greek Poets*, Adam and Charles Black, 1893)。第 3 版只是美国版的一种修饰。当学人在引用 1893 年版的时候,切记美国版的重要地位。1893 年版将原来的 First Series(第 1 系列)和 Second Series(第 2 系列)统一改为"第 1 卷"、"第 2 卷"字样,表明这时的作品已经是统一框架下的成熟学术著作。1893 年版还有些小的变动,如将目录中章的标题放到节目标题的第 1 列等。西蒙兹《希腊诗人研究》近些年还在翻印,如 J.A.Symonds, *Studies of the Greek Poets*, Cornell University Library, 2009,等等。

联璧合的创作事宜。布克哈特曾经这样做了,代表作为《意大利文复兴时期的文化》①与《希腊文化史》②;佩特也曾经这样做了,代表作为《文艺复兴》③与《希腊研究》④;西蒙兹同样做得精彩。《希腊诗人研究》由 24 章组成,以下列表是英国 Smith,Elder,& Co.第 1 版和美国版之间的章目对照表,笔者在备注中做些相关的说明。透过此对照表,更加直观地显示西蒙兹撰写《希腊诗人研究》的风格、宗旨和内容调整的情况。

从形式上看,西蒙兹的《希腊诗人研究》以诗人、诗派为聚焦点进行研究,这与同类大部头著作相比显得更为集中、紧凑。西蒙兹写作《希腊诗人研究》所参考的文献中,有这样几种都算得上是大部头的学术著作,分别是缪尔的 5 卷本《古希腊语言文学批评史》⑤、本森的 3 卷本《历史上的神》⑥、穆勒的 3 卷本《古希腊文学史》⑦、唐纳森的《希腊的剧场》⑧,等等。读者可以通过比较见出西蒙兹著作的优点。在第 1 卷的"序言"中,西蒙兹明确指出本书不是那种详尽的希腊诗歌史的写法,而是用近代的眼光挑选、围绕一些重点内容所进行的批评。⑨ 所以第 1 版的两卷甚至连人物的时序都有交错。西蒙兹采取专题与

---

① J.Burckhardt, *Die Kultur der Renaissance in italien*:*Ein Versuch*,Benno Schwabe & Co.,1955.这是 10 卷本《布克哈特著作集》的第 3 卷,也是通常使用的德文版,其实就是布克哈特最后校订的 1869 年第 2 版,Verlag von E.A.Seemann,1869,该书初版于 1860 年。另有 Kroener,1988 等多种版本。

② J.Burckhardt,*Griechische Kulturgeschichte*,Band Ⅴ–Ⅷ,Benno Schwabe & Co.,1955–1957.初版于 1898 年至 1902 年。由 Jacob Oeri 编辑整理出版。另有 Zusammengefasst,herausgegeben von Rudolf Marx,Alfred Kroener Verlag,1929,等等。

③ W.Pater,*The Renaissance*:*Studies in Art and Poetry*,Macmillan and Co.,1907.初版于 1873 年。

④ W.Pater,*Greek Studies*:*A Series of Essays*,Macmillan and Co.,1908.初版于 1895 年。

⑤ W.Mure,*Critical History of the Language and Literature of Antient Greece*,5 vols.,Longman,Brown,Green,and Longmans,1854.

⑥ B.Bunsen,*God in History*,*or the Progress of Man's Faith in the Moral Order of the World*,Tr.S Winkworth,5 vols.,Longman,Green,and Co.,1868.

⑦ K.O.Muller,*A History of the Literature of Ancient Greece*,3 vols.,John W.Parker and Son,1858.

⑧ J.W.Donaldson,*The Theatre of the Greeks*,*A Treaties on the History and Exhibition of the Greek Drama*,Longman and Co.,1860.

⑨ J.A.Symonds,*Studies of the Greek Poets*,Smith,Elder,& Co.,1873,"Preface".

《希腊诗人研究》英国第1版与美国版对照表

英国第1版 第1卷	美国版 第1卷	备注	英国第1版 第2卷	美国版 第2卷	备注
第1章 希腊文学的周期	第1章 希腊文学的周期	英国版的时间顺序、诗人选择等都比较随意。因为许多作品是西蒙兹的讲演稿或单篇发表的论文（如第4章"讽刺诗人"等）。美国版明显注意时间顺序，而且注意"诗人研究"将第1卷和第2卷中涉及诗人的单章大致集中到第1卷末，而将涉及诗论文等大致派到第2卷。	第1章 神话学	第14章 希腊悲剧与欧里庇得斯	英国版第2卷在诗人研究和诗剧评论等方面兼顾第1卷的内容，是第1卷的延续和补充。当然第2卷编排中的问题亦延续下来。美国版第2卷则做了通盘考虑，对悲剧、喜剧、希腊艺术等做了集中讨论。这样，与第1卷讨论诗人前后呼应，非常编排得体。
第2章 恩培多克勒斯	第2章 神话学		第2章 阿基里斯	第15章 埃斯库罗斯、索福克勒斯、欧里庇得斯	
第3章 格言诗人	第3章 阿基里斯		第3章 荷马笔下的妇女	第16章 散佚悲剧诗人片论	
第4章 讽刺诗人	第4章 荷马笔下的妇女		第4章 赫西俄德	第17章 古代悲剧与近代的悲剧	
第5章 抒情诗人	第5章 赫西俄德		第5章 巴门尼德斯	第18章 阿里斯托芬尼斯	
第6章 品达	第6章 巴门尼德斯		第6章 埃斯库罗斯	第19章 喜剧	
第7章 希腊的悲剧欧里庇得斯	第7章 恩培多克勒斯		第7章 索福克勒斯	第20章 田园诗人	
第8章 阿里斯托芬尼斯	第8章 格言诗人		第8章 埃斯库罗斯、索福克勒斯、欧里庇得斯片论	第21章 诗选	
第9章 古代与近代的悲剧	第9章 讽刺诗人		第9章 散佚悲剧诗人片论	第22章 海洛与利安达	

续表

英国第 1 版 第 1 卷	美国版 第 1 卷	备注	英国第 1 版 第 2 卷	美国版 第 2 卷	备注
第 10 章 田园诗人	第 10 章 田园诗人		第 10 章 喜剧诗人	第 23 章 希腊艺术的智慧	
第 11 章 诗选	第 11 章 品达		第 11 章 海洛与利安达	第 24 章 总结	
第 12 章 希腊艺术的智慧	第 12 章 埃斯库罗斯		第 12 章 总结		
	第 13 章 索福克勒斯				

人物交叉论述的方式,总结希腊文化的特点、不同诗歌体裁的特点及不同诗人的生平创作特点。在西蒙兹 1876 年《希腊诗人研究第 2 系列》①中,作者不仅对古希腊荷马、赫西俄德之类的诗人做了主题式的评述,还就神话学、悲剧诗人、喜剧诗人、哲学诗人等做了以人物为穿引的评析。西蒙兹对希腊悲剧、悲剧诗人的分析很有心得。其中索福克勒斯及其悲剧作品更是西蒙兹心目中的完美典范,并用了许多称颂的词语来形容,②还将索福克勒斯的悲剧视为伯利克里时代"雅典人心灵之最纯粹的一面镜子"。③ 同时从文学史的纵向方面进行回顾总结。④ 不难发现这里浸透着西蒙兹的文人理想。对哲学诗人巴门尼德的点评、对散佚悲剧的勾勒亦反映出西蒙兹深厚的学术功力。⑤《希腊诗人研究》的另一个特点是用传神的诗笔向读者栩栩如生地展示古代希腊诗人的生平和恢宏诗卷,其中对诗人品达等的描述可谓形象生动。这些在当时的英国学界算是翘楚。⑥ 更为突出的是《希腊诗人研究》反映出西蒙兹深厚的历史感。希腊诗人各有各的亮点,西蒙兹将他们放到一个时代中去认识可以发现其中的共性。可以这么认为,西蒙兹的诗人研究不是就诗人、诗作而发的文学评论,而是从历史的广阔层面去展示诗的世界。这些能启示我们各种思考,例如希腊的悲剧是希腊政治生活的一个组成部分⑦,如此等等。另外,西蒙兹特别注意诗人、诗歌流派的同时代比较及古今比较。由此看来,西蒙兹的《希腊诗人研究》可确切地称其为希腊文化史著作。不过与布克哈特的《希腊文化史》⑧相比,西蒙兹在文学史方面笔墨更浓厚些,而布克哈特更强调文化、国

---

①　J.A.Symonds,*Studies of the Greek Poets*,*Second Series*,Smith,Elder,& Co.,1879.

②　J.A.Symonds,*Studies of the Greek Poets*,Second Series,p.215.

③　J.A.Symonds,*Studies of the Greek Poets*,Second Series,p.220.

④　J.A.Symonds,*Studies of the Greek Poets*,*Second Series*,Chap.Ⅶ.

⑤　J.A.Symonds,*Studies of the Greek Poets*,*Second Series*,Chap.Ⅴ,Chap.Ⅸ.

⑥　F.Harrison,*John Addington Symonds*,pp.5-9.

⑦　Albert Cook,*Oedipus Rex*:*A Mirror for Greek Drama*,Waveland Press,Inc.,1982;J.Peter Euben,*The Tragedy of Political Theory*:*The Road Not Taken*,Princeton University Press,1990;J.Peter Euben,ed.,*Greek Tragedy and Political Theory*,University of California Press,1986.

⑧　J.Burckhardt,*Griechische Kulturgeschichte*,Band Ⅴ-Ⅷ,Benno Schwabe & Co.,1955-1957.

家、宗教三者之间的关系。西蒙兹的《希腊诗人研究》目前尚未引起中国学术界足够的重视,需要学人开辟专题进行研究。尤其是学界在希腊诗歌、诗人批评史方面的专著还十分贫乏,仅从补缺的角度讲,翻译、研究西蒙兹的《希腊诗人研究》亦有不可替代的价值。

西蒙兹《希腊诗人研究》不能被忽视的另一个重点是作者就诗人、诗派的审美意境所做的评论。举些研究个案如下。

其一,对诗人萨福(Sappho)、品达(Pindar)等的研究。西蒙兹用"绝对完美的优雅"来评论同性恋女诗人萨福的诗作。① 还指出诗人品达在颂歌中将崇高与感伤的情结联系在一起。②

其二,对不同诗歌流派的研究。以抒情诗诗歌流派为例,西蒙兹认为那些抒情诗人体现了希腊人的审美本能。③

其三,对希腊悲剧等的研究。西蒙兹认为希腊悲剧中突出 Nemesis(即复仇女神)的惩罚特点。这种复仇最初是迷信的力量在统治着,随后让人性的力量来调和,最终在艺术之美的境界中收场。可见美还是悲剧的归宿。④ 西蒙兹的这一概括很有说服力。例如索福克勒斯的悲剧《俄狄浦斯王》就能用西蒙兹的观点去诠释、欣赏。《俄狄浦斯王》先由"神示"即"杀父娶母"点出乱伦的命运。这种命运紧扣人,直刺人的生命本能,令一个原原本本的人性暴露出来。这样,《俄狄浦斯王》就能引出另一个主题:既然命运在人的自然感性生命深处,那么反抗命运就是人向自身的挑战。无论是俄狄浦斯母亲伊俄卡斯忒消极的反抗——听之任之或死亡,还是俄狄浦斯积极的反抗——勇于揭穿奥秘,都必须以生命为代价。当伊俄卡斯忒隐约感到灾难即将来临,她这

---

① J.A.Symonds, *Studies of the Greek Poets*, Vol. Ⅰ, Third edition, Adam and Charles Black, 1893, p.293.

② J.A.Symonds, *Studies of the Greek Poets*, Vol. Ⅰ, Third edition, p.343.

③ J.A.Symonds, *Studies of the Greek Poets*, Vol. Ⅰ, Third edition, p.270.

④ J.A.Symonds, *Studies of the Greek Poets*, Vol. Ⅱ, Third edition, Adam and Charles Black, 1893, pp.8-9.

样告慰自己,"伊俄卡斯忒:偶然控制着我们,未来的事又看不清楚,我们为什么惧怕呢? 最好尽可能随随便便的生活。"① 侥幸、无奈、生的渴望汇聚成一种复杂的情感,伊俄卡斯忒寄希望于"偶然"或许会给人以某种袒护。人们虽然无法把握命运的走向,然而按照生命本身传示于你的去做,也许未必有错。与伊俄卡斯忒的随意态度——一种隐匿着生存危机的随意态度不同,俄狄浦斯要彻底地追究命运,"俄狄浦斯:幸运是我的母亲;十二个月份是我的弟兄,他们能划出我什么时候渺小什么时候伟大。这就是我的身世,我决不会被证明是另一个人;因为我一定要追问我的血统。"② 最后真相大白,伊俄卡斯忒自杀身亡,俄狄浦斯则弄瞎双眼,继续在茫茫的人生征途上与命运抗争。这就把反抗命运的崇高之美以艺术化的形式呈现出来。正因为如此,伊俄卡斯忒的反抗和俄狄浦斯王的反抗都令人同情。③ 它们使观众的心灵在崇高的审美境界中得到净化。

其四,对涉及同性恋现象的诗歌研究。笔者以为西蒙兹论述古代希腊诗人的精彩之处与揭示同性恋诗歌内容的崇高审美境界密切关联在一起。西蒙兹提醒学术界不要总是去纠缠《荷马史诗》的命名问题、荷马其人的真实性问题等,而要把研究的主要方面转到阿基里斯这个人物及其性格上来。④ 阿基里斯的性格由愤怒与爱两个极端的部分组成,但愤怒并没有让他最终投入战斗,而恰恰是爱迫使他选择伟大的行动,这就是崇高之美。⑤ 这里所说的爱就是阿基里斯与帕特洛克罗斯之间的朋友之情、典雅之爱。西蒙兹甚至称这种爱为希腊人骑士之爱的中心点。(原文:It will be enough to touch upon the

① 索福克勒斯:《俄狄浦斯王》,引自《外国文学作品选》(一),上海译文出版社 1979 年,第 82—83 页。

② 索福克勒斯:《俄狄浦斯王》,引自《外国文学作品选》(一),第 86 页。

③ 默雷:《古希腊文学史》(孙席珍、蒋炳贤、郭智石译),上海译文出版社 1988 年,第 258 页。

④ J.A.Symonds,*Studies of the Greek Poets*,Vol.Ⅰ,Third edition,pp.76-77.

⑤ J.A.Symonds,*Studies of the Greek Poets*,Vol.Ⅰ,Third edition,pp.81-82.

friendship of Achilles for Patroclus as the central point of Hellenic chivalry.）①西蒙兹的上述分析从一个全新的角度去理解《荷马史诗》的深层含义,对进一步开掘、认识《荷马史诗》的内容不无启示价值。

与《希腊诗人研究》创作相关的是,西蒙兹自己翻译了大量古希腊诗人的作品,为研究增色不少。如果将这些翻译文字挑选出来单列出版,就是一部很有韵味的希腊诗歌选集。有些译作还不时被各种文集(如《萨福集》②等)收入。这些反映出学者对西蒙兹译笔的认可。

三、深情雅致之译介

悲凉的人生和诗人的才气锻造了西蒙兹译笔的深情,而文人的境界又让西蒙兹的译笔烙上雅致的印记。

在文艺复兴史的译作方面,西蒙兹为读者留下《切利尼自传》等作品。西蒙兹在《切利尼自传》③译文前有一个"导论"。"导论"对先前各种译本的不足之处做了评论。④ 正是西蒙兹译笔的独到功力,《切利尼自传》英文版出版后受到学术界与读者的一致认同。可能出版商有点保守,第 1 版仅出了 750本。但读者的反应远远超出预想,一时洛阳纸贵,3 个月后就出了第 2 版。第

---

① J.A.Symonds, *Studies of the Greek Poets*, Vol. Ⅰ, Third edition, p.97.

② *Sappho*, memoir, text, selected renderings and a literal translation by Henry Thornton Wharton, David Stott, 1885.关于萨福诗歌集的较新版本还有 *Sappho*, A new translation, by M. Barnard, University of California Press, 1986。

③ *The Life of Benvenuto Cellini*, tr.J.A.Symonds, John C.Nimmo, First edition, 1888; Fourth edition, 1896.

④ 在西蒙兹之前,《切利尼自传》的译本大致有:Goethe 译的德文版、Leclanche 译的法文版、Nugent 译的英文版、Roscoe 译的英文版等。西蒙兹略提德文版和法文版的不足,对于 Roscoe 的英译则用较大篇幅进行英、意两种文字的比对研究,一一指出其中的瑕疵。参见 *The Life of Benvenuto Cellini*, tr.J.A.Symonds, "Introduction", John C.Nimmo, Fourth edition, 1896, pp. ⅩⅬⅧ-ⅬⅣ。但西蒙兹未对 Nugent 的英译本(*The Life of Benvenuto Cellini : A Florentine Artist. Containing A variety of Curious and Interesting Particulars*, relative to Painting, Sculpture and Architecture; and *The History of his own Time*.Written by Himself in the Tuscan Language, and Translated from the Original by Thomas Nugent, London: Published for T.Davies, 1771)加以评论。

2 版"导论"后有一个附注,其中指出该版除修订一些刊印错讹、并在切利尼自传前增加一段原作者的十四行诗外,其他没有太大的变化。只是第 1 版中的一些插图被删掉了。不久又出第 3 版。在第 3 版"序言"中,西蒙兹总算有了欣慰的感受。① 第 3 版将原来的 2 卷合并为 1 卷,西蒙兹在"序言"还提到这样做的考虑之一是方便更多的读者能够购买。由此可见此书及西蒙兹译本在当时读者中的受欢迎程度。西蒙兹去世后不久又出了第 4 版,恢复了原来的插图。在往后的岁月中,各种版本的西蒙兹所译《切利尼自传》不计其数。20世纪库特的《切利尼自传》可称作详注版或学术版。它根据 1901 年巴切教授编辑的意大利本、鲁什考尼和瓦雷利编辑的意大利本翻译而成。尤其是鲁什考尼和瓦雷利本搜集了切利尼的所有论述、艺术创作成果,并在此基础上对原来的自传文字加以注释。这同时映衬库特英译的学术价值。这个译本有大量的插图。译本注意到西蒙兹翻译中的诸多想法,甚至顾及一些很细微的翻译问题。如"To which I replied:'I did so this very last night.'At this the doctor said:'With what sort of person,and how much'"这个句后有一译注:"Mr.J.A. Symonds suggested that quanto = 'how much' in the text here should be quando = 'when'"②。因为切利尼的生平广受研究者、读者关注,不时有译本推出,如麦当内尔译本等。③

关于切利尼自传的译文,不妨与努金特(Nugent)的译文做一比对。笔者通过西蒙兹译本与努金特译本的比较分析,发现西蒙兹译本与努金特译本在基本内容传达方面非常接近。不过努金特译本在文字处理上比较平实,有直译的味道。而西蒙兹的译文更通顺、考究些。下面是《切利尼自传》起首一段文字的英译比对:(努金特)"It is a duty incumbent on all men,in whatever state

---

① *The Life of Benvenuto Cellini*, Tr. J. A. Symonds, John C. Nimmo, Fourth edition, "Translator's Preface to Third Edition".

② *The Life of Benvenuto Cellini*, Tr. R. H. H. Cust, The Navarre Society Limited, 1935, vol. I , p.101.

③ *The Life of Benvenuto Cellini*, Tr. A. Macdonell, J. M. Dent and Sons Ltd., 1926.

or condition of life, who have performed praise – worthy actions, or distinguished themselves by gallant exploits, to be their own biographers; yet they should not enter upon this important and arduous undertaking, in which a strict adherence to honour and truth often obliges them to pass sensure on their own conduct, till they are forty years of age."①（西蒙兹）"All men of whatsoever quality they be, who have done anything of excellence, or which may properly resemble excellence, ought, if they are persons of truth and honesty, to describe their life with their own hand; but they ought not to attempt so fine an enterprise till they have passed the age of forty."②西蒙兹译文的中文是："无论何种质地的人，他们有过业绩或者做出过类似业绩的事情，如果真诚地对待自己的话，都应该亲笔为自己立传，但别指望在 40 岁以前能做出此等大事。"如果按照努金特的译本来中译的话，那么行文就直白些，"所有的人，无论其地位状况如何，或者有过受人尊敬的表现，或者有过不凡的业绩，他们都要写好自己的传记；但要想在 40 岁以前做好如此重要又艰难的事情即严格真诚地来做好这件事，这是不可能的。"可见西蒙兹在雅致、可读性方面的用心之苦。但切利尼写自传的最大特点就是直白、平实，故努金特的译文需要重新引起今人的注意。其实翻译好切利尼自传中那些比较直白的文字，其难度不亚于译情文并茂者，因为文字已经那么简单了，稍有不慎就会露出马脚。中文翻译也得引起注意。例如自传开始不久，切利尼介绍自己的母亲 Madonna Elisabetta 的名字，努金特直接英文化地翻译为 Mary Elisabeth，而西蒙兹仍用意大利文原文。有的中译为"伊丽莎白夫人"③，这

①　*The Life of Benvenuto Cellini*; *A Florentine Artist. Containing A variety of Curious and Interesting Particulars*, *relative to Painting*, *Sculpture and Architecture*; *and The History of his own Time*. Written by Himself in the Tuscan Language, and Translated from the Original by Thomas Nugent, London: Published for T. Davies, 1771, Vol. I, pp.1–2.

②　*The Life of Benvenuto Cellini*, tr.J.A.Symonds, John C.Nimmo, Third edition, 1889, p.1.

③　《切利尼自传》（王宪生译），时代出版传媒股份有限公司、北京时代华文书局 2014 年，第 3 页。

有些不妥。一般名后不跟"夫人"。自家孩子称呼母亲也不用夫人之类称谓。Madonna 与 Mary 可以对译,都有对妇女尊称的意思,能否译为女士? 母亲大人? 太太? 无论哪一种都不好,有的译本索性就不翻译这个词,变成"我母亲名伊利莎贝塔"①。但不翻译就失去文字的意味。笔者反复思虑,拟译为"我母亲尊名伊丽莎白"为妥,或"我母亲大人名伊丽莎白"。另外要提及的是现有的几个中译本均忽视了西蒙兹在译本前写的"导论"。这篇"导论"除前面提及的译文批评内容外,还包括西蒙兹对传记内容的概括、对切利尼的评价等。这些对全面理解切利尼生平和《切利尼自传》的翻译情况很有帮助。今后再版时应该补上。西蒙兹如是评论切利尼的个性,"我所理解的切利尼首先是一位有想法、讲究自我的人;其次是狂躁的、傲慢的、自信的、感情用事的人;再次是具有极高艺术天分、精力充沛、个性化表达的人。"②西蒙兹还认为,根据切利尼的所作所为,可以断定他就是一位没有读过马基雅维里著作而具备马基雅维里所倡导的"Virtu"(才气、才干、德能、能力等)的人。③ 这些都是很有见地的观点。当然,切利尼也是一位十分看重现实利益的人。《切利尼自传》字里行间透露出一位为了钱而奔忙的艺术家形象。

西蒙兹还受邀承担《卡罗·高兹伯爵回忆录》④的翻译任务。面对此项译事,最初西蒙兹有点犹豫,但最终还是接受了创作任务。高兹是 18 世纪意大利威尼斯的剧作家,以喜剧创作著称于戏剧界。但在当时的英国学术界(包括西蒙兹在内)对高兹所知甚微,涉及高兹的著述也只有维农·李《18 世纪意大利研究》⑤一本。根据西蒙兹的各种学术判断,《卡罗·高兹伯爵回忆录》

---

① 《致命的百合花:切利尼自传》(平野译),第 3 页。

② *The Life of Benvenuto Cellini*,Tr.J.A.Symonds,Third edition,p.Ⅷ.

③ *The Life of Benvenuto Cellini*,Tr.J.A.Symonds,Third edition,p.Ⅷ.

④ *The Memoirs of Count Carlo Gozzi*,Tr.J.A.Symonds,John C.Nimmo,1890.还有一些西蒙兹译作的选本,如 *Useless Memoirs of Carlo Gozzi*,The Translation of John Addintong Symonds,Edited,revised and abridged by P.Horne,With an introduction by H.Acton,Oxford University Press,1962.

⑤ 即 Vernon Lee,*Studies of the Eighteenth Century in Italy*,而且是根据二手材料转述的,参见 *The Memoirs of Count Carlo Gozzi*,Tr.J.A.Symonds,p.Ⅺ.

应该被介绍给英语世界的读者,特别是西蒙兹认为高兹的回忆录是研究 18 世纪意大利戏剧的重要资料。① 例如高兹与威尼斯学院格拉塔罗的矛盾、与感受法国自由文化较深的戏剧家高尔多尼的戏剧理论冲突等,这些不仅折射出高兹相对保守的戏剧观,也反映出当时意大利文化社会各个层面的风貌。西蒙兹还在"导论"中回顾了文艺复兴时期及文艺复兴以降的意大利喜剧创作历史状况。西蒙兹的如是想法反映出一位历史学家、文化史家的独特眼力。有时候写一部通史、专题史如西蒙兹的《意大利文艺复兴》等能够全方位地呈现一个时代的风貌。但有时候通过一部传记、回忆录如西蒙兹所译《切利尼自传》、《高兹伯爵回忆录》等亦能够以点带面、生动集中地透视社会文化的典型场景。正是出于这种学术兴奋点的考虑,西蒙兹用了 4 年左右的时间完成译事。然后限量出版。译著前有作者写的近 200 页篇幅的"导论",几乎是一部简明的意大利戏剧史和高兹评传。由于西蒙兹的译笔,加上卡罗·高兹的丰富人生,因此读《卡罗·高兹伯爵回忆录》与读《切利尼自传》一样精彩。中国读者可能对卡罗·高兹伯爵的名字有点陌生,但只要提起 20 世纪意大利作曲家普契尼的歌剧《图兰朵》便好生耳熟。其实高兹早在 18 世纪就已经用奇幻剧(Fiabe)的形式将包含悲喜情节的阿拉伯民间故事《卡拉夫和中国公主的故事》以《图兰朵》(Turandot)之名搬上意大利的舞台。② 高兹一生创作各种类型的戏剧作品多部,其中流传较广的还有《三个橘子的故事》、《绿鸟》等。在西方戏剧研究领域,涉猎高兹其人、其作者大有人在,但无论是谁研究高兹都离不开西蒙兹所译《卡罗·高兹伯爵回忆录》③,可见西蒙兹译作的影响力。

---

① *The Memoirs of Count Carlo Gozzi*, Tr. J. A. Symonds, "Preface", p. Ⅶ.

② Carlo Gozzi, *Five Tales for the Theatre*, Ed. and tr. A. Bermel and T. Emery, The University of Chicago Press, 1989.

③ 参见 J. L. DiGaetani, *Carlo Gozzi, A Life in the 18ᵗʰ Century Venetian Theater, an Afterlife in Opera*(McFarland & Company, Inc., Publishers, 2000)的文献部分。顺便提及,该著作还注明扉页上的高兹像选自西蒙兹所译《卡罗·高兹伯爵回忆录》。事实上西蒙兹译著上的那幅高兹像已经成为相关著作的标准引用来源和最为人熟知的高兹相貌。

在诗歌翻译方面,西蒙兹所译《米开朗基罗与康帕内拉十四行诗》①很为学人称道。通过西蒙兹的译笔,我们能细细品味米开朗基罗诗歌中的各种境界。前文论及,米开朗基罗有着很深的忧郁情结,这自然缺不了死亡意识的因素。其中有一首"等待死亡"的诗歌:

> 我的死亡肯定会来,只是不知道哪个时辰:
>
>> 生命诚短暂,所剩无几:
>>
>> 肉体要去负重,而灵魂快逃离
>>
>> 天国的神在召唤我前往。
>
> 世界是盲动的;恶就在下方
>
>> 打击与取胜比过诚实:
>>
>> 光就要熄灭,勇敢地去承受:
>>
>> 欺瞒统治着一切,已经难见真理的容颜。
>
> 那个白昼何时消去,主呵他还在等你
>
>> 可又有谁信赖你? 如此之拖沓
>>
>> 会泯灭所有的希望、夺取生命的灵魂。
>
> 为什么光还要从天国的门户中透射出来
>
>> 如果死亡在阻碍荣耀
>>
>> 在生存的永久跋涉中揣曳着我们的灵魂?②

这里有看透一切的虚无观念,也有用信仰来拯救自我的希冀,总之忧郁得很。西蒙兹还将米开朗基罗诗歌中有关美、爱、精神等理想化的内容传达给读者,如十四行诗中的第23首"肉体与精神"、第28首"天国诞生的爱与美"、第34

---

① *The Sonnets of Michael Angelo Buonarroti and Tommaso Campanella*, Now for the First Time Translated into Rhymed English by J.A.Symonds, Smith, Elder, & Co., 1878.后来莫谢尔单独出版《米开朗基罗十四行诗》,*The Sonnets of Michael Angelo*, Thomas B.Mosher, 1897。

② *The Sonnets of Michael Angelo Buonarroti and Tommaso Campanella*, Now for the First Time Translated into Rhymed English by J.A.Symonds, Smith, p.106.

首"爱之火焰"等。①

西蒙兹的著作经常涉及欧洲中世纪的文化内容。在这方面西蒙兹译有《美酒、女人与唱诵：中世纪拉丁文学生唱诵集》诗集 1 部，并为其中的大部分诗歌做了解读性的注释。译文中有一段描述大学生离开神学院在回家路上欢歌、嬉戏的诗文，歌名 *A Song of the Open Road*（《欢歌四达路》），将中世纪大学生真实的内心世界活脱脱地呈现在读者面前：②

> 我们四处游荡，
>
> 纵情欢唱，
>
> 塔拉、坦塔拉、塔诺！
>
> 吃个饱，
>
> 喝得好；
>
> 塔拉、坦塔拉、塔诺！
>
> 笑到我们人仰马翻，
>
> 只有那块烂布还裹在大家身上；
>
> 塔拉、坦塔拉、塔诺！
>
> 不停地嬉闹，
>
> 快受不了：
>
> 塔拉、坦塔拉、塔诺！

---

① 均指西蒙兹诗译中的编号。

② *Wine, Women, and Song: Mediaeval Latin Students' Songs*, Now First Translated into English Verse With An Essay by John Addington Symonds, Chatto & Windus, 1884, pp.52−54.《微型书》第 1 卷第 61—63 页引了此段文字。

我们的肋骨已经成了琴弦，

就怕大伙儿不知如何拨弹：

塔拉、坦塔拉、塔诺！

何时用得上我们，

去做些出格的事也成：

塔拉、坦塔拉、塔诺！

信徒兄弟呵，

做神的使徒吧，

塔拉、坦塔拉、塔诺！

说吧你还要点啥，

心想事成呀！

塔拉、坦塔拉、塔诺！

凡人最怕的

还不是去钻哲学牛角尖！

塔拉、坦塔拉、塔诺！

来了那首悠扬的歌

捣蛋者与挥霍者！

塔拉、坦塔拉、塔诺！

爱干啥就干吧

就是要纵情疯狂：

塔拉、坦塔拉、塔诺!

就像教主教导我们的,
兄弟间真诚相待:
塔拉、坦塔拉、塔诺!

再见好兄弟!
已到了辞别之际!
塔拉、坦塔拉、塔诺!

何时再相见?
让我们再度好时光!
塔拉、坦塔拉、塔诺!

真的要告别
分别情依依;
塔拉、坦塔拉、塔诺!

相互拥抱吧,
兄弟贴得更紧更牢,
塔拉、坦塔拉、塔诺!

在这些节奏感强、语句活泼的诗文中,读者所看到的情景是大学生暂时告别中世纪大学内那种枯燥乏味和禁锢的生活,让身心来一次放纵。这些带着神学信徒头衔的男学生们正做着颠覆神学说教的出格事情。大家袒露一切,其实就是一种性放纵。它会引导读者去思考中世纪社会文化中的许多异类内容。

四、思古释怀之游记

诗人 S・罗杰斯在叙述拿破仑战争后的 1814 年至 1821 年这个时段的旅游情况时指出,隔着英吉利海峡的英伦三岛仍是欧洲大陆最大的游客群。① 事实上在 19 世纪相当长时间范围内,作为工业革命故乡的英国游客视亚平宁半岛为主要的观光胜地,各界名流纷至沓来。而在这过程中诞生了不少经典性的游记作品。S・罗杰斯、T・罗斯科、J・A・西蒙兹所写的意大利游记诗文作品便是其中的代表。

18 至 19 世纪,浪漫主义在欧洲文化界(包括史学界)风靡一时。罗杰斯(S.Rogers,1763—1855)是 19 世纪英国的银行家和浪漫主义诗人,在当时文坛颇有名望,其地位可与英国文学史上另一文坛领袖约翰森比肩。罗杰斯也是古典作品、文艺复兴文学艺术作品的爱好者和收藏家。② 罗杰斯交游甚广,扮演着赞助人的角色,所赞助对象包括浪漫主义诗风的代表拜伦等名人。罗杰斯来自工业革命的故乡,在饱受熏人的烟气浓雾后,对留着中世纪宁静的田园生活十分向往,尤其对意大利人文地理情有独钟,更不用说对文艺复兴时期文化的热忱。为此,罗杰斯写有长诗《意大利:一部诗篇》③。《意大利:一部诗篇》共有 50 首,以地名为题者居多,间有风土人情(如"威尼斯的新娘")等为诗名者。罗杰斯另写有《愉快的回忆》、《人的生命》等诗作,均收入其诗集。④ 但相当长时间内,学人只是根据罗杰斯的《意大利:一部诗篇》及少量诗篇内容来谈论他关于意大利文艺复兴文化等的感受。后来历史学家黑尔发现

---

① *The Italian Journal of Samuel Rogers*,Ed.J.R.Hale,Faber and Faber,1956,p.56.

② 有多部关于罗杰斯生平的著作可资参考,如 P.W.Clayden,*Rogers and His contemporaries*,2 Vols.Smith,Elder,& Co.,1880;*Reminiscences and Table-Talk of Samuel Rogers*,*Banker*,*Poet*,& *Patron of the Arts*,1763-1855,R.Brimley Johnson,1903,等等。其收藏情况参见 *Sale Catalogues of Libraries of Eminent Persons*,*Volume 2 Poets and Men of Letters*,Ed.A.N.L.Munby,Mansell with Sotheby Parke-Bernet Publication,1971.

③ S.Rogers,*Italy*,*A Poem*,T.Cadell,1830.

④ *Poems by Samuel Rogers*,T.Cadell,1834.

了一部罗杰斯游历意大利的日记,并编成《萨缪尔·罗杰斯意大利日志》①一书。借此,学人可以凭借即时即可的记录比较详细地理解罗杰斯在《意大利:一部诗篇》中的各种文化心态。

罗斯科(T.Roscoe,1791—1871)是著名历史学家威廉·罗斯科(《大洛伦佐传》作者)的儿子。罗斯科为人比较低调,很少以公开的文字等谈及自己的人生履历。学术领域亦少有关于他生平的详细报道。这些给后世学者研究罗斯科的生平、著作等带来一定的困难。不过罗斯科的生平材料虽有限,但有两件显眼的事迹总会引起世人的注意:其一是罗斯科一生都献给了文艺复兴时期文学艺术作品的翻译事业;其二,罗斯科闲暇时间以云游四方为乐。其足迹所至、兴味所起,都有笔墨记之。其两百多万字的人文景观游记深受读者喜爱。Robert Jennings 出版社特意为罗斯科出版 10 卷本的《景观年鉴丛书》(Landscape Annual),其中第 1 卷至第 4 卷的主体是意大利景观年鉴,包括 1830 年的《瑞士与意大利游记》②;1831 年至 1833 年的《意大利游记》③。这个系列游记丛书以特有的记叙形式表达了作者对意大利文艺复兴时期历史、文化、人物等的想法。顺便指出,1834 年卷为《法国游记》,1835 年至 1838 年为《西班牙游记》,1839 年为哈里森创作的《葡萄牙游记》。这些是我们了解文艺复兴时期南欧风土人情、历史掌故的重要史料。

说到"景观"一词就不能不提英国诗人历史学家西蒙兹的看法。西蒙兹在《景观》一文中指出,古代希腊人看自然的时候总是与人、与个体关联在一起,人是神、万物的中介。④ 用今天的话讲就是人文景观。西蒙兹从小就在家

---

① *The Italian Journal of Samuel Rogers*, Ed.J.R.Hale, Faber and Faber, 1956.

② T.Roscoe, *The Tourist in Switzerland and Italy*, Robert Jennings, 1830.

③ T.Roscoe, *The Tourist in Italy*, Robert Jennings, 1831, 1832, 1833.

④ J.A.Symonds, "Landscape", from J.A.Symonds, *Essays*, *Speculative and Suggestive*, Smith, Elder, & Co., 1907, p.269.

父的引领下周游欧洲各地。翻开西蒙兹的人生履历,浪迹西欧、南欧名胜古迹是其生活的常项,此等情状伴随终身。西蒙兹又是以文艺复兴研究作为学问中心的历史学家。在西蒙兹的心里藏着许多急需解答的历史问题,需要在游览意大利的过程中一一加以研究。但西蒙兹毕竟是性倒错者、是诗人,骨子里沉积了柏拉图主义的浪漫情趣。西蒙兹不想让自己的研究工作变成枯燥的信息堆积。这样,西蒙兹随行随记,留下近百万字的游记,其中涉及意大利文艺复兴史迹的内容比比皆是。如此活脱脱的意大利文艺复兴史研究,当时读来让人倍感亲切;今朝温习之,仍有启示无数。在西蒙兹一生的著述中,为大家熟知的 3 部游记作品分别为《意大利希腊游记》[①]、《意大利游记、研究》[②]及《意大利侧记》[③]。西蒙兹去世后上述游记作品被合编出版,冠以《意大利、希腊游记和研究》之名。[④] 由于这个编排按地理位置的顺序展开,适应旅游者的阅读习惯,逐渐流行开来。今天,我们按照西蒙兹提示的地理标志进行旅游路线规划仍不失其实用的价值。但必须指出,西蒙兹生前只有在《意大利游记、研究》的书名上写有"Studies"的字样,是一部非常讲究游记与历史研究相结合的著述,其中还隐匿着性倒错者的心理暗流。因此"Studies"由各种各样的心态在指使着。事实上也只有这一本游记的内容真正配得上"研究"一名。新版的编排将此内容拆散分摊到各卷,有点失色。另外,西蒙兹 3 部游记所包含的游历时间、心境、记叙重点等均有不同,将其拆散不利于西蒙兹游记创作的还原工作。这些问题都值得进一步思量。具体章目对照如下:

---

　　① 　J.A.Symonds, *Sketches in Italy and Greece*, Smith, Elder, & Co., 1874.

　　② 　J.A.Symonds, *Sketches and Studies in Italy*, Smith, Elder, & Co., 1879.

　　③ 　J.A.Symonds, *Italian Byways*, Smith, Elder, & Co., 1883.

　　④ 　J.A.Symonds, *Sketches and Studies in Italy and Greece*, 3 Vols. Smith, Elder, & Co., 1898.新的 3 卷本游记是将以前的 3 卷重新编排而成,基本内容未动。考虑到西蒙兹的"白体诗"的重要性,布朗在西蒙兹身后出了单行本。因此新 3 卷本删掉了《意大利游记、研究》后面的附录"白体诗"部分。以后重印的版本即以此为底本。

《意大利希腊游记》章目	新版第 1 卷章目
1. 康尼斯(The Cornice)①	1. 阿尔卑斯山之恋
2. 阿雅克修(Ajaccio)	2. 达沃斯的冬晚
3. 锡耶纳(Siena)	3. 格劳宾登的酒神
4. 佩鲁贾(Perugia)	4. 普鲁旺斯的老镇
5. 奥尔维耶托(Orvieto)	5. 康尼斯
6. 托斯卡纳大众歌曲(Popular Songs of Tuscany)	6. 阿雅克修
7. 帕勒莫(Palermo)	7. 坚尼罗索山
8. 锡拉库扎与吉尔真蒂(Syracuse and Girgenti)	8. 伦巴第散记
9. 埃特纳(Etna)	9. 科摩与美第基诺
10. 雅典(Athens)	10. 贝加莫与巴托洛米奥·克莱奥尼
11. 里米尼(Rimini)	11. 克雷马与耶稣殉难像
12. 拉文纳(Ravenna)	12. 斯卡拉剧院的切鲁比诺
13. 帕尔马(Parma)	13. 威尼斯杂记
14. 坚尼罗索山(Monte Generoso)②	14. 贡多拉的婚礼
15. 阿尔卑斯山之恋(The Love of the Alps)	15. 一位 5 世纪的布鲁图斯
16. 普鲁旺斯的老镇(Old Towns of Provence)	16. 上世纪两位剧作家
17. 彼特拉克的 8 首十四行诗(Eight Sonnets of Petrarch)③	

《意大利游记、研究》章目	新版第 2 卷章目
1. 阿马尔菲,帕埃斯图姆,卡普里(Amalfi, Pastum, Capri)	1. 拉文纳
2. 意大利的圣诞思念(Thoughts in Italy about Christmas)	2. 里米尼
3. 安提诺斯(Antinous)	3. 翁布里亚的五月
4. 卢克莱修(Lucretius)④	4. 乌尔比诺宫
5. 佛罗伦萨与美第奇家族(Florence and the Medici)	5. 维多利·阿考兰波尼
6. 意大利文学对英国的贡献(The Debt of English to Italian Literature)	6. 秋日漫游
	7. 帕尔马
	8. 卡诺萨
	9. 佛诺沃
	10. 佛罗伦萨与美第奇家族

① 从普鲁旺斯下行到意大利的沿海狭长地带。

② 在瑞士与意大利之间的山区。

③ 彼特拉克长期游学法国,深受法国文化影响,西蒙兹将此诗歌放在普鲁旺斯游记后谈,有一定的合理性。

④ 此文就希腊、罗马的诗歌等做了比较研究。

续表

《意大利游记、研究》章目	新版第 2 卷章目
7. 文艺复兴时期的意大利大众诗歌（Pop-ular Italian Poetry of the Renaissance） 8. 波利齐亚诺的《奥菲欧》（The 'Orfeo' of Poliziano） 9. 卡诺萨（Canossa） 10. 佛诺沃（Fornovo） 11. 上世纪两位剧作家（Two Dramatists of the Last Century） 12. 克雷马与耶稣殉难像（Crema and the Crucifix） 13. 贝加莫与巴托洛米奥·克莱奥尼（Ber-gamo and Bartolommeo Colleoni） 14. 科摩与美第基诺（Como and Il Medeghi-no） 15. 伦巴第散记（Lombard Vignettes） 16. 附录：白体诗（Blank Verse） 17. 《奥菲欧》注释（Note on the 'Orfeo'）①	11. 意大利文学对英国的贡献 12. 托斯卡纳大众歌曲 13. 文艺复兴时期的意大利大众诗歌 14. 波利齐亚诺的《奥菲欧》 15. 彼特拉克的 8 首十四行诗

《意大利侧记》章目	新版第 3 卷章目
1. 秋日漫游（Autumn Wanderings） 2. 奥利维托山（Monte Oliveto） 3. 普尔奇雅诺山（Montepulciano） 4. 达·桑·吉米纳诺的福尔格（Folgore Da San Gemignano） 5. 春日漫游（Spring Wanderings） 6. 翁布里亚的五月（May in Umbria） 7. 乌尔比诺宫（The Palace of Urbino） 8. 维多利·阿考兰波尼（Vittoria Accoram-boni） 9. 威尼斯杂记（A Venetian Medley） 10. 贡多拉的婚礼（The Condolier's Wed-ding）	1. 达·桑·吉米纳诺的福尔格 2. 意大利的圣诞思念 3. 锡耶纳 4. 奥利维托山 5. 普尔奇雅诺山 6. 佩鲁贾 7. 奥尔维耶托 8. 卢克莱修 9. 安提诺斯 10. 春日漫游 11. 阿马尔菲，帕埃斯图姆，卡普里 12. 埃特纳 13. 帕勒莫

---

① 《奥菲欧》是文艺复兴时期意大利人文主义者波利齐亚诺撰写的剧作。此剧献给卡罗·卡纳莱大人。卡纳莱是瓦诺莎（Vannozza）的丈夫。瓦诺莎曾是教皇亚历山大六世的情妇，为其生下凯撒·波吉亚、卢克蕾齐亚等儿女。详见 J. A. Symonds, *Sketches and Studies in Italy*, Smith, Elder, & Co., 1879, pp.429-430。

续表

《意大利侧记》章目	新版第 3 卷章目
11. 一位 5 世纪的布鲁图斯（A Cinque Cento Brutus） 12. 斯卡拉剧院的切鲁比诺（Cherubino at the Scala Thertre） 13. 格劳宾登的酒神（Bacchus in Graubunden） 14. 达沃斯的冬晚（Winter Nights at Davos）	14. 锡拉库扎与吉尔真蒂 15. 雅典

　　有学者认为上述 3 部游记是西蒙兹著述中最为出彩的部分。① 此言有一定道理。西蒙兹的心灵和文风在其游记创作中得到最大程度的发挥。至少这些游记与《意大利文艺复兴》、《希腊诗人研究》具有同等的文化史创作地位，只不过我们对其不甚了解而已。另外，西蒙兹的游记内容广泛，旁及法国、瑞士等地的风土人情。后来诗人索性在瑞士的达沃斯筑巢定居，取名"Am Hof"（德语"院落"的意思），居处花木簇拥，很有情趣。从身体状况这一面讲，西蒙兹受肺病的折磨不浅。他认为在阿尔卑斯山定居、旅游对治疗肺病会有相当的帮助。②

　　扩而论之，19 世纪经典性意大利游记作品还有很多，如博罗莱《1817 年佛罗伦萨游记》③、拉斯金《佛罗伦萨的早晨》④、约翰森《阿诺河畔的百合花》⑤，等等。在文本的形式方面，那些游记作品表现了各具特色的文采，都将

---

　　① 参见哈里森在《西蒙兹传》中的评论（F.Harrison, *John Addington Symonds*, Macmillan and Co., 1896, p.9）。胡腾在《布里斯托及其名人》（S.Hutton, *Bristol and Its Famous Associations*, J.W. Arrowsmith, 1907）也引了哈里森的赞誉之词，认为这些游记凝聚了西蒙兹的所有才华。参见《布里斯托及其名人》第 153 页。

　　② J.A.Symonds and His Daughter Margaret, *Our Life in the Swiss Highland*, p.1.

　　③ C.H.C.Beaujolois, *A Journey to Florence in* 1817, Ed. with notes By G.R.De Beer, G.Bles, 1952.

　　④ J.Ruskin, *Mornings in Florence：Being Simple Studies of Christian Art for English Travellers*, 出版社、出版年代不详。

　　⑤ V.W.Johnson, *The Lily of the Arno or Florence, Past and Present*, Estes and Lauriat, 1891.

各自对意大利及周边地区的地理风貌之了解和情感融于生动的记述之中。如罗杰斯、罗斯科、西蒙兹3位文人的游记诗文均写得感情真挚、文笔优美。西蒙兹《意大利、希腊游记和研究》的首篇题名便是"阿尔卑斯山之爱"。其对意大利北部阿尔卑斯山的歌颂、对达沃斯小镇的描述等无不情意浓浓,让人感受到带着原始气息的山区氛围。① 而从史学研究特别是文艺复兴史研究的角度出发,将他们的作品放在一起可以引出许多富有启示意义的思考,其中心态史方面的思考尤其重要。

游记是展示心态史(history of mentalities)的最佳史学舞台之一。游记不受各种学术规范之累,各种想法海阔天空而出,各种描述尽情发挥。至于心态史,它涉及研究者与研究对象的两个层面。正是历史研究者心态的介入,它使历史图像变得生动有趣,但也由此变得复杂起来。回顾罗杰斯、罗斯科、西蒙兹所在的19世纪,那时许多文人去意大利的最直接情感就是怀古,怀所谓中世纪意大利的田园、人文之古。此类中世纪的心态和想象大都带着些浪漫主义的理想化追怀。罗杰斯、拉斯金(19世纪英国艺术评论泰斗)、西斯蒙第(19世纪以写意大利、南欧历史著称的法国历史学家)等都流露出很强烈的浪漫主义心态。他们十分在意其笔下的那些意大利城市历史与中世纪自由氛围、宗教神圣精神因素的关系,认为那才是意大利城市的本质。似乎中世纪的意大利有着近代人十分向往的理想生活社会状态。这多多少少美化了那段意大利城市的历史。在他们的心目中,文艺复兴以来的意大利受到工业文明的冲击较弱,这与近代受工业文明冲击较强的地区特别是工业文明发源地英国相比形成鲜明的对照。19世纪的英国乃至西方世界正处于传统的文明向新的工业文明转型的时期。当一种文明处于转型时期,人们对正在发生的一切还不习惯,于是将理想化的心态寄托在以往历史文化的某些现象之中,呈现出浪漫的情思。这样,中世纪社会中的某种安适、恬静、自足的社会文化因素就被

---

① J.A.Symonds and His Daughter Margaret, *Our Life in the Swiss Highland*, pp.48-49.

放大了。历史学家黑尔在其编撰的《萨缪尔·罗杰斯意大利日志》中指出罗杰斯对意大利的古代和中世纪充满浪漫的想象。① 黑尔的说法是有充分根据的。事实上,罗杰斯的《意大利:一部诗篇》就是献给当时对意大利有着中世纪情怀者的一份厚礼。

不难发现,上述浪漫主义的中世纪怀古隐匿着当代人诸多复杂的心态。在 19 世纪工业新文明浪潮冲击下的文人还需要在传统文明中寻找文化的源流。文艺复兴时期意大利的城市文明就是中世纪与近代的混合物。这是产生浪漫心态的另一个原因。就历史上意大利文艺复兴的社会环境而言,它们与其他国度一样确实还弥漫着很浓烈的中世纪气息。同时,人的智慧和力量则在各个领域里迸发出来,这又是先前中世纪时代很难见到的景象。如果用人的理性解放来形容近代社会文化的标志,那么文艺复兴时期的意大利确实可以被认作近代的开端。罗斯科引文学评论家哈茨利特的话说,意大利还是古代的,但又连接着近代世界。② 由此出发再分析罗杰斯的心态,其中有这样一种想法即佛罗伦萨是过去与近代、黑暗与光亮、旧与新的一个交汇点,是意蕴深邃的最美丽城市。罗斯科也是如此看待佛罗伦萨的"美丽"。西蒙兹及更多撰写意大利游记的作者何尝不具有此等普遍的心态。但细分开来,各自的心态仍有差异。罗杰斯与罗斯科的心态之间就存有差异。罗杰斯的怀古情调更浓些,而罗斯科则更有近代情怀。有两幅游记的插图很能代表罗杰斯与罗斯科的各自心态。那两幅插画分别置于罗杰斯与罗斯科游记"佛罗伦萨篇"前。③ 罗杰斯游记中的插画由 19 世纪著名画家透纳所作。透纳也是一位对意大利罗马、威尼斯等人文地理有独特感悟并带着点悲剧情结的浪漫主义画家,一生多次去意大利旅游、写生,留下不计其数的意大利风景画作。上面提到的那幅插画远处背景是佛罗伦萨城;中间是由橄榄树相伴的通往佛罗伦萨

---

① *The Italian Journal of Samuel Rogers*, Ed.J.R.Hale, pp.100–101.

② T.Roscoe, *The Tourist in Italy*, Robert Jennings, 1833, p.204.

③ S.Rogers, *Italy, A Poem*, p.102; T.Roscoe, *The Tourist in Italy*, Robert Jennings, 1832, p.38.

城之乡野道路;画的前端有两个人物,其中之一是穿着僧袍的修士,他正好奇地望着旁边正在编织翻修马背篓的工匠。这是一幅典型的中世纪风景画,画家抓住马背篓这一中世纪必备的交通运输工具,将读者瞬间带入那个透着浓浓中世纪气息的佛罗伦萨情境之中。紧接着就是罗杰斯的诗句:"这是含着过往岁月的当下。"①那些文化巨擘如但丁等是在"古代的地基"(On Ancient Seat)即传统上创造出光亮夺目的今天。② 此处,罗杰斯怀古之情溢于图表。同样是怀古,罗斯科游记中的那幅插画则更强调近代人的情感。插画作者是名画家哈丁。哈丁与拉斯金一样赞赏透纳的绘画创作,并强调绘画的近代情感和技巧。那幅插画的中心是通向佛罗伦萨的阿诺河。河边停着一艘游船,几位身着西装的外国游客好奇地走到编织翻修马背篓的工匠前,俯身询问着什么事情。这幅画的近代感很强,罗斯科接着用这样的词句点名主题,即佛罗伦萨不再是带着蛮荒情调的古代世界中心,而是一幅充溢着活力、繁忙、幸福的图景。③ 所以罗斯科让读者更多地用近代的文化视野去看佛罗伦萨乃至意大利的历史。当然作为翻译家的罗斯科又比较特别,他更想在翻译家平实面对文本的心态下去如实呈现文艺复兴时期那段文明交替年代的人和事。④ 在这种心态下,罗斯科试图将赞美的心理置于再现式的译介和记叙之中。总体上看,这种译介和记叙无疑有很强的历史感和客观性,罗斯科需要回到文本本身及文本涉及的历史境况中去呈现。当然历史性不等于忽视文笔之美。罗斯科对意大利一个个城邦的记叙及对西班牙重要地区如格拉纳达陷落之叙事等

---

① S.Rogers, *Italy, A Poem*, p.102.

② S.Rogers, *Italy, A Poem*, p.103.

③ T.Roscoe, *The Tourist in Italy*, Robert Jennings, 1832, p.38.

④ 罗斯科译有多种涉及文艺复兴历史、文化的作品: L.Lanzi, *The History of Painting in Italy, from the Period of the Revival of the Fine Arts to the End of the Eighteenth Century*, Tr.T.Roscoe, 6 Vols., W.Simpkin and R.Marshall, 1828; *Memoirs of Benvenuto Cellini, A Florentine Artist; Written by Himself*, Tr.T.Roscoe, George Bell & Sons, 1888; *The Spanish Novelists: A Series of Tales, from Earliest Period to the Close of the Seventeenth Century*, 3 Vols., Tr.T.Roscoe, Richard Bentley, 1832; *The Italian Novelists*, 4 Vols., Tr.T.Roscoe, Septimus Prowett, 1825; *The German Novelists*, 4 Vols., Tr.T.Roscoe, Henry Colburn, 1826。

作品都是用历史与美相交融的笔触呈现文艺复兴时期南欧的人文景观。

　　作为一名诗人历史学家和性倒错者的西蒙兹,其撰写游记的心态则更复杂些。前文提及,西蒙兹漫游意大利的初衷与试图解答诸多历史问题的愿望不无关系。因而其笔下的游记也成了真正意义上的历史、文化"巡游记"。将游记与历史研究大范围地结合在一起,这在19世纪的西方游记中确实很少见。而且结合得如此得体、如此有历史纵深感,即使是很讲究游记与史记相结合的罗斯科也望尘莫及。例如《佛罗伦萨与美第奇家族篇》、《意大利的圣诞思念》、《雅典记》等标题下的内容就涉及历史批判、哲学溯源、文化追怀等大思路因素。"雅典记"甚至就是一部简约的古希腊文化史。① 这些是西蒙兹游记创作中的独特一面,它意味着西蒙兹更想走到文艺复兴的实景中去。所以从实景与虚影的辨析角度看,西蒙兹的游记更值得学人重视与读者期待。再检点西蒙兹游记中触及的历史文化问题都是文艺复兴史研究绕不开的内容。例如对波利齐亚诺等的研究,它切入到新柏拉图主义核心人物的个案研究;再有白体诗的研究,切入到文艺复兴语言变化问题;另外还注意文艺复兴时期的大众文化研究及文化比较(如意大利的文学作品对英国的影响研究),如此等等。当然,西蒙兹的游记还包括大量文艺复兴时期重要历史事件的记叙。甚至可以这么认为,西蒙兹的游记是以地理为穿引的意大利文艺复兴的文化批评史。就宽泛意义而论,西蒙兹的游记用各种近代的眼光来审视文艺复兴时期意大利发生的人和事,其思考力度远甚于罗斯科的近代性。显然西蒙兹的想法受布克哈特文艺复兴近代观的影响很大。西蒙兹屡屡提到布克哈特著作对自己的启示价值。布克哈特的意大利文艺复兴研究着意开掘的就是象征近代文化的内容。以佛罗伦萨的历史为例,布克哈特没有留下专门叙述佛罗伦萨历史的著作。但他在《意大利文艺复兴时期的文化》中特别提及存在于佛罗伦萨文化现象内的共和、自由精神,"我们现在并不是要写这座著名的城市

---

① J.A.Symonds, *Sketches in Italy and Greece*, Smith, Elder, & Co., 1874, pp.207-233.

国家的历史,而只是要对佛罗伦萨人得之于这个历史的精神上的自由和独立做一些说明。"①按照布克哈特的观点,"最高尚的政治思想和人类变化最多的发展形式在佛罗伦萨的历史上结合在一起了,而在这个意义上,它称得起是世界上第一个近代国家。"②西蒙兹的意大利文艺复兴各种研究著述(包括游记)中所体现的观点与布克哈特的上述观点不谋而合,另外,进化论、黑格尔等思想亦影响了西蒙兹的近代视野和游记心态。不过,西蒙兹及19世纪那一代学人对始自文艺复兴的整个近代西方社会文化历史进程(包括极端个体主义、强权政治等负面历史遗产的影响力)还缺乏深入的思考,因此西蒙兹试图摆脱历史虚影的努力仍有改进之处。

有了上述历史问题解疑的研究心态,西蒙兹的历史游记始终围绕着问题展开,并以更为精炼的形式表达出作者对诸多历史现象的独特看法。读这样的游记,即便在某些方面少了些情景描述,(例如西蒙兹没有花什么笔墨去勾勒佛罗伦萨的自然人文景物,事实上有品位的游客并不在意对佛罗伦萨阿诺河等景物多一笔少一笔的记叙,)但有了独到的历史追怀于是那些景物会带着新的意蕴呈现在读者眼前。再以佛罗伦萨和美第奇家族研究为例,西蒙兹的《佛罗伦萨与美第奇家族篇》其实就是一部简明的美第奇家族史与美第奇家族治下的佛罗伦萨史。与同时代纳皮尔《佛罗伦萨史》、藤豪夫《美第奇家族回忆录》③做一比较,西蒙兹的文字只能算简之不能再简的短文。但西蒙兹

---

① 布克哈特:《意大利文艺复兴时期的文化》(何新译),第73页。

② 布克哈特:《意大利文艺复兴时期的文化》(何新译),第72页。

③ M.Tenhove, *Memoirs of the House of Medici from Its Origin to the Death of Francesco, the Second Grand Duke of Tuscany, and of the Great Men Who Flourished in Tuscany within that Period*, Notes and Observations by Sir R.Clayton, 2 Vols., G, G. and J.Robinson, 1797.副标题中有"托斯卡纳名人辈出(*the Great Men Who Flourished in Tuscany*)"之语,它贴切地反映著作的写作重点,也就是呈现重要人物(包括文学艺术巨擘)的历史活动。作者贡献了什么学术成果呢?笔者以为,第一是梳理线索;第二是对家族成员(如科斯莫、大洛伦佐等)的性格描写;第三,通过美第奇家族来勾勒那个时期的文化繁荣景象。藤豪夫出身名门,在接受教育的过程中对文学艺术情有独钟。后造访意大利,被那里的文化遗产、美第奇家族的事迹深深吸引。后写成此书。所以此书不仅是美第奇

的短文切中了一个关键问题,即美第奇家族何以在佛罗伦萨得势?西蒙兹认为佛罗伦萨的政治体制还是有弱点的,其一,佛罗伦萨试图用一个过于简单的政治运行机器来应付共和国繁复的政治局面,这有点捉襟见肘;其二,也正因为第一个弱点,使民主的政体会慢慢地被暴君掌控。而美第奇家族就是利用了佛罗伦萨政治体制中的不完善因素而建立起一家独大的僭主政治。① 查阅文艺复兴时期历史学家的著作,马基雅维里在《佛罗伦萨史》第 4 卷"美第奇家族的兴起"也谈到了共和国的弱点问题,但在马基雅维里看来,一位明主可以将制度健全起来,并带来真正的自由。显然马基雅维里的字里行间有为美第奇家族捧场的味道。② 古今两种评论也反映出不同时代历史学家分析历史现象的不同心态,这一古一今两种心态都应该引起我们的重视。西蒙兹站在 19 世纪的立场,重在反思历史上的共和、自由状况,以便更好地把握当今的共和、自由发展的趋势。马基雅维里的立场反映了当时政治思想家容忍强权政治的一般心态。同时,马基雅维里是受美第奇家族的委托撰写佛罗伦萨的历史,这些都会影响到马基雅维里的想法。西蒙兹对上述问题的研究状况从一个侧面反映出其历史批判心态的深度。这种批判的心态在当时的史学研究中不乏知音。稍后于纳皮尔出版的佛罗伦萨史著作当数英国历史学家特劳罗佩(Thomas Adolphus Trollope,1810—1892)《佛罗伦萨共和国史》③最有影响力。

家族史,也是一部以人物穿引的意大利文艺复兴时期文化史。其中对佛罗伦萨的文化历史积淀亦有描述。按作者的设想,这部回忆录要写成很大规模的书。后来作者感到难以完成,将已排版的书稿均毁掉。后来有部分书稿从出版商那里转给了他的朋友。英译者根据那些不完整的书稿进行整理、移译、出版。从中也可见出这个英译本的价值。顺便提及,罗斯科《大洛伦佐传》1795 年第 1 版"序言"的后记提及藤豪夫的著作,也就是罗斯科《大洛伦佐传》第 1 卷付印后得知藤豪夫的著作。

① J.A.Symonds, *Sketches and Studies in Italy and Greece*, Second Series, New Edition, Smith, Elder,& Co.,1898,p.211.

② 马基雅维里:《佛罗伦萨史》(李活译),商务印书馆 1982 年,第 178 页。

③ 特劳罗佩《佛罗伦萨共和国史》(*A History of the Commonwealth of Florence, from the Earliest Independence of the Commune to the Fall of the Republic in 1531*)约百万字,在篇幅上虽然无法与纳皮尔的著作相比,但整部著作前后思路连贯,给人一气呵成的感觉。

批判意识与发现城邦的文化个性是这部史著的学术亮点。在作者看来,隐藏在佛罗伦萨共和国形成、发展和衰落历史进程背后的深层次原因也许不能用常理来解答。① 所以必须对佛罗伦萨共和国的结构、政府运作等各种历史上存在的现象予以细致的批判性阐释。(详见本书"尾声:如何回馈西蒙兹的文化赠礼"。)总之,阅读上述不同心态下涉及佛罗伦萨历史的文字,旅游者、读者是否品味到更多佛罗伦萨景物的内涵呢?

西蒙兹游记中的心态还涉及一位性倒错者的内心活动。最明显的一个标志是西蒙兹《意大利游记、研究》的扉页插图选了一张古罗马时期的同性恋雕塑像。这提示学人在注意意大利文艺复兴时期的文化和历史遗迹时不能忘了那时的情感方面因素。在文艺复兴时期的意大利尤其是佛罗伦萨,同性恋是见怪不怪的社会文化现象。例如大洛伦佐、波利齐亚诺等都带着同性恋的情感。这些是意大利和意大利文艺复兴时期文化引起西蒙兹特别关注的重要因素。另外,这部游记是西蒙兹特意献给其朋友布朗的精神礼品(参见该书前的题词)。布朗与西蒙兹一样也具有性倒错的倾向。在威尼斯,西蒙兹还有同性恋伙伴福萨托。1881 年西蒙兹结识福萨托之后几乎每年去意大利威尼斯。《西蒙兹回忆录》第 17 章详细记述与福萨托的关系。《意大利侧记》发表于 1883 年,其中的"威尼斯杂记"写得十分动情。西蒙兹说威尼斯首先激起的是一种狂野的喜悦之情(corybantic rapture),……而那迷宫般的夜晚则带来爱与罪的神秘。② 威尼斯的白日则是光和色彩的图景。西蒙兹引用巴洛克时期法国画家普桑的一段对话来传达这种色彩的意蕴。有人问普桑为何不待在威尼斯?普桑答道,如果待在那里的话,我就会变成色彩画家。③ 随后西蒙兹详细描述游览文艺复兴时期威尼斯画派代表丁托列托遗迹的情况。在丁托列

---

① T.A.Trollope, *A History of the Commonwealth of Florence from the Earliest Independence of the Commune to the Fall of the Republic in* 1531, Vol. I , "Preface", p. V .

② J.A.Symonds, *Italian Byways*, p.194.

③ J.A.Symonds, *Italian Byways*, p.202.

托的绘画创作中有一些表现变态性心理的作品。在《意大利侧记》"乌尔比诺宫篇"里,西蒙兹用当年卡斯蒂利奥内、本博等的记述材料对乌尔比诺宫夜晚绅士、小姐们谈论柏拉图情爱的情景做了生动呈现,那些说爱者会触景生情地说"白天总算过去了",而透过窗外的夜光,人们能体验到维纳斯的天堂之乐,那里有玫瑰、微风、夜莺的啼叫。① 读者在上述"情"、"爱"、"色彩"、"性"、"乐"等的背后不难找到西蒙兹同性恋心理驱动的蛛丝马迹。另外,西蒙兹在达沃斯与一位生物标本学者布勒友谊颇深,后来布勒与年轻的堂妹结婚,于是西蒙兹的位置被取代。《意大利侧记》就是献给这对新婚夫妇的。② 总之,意大利这片带着浪漫芳香的土地存有激发西蒙兹同性恋情感的诸多元素。今人读《意大利游记、研究》、《意大利侧记》等西蒙兹游记作品时不能忽略上述私密的心态因素。

可见,后人在解读文艺复兴时期各种社会历史文化现象时受各种心态影响很大,这多少使理解和分析发生某些偏差。如果站在长时段历史发展的角度去观察那些心态,那么19世纪的心态总体而言还是以赞美意大利、赞美文艺复兴为考虑问题的主轴。那时的西方文明在科学技术等领域走在了世界的前面。西人的这种自傲感蔓延到游记诗文等各个文化创作领域。20世纪以来,研究、阅读文艺复兴时期文化的学人对那段历史仍不乏钟爱之情,对曾经的文学艺术景象充满热忱和向往。这不免将个体、时代的钟情之念带入阅读理解之中。今人如何踏实地走进文艺复兴时期的心态境地呢? 下列事项可供借鉴。

其一,建构以史料和批判意识为基础的研究心态。事实上,文艺复兴时期的文学艺术创作在许多方面没有我们想象的那么纯粹、高大、优美。特别是我们中国的学人在接受最初由西方各类人士传入的西方文化(包括文艺复兴时

---

① J.A.Symonds, *Italian Byways*, p.137.

② 参见西蒙兹《意大利侧记》的题词。另参见 A.L.Rowse, *Homosexuals in History: A Study of Ambivalence in Society, Literature and the Arts*, Dorest Press, 1977, p.153。

期文化)时不免夹带受震撼的心态。似乎西方的文化远远地走在了我们的前面,国人需要从中开掘有利于本民族复兴的因素。后来蒋百里、梁启超亦认为中国当时的历史情境与意大利文艺复兴时期的社会有诸多类似者,因此国人可师文艺复兴关于人的发现、世界的发现之精神,从而产生中国的文艺复兴之社会效应。① 多少年来,我们接受文艺复兴文化的心态仍未走出梁启超时代的框架。如何来调整这些心态? 最佳的途径也许只有一个,那就是回到文艺复兴的历史境况中去。但我们还回得到当时的实景吗? 答案肯定是否。时过境迁、今非昔比,人不能两次踏入同一条河流。我们能够回到的是这样一些实景:通过史料得知 1 个佛罗令的币值;还是通过史料得知美第奇家族的统治方式,如此等等。即使如此,我们还是无法理解 1 个佛罗令的即时购买力以及某人购物时使用 1 个佛罗令的心态;我们还是无法理解当时的某个人真的怎么想大洛伦佐的统治。货币的实际使用价值和家族统治的实际效应不是一两份文件所能涵盖。这就是实景与心态虚影的间隔问题。

我们回不到那种文艺复兴时期意大利城邦和个体的心态全部和所谓真实场景了,我们的想象和心态又因为自身的各种原因又多了一层历史的虚影。但我们仍需要依靠史料、想象、批判意识去感受那些心态、去接近那些历史实景。在文艺复兴时期,人们的心态与后人的理解确实差异颇多。《新史学》"心态史学"一文提到国王与情人幽会及上教堂祷告的两种情境。② 这些在今人看来好像是不可理解的,但在那个时代人们的心态中却再正常不过。文艺复兴时期的道德问题及政治问题等在 19 世纪的历史学家那里会受到批判,但在 14 至 16 世纪则是很普遍的现象。例如在那个时代没有后人理解的那么多的道德罪恶感。赚钱、看黄色书刊、用暴力手段制止不稳定的因素,等等,这些都是现实生活的一个组成部分,十分自然。当时从领袖人物到一般群众都对腐败现象习以为常,更谈不上所谓痛恨。文坛中的腐败现象亦比比皆是,众人

---

①　参见蒋百里《欧洲文艺复兴》(东方出版社 2007 年)梁启超的"序"和蒋百里的"导言"。
② 　勒高夫等:《新史学》(姚蒙译),上海译文出版社 1989 年,第 169 页。

熟视无睹。那时的文人以一技之长赚钱。艺术家也是为了谋生而做些庇护人指使下的命题创作。政治上的不择手段也得到认可。以市民而言,他们所关心的是自己的权益能否得到应有的保障。那时的佛罗伦萨人对待美第奇家族的容忍态度并非受到僭主高压政策之累的反应,而是当时佛罗伦萨特殊环境下的一种正常心态,因为市民需要一个稳定的环境。

其二,关注城市心态的差异。上述情况还涉及学术界对文艺复兴这段历史性质的各种看法。文艺复兴时期的历史比较特殊,它正好处于中世纪晚期和近代早期的交替阶段。于是文艺复兴时期的历史内容在不同的史家、编撰者那里就有不同的解释。现在比较普遍的看法是将文艺复兴当作近代历史的开端来看待,这一看法以《新编剑桥世界近代史》为代表。但在中世纪史研究领域,许多著述都不惜笔墨评述 14、15 世纪的社会文化史内容。《剑桥中世纪史》、中世纪史权威杂志《镜》等就是将文艺复兴作为中世纪末端来处理。其实开端、末端的不同处理方法并不矛盾,它反映出文艺复兴历史的特殊性。还有一种观点值得重视,即冲淡中世纪、近代概念的传统意见,转而从更长、更宽广的历史来看待文艺复兴时期的历史。例如从农业文明与工业文明、封建文明与资本主义文明、区域文明与全球文明等大历史视野出发,认为文艺复兴时期发生的那些事例总体上还属于农业文明与工业文明、封建文明与资本主义文明、区域文明与全球文明交界处的历史,这些看法以斯宾格勒《西方的没落》、汤因比《历史研究》、布罗代尔《15—18 世纪的欧洲文明》、斯塔夫里阿诺斯《全球通史》等为代表。但我们还能不能提出些新的想法呢? 特别是从城市文明、城市心态的角度来看文艺复兴,甚至看整个农业文明时期的历史呢? 从心态史与居民居住环境的关系而论,大致可列出城市心态史和乡村心态史两种。城市心态有别于乡村,这古已如此。就城市心态而言,虽然不同历史时期、不同的区域有很大的差异,但需要引起注意的是城市心态中的共性。在农业文明时期,不同年代、不同区域的城市生活都会呈现某些共同的特征:如市井里巷的生活、手工业和商业的发展、政治文化的中心等。在城市生活中的人群也会染上某些共同的城市心态。在这方面我们可以拿古代罗马与文艺复兴时期的佛罗伦萨做比较；也可以拿文艺复兴时期的威尼斯与明代的苏州做比较；在文化方面比较 14 至 16 世纪东西方反映城市市民生活的文学艺术作品，等等。这些都顺理成章。然而某些文明现象、某些市民心态的相似不等于本质上的雷同。事实上不同的城市地理环境、社会历史背景仍存在着各种差异。不同城市市民的心态亦有差异，我们后人可以带着自己的心态去看历史、去与古人进行对话，但千万不能以己之见去揣度当时人物的心态和历史境况，或者说做简单的、表面性的类比。

其三，尽量避免掉进抽象概念诠释的研究陷阱。在这方面我们还可以吸收"摹状词理论"等语言哲学的成果，即不要将 Rebirth（再生）、Virtue（德能）、Freedom（自由）、Natural Law（自然法）等涉及文艺复兴时期意大利文化的词汇单列出来，并加以文本来文本去的抽象研究。最好的办法是将那些名词返回到历史的情境中去，然后根据历史的材料进行描述。这至少从语言哲学的角度避免心态史上的各种问题。例如在文艺复兴时期的佛罗伦萨，所谓公民自由都由具体的内容来体现。那么研究此类自由理论（如马基雅维里的自由理论等）同样需要回到当时具体反映公民自由的情境中去。在当时意大利城邦争斗激烈的政治形式下，公民认可家族政治下的自由度。再例如当时意大利范围内的自由就是所谓国家统一。这在马基雅维里的著作中有不少论述。所有这些自由理论都不能用所谓自由是人的本质之类观点去评点。或者说，谈论自由、民主、共和之类抽象的概念都应当放到历史的情境中去阐释。

总之，游记诗文创作充满想象，它是以特殊的方式在传达历史。我们在阅读罗杰斯、罗斯科、西蒙兹等人与文艺复兴历史紧密关联的游记作品时切记其中的复杂心态史问题。

尾声：如何回馈西蒙兹的文化赠礼

西蒙兹秉承文艺复兴以来人文学科研究者应有的思想、学术宗旨，创作出大量文化史研究精品。特别是作品中体现出的文化观理念值得当今的学人给予新的认识、评估，并找出对当代的生活、文化、社会各方面仍具有启示意义的存在价值。学术又是互惠的，我们如何致谢西蒙兹奉献给世人的思想、学术滋养呢？

首先，做好进一步深化西蒙兹文化观研究的各项学术准备。就目前中国学界的状况而言，要深化对西蒙兹文化观及其文化史创作成果等的研究，其首要的任务是翻译。当然有些工作还需要国外学界的共同努力。如果国外能够出一个学术版的西蒙兹著作全集，那么国内的翻译就有了基点和方向，来日也出一个中文版的西蒙兹著作全集。不过西蒙兹的著作存在着许多诗意的成分，有些文字内容的主观性很强，这些都会对准确拿捏其中的意蕴造成不少困难。另外，学术界长期以来对西蒙兹学术地位的评估存在着不少意见相左的情况。因此梳理西蒙兹研究的学术任务也相当艰巨。考虑到上述情况，我们可以先做一些关键性的学术翻译、整理工作，例如迻译西蒙兹的《意大利文艺复兴简史》、7卷本《意大利文艺复兴》等代表性著述，并在此基础上以点带面地展开进一步学术研究事宜。

　　要深化对西蒙兹文化观的认识还涉及如何深化文艺复兴史研究的问题。这里涉及的面虽然大,但从学术的深度和严谨性考虑必须做扩展性的梳理、研究。仅仅就文艺复兴时期的城市文化研究而言,为了较全面地把握佛罗伦萨的历史,我们就得加强对文艺复兴时期威尼斯史、罗马史等的研究。国内学界在这方面虽然已经取得一些成绩,但距离学术的完整性要求还相差甚远。威尼斯是意大利文艺复兴时期共和国体制最为稳定的一个城邦,社会生活、文化的个性味十足。这早已引起历史学家的兴趣,例如意大利学者摩尔蒙第就写了多卷本《威尼斯史》。[①] 摩尔蒙第以历史角度和各个典型的文化侧面将文艺复兴时期威尼斯色彩斑斓的历史呈现给读者。如果说皮尼奥蒂突出的是文化主线(即新雅典文化演变)上的各个关节点,那么摩尔蒙第呈现的是文化板块(经济与社会生活板块、文学与艺术板块等)之间相互呼应的历史境况。以摩尔蒙第《威尼斯史》作为学术穿引可以组成一个系列的威尼斯研究系列。罗马的历史厚重感和作为教廷中心的地位十分突出,而且在文艺复兴时期也是文化中心之一。这同样需要国内的历史学家从中世纪的长时段历史过程来勾勒出其中的特点。先前格里格罗维乌斯的《中世纪罗马城邦史》[②]成就突出。它以编年体的方式、脉络清晰地将罗马的历史、教皇的生平历史、罗马文化的历史传达出来。从文艺复兴史研究的角度看,格里格罗维乌斯对文艺复兴时期文化部分的描述能抓住本质性的内涵,例如作者对于当时的异教主义、世俗主义等做了考察,并在这个文化大背景下面来呈现教廷及各个教皇与文学艺术家之间的关系。[③] 西蒙兹《意大利文艺复兴》也不时提到格里格罗维乌斯

---

　　①　P.Molmenti, *Venice:Its Individual Growth from the Earliest Beginnings to the Fall of the Republic*,tr.H.F.Brown,6 Vols.John Murray,1907.

　　②　F.Gregorovius,*History of the City of Rome in the Middle Ages*,tr.A.Hamilton,8 卷 13 册,由 George Bell & Sons 分卷出版。

　　③　F.Gregorovius,*History of the City of Rome in the Middle Ages*,tr.A.Hamilton,Vol.Ⅷ-PartⅠ, George Bell & Sons,1902.

《中世纪罗马城邦史》中的一些描述和看法。① 总之,以前我们对文艺复兴时期佛罗伦萨史多有偏重,现在是到了开阔视野的时候,并在威尼斯史、罗马史等相关城邦的历史研究中取得相应的成绩。至于与西蒙兹学术相关的其他扩展性研究还可列出不少,例如布克哈特文化观研究、西方同性恋史研究、文艺复兴时期意大利与英国诗歌的比较研究、文艺复兴时期新柏拉图主义学说史、人文主义观念学说史,如此等等。

其次,懂得西蒙兹人文情怀对当今时代的启示意义,学人都应该去寻找与21世纪人性、民族性相对应的文化存在根基。也就是说,我们亟需重新建立与新的时代相呼应的人文意识、文人情操等。西蒙兹属于19世纪,因为他的文化史宣讲带着相当浓重的理性口音,同时忘情于诗性原野上的每一次呼唤;西蒙兹又与19世纪相碰撞,因为他生活的那个时代理解不了这位诗人历史学家的心理困惑;西蒙兹理应属于所有的世纪,因为浸透在西蒙兹文化史著述中的文人品性等对人生、时代具有恒久的启示意义。尤其是到了后现代文化时期,各种权威动摇了,人的生存目标和价值正在重新定位。此时,人文学科正在迫切地询问:这门学科的存在价值究竟何在? 文人应当如何不为眼下势利所惑而立言立身? 文人应当怎样在文化的创作中寻求个体的完整世界? 文人应当怎样为社会提供恰当的文化食粮? 这就需要我们在阅读西蒙兹那些带着诗性智慧的文化史作品时,或者说在体验近代文人风骨的同时,进行自身的文化升华。西方从19世纪开始,学科拆分日益细密。相应的情景是专家学者多了,而文人少了。当年彼特拉克在信件中透露出不愿被人称作什么家之类的心境。彼特拉克愿意将自己比作一个爱学问而甚于取得学问成就的人。② 西蒙兹则承接文艺复兴的人文主义情趣,其生平将近代西方文人的观念与实践

---

① J.A.Symonds, *Renaissance in Italy*, New Edition, Vol. Ⅲ, p.65.

② Petrarch, *A Letter to Francesco Bruni, papal secretary in Avignon*, 〔Milan〕, October 25, 1362, in Ernst Cassirer, P.O.Kristeller and J.H.Randall, Jr., eds., *The Renaissance Philosophy of Man*, The University of Chicago Press, 1984, pp.34-35.

演绎得淋漓尽致。有了文人意识,使我们看自己、看世界的眼光更深邃。当今的中国史学界,仍有一大批学者在从事文化史研究或与文化史相关的各种创作活动。也有些学者从史学史的角度对文化的各个层面进行深入的学术探讨。这种现象与文化史本身适应并启示个体与社会如何健康发展有内在的关联性。更为重要的是,身处全球化时代的个体、国家和国际社会都会面临文化软实力的各种挑战。因此西蒙兹的文化观、文化史著述会有助于诸多问题的思考。例如,如果我们不理解古代希腊的诗,不了解与古代希腊诗歌相关的戏剧、诗人的创造力,那么我们就是古希腊史的门外汉,进而在整个西方文化史研究方面不甚了了;同样,不了解文艺复兴时期世俗化了的人文主义思想文化,也不可能把握住那个时代的脉搏,进而在近代西方甚至整个世界的文化、社会走向的思考方面留下盲点。在上述两个西方重要的历史时期,正是那些富有诗性智慧的文人创作成果构建起西方文化大厦的基础,当然也带来各种正面的和负面的影响。我们要以欣赏与批评的双重目光,通过研讨西蒙兹的文化史创作成果来深入、完整地理解西方文化、社会。

西蒙兹让读者懂得,要让文化更贴近个体与民族的性格,使文化与人性得到双重的提升。笔者也一再强调,西蒙兹的人生与学术创作就是解开同性恋心理纠结的过程。可以将西蒙兹性格与文化关系的理论延伸下去。要承认性格中各种自然本能的存在合理性,同时用文化的形态来升华这种自然本性的表现。西蒙兹的人生就是这方面十分出彩的一个案例。当年西蒙兹顶着潮流振臂一呼,想让社会的各个层面来关注同性恋问题。今天,这一问题及相伴的文化现象等受到前所未有的重视。甚至同性恋的婚姻亦在某些国家得到法律的认可。如果从同性恋问题放开去谈人、人类本身,我们还需要去认识存在于人内心世界的各种心理状况。尤其是在 21 世纪转型期人的内心世界正在发生各种新的变化,产生出各种新的困惑和难题。这些都需要在文化世界中寻找新的解答方案,同时文化亦需要在新的创作过程中不断翻耕自己的土壤,培植出新的幼苗,使之更有时代的气息。西蒙兹所在的 19 世纪,工业文明正处于如火如荼的阶段。20世纪乃至今日世界已经处于信息化大数据时代,属于工业文明向后工业文明的转型时期。正是在这个文明转型时期,诸多文艺复兴时期发生的社会文化问题再次以新的形式呈现出来。人与自然、人与社会的各种矛盾凸显出来。人的焦虑远甚于西蒙兹性倒错带来的彷徨。如何走出这些彷徨? 大家都在寻找答案。除了自然科学能够给出的答案外,文化仍然是人寻找自我拯救的一个焦点。文化还有什么用处? 我们需要怎样的文化? 这些问题看似很抽象,其实离我们最近。因为人之为人就在于有文化。人总有这样那样的缺失,人的一生就是不断修补自己缺失因素的过程。修补好了之后,人的心理就达到一种平衡,从而用一种好的心态去看世界、去劳作、去生活。文化创造就是修补术。当年西蒙兹借助文化创造的力量、借助一个文人的修炼功夫将自己从性倒错的纠结中挣脱出来。对于大多数有一定文化修养的普通人来讲,则需要用道德、审美与力所能及的文化创造行为来包装自我并提升人的自然本性。个体是这样,一个民族也是如此。如果一个民族不断培养、发展其独特的审美情趣并有相应的美感创造力,那么民族也能减少焦虑,变得更有文化涵养。如何用相应的文化形式和文化创造来包装个体、民族、社会乃至世界,这是值得深思的价值问题。普遍的答案也许没有,但像西蒙兹的文化人生和文化史研究内容启迪的那样,给个体、社会一个有积极意义的文化关照,这是能够做到的。也就是建构起让人在美感境界中有个灵魂安顿的文化氛围。顺便提一下,中国的学者还可以在这方面从传统文化中提炼出诸多对个体、对民族有益的滋养内容。

最后,有一项迫切的学术任务是建立新世纪的历史批判意识。通过批判意识认识到西蒙兹思想、学术的某些不足之处,并给予相应的"修补"。这无疑是对西蒙兹文化赠礼的最好答谢。就学术史而言,西蒙兹用力最勤的部分是对意大利文艺复兴的研究。此项研究的诸多内容都需要以新的批判意识来重新评估,从而取得更为坚实的学术支撑。西蒙兹作为一名诗人历史学家已经在处理文化现象时注意到历史过程、作用、价值等,简言之,他已具有一定的社会历史批判意识。检点西蒙兹时代的诸多历史学家已经在社会历史意识方面有了提升,并因此为后人称道。在佛罗伦萨史研究方面具有代表性的学者有比亚基、斯盖夫、海耶特、维拉利等。比亚基《文艺复兴时期佛罗伦萨的私人生活史》①是为数不多的 19 世纪专论佛罗伦萨社会生活的历史著作。同时期另一本篇幅相对大一点的著作是斯盖夫的《文艺复兴时期的佛罗伦萨生活》。② 也有学者比较关注文化与社会历史的关系,如海耶特《佛罗伦萨:直至共和国衰落前的历史和艺术》③等。不过从总体上看,学者关注的主要对象仍是社会政治现象。如维拉利《佛罗伦萨史的最初的两个世纪》著作中的观点等(参见第三章第一节二)。与上述情况相比,西蒙兹的社会历史批判意识更为突出。但西蒙兹作为一名有性倒错心理倾向的文人,其文化史研究不免个体性的局限,其社会历史批判意识亦不免就事论事的瑕疵。当然作为 19 世纪的学者,西蒙兹看不到往后西方文明史进程中所发生的问题,我们不必计较。但批判性的总结仍是不可或缺的思想、学术要求。一种文化观、一项文化史研究如果仅仅停留在人性与文化的关系问题上,仅仅停留在某事、某人的问题上,这显然是不够的。实事求是而论,西蒙兹的文化观还需要补强深入批判意识基础上的"大气"和文化史大局观。以西蒙兹最主要的学术成就即意大利文艺复兴研究而言,西蒙兹虽然注意到文艺复兴时期伴随世俗性、人的理性解放而生发的一系列问题,但西蒙兹并未对人文主义及其与西方社会文化的整体联系展开全方位的历史性批判研究。在这些方面,今人需要做补白、补强的任务十分艰巨。具体而言,就是从西蒙兹初步的文艺复兴批判意识进一步引申对近代以来西方社会文化进程的总批判。我们不必苛求西蒙兹的历史观中

① G.Blagi, *The Private Life of the Renaissance Florence*, R.Bemporad & Son Publishers, 1896.全书篇幅不大,仅 92 页,有插图 30 幅,像是一篇专论。作者将当时城市的结构、公共生活场景、家庭状况等都做了细致的描述。

② W.B.Scaife, *Florentine Life during the Renaissance*, The John Hopkins Press, 1898.该书就当时佛罗伦萨公共生活和私人生活的各种境况做了更为细致的描述。最后一章特别谈论佛罗伦萨的公民问题,对于了解当时的公民权、公民地位等历史状况很有帮助,补了其他著作的一些不足欠缺之处。

③ F.A.Hyett, *Florence*: *Her history and Art to the Fall of the Republic*, Methuen & Co., 1903.

的批判意识应该达到什么深度,因为身处 19 世纪的文人西蒙兹已经达到了其文化史研究能够达到的高度。但今人如果站在 21 世纪历史学发展的水准并在西蒙兹已有的研究成果上再推进一步,那么批判性认识西方社会文化史进程就不能忽视两个批判要点,即在批判意识下重新认识人文主义的诸多负面影响;在批判意识下重新认识意大利文艺复兴与往后西方社会文化历史发展之间的内在联系。懂得了其中的内在联系,我们对于意大利文艺复兴的认识也会上一个台阶,对于西蒙兹文化观的研究无疑也会上一个台阶。有了这个台阶,"21 世纪的西蒙兹"在回看以往西方文化的进程时就会产生诸多新的认识,对于西蒙兹文化观中内容的各个细节同样会有新的认识。

有时站在自身文化的根基上自我品赏不一定能看得清本民族文化的奥秘。这时他者的文化审视力会显得更有穿透性。关于西方文化史从古至今的长时段进程及显示出的各种本质特点,笔者已经在《悲剧精神与欧洲思想文化史论》[1]里做了详细的阐述,此处着重分析文艺复兴以来的西方文化史进程。西蒙兹文化观所承继的是文艺复兴以来人文主义的精神。我们以往对人文主义的积极面讲得多了些,事实上西蒙兹也主要从进化论的角度来看待近代出现的理性觉醒、个体地位的确立等文化现象的正面历史效应。纵观文艺复兴以来西方的历史和世界的历史进程,有许多负面的因素同样发轫于文艺复兴时期。当新雅典和新精神的影响向意大利乃至欧洲范围扩散时,它们是否还带去了负面的因素呢? 其中最值得思考的方面是社会变化、学问复兴、文化创造过程中的世俗化因素。[2]

15 世纪以降,整个世界逐渐面临西方资本主义文明的各种挑战。直至今天,我们看到西方世界这样一些状况:与人文精神推广相伴随的是金钱原则盛行;与科技发展相伴随的是资源滥用;与财富增长相伴随的是争战频发,如此等等。所有这一切都可以追溯到文艺复兴时期的西方社会和文化源头。文艺

---

① 周春生:《悲剧精神与欧洲思想文化史论》,上海人民出版社 1999 年。
② 周春生:《对文艺复兴世俗性文化的历史评析》,上海师大学报 2016/5。

复兴时期的文化距一个世俗的人及其现实生活近了。即使是那些涉及神学的内容也增添了许多丰富的世俗人性因素。这里用"世俗性"一词来标示那段时期的文化。与世俗性相关的文化和社会因为有人文主义者的各种创造活动和成果渗透其中,为此人们津津乐道于其中的进步性。但事实上与世俗性相关的各个文化、社会层面还涂上了国家强权政治、以逐利为目标的道德混乱与极端个体主义、过高估计理性权威等色彩。人们有理由去追问:文艺复兴世俗性文化究竟是怎样一副面孔? 又究竟给近代世界带来了什么?

这里需要对文艺复兴时期的"世俗性"及"世俗性文化"之类的概念做些说明:布克哈特在《意大利文艺复兴时期的文化》书中提到那个时期的意大利文化代表身上所表现出的世俗性,"这些近代人,意大利文化的代表者,是生来就具有和其他中世纪欧洲人一样的宗教本能的。但是他们的强有力的个性使他们在宗教上完全流于主观,像在其他事情上一样,而内部世界和外部世界的发现在他们身上发生的那种巨大魔力使他们特别趋向于世俗化。"[1]这里的"世俗化"一词德文原文为"Weltlich"[2],英文对译为"Worldly"[3]。汉斯·巴伦在《早期意大利文艺复兴的危机》[4]书中则提到意大利文"Volgare"一词。该书第 15 章的标题是"Florentine Humanism and the Volgare in the Quattrocento"。此处意大利文 Volgare 究竟应当如何翻译? Volgare 有大众的、普通的、世俗的、低俗的等意思。如何在"大众的"与"世俗的"两词中进行选择很有讲究。如果译成大众的,那么中世纪也有大众文化。但中世纪的大众文化是在基督教社会内存在的文化现象。意大利早期的城市国家有别于中世纪的基督教社会。我们回溯历史:约 14 世纪左右,中世纪西方庄园、基督教会的宁静被十字军东征、黑死病、城市的喧闹声打破了。这之前的中世纪基督教会势力强

---

① 布克哈特:《意大利文艺复兴时期的文化》(何新译),第 481 页。

② J.Burckhardt, *Die Kultur der Renaissance in italien:Ein Versuch*, Kroener, 1988, p.359.

③ J.Burckhardt, *The Civilization of the Renaissance in Italy*, tr. S. G. C. Middlemore, Harper & Row, Inc., 1958, p.473.

④ H.Baron, *The Crisis of the Early Italian Renaissance*, Princeton University Press, 1966.

大:教会以经济实力为依托、以宗教信仰为纽带、以政治操控为手段全面主导中世纪的社会生活和社会意识。但这种情况在 14 世纪的意大利发生了变化。意大利的城邦国家具有政治上的相对独立性。在意大利的城市国家内,自由的市民个体是国家的基础。中世纪的意大利城市曾有过一个自下而上的社会发育过程,即从自由个体到行会再到城市机构的演变模式。这种世俗的政权与每一个自由市民的利益关系紧密。不妨提一下,在中世纪后期的西欧其他地区也出现了大量的自由民。因为黑死病瘟疫的流行,使许多原本有着人身契约关系的农奴逃离故地、挣脱枷锁,来到新的居住地。他们脱离庄园和教区的各种控制,成为自由人。与上述自由的市民社会相对应,形成以个体精神为核心的世俗性文化,并由当时的市民人文主义者倡导之。例如布鲁尼等市民人文主义者就宣扬一种与以往基督教思想文化有区别的反映城市市民需求与欲望的文化。综上所述,再结合布克哈特、巴伦的阐述,将"Weltlich"、"Worldly"、"Volgare"等译成中文"世俗的"、"世俗性"等比较妥切。

说到底,文艺复兴世俗性文化就是与意大利城市国家的经济政治状况、市民生活等相呼应的文化现象。或者说,文艺复兴世俗性文化是与逐利的资本主义文明孕育时期相关的文化现象。这种世俗化因素在文艺复兴时期的政治、外交、国际关系等领域表现为政治家多以功利、实力为出发点,并配置以强权政治。美第奇家族无疑为文艺复兴时期的文学艺术繁荣做出了特殊的贡献。但美第奇家族全方位地将世俗化的一面带到了政治、经济、文化等领域,家族利益取代了一切。皮尼奥蒂在评论科斯莫·美第奇的统治时指出,"放逐那么多的显赫市民,毁灭、剥夺那么多富有家族及其财产,这对于自由的城邦国家来讲,可递上罪行一词来形容。城邦充满恐怖、惊慌的气氛,至少呈现给我们的是暴君政府的格调。……国家快要给剥夺了。然而科斯莫说,'剥夺总比丧失要强'。"[1]特劳罗佩《佛罗伦萨共和国史》曾经问:什么是佛罗伦

---

[1]　L.Pignotti, *The History of Tuscany*, Vol.Ⅲ, p.77.

萨这个政治共同体的特质？美第奇家族的存在又使得这些特质发生了什么
变化？它们相互作用使佛罗伦萨共和国的历史呈现怎样的复杂变化过程？
作者带着问题和批判意识来阐述佛罗伦萨共和国与美第奇家族之间的关
系。特劳罗佩笔下的美第奇家族的地位可以用"成也美第奇家族、败也美
第奇家族"来形容。作者的观点是：美第奇家族的"成"是表面现象，而使共
和国的特质慢慢消解之"败"则是本质。即使在看待美第奇家族与佛罗伦
萨的文化繁荣之间的关系时，特劳罗佩也没有停留在表象上。作者做如此
提醒，即那时的共和国政治正处于衰败状态。那么美第奇家族统治的整个
过程是与文化繁荣匹配的时期吗？总之，作者认为读者应当以自己的立场
来看待各种记叙美第奇家族与文化繁荣方面关系的论述。[①] 作者的基本想
法是，他心目中所要叙述的佛罗伦萨共和国历史未必被学人阐释清楚，因此
要将曾经叙述过的历史更完整地加以叙述（Full narrative）。[②] 读者不难发
现，特劳罗佩想把佛罗伦萨共和国与美第奇家族交织在一起的复杂历史呈
现出来，这是他试图完整叙述的主要内容。这一点在第 4 卷一开始描述大
洛伦佐去世的悲恸场面上充分体现出来。有人以为这是佛罗伦萨日落的象
征。但作者转引奎恰迪尼的批判性论点后指出，无论是在佛罗伦萨还是在
周边城邦，人们不必将大洛伦佐视作"光亮"（Light）。[③] 这些详细叙述的部
分实际上正是特劳罗佩史著的主要价值之所在。他试图发掘一个城邦的个
性。此等批判性评价还大有人在。除众所周知的布克哈特批评观点外，像
西斯蒙第一样撰写意大利通史著作的学者也不时发表批评性的看法。西斯
蒙第认为美第奇家族为了攫取专制权力而从根底抱去了佛罗伦萨的道德，

---

① T.A.Trollope,*A History of the Commonwealth of Florence，from the Earliest Independence of the Commune to the Fall of the Republic in* 1531,Vol. I ,"Preface",p.IX.

② T.A.Trollope,*A History of the Commonwealth of Florence，from the Earliest Independence of the Commune to the Fall of the Republic in* 1531,Vol. I ,"Preface",p.VII.

③ T.A.Trollope,*A History of the Commonwealth of Florence，from the Earliest Independence of the Commune to the Fall of the Republic in* 1531,Vol.IV ,pp.2–3.

是佛罗伦萨亦是意大利的坏公民。① 回顾历史,美第奇家族在政治上曾遭人暗杀,但美第奇家族也搞暗杀,甚至有家族内部的暗杀。皮尼奥蒂花费很多笔墨来记叙发生在 16 世纪 30 年代那场美第奇家族内部仇杀场面,②西蒙兹亦通过文学史披露此等事件。③ 在西蒙兹的心目中,大洛伦佐的性格是佛罗伦萨人、意大利人性格的代表,也是文艺复兴时代特征的代表。这样,大洛伦佐世俗化性格中的负面因素就是社会、时代败坏风气的一个缩影。美第奇家族还在文化上笼络人才,并将人才做政治交易。为了炫耀家世与权力大量收集珍宝,使艺术与权势合为一体。④ 而对异己者则进行排斥,其中对文人、政治家曼内蒂的报复就是一例。西蒙兹用了"毁灭性"(ruin)一词来形容此次打击行为。⑤ 总之,美第奇家族带来了文学艺术的繁荣,同时也出演世俗化中最为恶劣的部分。就意大利的整体情况而言,正是在美第奇等家族统治者施展各种政治伎俩的情况下,公众身上那些积极的能量被消耗殆尽。⑥

我们沿着西蒙兹等学者的上述观点继续前行,可以进一步思考这样一个问题,既然人们并不一定将大洛伦佐视作"光亮",可为何这位统治者活着时人们又十分容忍他的政治作为呢? 这同样要回到历史的情境中去思考。当时佛罗伦萨处于内外各种势力的纷争之中。如何平衡各种势力,从而让城邦稳定地生存下去,这一直是佛罗伦萨优先考虑的政治环节。因此明智、务实、有效的政治家实践成为佛罗伦萨人衡量政治成败的标准,并成为心理潜势。甚

---

① "Introduction by W.K.Ferguson", from J.C.L.de Sismondi, *A History of the Italian Republics*, Peter Smith, 1970, p. XVI.

② L.Pignotti, *The History of Tuscany*, Vol. IV, pp.220–223.

③ J.A.Symonds, *Renaissance in Italy*, Vol. V "Italian Literature", New Edition, p.314.

④ *Treasures of Florence*: *The Medici Collection* 1400 – 1700, ed. C. A. Luchinat, tr. E. Leckey, Prestel, 1997.该书第 11 页的"导论"指出,美第奇家族的珍宝收集也使自己与其他权势区别开来。可见其家族珍宝的价值。

⑤ J.A.Symonds, *Renaissance in Italy*, Vol. II "The Revival of Learning", New Edition, p.139.

⑥ J.A.Symonds, *Renaissance in Italy*, Vol. V "Italian Literature", New Edition, p.431.

至一个邦主的施政措施可能危害到共和国的自由传统等,但只要其举措是聪明的、有效的,那么众人就会容忍。① 美第奇家族在佛罗伦萨的得势与城邦的上述个性有关。作为一种学术响应,20 世纪文艺复兴史研究专家布鲁克尔对15 世纪的佛罗伦萨史做了如下批判性总结,"不过,尽管佛罗伦萨在十五世纪是比以前治理得更有效,生命财产也更有保障,这些成就之取得也付出了一定代价。为了治安和秩序,一定程度的自由被牺牲了;为了达到更大的安定,某些政治活力的源泉被遏制了。中世纪的公社从来也不是一种民主政体,但是它能迁就容忍一大批彼此各不相同的利益集团。十五世纪的显贵上层政权却把这些团体排除于政权之外,并且限制了候选担任官职人员的范围,用这些办法它确实做到了使政治比较'安静'。……这时的公民已变成了附属臣民,更多的佛罗伦萨人在共和国的政治生活中也不再是积极的参加者,而变成了消极的旁观者。"②这些更为深入又回归历史的概括值得今人做进一步思考,即使是一些细小的概念使用(如"大洛伦佐"的称呼等③)也不能轻易放过。

再回到文学艺术与审美情趣的具体方面看,随着文艺复兴时期意大利社会腐败和各种不和谐因素的抬头,审美精神中的积极因素也会退化。当时文化创造中的世俗化及负面倾向十分明显。皮尼奥蒂就提到当时做庇护人是一种时尚;④西蒙兹则直言文化的市侩气很浓,⑤等等。当时意大利与市民口味贴近的市井里巷本土文学很受欢迎。此类本土文学适应了市民社会的文化需求,显得十分正常。但毋庸置疑,无论称之为市民文学也好,抑或俗文学也罢,那些作品的字里行间浸透着宣泄世俗情感、怪诞恶行的成分。这些与当时审

---

① T.A.Trollope,*A History of the Commonwealth of Florence,from the Earliest Independence of the Commune to the Fall of the Republic in 1531*,Vol.Ⅳ,p.5.

② 布鲁克尔:《文艺复兴时期的佛罗伦萨》(朱龙华译),三联书店 1985 年,第 234—235 页。

③ 参见第三章第二节二中的相关注释。

④ L.Pignotti,*The History of Tuscany*,Vol.Ⅳ,p.230.

⑤ J.A.Symonds,*Renaissance in Italy*,Vol.Ⅴ,New Edition,p.158.

美倾向的某种扭曲、社会道德风气的败坏都有直接的联系。那时的文人也随波逐流,思想界时兴追求不确定的状态。① 西蒙兹意识到意大利从上到下喜欢的是那些罪恶的东西,在此文学环境下不可能诞生严肃的悲剧。② 西蒙兹还认为,意大利人天生对宗教冷漠的特点也直接与世俗化的文化有关。③ 无论是皮尼奥蒂还是西蒙兹,他们都不回避文化创造过程中出现的问题,哪怕是文化的领军人物亦在批判之列。皮尼奥蒂认为即使像薄伽丘这样的作者也不可避免在其著作中存有这样那样的瑕疵。为此皮尼奥蒂鼓励人们更应当去学习薄伽丘作品中优美、自然等因素。④ 西蒙兹在评价班戴洛的小说时指出,"灰色调情的内容充溢着班戴洛的小说。"⑤上述情况到了 16 世纪尤为严重。这些批判意识引导我们去重新认识文艺复兴时期的文化繁荣。学人可以高度颂扬文艺复兴时期艺术创作的审美情趣、构图风格、色彩运用等都有备无可替代的特点和地位。但从当时艺术创作的实际情况看,艺术家在庇护人的羽翼下成为职业艺术家,⑥许多作品都是根据庇护人要求而进行的命题创作。这样,在文艺复兴时期佛罗伦萨的艺术家创作行为不纯粹是艺术想象支配下的个体美感创作活动,亦是在世俗力量支配下的艺术商业活动。在艺术环境方面,那时的艺术家有自己的行会。这些行会对艺术家入会、对艺术品的销售等都按照市场的情况制定各种严格的规则。在很大程度上,艺术行为与市场行为交织在一起,使艺术的商业化倾向成为文艺复兴时期的一大特色。瓦克纳吉尔在《佛罗伦萨文艺复兴艺术家的世界:创作工程与艺术庇护人;艺术工场

---

① J.A.Symonds, *Renaissance in Italy*, Vol.Ⅳ, New Edition, p.391.

② J.A.Symonds, *Renaissance in Italy*, Vol.Ⅴ, New Edition, p.98.

③ J.A.Symonds, *Renaissance in Italy*, Vol.Ⅰ, New Edition, p.356.

④ L.Pignotti, *The History of Tuscany*, Vol.Ⅱ, pp.188-189.

⑤ *A Short History of the Renaissance in Italy: Take from the Work of John Addington Symonds*, by Lieut-Colonel A.Pearson, p.280.

⑥ B.Kempers, *Painting, Power and Patronage: Rise of the Professional Artist in the Italian Renaissance*, Penguin Books, 1995.

与艺术市场》书中做了独到的阐释。① 还有一种情况，文学家、艺术家、探险家等可以加入像医师、医药行会等，并在此类行会的支持下从事自己的各项事业。② 皮尼奥蒂与西蒙兹两位学者对当时艺术品市场等影响艺术创作的社会因素尚欠进一步批判的火候。就当时的实际情况看，艺术作品的市场行为扭曲了艺术的审美本质，许多艺术创作不再是艺术家美感心灵的一种闪现，取而代之的是形式化的线条组合、形式化的视觉冲动等。在这方面，拉斯金及"拉斐尔前派"对文艺复兴艺术中的世俗化一面之批判就值得借鉴。③ 拉斐尔前派所倡导的艺术目的在于艺术美感与道德的统一，力图通过有力度的艺术创作引导个体和社会产生积极的、崇高的审美情趣。当然，拉斐尔前派也有理论上的偏向，例如与拉斐尔前派有理论渊源关系的英国学者佩特从纯粹的审美角度去理解、解释历史上的文艺复兴现象，意在引导读者进入唯美的世界。④ 如果用拉斐尔前派等批判的眼光来看待上述文化中的世俗化因素，那么再回头审视佛罗伦萨在文艺复兴时期的文化氛围等，就会在历史著作中获得更多的视角，给出更深层次的分析。这里不妨再做些展开。那时的许多学问家、艺术家等常常被金钱的力量左右着自己的前途。美第奇家族银行利用教皇的钱袋发迹，钱囊鼓足后甚至放贷给国王，成为世俗势力的代表。正是有了金钱的资本，美第奇家族又成为著名的文学艺术保护人，包括费奇诺、米开朗基罗在内的诸多学问家、艺术家都成为其座上宾。意大利近代社会发轫之际，庇护人成为社会文化发展的重要支撑点。庇护人以其政治地位和经济地位拉拢有才气者入其帷帐，而受保护者则在特定的环境中发挥自己的才气，实现自己的理想。这是一种"钱才交易"，各取所需，是近代契约社会酝酿、发育过程中的特

---

① M.Wackernagel, *The World of the Florentine Renaissance Artist：Projects and Patrons*, *Workshop and Art Market*, tr.A.Luchs, Princeton University Press, 1981, Chapter 11.

② E.Staley, *The Guilds of Florence*, Benjamin Blom, 1967, p.265.

③ J.Ruskin, *Pre-Raphaelitism*, The Waverley Book Company, Ltd., 出版年月不详。

④ 10 卷本佩特著作集（由 Macmillan and Co., Ltd.出版公司在 20 世纪初分卷出版）中的每一部直接或间接关联到文艺复兴史研究内容，且渗透作者的唯美主义的倾向。

殊形式。它是急功近利的,但又满足了社会需求。在当时的思想文化背景下,"急功近利"就意味着个人和国家的成功。另外,世俗经济、政治社会也使一大批学有专长者脱颖而出。同时他们都有身价:那时候的学问人(包括教师、律师、医生等)有不菲的收入和较高的地位。在帕多瓦,一个 15 世纪的法律家可以挣到 1 千金币的年薪,有时任用一名有名望的医生要花上 2 千金币。更有甚者,曾出现过为保释一名教授兼法律家而不得不缴纳 1 万 8 千金币保释金的情景。当时一些意大利城邦国家的岁收也不过 2 万金币。① 那些学问家在金钱力量的支撑下到处自由自在地出售自己的商品即知识。他们在社会上到处游学,在大学里则开设与神学不同的讲座,其中包括历史、文学等。他们还极力抬高"七艺"学科中修辞、语法等科目之地位,以表现自己的学问和个体存在的重要性。实际上,文艺复兴最初就是从这批学者的行为中产生的思想文化现象。② 可以这么认为,以后欧洲社会、文化的演变历程就是不断纠正文艺复兴后遗症的批判过程。

与世俗化因素相关的另一突出现象就是个体主义、甚至是极端个体主义的盛行。关于文艺复兴的个体精神,笔者在不同的场合做过系统评述。③ 以前我们多半以赞赏的态度来对待文艺复兴时期的个体主义,例如学者不时会提及布克哈特的如下观点:文艺复兴时期的意大利人特别强调表现自己、表现精神的个体,并从个体性的角度来认识自己。④ "当这种对于最高的个人发展的推动力量和一种坚强有力、丰富多彩并已掌握当时一切文化要素的特性结合起来时,于是就产生了意大利所独有的'多才多艺的人'——l'uomo universal'(全才)。"⑤不过在引述上述观点时还应当注意,布克哈特等学者在自己

---

① 布克哈特:《意大利文艺复兴时期的文化》(何新译),第 206—207 页。
② 贡布里希:《文艺复兴:西方艺术的伟大时代》(李本正、范景中译),中国美术学院出版社 2000 年,第 6—15 页。
③ 周春生:《论文艺复兴时期的人文主义个体精神》,学海 2008/1。
④ 布克哈特:《意大利文艺复兴时期的文化》(何新译),第 125 页。
⑤ 布克哈特:《意大利文艺复兴时期的文化》(何新译),第 131 页。

的著作中对当时与个体主义相关的社会道德等还做过许多批判性的论述。个体主义以世俗的个人当作思考万事万物的出发点和中心,并以现世的个人利益为追逐的目标,其中不乏负面的因素。个体主义常常以极端的形式表现出来,商业化逐渐成为延至今日的社会主导倾向。可以这么认为,世俗化过程中出现的极端个体主义道德问题十分严重。意大利的文艺复兴时期是道德价值体系混乱的时代。在人文主义者的具体言行中,人们经常看到玩世不恭、诽谤中伤、见利忘义等情况。许多有知识、有教养的新兴市民阶层身上也沾染上市侩习气。阿雷提诺是其中的代表,"阿雷提诺从完全公开发表上获得了他的一切利益,这在某种意义上可以被看作是近代新闻业的前辈。"[1]"和18世纪的尖刻辛辣的作家们相比,阿雷提诺的有利条件是他不受原则之累,既不受自由主义、博爱主义或任何其他道德之累,甚至也不受科学之累;他的全部货色只有一句有名的格言,'直言招恨'。"[2]西蒙兹则称呼此人为"文痞"。那时的人们甚至不觉得有必要对此进行道德抨击。在上述境况下,基督教的道德约束力开始松弛。布克哈特论及文艺复兴时期道德问题时以具体的实例指出以下几点:(1)荣誉感与私欲混合在一起。(2)想象力与没有拘束的利己主义联系在一起。那时出现了近代第一批大规模赌博者。奇博与枢机主教利阿里奥的两次赌博输掉1万4千多金币。当时有一种大摇彩银行,使人民习惯于这种赌博的刺激。佩蒂在自己日记的字里行间向人们透露,他除了是商人、政治代表和外交外,还是职业赌徒。(3)想象力与伤害、侮辱等联系在一起。有1则事例,说的是3个小孩在玩绞刑的游戏,结果有1只狼真的来了,在脖子上系着绳并吊在树上的孩子因下方支撑他的孩子逃离而勒死。当死者的父亲知道是哪个孩子之过后就把该男孩杀掉,并取下肝脏作为下酒菜来招待该男孩的父亲。(4)对私通的同情。这在当时的文学作品中有大量的表述。按照布

---

① 布克哈特:《意大利文艺复兴时期的文化》(何新译),第161页。
② 布克哈特:《意大利文艺复兴时期的文化》(何新译),第162页。

克哈特的说法,文学作品中的情景是现实生活的反映。马基雅维里的《曼陀罗花》①就是以喜剧的形式来表现那种情感。(5)抢劫、谋杀盛行。布克哈特特别举了一些教士杀人、强奸的例子。(6)绝对不道德的例子:为犯罪而犯罪。举其1例,有个叫布拉乔的人,极端仇视教会,看见僧侣唱赞美诗就会发怒,有一次索性将僧侣从钟楼上扔去。② 道德危机的另一表现就是忧郁病犯作。伯顿是一个忧郁派诗人,撰写了大部头作品《忧郁的解剖》③。伯顿认为其中忧郁病的重要病因之一就是基督教的理想化世界与个体现实世界之间的冲突。总之,极端的个人主义可能是当时文化繁荣的一个条件,但无疑是当时社会的根本缺陷。④ 当然,布克哈特在指出意大利的上述现象时,仍然认为意大利民族是当时欧洲最健康、最有天赋的民族。⑤ 西蒙兹也有类似的想法。这提醒我们对精神文化现象进行判断时不要偏于一个角度,而要进行全方位的思考。但明显的一点是,在往后的西方文化、社会发展中,个体主义还与自由主义、意志主义等思潮结合在一起,成为无法调节诸多思想、社会矛盾的一个根源。

世俗化过程与人类如何看待自己的理性亦密切相关。到了18世纪启蒙学者那里,经过各种自然神论观点的辨析,逐渐将理性推崇为知识真理性的最高判断者。启蒙运动的口号就是一切接受理性法庭的审判。百科全书派的领袖狄德罗明确指出,"如果我舍弃了理性,我就再没有引导者了。"⑥应该承认,无论是文艺复兴时期还是之后的西方思想进程,许多哲人还是对理性采取批判的、开放的、谨慎的态度,这在培根、康德等学者的身上可见一斑。但就近代西方文明的实际进程看,特别是在18、19世纪工业革命的诸多成就面前,人们

① Machiavelli, *Mandragola*, tr. Anne and Henry Paolucci, The Library of Liberal Arts, 1957.
② 布克哈特:《意大利文艺复兴时期的文化》(何新译),第424—444页。
③ Robert Burton, *The Anatomy of Melancholy*, 3 Vols. J.M.Dent & Sons Ltd., 1932.
④ 布克哈特:《意大利文艺复兴时期的文化》(何新译),第445页。
⑤ 布克哈特:《意大利文艺复兴时期的文化》(何新译),第431页。
⑥ 《狄德罗哲学选集》(江天骥、陈修斋、王太庆译),商务印书馆1959年,第35页。

并非始终对科学理性的限度等问题保持清醒的意识,时而产生盲目夸大科学理性的功能及过高估计人征服自然力量的倾向。其结果就是一系列灾难性现象的发生。从第 1 次科技革命对煤的开采到第 2 次科技革命对石油资源的所取,再到第 3 次科技革命对核能的提炼,所有这些都严重破坏了自然界的生态平衡。更需要引起注意的是社会领域中的理性至上观点的影响。在 19 世纪的黑格尔哲学体系中推出一个本体论意义上的"绝对理念"存在世界。在黑格尔的眼里,凡合乎理性的,都是现实的,并认为世界上的一切就是绝对理念的演变过程。由此引申出他的国家理性观点,"国家是绝对自在自为的理性东西。"[①]黑格尔还将其观点推演到国家之间的关系之中。黑格尔认为,每一个民族都需要将自己的国家意识上升到理性程度。因为西方社会有一套国家理性的准则,只有当其他地区的民族也上升到这种理性程度,国际关系才有维系的可能。黑格尔从国家理性的角度思考国家政治问题,甚至认为战争也有崇高性的一面,例如防止一个民族的堕落、提升国家的理性、主权等。[②] 黑格尔的观点在德国乃至西方的国际政治理论界有一定的代表性。这些对帝国主义的扩张和国际舞台上的强权政治起着推波助澜的作用。在当今的国际关系话语体系中,有许多内容仍出自西方的国家理性观念。可见世俗性理性意识的影响之深远。欧洲是 20 世纪两次世界大战的策源地,这与文艺复兴时期以来的各种世俗性政治理论有内在的关联性,学人还需要做更深入的思考、梳理。

概而言之,近代以来西方社会和文化走着一条世俗化的道路。在政治上,不仅今天西方仍走着这样一条以利益、实力等世俗性政治因素为原则的路途,只要根本的社会条件不变,今后西方还会这样走下去。我们应当以历史和现实的眼光对上述世俗化文化、社会的发展轨迹做一总结。近代西方的历史进程曾出现三次世俗化浪潮,而每一次都产生负面的社会影响。

---

① 黑格尔:《法哲学原理》(范扬、张企泰译),商务印书馆 1961 年,第 253 页。
② 黑格尔:《法哲学原理》(范扬、张企泰译),第 340—341 页。

第一次世俗化浪潮是文艺复兴和宗教改革时期,大致从 14 至 17 世纪。那时的人文主义思潮和新教伦理使现实感性的人从各种禁锢中解脱出来,世俗的人性等得到宣泄。与此文化现象相对应的是资本主义文明的金钱原则胜利了。在逐利、享受尘世幸福的观念指导下,道德领域出现各种混乱的局面。与此同时,科学、理性的地位得到提升,人命令自然的意识开始显现。第一次世俗化浪潮在政治上的反映就是世俗政治权力与天主教的宗教权势脱钩。宗教归其精神层面的权威。世俗政权则管理现实的政治事务,由此提升了世俗国家的权限。这时,意大利的城邦国家间存在着近代西方最初的国家权力争斗。与此同时,西方民族国家开始崛起并启动向全球扩张的步伐。

第二次世俗化浪潮是工业革命时期,大致从 18 至 19 世纪。经过启蒙学者的鼓动,理性主义等对人的各种世俗化因素和权利进行推演、确认。进化论观念在各个领域延伸。这时期由科学带动的工业文明发展较充分之国家如英国、德国等领跑世界。由西方开启世界范围内对自然资源的大规模掠取过程。第 2 次世俗化浪潮在政治上的反映就是西方资本主义国家的政权机构进一步加固。同时将政治的世俗一面表露无遗。在国际上的表现就是帝国主义向全球扩张。

第三次世俗化浪潮是信息时代、全球化时期,大致从 20 世纪延伸至今。核能、信息等高科技凸显了人的理性力量。但战争、对自然资源的掠取等现象使世人从科学理性的幻想中惊醒过来。需要警惕的是,在很多场合西方仍主张利益的选择、实力的后盾、科学的视野可以决定一切。在政治上的反映就是西方仍试图以自己的政治标准去处理不同文化、不同社会政治结构的国家关系。于是出现世俗性利益冲突与文化冲突交织在一起的复杂国际政治局面。

综上所述,人们不难发现中世纪以降的西方文明进程表现出这样一种特征,即每每都是世俗性文化方面有重大突破的文明区域取得优先的地位。例如,在人文主义世俗性文化指导下的意大利首先奠定近代资本主义文明的基础;尔后在宗教改革领域取得成就的德国、英国继续资本主义文明发展的步伐;再往后就是实用主义文化占主导地位的美国将资本主义文明推进到新的高度。上述文明进程的事实迫使学人进一步去思考世俗化、近代性与社会进步关系等系列问题。就世俗性而言,人片面追逐自身的利益、自由性、个性的发展等,这是否使社会变得道德沦丧和不安全了呢? 这里还牵涉到个体自由与国家存在的相互关系问题,即怎样的个体自由才真实地体现个人的意志? 怎样的国家存在、国家政治行为才算得上与个体自由相匹配? 近代、当代西方政治思想界关于自由主义、国家政治等的大讨论,其实质就是回答上述问题。

总之,与文艺复兴时期世俗性文化对应的近代西方乃至整个世界并不那么理想化。西方世界在回应世俗性负面问题时也有许多批判性的言行。毕加索《格尔尼卡》是一幅 20 世纪异化时代的肖像画,画面摄取的是西班牙内战中某一村镇遭轰炸的瞬间。绝望、恐怖、惊慌的各种形象似碎片般地安排在各个角落。再环视当今西方世界,它正经历各种磨难:市场波动;介入战事;文明冲突,如此等等。在"占领华盛顿事件"中,人们举着这样的标语牌,上面书写着"Redistribution or Revolution:99%",意思是财富已经被百分之一的金融寡头所垄断,在此情况下要么重新分配,要么革命。随着 20 世纪西方各种社会问题的出现,对文艺复兴以来的世俗性文化批判之声也波及各个层面。其中有:批判一切从局部的、势利的和经验的角度看待生存世界;批判人文主义一味以个人为中心并宣扬极端的个体自由;批判人对自然无穷的索取;批判盲从世俗情感和功利的动机即唯金钱原则、强权原则是从,如此等等。甚至发问:世俗性的人文主义还有前途吗? 卡洛尔《西方文化的衰落:人文主义复探》①一书直接将西方文化的衰落与人文主义关联在一起,认为人文主义以世俗性的态度对意志、个体精神等的崇尚并未给西方人的心灵带来真正的慰藉。西方在纠正负面问题时大致做了两个方面的努力:

其一,不回避世俗性的各种困境,力图从世俗性本身的因素中寻找自我拯

---

① 卡洛尔:《西方文化的衰落:人文主义复探》(叶安宁译),新星出版社 2007 年。

救的路途。客观地讲,与上述负面因素不断出现、与近代西方走世俗化道路的同时,批判的理性主义还在发挥作用,理性曾经做这样的思考,即人们能否直接从世俗性文化中寻找普世的价值因素? 早在文艺复兴时期,文学艺术家、思想家就有这方面的思想努力。拉斐尔有一题为《原德》(Cardinal Virtues)的艺术创作。画面展示人类的 3 种德性即坚韧(fortitude)、审慎(prudence)和节制(temperance)。由此引发世人对自身世俗性因素中高尚一面的重视。到了 20世纪,那些坚持从人性、经验等思考伦理、政治问题的思想家试图进一步表明其理论的开放性、普世性倾向。例如人要生存;人有激情;人需要安全;在现实中老人和孩子是弱势群体;人性中有许多不可测的因素,等等。基于这些因素的政治思考与那些囿于某种宗教价值观的政治观念相比更具有现实普世性的意义。同时,这种政治理论所强调的不是抽象的终极之善,而是避免可能会出现的恶,此思考方式的现实意义亦十分彰显。这种冷静、现实地对待世俗性文化及其社会影响的态度值得学人做进一步的反思。它虽然是不得已之举,但还是表明人类在踏入世俗性泥潭之后的自我拯救态度。但上述对世俗人性的普世性阐释还是遇到不少问题。特别是不同文化背景下的人群会对其中的价值标准给予不同的理解和阐释。笔者以为上述普世的世俗性价值观要在承认文化多样性的前提下,通过教育、讨论逐渐形成一种共识,成为一种低限度的价值标准。

其二,彻底抛开世俗性一面,力图用宗教的超越性力量来拯救人类。法国天主教思想家马里坦指出,世俗化的人文主义已经在历史的进程中显示出其局限性,因为它无法为人类的生存提供终极性的保障。[1] 马里坦设想世人还是回到神的怀抱,以神为中心促进世界的和平与进步。但基督教并不是西方世界乃至人类世界普世认同的宗教文化。基督教的价值标准还会遇到其他宗教文化的各种发问。

---

[1]　参见让·多雅:《马里坦》(许崇山译),中国社会科学出版社 1992 年,第 240—247 页。

显然,我们要从文化史、社会史、政治史等各个角度来客观地评价文艺复兴世俗性文化的历史演变过程。当下,与世俗性文化相关的各种因素以一种强势的力量困扰着生活世界中的每一个人。我们可能无法改变、甚至消除世俗性的负面影响,但通过认识和积极的对应至少使世俗性的负面因素减少到最低的限度。

以上是笔者在西蒙兹等学者启发下对近代以来西方整个文化走向的批判大思路。基于这种思路再来回看西蒙兹的文化观,那么许多内容就需要做些充实调整了。这里再次重申,西蒙兹所书写的文化史带有很浓厚的作者个体性因素。西蒙兹所思考、研究的侧重点大致在性格文化论的范围内。显然,这样的文化思考方式和文化史研究是有缺憾的。其最大的缺憾就是从文化、文化功能、文化趋势等因素来回看并评价文艺复兴历史进程的思考力度不够。如果西蒙兹能够非常敏锐地将 19 世纪已经初露端倪的各种社会历史问题与文艺复兴时期的历史事实更有说服力地挂起钩来,那么其文化观会更丰满、更深刻。简言之,西蒙兹的文化观需要补充一章即"文化是一种具有定势作用的精神存在",并且从各个角度论述文化对社会历史进程的作用。所有上述问题笔者在本书相关的部分均做了必要的增补充实,也算是对西蒙兹文化赠礼的一种回馈。然而瑕不掩瑜,西蒙兹的文化观还是给了我们诸多文化研究的基本线索,学人可以沿着这些线索继续写下去,可以续写批判的意大利文艺复兴史、批判的西方人文主义观念史,如此等等。

西蒙兹是悲凉的维多利亚时代之人。西蒙兹一生由追求纯真的意识支配着,他是诗人,需要有这种纯真的意识、心理;反过来说,那种追求纯真的意识、心理也在塑造作为诗人的西蒙兹。当今世界,技术层面的东西逐渐占据主导的地位,而人这个主体所要追求的纯真境界正处于各种彷徨之中。无论是历史研究工作者还是广大的读者都需要精神层面的境界有一个新的提升。但愿我们以一种欣赏兼批判的双重目光再度寻找西蒙兹文化研究作品中的精华,从中提炼更多对提升我们精神境界和历史研究有益的内容、启示。

附录 I　西蒙兹点评意大利文艺复兴时期重要人物、作品概览①

说明：

西蒙兹的文化史研究重点是意大利文艺复兴时期的人和事。其中西蒙兹对意大利文艺复兴时期重要文化史人物及其作品风格、内涵等的点评很有参考价值。西蒙兹的点评特别注意以下几个方面：第一，人物及其作品的历史地位、影响等；第二，人物性格、作品风格的特征；第三，不同人物、作品间的关系，等等。点评简略地反映出西蒙兹对意大利文艺复兴的独特看法。

---

① 参考书方面，总体参考：*The Panorama of the Renaissance*，Ed. M. Aston，Harry N. Abrams，Inc.，Publishers，1996；*The Oxford History of Italy*，ed. G. Holmes，Oxford University Press，1997；J. W. Zohpy，*A Short History of Renaissance Europe：Dances over Fire and Water*，Prentice-Hall，Inc.，1997。以上几种是基本来源，不再注明出处。文学史参考：F. Flamini，*A History of Italian Literature*，The National Alumni，1906（简称 Flamini）；E. H. Wilkins，*A History of Italian Literature*，Oxford University Press，1954（简称"Wilkins"）；J. B. Fletcher，*Literature of the Italian Renaissance*，Kennikat Press，Inc.，1964（简称"Fletcher"）；F. de Sanctis，*History of Italian Literature*，Barnes & Noble，Inc.，1968（简称"Sanctis"）。艺术史参考：M. Bryan，*A Biographical and Critical Dictionary of Painters and Engravers*，New edition by G. Stanley，H. G. Bohn，1865（简称"BD"，即"布莱恩词典"）；S. Spooner，*A Biographical History of the Fine Arts*，Leypoldt & Holt，1867（简称"SH"，即"斯本纳传记史词典"，此词典尤具参考价值）；*Cyclopedia of Painters and Paintings*，Ed. J. D. Champlin，Jr.，Critical editor，C. C. Perkins，Charles Scribner's Sons，1887（简称"CC"，即"钱普林百科词典"）。笔者之所以特别遴选 19 世纪的几部艺术史词典，意在还原西蒙兹所在的 19 世纪文化人的艺术史认知状况，从而找到西蒙兹艺术史观的学术认知平台。

读者从每一段看似简单的概括文字中大致能领略所评对象的基本风貌,甚至能从一个侧面领略意大利文艺复兴时期文化的绚烂精彩场面。如果再进一步与其他批评家的观点做一比较,那么西蒙兹点评的价值会更加彰显。鉴于此,又考虑到全书的框架结构,特以列表的形式附之文后,以示本项研究的完整性。

"概览"以西蒙兹的艺术史、文学史点评为主,兼及其他点评,并以《意大利文艺复兴简史》和新版《意大利文艺复兴》为蓝本择句列出。引自《意大利文艺复兴简史》者简称"SR"(*A Short History of the Renaissance in Italy*)。引自新版《意大利文艺复兴》者则简称"NE"(New Edition)。其他所引西蒙兹著述则标注全名。排序按人物出生年代顺次展开。凡笔者所译西蒙兹原文均用引号括之;经笔者略作修饰的意译则无引号,以示区别。在"备注"栏目里,凡与"人物及作品"栏目中人物出生年代同一年的历史文化事件等不再标出年份。非同一年发生的则将年份标示出来。

按照学术界通常的做法,"概览"选择但丁作为点评的起始人物。尽管但丁前的人物如比萨诺等也很重要,例如西蒙兹认为在艺术家尼古拉·比萨诺那里看到了文艺复兴的曙光,甚至将其与彼特拉克之于人文主义的重要性相比,①但顾及文化史的进程和其他诸多因素,"概览"还是略去了但丁出生年份前的人物、事项。"概览"结束部分则以罗马宗教法庭判伽利略终身监禁为限,这大致反映出意大利文艺复兴尾声的历史事实。

"概览"择取的点评文字基于能否清晰地将原作所表达的意思勾勒出来为准,故文字量的多少并不代表所评对象的重要性程度。

---

① *A Short History of the Renaissance in Italy*:*Take from the Work of John Addington Symonds*,by Lieut-Colonel A.Pearson,p.226.

西蒙兹点评的意大利文艺复兴重要人物、作品

人物及作品	西蒙兹点评	备注
但丁 Dante Alighieri 1265—1321 《神曲》、《新生》、《论君主统治》（亦译《论世界帝国》）	"但丁的荣耀在于他就像站在那闩关着的自由与信仰之门上的大天使。"（*An Introduction to the Study of Dante*，Fourth edition，p.288.） 《新生》中的这位姑娘"是一种精神的存在，围绕着这种精神存在，他（指但丁——笔者注）最高的也是最深刻的思想便自然而然地凝聚起来了"。（*In the Key of Blue and Other Prose Essays*，p.57.） "在《论世界帝国》里，但丁将普遍政府的理论建立在明确的自然和人类命运概念之上。在意大利的混乱和冲突之中，自私自利无处不占主导地位，教会和皇帝两个集团则忙于党派争斗，但丁则力图将他的同胞带回到一个单一的君主国理想之中，这是一个真正的君主统治国家，它既与教会神权统治有别，但又不仇视教会权威，并且为教廷提供保护方面寻求神职人员的认可。《使徒书》里含有同样的思想：和平、相互尊重、服从一个共同的首领、首领对下属担责、臣民服从统治者。"（SR，p.147）	西蒙兹非常注重卡莱尔的《神曲》译本。其实那个译本只是"地狱篇"部分（Dante，*The Inferno*，Tr. J. A. Carlyle，Harper and Brothers，1849）。 《神曲》有多种中译本。 拥戴教皇统治的奎尔夫派在佛罗伦萨赢得胜利。
契马部埃 Giovanni Cimabue 1240—1300 （1272—1300有生平记载） 《天使和先知环绕的圣母子》	"契马部埃还未从拜占庭或罗马式的形式主义风格中解脱出来。……仔细对比后我们发现，在卢塞雷宫的这幅画作很清楚地表明他在努力表达情感和描摹生活。"（NE，Vol.III，p.137）	关于契马部埃的生卒年代有各种说法，比较复杂。参见 BD。
乔托 Giotto di Bondone 1266—1337 《圣芳济各向小鸟布道》、《金门相会》	"说一千道一万，乔托给了艺术一种生命力。"（NE，Vol.III，p.139）	佛罗伦萨圣克罗齐教堂至今还保留着乔托的系列壁画。
洛伦采蒂 Ambrogio Lorenzetti 1275—1340 《锡耶纳广场大型雕像》	"洛伦采蒂他们从锡耶纳的形式主义走向更高的带有阳刚气息想象的艺术。"（NE，Vol.III，p.159）	瓦萨利可能错误地认为他是乔托的学生，并认为其生于1276年。参见 SH "Ambrogio Lorenzetti"条。

续表

人物及作品	西蒙兹点评	备注
维拉尼 Giovanni Villani 1276—1348 《编年史》	"这部《编年史》是清晰、准确胜于深奥分析的宝典。它不仅以编年的形式涵盖了欧洲的所有事项，在细节的精确和陈述的简洁方面都做得无可指责，而且更让今人满足的是它传达出14世纪佛罗伦萨内部环境和城市样态的生动画面。"（SR，p.146）	Wilkins中的生卒年为 c.1270—1348。英文版有：Selections from the First Nine Books of the Croniche Fiorentine of Giovanni Villani，Archibald Constable，1896.
杜乔 Duccio di Buoninsegna 1278—1319 有生平记载。 《圣母荣登宝座》	"其杰作《圣母荣登宝座》……标志着锡耶纳绘画史一个时代的开始。"（NE，Vol.Ⅲ，p.156）	西蒙兹NE对杜乔的生卒年代做了一个注，认为生年不可知，卒于1320年。
洛伦采蒂 Pietro Lorenzetti 1280—1348 《圣母》	评论同洛伦采蒂（Ambrogio Lorenzetti）	Ambrogio Lorenzetti的兄弟。Pietro常协助兄长的艺术创作。 佛罗伦萨选举第一任正义旗手。 据统计，该年佛罗伦萨的人口在45000人左右。
马尔蒂尼 Simone Martini 1285—1344 《圣母领报》	带着女性柔美的艺术气息。（NE，Vol.Ⅲ，pp.158-159）	SH的词条名为"Simone Memmi"，并认为是一位讲究科学性的画家。
彼特拉克 Francesco Petrarch 1304—1374 《秘密》、《歌集》	"彼特拉克的荣耀在于他打开了近代知识和文化宝藏之门。"（An Introduction to the Study of Dante，Fourth edition，p.288.） "研究者应该懂得这个世界在多大程度上要归功于他的人文主义热情。我们的意思是这种人文主义热情是一种新的、具有生命力的观念，这里人作为理性的存在取得了自己的尊严，这是一种有别于神学命定论的理性存在。更进一层的观念是古典文化自身就展示出人类在智力和道德自由方面的丰富性。"（SR，p.135）	通常称其为"人文主义之父"。参见 J. H. Robinson，Petrarch：The First Modern Scholar and Man of Letter。 《秘密》、《歌集》有中译本。 是年佛罗伦萨羊毛行会势力增强。

续表

人物及作品	西蒙兹点评	备注
薄伽丘 Giovanni Boccaccio 1313—1375 《十日谈》、《菲埃索拉的女神们》、《名女》、《大鸦》	"意大利文学的第一个、也是最耀眼夺目的时代结束于薄伽丘时代,他为未来的民族事业探索了一条具有指导意义的途径。"(SR,p.262) "且不论他对学术的贡献,薄伽丘通过将新的精神引入世俗文学而在学问复兴的历史中占据突出的地位。他是第一个坦诚地探寻世俗生活幸福正当性、不受禁欲主义束缚之性情的人,并在古典爱情的传说中发现类似的成分。"(SR,p.138) "在薄伽丘值得关注的遗产当中,最有成就的一部作品当然是《十日谈》。16世纪由薄伽丘定型的中短篇小说一直是广为流行的文学创作形式。"(NE,Vol.V,p.44)	西蒙兹写有《薄伽丘小传》(*Giovanni Boccaccio: As Man and Author*, John C. Nimmo, 1895)。 关于薄伽丘《十日谈》的文学性质有各种争议,对此可参见 Sanctis, Chapter IX, The "Decameron"。 《十日谈》有多种中译本。
萨凯蒂 Franco Sacchetti 1330—1400 《故事三百篇》	"他并不算很博学的人⋯⋯尽管萨凯蒂很热爱并崇敬薄伽丘,但并未模仿那种形式。他的小说写出了最为纯粹的本土性,没有文学上的造作和修辞上的装饰。"(NE, Vol.IV, p.128)	其故事集有 M. G. Steegmann 英译本。部分故事收入中译本《意大利文艺复兴时期短篇小说》。
萨卢塔蒂 Coluccio Salutati 1331—1406 《信札》、《论世俗生活和宗教生活》、《政治著作集》	"⋯⋯其重要影响在于他作为文体家的部分。"(NE, Vol.II, p.128) "他第一次将在古典修辞学派那里学来的庄重文体和优美句式引入公文。"(SR, p.141)	《论世俗生活和宗教生活》、《政治著作集》有 Tatti 本。 1340年,佛罗伦萨人裴哥罗梯撰写《通商指南》,讲述与中国、东方的通商情况。
塞尔坎比 Giovanni Sercambi 1348—1424 仿《十日谈》的短篇故事集	"作为其小说的框架,他设计出一种程式化的情节,以便简要讲述。"(NE, Vol.IV, p.130)	这里的出生年代取自 Wilkins。也有说1347年出生。另外,文学史上通常将出生卢卡的塞尔坎比与另一个身份不太确定的 Ser Giovanni 视为同一人。西蒙兹在著作中提的是 Ser Giovanni。不过他在 NE, Vol.IV, p.129 的注释里提到塞尔坎比。另参见 Flamini, pp. 80—81。 其故事集 *Pecorone* 有 W. G. Waters 英译的3卷本。 黑死病在欧洲爆发。

续表

人物及作品	西蒙兹点评	备注
尼科利 Niccolò Niccoli 1364—1437 《回忆录》	"他在佛罗伦萨的文学界具有裁断者的地位。"（NE, Vol.Ⅱ, p.128） "尼科利的特别之处就是将精致的人文教养与全身心奉献文化的因素结合起来。"（NE, Vol.Ⅱ, p.132）	尼科利极其喜欢收集古典善本书。 从 1362 至 1364 年,佛罗伦萨与比萨之间发生战事。
布鲁尼 Leonardo Bruni 1374—1444 《佛罗伦萨人民史》、《但丁传》	佛罗伦萨要谢谢知名的历史学家布鲁尼,正是他将佛罗伦萨这座除罗马共和国外意大利最为自由的城邦之历史呈现了出来。（NE, Vol.Ⅰ, p.217）	《佛罗伦萨人民史》有 Tatti① 本。
布鲁奈莱斯基 Filippo Brunelleschi 1377—1446 《育婴院》、《圣洛伦佐教堂》	"其身上存在着比巨型建筑实验更完备至上的个性品质。"（NE, Vol.Ⅱ, p.4） "布鲁内列斯基在 1425 年设计的圣洛伦佐大教堂是原创性的和真正古典类型的,显示出庄重和严谨的特点,这些都是在他艺术家本能的引导下从古罗马遗迹中学到的。"（SR, pp.220-221）	SH 认为其死于 1444。 其多项建筑遗存现保留在佛罗伦萨。其中包括 1418 年建造的佛罗伦萨医院、1419 年开始建造的圣百花大教堂圆顶等。
吉贝尔提 Lorenzo Ghiberti 1378—1455 《天堂之门》	"意大利铜雕艺术的创始人。"（NE, Vol.Ⅲ, p.56）	其祖上擅长金匠艺术,佛罗伦萨受惠良多。 教会开始大分裂。
波吉奥 Poggio Bracciolini 1380—1459 《信札》、《佛罗伦萨史》	"在文学方面,他涉猎当时研究的所有领域,其名头包括公共演说家、词章和对话的修辞作家、亡灵颂词写手、对在世之人的猛烈责难抨击者、希腊语翻译家、典雅的书信体作者、深邃的历史学家、轶闻警言的诙谐编录者。他具有一种简约的风格,用词得体,节律多变。这些适宜于严肃的讨论,也适宜于诙谐闲聊,无论是嬉笑怒骂还是阿谀奉承都非常出色。……波吉奥是继菲莱尔福之后文学角力时代中最为强悍的斗士。"（SR, p.192）	威尔金斯认为其生涯类似于布鲁尼。Wilkins, p.125。 《四使徒》作者南尼（Nanni di Banco）的生卒年代 c. 1380-1421。 威尼斯海军打败热那亚海军。

① "Tatti 本"指的是"塔蒂文艺复兴丛书"（*The I Tatti Renaissance Library*, Harvard University Press）。

续表

人物及作品	西蒙兹点评	备注
多那泰罗 Donatello（Donato di Niccolò Bardi） 1386—1466 《先知雕像》、《圣母领报》	"多那泰罗在服膺、研究古代艺术又不失自己个性方面要比吉尔伯蒂等更出彩。"（NE, Vol.Ⅲ, p.56） "同样具有以完美（perfect beauty）的形式表达基督教情感方面的能力。"（NE, Vol.Ⅲ, p.101）	SH 中的生年为 1383。德国海德堡大学成立。
比昂多 Biondo Flavio 1392—1463 《罗马衰落史》	"是那个时代最有良知、最完备的学者之一。"（SR, p.188）	Tatti 丛书收入多种比昂多的著作。佛罗伦萨与米兰定约。
米凯洛佐 Michelozzo de Mecchelozzi 1396—1472 《美第奇府邸》	"在近代建筑中努力吸收罗马的建筑样式。"（NE, Vol.Ⅱ, p.319）	SH 词条名为"Michelozzi, Michelozzo"。生卒年 1402-c.1470。《但丁传》收入 Tatti《曼内蒂传记集》。拜占庭古希腊语教师克利索罗拉斯（Manuel Chrysolorus）来到意大利。
曼内蒂 Giannozzo Manetti 1396—1459 《但丁传》等	他热衷于论辩。（SR, p.170）	
阿尔贝蒂 Leon Battista Alberti 1398—1472 《卢塞雷宫》	"确实，阿尔贝蒂称得上多才多艺、智慧出众的典型，他是文艺复兴时代才会出现的全能天才。"（SR, p.180） "其建造的卢塞雷宫展示出他作为建筑师的天赋。这个宫殿因与美第奇家族统治下的佛罗伦萨的社会关系密切而经常被提及。它也是意大利最美轮美奂的建筑之一，为后来的建筑师提供模板。"（SR, p.221）	SH 的词条为"Leon Battista Alberti"。西蒙兹写作"Leo Battista Alberti"。Leon 词义为狮子，Leo 词义为狮子座。是年至 1406 年，比萨被佛罗伦萨征服。
马萨乔 Masaccio（Tommaso di Ser Giovanni） 1401-c.1428 《纳税钱》	"马萨乔在简洁叙事方面并不比乔托差，而更胜一筹的是他懂得有意识地描绘环境之重要价值。"（NE, Vol.Ⅲ, p.167）	SH 词条名为"Masaccio, or Maso Di San Giovanni）"，并认为卒年有各种说法，有的认为去世很早，也有 1443 年去世等。吉贝尔提开始第一扇佛罗伦萨洗礼堂大门的艺术创作。库萨的尼古拉出生。

续表

人物及作品	西蒙兹点评	备注
瓦拉 Lorenzo Valla 1405—1457 《辨证的争端》;《论康斯坦丁赠赐》	"瓦拉表现出一位深思熟虑批评家的坚定立场,对所有教会道德和传统看法持敌视的态度。"(SR,pp.198-199) "瓦拉答道,'他信母教会所信的,可千真万确的是她什么也不知道,但他还是信母教会之所信。'"(SR,p.200)	Wilkins 中的生年为1407。 《论康斯坦丁赠赐》有 Tatti 本。
里皮 Fra Filippo Lippi 1406—1469 《施洗者约翰》、《圣史蒂芬的殉难》	"另一位由美第奇家族资助的画家是卡尔米内的菲利普·里皮修士。他寻欢作乐的脾性使其与修道生活背道而驰。几乎毫无疑问的是他的实际生活与专长之间的分裂降低、庸俗化了这位天才的想象力。而为唱诗班装饰和为祭坛作画的不惬意任务等于在他思绪敏捷的羽翼上撒了一把表面上流光四溢的钝化石灰。"(SR,p.243)	西蒙兹对里皮修士的看法显然受到瓦萨利的影响。钱普林则根据最新研究得出肯定性的评价。参见 CC,"Fra Filippo Lippi"条。 威尔金斯指出《生命之城》中的新柏拉图主义观点。Wilkins,p.134。
帕尔米耶里 Di Matteo Palmieri 1406—1475 《生命之城》	"他坚持奥利金(Origen)的观点,认为人的灵魂反叛天使。"(NE,Vol.Ⅳ,p.148)	1414 年,波吉奥发现遗失的西塞罗、卢克莱修、昆提利安等的文本。 1415 年,约翰·胡斯受火刑。
卡斯塔尼奥 Andrea del Castagno 1409—1480 《圣杰罗姆的幻象》	企求一种逼真的现实画法。(NE,Vol.Ⅲ,p.169)	此处的生卒取 SH 的说法。但学术界说法不一,参见 BD。
弗兰契斯卡 Piero della Francesca c.1420—1492 《耶稣诞生》	"带有科学方法艺术特长的那个时代的艺术家。"(NE,Vol.Ⅲ,p.170)	SH、BD 只提到 Pietro della Francesca(1398—1484)。 吉贝尔提开始第二扇佛罗伦萨洗礼堂大门的艺术创作。
蓬塔诺 Giovanni Pontano 1426—1503 《欢愉》	"在蓬塔诺那里,他对于意大利文学最重要的贡献还是拉丁文方面,但南部的人们再度发现他用一种看上去是一种已经早已不用了的语言来表达他们的情感。……他比那不勒斯人还像那不勒斯人,……他用一种心心相印的方式来触摸自然情感的所有内涵。"(SR,p.294)	《欢愉》有 Tatti 本。威尼斯人卡斯塔蒂受马可·波罗带回中国书籍的启发,成立印刷所。 1427 年,古罗马维吉尔《埃涅阿斯纪》首次译成近代西班牙语。

续表

人物及作品	西蒙兹点评	备注
贝利尼 Gentile Bellini 1429—1507 （1460 有生平记录） 《圣马可在亚历山大里亚布道》	同乔凡尼·贝利尼点评。	父亲 Jacob Bellini。 瓜里诺（Guarino da Verona）在费拉拉教授希腊语。 古罗马普劳图斯的剧本被发现。
斯卡拉 Bartolomeo Scala 1430—1497 《论说与对话》	"他用拉丁文记叙的第一次十字军东征历史除冗长外算不上伟大作品。"（SR, p. 181)	《论说与对话》有 Tatti 本。 一说乔凡尼·贝利尼生于 1428 年。
乔凡尼·贝利尼 Giovanni Bellini 1430—1516 《出神的圣芳济各》	"对于他们（指贝利尼父子 3 人：父亲 Jacob，两个儿子 Gentile 和 Giovanni。——笔者注）来说，内在的和外在的世界之秘密没有任何吸引力，一个充满生机的外部存在才让他们着迷。"（SR, p.251)	《戴荆冠的耶稣》作者安东尼罗（Antonello da Messina）生卒年代 1430—1479。
安东尼奥·波拉约洛 Antonio Pollaiuolo 1431—1498 《赫拉克勒斯与安泰乌斯》（壁画及雕像）	带有狂动的、奇特的现实主义情感。（NE, Vol.Ⅲ, p.106)	SH 中的波拉约洛生年为 1426。 拜占庭发生大瘟疫。 SH 认为，关于曼坦尼亚有太多的资料，今人还难以卒读并做出评论。
曼坦尼亚 Andrea Mantegna 1431—1506 《死去的基督》	"就其所属学派而言，非常有影响力的人物就是曼坦尼亚，他一生创作的岁月是近代艺术史最重要的时期之一。（SR, p. 241）……他整个地吸收了学界的成果，俨然成为一种罗马精神的象征。"（SR, p. 242)	
浦尔契 Luigi Pulci 1432—1484 《摩尔干提》	"浦尔契用市民精神来处理卡洛琳式的传奇纪事。无论是幽默还是当真，他都沿用佛罗伦萨社会的腔调，他的作品《摩尔干提》折射出了在这部诗歌创作时期美第奇圈子的特别之处。"（SR, p.269)	虽说是"美第奇式"，但浦尔契的资格比洛伦佐、波利齐亚诺还要老。 Wilkins, p.158。 艾克完成祭坛画创作。

续表

人物及作品	西蒙兹点评	备注
费奇诺 Marsilio Ficino 1433—1499 《柏拉图神学》	"柏拉图意识中那些带有诗意的思想,这些对于费奇诺来讲是更有价值的东西。"(NE,Vol.Ⅱ,p.237)	《柏拉图神学》有Tatti 本。 多那太罗完成《大卫》。 佛罗伦萨反科斯莫·德·美第奇的阴谋。翌年即1434年,科斯莫·德·美第奇当政(1434—1464)。
维罗基奥 Andrea del Verrochio 1435—1488 《巴托罗缪·科莱奥尼骑马雕像》	"就艺术作品整体而论,其创作实践缺乏力度,形式枯燥,思想平淡,但事实上他的名声与达·芬奇、科雷迪、佩鲁吉诺并列。"(SR,p.232)	SH 中的维罗基奥生年为1432。 弗兰西斯科·斯福查造访佛罗伦萨。
西尼奥雷利 Luca Signorelli 1439—1521 《末日审判壁画》	"西尼奥雷利享有意大利一流画家的美誉。他预言16世纪最伟大的画师不仅在于对人体解剖的深刻研究,还在于懂得用纯粹的形式去表达高尚的思想和悲剧性情感,并忽略那些琐碎的笔锋。"(SR,p.240)	此生卒年代据 SH"Signorelli"词条。 1439 年,瓦拉发表《辨证的争端》;1440 年,瓦拉发表《论康斯坦丁赠赐》。 1440 年,德国人古腾堡发明活版印刷。
博亚尔多 Matteo Boiardo 1441—1494 《热恋中的奥兰多》	"在学者眼里,《热恋中的奥兰多》在意大利文学发展中的主要价值是它那最为纯粹的骑士爱情诗歌。"(SR,p.269)	博亚尔多是费拉拉地区的人文主义者。
布拉曼特 Donato Lazzari,通常称 Bramante D'Urbino 1444—1514 重建圣彼得教堂工程	"显然,他对后世及同时代人有着深远的影响,其主要影响体现在使细节美恰当地服从于简洁性庄严和整体效果的统一。"(SR,p.222)	也有说出生于1450年。SH 指出,瓦萨利认为布拉曼特的出生年代为1444年。
波提切利 Sandro Botticelli 1445—1510 《圣奥古斯丁在书斋》	"对我们来说,他具有一种独特的价值,代表着在过渡时期古典特色与现代想象的交融,他的一些作品,体现了人最微妙的思想和情感,对这些来说,古典的神话重新开始复活,同时新的猜想又在正统的领域内小心翼翼地展现出来。"(SR,pp.243-244)	SH 的生卒年为1437—1515。

续表

人物及作品	西蒙兹点评	备注
佩鲁吉诺 Pietro Vannucci Perugino 1446—1524 《基督把钥匙交给圣彼得》	"佩鲁吉诺在意大利绘画发展史上占有独特的地位。在一个积极而又世俗化的时代中,冷漠的怀疑主义和政治腐败迅速降临,他给了早前更富激情的几个世纪传递下来的对技术艺术的热爱添上了最后的一笔。"(SR,p.246)	此生卒年代据 SH "Perugino"条。1446 年,阿尔贝蒂建成佛罗伦萨卢塞雷府邸。西蒙兹认为 1447 年尼古拉五世当选教皇开启了一个新纪元。(SR, p.56)梵蒂冈图书馆由其建立。
吉兰达约 Domenico Ghirlandaio c.1448—1494 《基督降生》	"不是因为他有极大的热情、巧妙的构思和高远的想象力,这些方面有不少同时代的和先前的艺术家要胜过他,而是因为他有最广博的思想和最全面的精湛艺术。"(SR,p.244)	米开朗基罗的老师。
洛伦佐·美第奇 Lorenzo de Medici 1449—1492 《诗集》	"洛伦佐……是异教信仰,……让人的心灵去恢复、继承昔日古典的……自由,并从中世纪的桎梏中解脱出来。"(NE,Vol. I,p.396) "他拥有那些稀缺的特质,这类特质适宜于理解所有的知识,适宜于感悟最为广泛的生活形式。同时,他无时无刻没有放松对政治权力的掌控。"(SR,p.174)	洛伦佐·美第奇的书信、著作等正由意大利文艺复兴研究会(Instituto Nazionale di Studi sul Rinascimento)编撰之中,卷帙很大。
卡尔巴乔 Vittore Carpaccio c.1450—1525 《哀悼中的沉思》	"这些画作不仅把威尼斯丰富多彩的生活呈现在我们面前,还展现出威尼斯画派大师们善于表达真实世界要胜于构想一个心灵幻想世界的特点。如果现实主义这个名词同样可以应用到像卡尔巴乔那样带有诗意的画作而不是佛罗伦萨那种样式,那么其涵义就不是僵硬的、科学性的。对于美的自然感受以及浪漫情怀启示着这位艺术家,我们可以从他画的每个人物中呼吸到这种气息。"(SR,p.252)	其生卒年代难以确定。SH 罗列的是卡尔巴乔各种创作的年代。斯福查征服米兰,成为米兰公爵。

续表

人物及作品	西蒙兹点评	备注
达·芬奇 Leonardo da Vinci 1452—1519 《蒙娜丽莎》、《最后的晚餐》	"达·芬奇是巫师或占卜士,文艺复兴因他而提供其神秘感和贡献其魔力。"(NE,Vol.Ⅲ,p.228) 他的科学方面的能力与艺术方面的目的恰好是平衡的、适当的和互相支撑的。(NE,Vol.Ⅲ,p.239)	与米开朗基罗、拉斐尔复杂的词条名不同,达·芬奇在许多词典中的用名大致相同,即Vinci,Leonardo da。Vinci是近佛罗伦萨的阿诺河畔小镇名。
萨沃纳罗拉 Fra Girolamo Savonarola 1452—1498 《正当生活的指导》	"萨沃纳罗拉……是《福音书》的精神。……让人的心灵去恢复、继承昔日……基督教的自由,并从中世纪的桎梏中解脱出来。"(NE,Vol.Ⅰ,p.396)	萨沃纳罗拉的著作现保存在佛罗伦萨圣马可修道院。 腓德烈三世亲赴罗马,成为最后一位在罗马加冕的神圣罗马帝国皇帝。 1453年,庇护二世选为教皇。 1453年,君士坦丁堡陷落。
品托利齐奥 Bernardo Pinturicchio 1454—1513 《教皇亚历山大六世像》	"一个彻底的自然主义者,尽管其受到翁布里亚样式主义画派的影响颇深,但品托利齐奥并不在意当时流行作品形式和风气中的科学化、理想化目标。"(SR,p.247)	SH的词条名为"Bernardino Pinturicchio",并认为要在众多评价中提出我们自己的看法。 原名Angelo Ambrogino,后从他的出生地Politianus(意大利语Poliziano)称之。参见Fletcher,p.133。
波利齐亚诺 Angelo Poliziano 1454—1494 《比武篇》、《书信集》	"他写作拉丁文,似乎它是一种有生命的语言,他不从西塞罗的作品中挑选句子,也不去创造李维时代的东西。他只相信自己的本能、感知和良知能力。"(SR,pp.182-183)	《书信集》有Tatti本。 《对普林尼的修正》作者巴巴罗(Ermolao Barbaro)生卒年代1454—1493。

续表

人物及作品	西蒙兹点评	备注
桑纳扎罗 Jacopo Sannazzaro 1455—1530 《阿卡狄亚》	"雅各布·桑纳扎罗的荣耀在于其首次探寻阿卡迪亚，并在地图上标出其界域，用自己的名字来命名它。……《阿卡迪亚》仍不失为杰作，因为它的作者在用现实的本能去构想、反映他那个时代中最深刻、恒久的情感。……英国学者对《阿卡迪亚》有特殊的兴趣，因为它引出了菲利普·锡德尼爵士更长、更雄心勃勃的力作。"（SR，pp.293-294）	Wilkins 中的生年为1456。 阿卡迪亚位于希腊伯罗奔尼撒半岛，后成为欧洲文学中田园牧歌式理想社会、生活的一种象征。 古腾堡第一部哥特体《圣经》印刷品。 约翰·阿基罗伯洛斯（John Argyropoulos）在佛罗伦萨被聘为希腊文教授。
里皮 Filippino Lippi 1457—1504 《圣贝尔纳德前的圣母幻象》	受到复兴的古典主义强烈影响。（NE，Vol.Ⅲ，p.180）	里皮修士的儿子。 一说生于1460年，参见 SH，p.481.
彭波那齐 Pietro Pomponazzi 1462—1525 《论灵魂不死》	"一位确确实实的亚里士多德体系宣扬者。如果说他与正统的哲学相分离，那是因为他意识到托马斯·阿奎那的生动观点与那些虚假阿奎那作品之间的想法是有矛盾的。"（NE，Vol.Ⅴ，p.404）	彭波那齐还是意大利活板印刷的发明者，并致力于印刷事业。Wilkins, p.180。 欧洲最早的木刻约于1460年左右出现。
皮科 Giovanni Pico della Mirandola 1463—1494 《关于人的尊严的演说》	"直到最后他成为神秘地将哲学家和文人融合在一起的佼佼者。"（SR，p.177）	Tatti 出版多部皮科著作。 皮科是费奇诺的好朋友，爱好希伯来文化。米开朗基罗亦受皮科影响。 1465年，意大利第一所印刷出版社建立。 1466年，伊拉斯谟出生。

续表

人物及作品	西蒙兹点评	备注
桑索维诺 Andrea Sansovino c.1467—1529 《耶稣受洗》	"继续佛罗伦萨的传统而非尾随邦纳罗蒂的风格。在安德烈阿·达·桑索维诺这位雕塑家那里,中期文艺复兴的缺点第一次明显地展露了出来。他刻意牺牲构图的简约来迎合繁复华饰的铺陈,刻意牺牲宁静平和来迎合夸张戏剧性的效果。"(SR, p. 235)	SH 的词条名为"Contuccio, Andrea, called Da Monte Sansovino",生卒年为 1466—1529。 其学生Jacopo Sansovino,"桑索维诺在 1536 年建造的圣马可图书馆称得上威尼斯艺术的最高成就。"(SR, p. 224)
马基雅维里 Niccolò Machiavelli 1469—1527 《君主论》《李维史论》、《兵法七论》、《佛罗伦萨史》	"世界不是整个都是坏的,但要真正地理解马基雅维里的结论,那我们就得设定世界的基本力量是恶的。"(NE, Vol.Ⅴ, p. 146) 另同詹诺蒂点评。	马基雅维里全集有中译本。 大洛伦佐·德·美第奇掌权佛罗伦萨。
本博 Pietro Bembo 1470—1547 《俗语论》《威尼斯史》	"他影响了意大利文创作实践的复兴。"(NE, Vol.Ⅴ, p.225) "本博是文学中的权威,如果不将其个人的影响考虑进去的话,那就很难估量其真正的能量。"(NE, Vol.Ⅴ, p.230) 卡斯蒂利奥内这样评论本博"那闪耀着柏拉图主义之爱的情调是用真正的儒雅质地构成对话的终极气氛。"(NE, Vol.Ⅴ, p. 230)	《威尼斯史》有 Tatti 本。 奥斯曼土耳其从威尼斯人手中夺取尤卑亚岛,掌控东地中海。 1471 年,教皇西克图斯四世当选。 1471 年,丢勒出生。
巴托罗米欧 Baccio della Porta Bartolommeo 1472—1517 《萨沃纳罗拉像》	"萨沃纳罗拉追随者之一,为其画了一幅带有殉道者圣彼得意味的肖像。"(SR, p. 101) "是佛罗伦萨联结早期文艺复兴与黄金时期文艺复兴的桥梁。"(SR, p.247) "绅士、温顺、勤勉。"(SR, p.248)	SH 中的生年为 1469。 但丁《神曲》第 1 版面世。 1473 年,西斯庭教堂由多尔奇(Giovanni de Dolci)建筑落成。

续表

人物及作品	西蒙兹点评	备注
阿利奥斯托 LudovicoAriosto 1474—1533 《疯狂的罗兰》	"梦幻般的诗作"； "与《埃涅伊德》有相同的生命力。"（SR，p.273）	《疯狂的罗兰》有中译本。 布克哈特评其作品：一方面要考虑到让众多的人物出场，要照顾到各种情节，似乎漫漫散散，但另一方面是作者始终保持着崇高的和谐之美。参见《意大利文艺复兴时期的文化》，第321—322页。
米开朗基罗 Michelangelo Buonarroti 1475—1564 《哀悼基督》、《大卫》、《西斯庭教堂圆顶画》、《最后的审判》	"米开朗基罗是预言家和先知，文艺复兴因他而展示其精神的劳作、赋予其精神的力量。"（NE，Vol.Ⅲ，p.228） 人类的"榜样和象征"（*The Life of Michelangelo Buonarroti*，Vol.Ⅱ，p.372.） 纯洁的艺术家（*The Life of Michelangelo Buonarroti*，Vol.Ⅱ，pp.164-166）	在不同词典中的"米开朗基罗"词条名：SH，"Buonarroti，Michael Angelo"；BD，"Angelo，Michael，Buonaroti"；CC，"Michelangelo di Lodovico Buonarroti Simone"。可见，3个词条名均不同。
纳尔迪 Jacopo Nardi 1476—1563 《佛罗伦萨城市史》	"纳尔迪尽管缺乏某些历史学家吸引人的格调，但在意图真诚和力求准确上难能可贵。"（SR，p.160） 另同詹诺蒂点评。	Wilkins 中的生年为1479。
乔尔乔内 Giorgione da Castelfranco 1477—1510 《酣睡的维纳斯》	"对于乔尔乔内，我们可以用其足够多的可靠画作来进行评价，他可以视作真正的文艺复兴威尼斯画派中的第一位画家。"（SR，p.252）	Castelfranco 是他的出生地，实际用名为 Giorgione Barbarelli。参见 CC。死于1511年，参见SH。
提香 Titian(Vecellio Tiziano) c.1477—1576 《乌尔比诺的维纳斯》、《花神》、《安德里安斯岛上的酒神节》	"提香在威尼斯画派中的地位，如同拉斐尔在意大利其他地方同时代人中的地位。"（SR，p.253）	此出生年代据 SH "Titian"词条。

续表

人物及作品	西蒙兹点评	备注
卡斯蒂利奥内 Baldassare Castiglione 1478—1529 《廷臣论》	"他描述最为得体的宫廷生活。"（NE，Vol. I，p.144） "就内涵而言，其著作与马基雅维里的《君主论》、《切利尼自传》、《伯查德日记》具有同等的价值。"（NE，Vol. I，p.144）	曾长期担任曼图亚驻罗马教廷使节及教廷驻西班牙使节。 《廷臣论》有 G.Bull 等多种英译本。
特里西诺 Giangiorgio Trissino 1478—1550 《从哥特人的桎梏下解脱出来的意大利》、《索福尼斯巴》	"第一个正规意义上的意大利悲剧作品是吉安乔吉奥·特里西诺的《索福尼斯巴》。……特里西诺是一位具有广博知识和卓越智慧之士。他致力于解决文法与文学准则问题，他以一种百折不挠的勤奋精神研究古典的批评，并寻求建立一种正确的意大利文使用规则。他在作品原创性上不想留下什么瑕疵，并坦诚是诗歌小说创作中的先锋。……他想创造出一种可以和雅典时代进行比较的英雄史诗和悲剧来弥补意大利文学的先天不足。《从哥特人的桎梏下解脱出来的意大利》和《索福尼斯巴》难以称道之处是丧失鲜活的生命力，最缺乏的是诗歌智慧，这正是那些异想天开愿望导致的结局。"（SR，pp.284-285）	威尔金斯亦称之为"第一位近代悲剧作家"。参见 Wilkins，p.238。 波提切利创作《春》。 佛罗伦萨反美第奇的帕齐阴谋。 西班牙宗教裁判所建立。
斯特拉帕罗拉 Francesco Straparola c.1480—1557 《13 个欣悦的夜晚》	"他所有故事最显著的特点是奇思幻想，但最值得称道的是这种奇思幻想与日常生活混合在一起，使每一篇叙事都带着传统中短篇小说的真实气息。"（SR，p.282）	意大利书名为：Tredici Piacevoli Notti。有 W. G. Waters 英译的 4 卷本。
奎恰迪尼 FrancescoGuicciardini 1483—1540 《意大利史》、《佛罗伦萨史》	"现在就从政治家转到文人的方面，我们发现奎恰迪尼是任何民族或任何时代里最完美的历史学家之一。他那最为人熟知的《意大利史》几乎是一部超越不了的著作，它有着对错综复杂历史时期的娴熟驾驭；各个部分融汇于整体之中；冷静的评判；思考的哲学深度。"（SR，p.158） 另同詹诺蒂点评。	西蒙兹 NE 中的生年为 1482 年。 其《意大利史》有 1755 年 C.A.P.Goddard 英文全译本。确切地讲是一部意大利战争与外交史。英译本内页每一页的题头处均标明 "The History of the Wars in Italy"。 威尼斯为黑海贸易向奥托曼帝国纳税。
拉斐尔 Raphael Sanzio of Urbino 1483—1520 《西斯庭圣母》、《花园中的圣母》、《雅典学园》	"拉斐尔在这个世界上所找到的只有欢愉，这种欢愉伴随着他那纯洁无瑕之美的理想。……拉斐尔的靓丽是得体和柔和的，其迷人之处不是来自力量或神秘的东西，而是发自畅怀动人的魅力。"（NE，Vol. III，p.240）	SH 中的词条名为 Raffaelle, Raffaello, or Raphael Sanzio di Urbino。

续表

人物及作品	西蒙兹点评	备注
班戴洛 Matteo Bandello 1485—1561 《短篇小说集》	"灰色调情的内容充溢着班戴洛的小说。"（SR,p.280）	Wilkins 中的生年为 c.1480。 有 J. Payne 英译 1890 年 6 卷本。部分故事收入中译本《意大利文艺复兴时期短篇小说》。
内尔利 Filippo de Nerli 1485—1556 《回忆录》	同詹诺蒂点评。	Sanctis、Wilkins、Fletcher 均没有内尔利的信息，Flamini 提到与美第奇意见相左者内尔利的著作情况，Flamini,p.190。 波提切利创作《维纳斯的诞生》。
萨尔托 Andrea del Sarto 1486—1530 《有哈比鸟的圣母像》	"意大利人称其为'il pittore senza errori'，或者说是没有缺点的画家。他们这样评价一定有其道理所在，其中涉及艺术方面的要求如素描、构图、对壁画和油画的处理、布面的安排、对光影的感觉等他都远在批评之上。作为一名配色师，他要比之前的佛罗伦萨画家走得更远，产生更美的效果。他所缺乏的恰恰是那些最为珍贵的天赋即灵感、情感的深度和思想的力量。不过他作品的风格中没有矫饰、没有错误的感觉、没有欺瞒。他的技艺总是那么老道，落笔无误。"（SR,p.258）	SH 中的生年为 1488；BD 亦为 1488。 1488 年，维罗纳所著《语法》出版。
柯勒乔 Antonio Allegri Correggio c.1489—1534 《圣母升天》、《朱必特与伊奥》	"柯勒乔很难说建立起一个学派，但注定对样式主义模仿者起着广泛的、危险的主导作用。"（SR,p.257）	SH 的柯勒乔生卒年为 1494—1534。 Correggio 为小镇名。
洛托 Lorenzo Lotto c.1490—1560	第一流画家。（SR,p.260）	此生卒年据 SH。 贝伦孙（B. Berenson）写有《洛托传》

续表

人物及作品	西蒙兹点评	备注
福兰戈 Teofilo Folengo 1491—1544 《巴尔杜斯》、《人文喜剧》、《论人文教育》	"他的目标是原创性。"(NE,Vol. V,p.292)	《巴尔杜斯》、《人文喜剧》、《论人文教育》均有 Tatti 本。他使用一种混合的拉丁语写作。Wilkins,p.205。
阿雷蒂诺 Pietro Aretino 1492—1556 《书信集》	"其实他就是那个屈从于波吉亚家族社会中的文痞。他使意大利文学走向消亡。我们迫不得已将这种意大利范围的谴责堆在阿瑞提诺的身上。"(SR,p.288)	威尔金斯认为阿雷蒂诺是本博之后的主要文人。Wilkins,p.240。西蒙兹书中的詹诺蒂卒年为 1572 年。教皇亚历山大六世当选。
詹诺蒂 Donato Giannotti 1492—1573 《论佛罗伦萨共和国》	"在这些历史学家的身上,那些令我们敬重的但丁、维拉尼和康帕格尼才具有的精神品质又显现了,只是组合那些品质时的情况各异,且使用文艺复兴时期新的哲学和学术加以调和,同时渗透别样的道德情操。"(SR,p.150)	大洛伦佐·美第奇去世。哥伦布到达美洲。
菲伦佐拉 Agnolo Firenzuola 1493—1543 《谈情说爱》	"应在托斯卡纳更为优雅的小说家之列。"(SR,p.281)	Wilkins 中的卒年为 c.1548。亚历山大六世调停西班牙和葡萄牙对发现地的归属权。麦克西米兰被选为神圣罗马帝国皇帝(至 1519 年)。
蓬托莫 Jacopo da Pontormo 1494—1557 《基督下十字架》	"大师级肖像画画家。"(SR,p.258)	SH 列为"Carrucci da Pontormo"词条,并认为生于 1493 年。Pontormo 是地名,属于佛罗伦萨。美第奇家族在罗马和佛罗伦萨的银行关闭。1497 年,达·芬奇绘制《最后的晚餐》。1497 年,小荷尔拜因出生。

人物及作品	西蒙兹点评	备注
贝尔尼 Francesco Berni 1498—1535 《热恋的罗兰新编》	"典型的文人。"(SR,p.289) "聪明的贝尔尼"(SR,p.308)	生年 1497 或 1498。 Wilkins,p.201。 萨沃纳罗拉受火刑。 法王路易十二即位,翌年侵入意大利。
切利尼 Benvenuto Cellini 1500—1571 《切利尼自传》	"切利尼是即时的创造物,是腐败、受奴役但仍旧辉煌的意大利之镜片和镜子。……切利尼则用无尽生动的天性去侍奉情感世界,把艺术教导成无灵魂的异教世界的侍女。"(NE,Vol.Ⅲ,pp.281-282)	SH 认为切利尼死于 1570 年。 《切利尼自传》有中译本。 葡萄牙人卡伯莱尔发现巴西。 法王路易十二征服米兰,并与费尔德南五世商定分割那不勒斯。
帕米贾尼诺 Francesco Mazzola（Parmigianino） 1503—1540 《凸镜中的自画像》	"紧随柯勒乔。"(SR,p.257)	SH 的词条名为" Mazzuoli, Francesco, called Il Parmiggiano "。生于帕尔马（Parma）。 布伦齐诺是蓬托莫的学生和养子。
布伦齐诺 Agnolo Bronzino 1503—1572 《维纳斯与丘比特的寓言》	"其主要价值在于肖像画方面。"(SR,p.258)	威尔金斯认为《加拉泰奥》是那个时期最著名的论著。Wilkins,p.254。 达·芬奇绘成《蒙娜丽莎》。 索德里尼被选为佛罗伦萨正义旗手。 教皇尤利乌斯二世当选。
卡萨 Giovanni della Casa 1503—1556 《加拉泰奥》	"其亮点是严峻和沉重。……他将自己比作冬日树叶凋零的森林,那猛烈的暴风雪在击打,白天是那么寒冷和短暂,紧随着的夜晚又是那么漫长。"(NE,Vol.Ⅴ,pp.240-241)	从 1502 年至 1504 年,米开朗基罗创作《大卫》;索福克勒斯等古典作家的希腊文著作相继出版。

续表

人物及作品	西蒙兹点评	备注
瓦尔基 Benedetto Varchi 1503—1565 《佛罗伦萨史》	"瓦尔基的故乡是蒙特瓦尔基,但他比佛罗伦萨人还要佛罗伦萨,他的爱国心激情四射,也是那个时代最多产的编年史家,其记叙的事件大多亲历目见。"(SR,p.159) "瓦尔基深受学院派写作习惯的侵蚀。"(SR,p.160) 另同詹诺蒂点评。	西蒙兹 NE 中的生年为 1502 年。现在多使用 18、19世纪的《佛罗伦萨史》版本。
塞尼 Bernardo Segni 1504—1558 《佛罗伦萨史》	"塞尼的比纳尔迪更为生动,而在准确性方面亦没有少下工夫。"(SR,p.160) 另同詹诺蒂点评。	塞尼于 1549 年将希腊文《诗论》用意大利文注释出版。参见 Wilkins, p.258。威尔金斯提到意大利第 1 部也是佳作之一的《诗论》由 Bernardino Daniello of Lucca (?—1565)创作。(参见 Wilkins, p.257。)这位 Daniello 被西蒙兹疏忽了。钦提奥的部分故事收入中译本《意大利文艺复兴时期短篇小说》。
钦提奥 Giraldi Cinthio 1504—1573 《故事百篇》	"在他所呈现的各种各样场景中,正是他的悲剧动机产生了巨大的吸引力,因为他十分了解其所属的那个阶级的喜好和习惯,……他曾经研究、分析和消化过各种类型的人类行为和情感。"(NE,Vol.Ⅴ,p.90)	
卡斯特维特罗 Ludovico Castelvetro 1505—1571 《诗论》	"他与所属阶层的思路完全相悖,刚愎自用、独行其是。"(NE,Vol.Ⅴ,p.248)	《诗论》发表于 1570 年。参见 Wilkins,p.258。
卡罗 Annibale Caro 1507—1566 《书信集》	"说卡罗诗文迷人就得提到他的《白体诗集》,是那么的舒展、流畅,其多变的韵律抑扬顿挫,持久悦耳动听。"(NE,Vol.Ⅴ,p.247)	其诗有彼特拉克诗的韵味。参见 Wilkins,p.249。恺撒·波吉亚去世。

续表

人物及作品	西蒙兹点评	备注
帕拉迪奥 Andrea Palladio 1508—1580 《15世纪的建筑》	"随着文艺复兴的衰落,建筑师更倾向于依靠他们对古代作家的仔细研究来进行创造。与那些前辈们相比,他们更意识到要根据精确的学术规范来探索如何回归古典的风格。我们要说的这个时代最伟大的建筑家就是维琴察的安德烈亚·帕拉迪奥。他将对古代的分析与对古代的模仿更完备地结合起来,而在坚定模仿方面胜于其前辈们。试图在帕拉迪奥风格中去寻找那些装饰性的想象、细节的繁复、创造性智慧的突现,这些都没什么意思。那些在威尼斯和维琴察由帕拉迪奥设计的宫殿和教堂建筑都经过冷静精确的计算。它们使我们觉得理性取代了灵感。一座帕拉迪奥的伟大公共建筑即维琴察区府或许称得上纯粹的文艺复兴建筑之巅峰之作。"(SR, pp. 225-226)	SH中的生年为1518。 米开朗基罗开始《西斯庭教堂圆顶画》创作。 拉斐尔开始创作《雅典学院》等。
特莱肖 Bernardino Telesio 1509—1590 《物性论》	"从特莱肖、康帕内拉关联到培根的精神就是近代科学的精神。"(NE, Vol. V, p. 423)	培根认为特莱肖是"第一位新人"。其《物性论》从1565年写到1586年。 参见 Wilkins, p. 268。 比萨正式向佛罗伦萨投降。 1510年,乔尔乔内创作《酣睡的维纳斯》。同年教皇尤利乌斯二世与威尼斯结盟将法王路易十二逐出意大利。
瓦萨利 Giorgio Vasari 1511—1574 《最出色的画家、雕塑家和建筑家生平传记》、《乌菲支宫殿》	"瓦萨利的《画家列传》是唯一一部将诸多作品囊括其中的传记,其叙述把这些属于特殊类别的创作者生涯中最富个性的一面点缀出来。"(NE, Vol. Ⅱ, p.26)	《最出色的画家、雕塑家和建筑家生平传记》有中译本。中文常用《意大利艺苑名人传》书名。 1512年,米开朗基罗完成西斯庭教堂圆顶画。 1512年,佛罗伦萨索德里尼时代结束,美第奇家族重掌政权。

续表

人物及作品	西蒙兹点评	备注
多尼 Francesco Doni 1513—1574 《天国、尘世与冥府》	"应在托斯卡纳更为优雅的小说家之列。"（SR,p.281）	中译本《意大利文艺复兴时期短篇小说》收有其故事 1 篇。 马基雅维里开始《李维史论》和《君主论》的写作。 第 1 部希腊文柏拉图著作集出版。 教皇利奥十世当选。 1514 年,哥白尼提出太阳系假说。
丁托列托 Tintoretto (Jacopo Robusti) 1518—1594 《圣马可的奇迹》	"丁托列托,因其炽热的情感冲动、迅疾的创作以及远超于同行的纯粹想象力,被意大利人称作绘画界的雷电。是他带来了诗意对比法的完美,是他用直白的光线、显眼的半阴影、半透明的黑色来表现激情和情绪。也正是他将威尼斯画派的平和、自然的画风与米开朗基罗的崇高气质嫁接起来,寻求其学派的戏剧化动感和浪漫情怀的变化。"（SR,p.253）	SH 的词条名为 Tintoretto, il, or Giacomo Robusti,并认为生于 1512 年。 1519 年,查理五世成为神圣罗马帝国皇帝。 1520 年,米开朗基罗设计美第奇礼拜堂。 1522 年,安德利安六世当选教皇。查理五世将法国逐出米兰。 1523 年,克莱门特七世当选教皇。 1523 年,米开朗基罗开始建设劳伦斯图书馆。
莫罗尼 Giovanni BattistaMoroni c.1525—1578 《男人》	"意在成为近代世界最有个性表现力的画家之一,通过 16 世纪尾端真诚精神感染下的系列肖像画创作丰富了历史学家和艺术家的研究。"（SR,p.260）	SH 认为莫罗尼生于 1528 年。 1527 年,波旁的军队洗劫罗马,教皇克莱门特七世被俘。

人物及作品	西蒙兹点评	备注
维罗内塞 Paolo Veronese 1528—1588 《迦拿的婚宴》	"委罗内塞将华美提升到了庄重艺术的高度。"（SR,p.253）	SH 的词条名为 Cagliari, or Caliari, Paolo, called Paolo Veronese 卡斯蒂利奥内《廷臣论》出版。 教皇克莱门特七世与皇帝查理五世签订巴塞罗那协定。 1530 年,教皇克莱门特七世在博洛尼亚为皇帝查理五世加冕,也是教皇最后一次为神圣罗马帝国皇帝加冕。 1532 年,马基雅维里《君主论》发表。 1534 年,教皇保罗三世当选。 1536—1541 米开朗基罗创作《最后的审判》。
瓜里尼 Battista Guarini 1538—1612 《忠实的牧羊人》 （《牧羊人菲多》）	同塔索点评。	Wilkins 中的名称为 Ferrarese Giambattista Guarini。 1540 年,罗约拉创立耶稣会。 1543 年,维萨留斯《人体结构》出版。
塔索 Torquato Tasso 1544—1594 《被解放的耶路撒冷》、《阿明达》	"塔索和瓜里尼的生平我们已经难以按编年进行考证了。但我们必须对两人的诗作（《阿明达》和《牧羊人菲多》——笔者注）给予适时的关注,因为诗作将喜剧与田园抒情诗结合在了一起,作品的时代特征表现力在丰富多彩的欧洲文学中占有一席之地。"（SR,p.297）	《被解放的耶路撒冷》有中译本。 特伦托宗教会议于 1545 至 1563 年间举行。 1546 年,米开朗基罗接管圣彼得大教堂的工程。

续表

人物及作品	西蒙兹点评	备注
布鲁诺 Giordano Bruno 1548—1600 《论原因、本原与太一》	"文艺复兴两种奇特的思潮即批判主义和自然主义在布鲁诺的思想中汇合在了一起。作为一名思想家,布鲁诺的主要功绩就是认识到哥白尼发现的真正价值。……显而易见,布鲁诺认为没有哪种教义是终极性的;没有哪部圣书具有绝对的启示意义;没有哪个种族可以说成是选民;没有哪一信仰的宗师或创立者是神圣的;没有哪个教会被赋予救赎的权威。"(SR,p.335)	《论原因、本原与太一》有中译本。 提香画成《马背上的查理五世》。
萨尔比 Paolo Sarpi 1552—1623 《特伦托公会议史》	"生前被威尼斯人视为他们的英雄,身后被尊奉为圣者。"(NE,Vol.Ⅶ,p.85)	威尔金斯说,有一位英国传记作者将萨尔比称作威尼斯最伟大的作家。Wilkins,p.310。 朗吉努斯《论崇高》出版。 1559年,法国和西班牙定约,结束哈布斯堡家族与瓦罗家族之间的战争,西班牙实际上控制意大利。 1561年,奎恰迪尼《意大利史》出版。 1562年,维罗内塞《迦拿的婚宴》画成。
伽利略 Galileo Galilei 1564—1642 《关于托勒密和哥白尼两大世界体系的对话》	支持哥白尼天体理论。(NE,Vol.Ⅰ,p.23)	《关于托勒密和哥白尼两大世界体系的对话》有中译本。 音乐家蒙特威尔第(Claudio Monteverdi)生卒年代1567—1643。
康帕内拉 TommasoCampanella 1568—1639 《太阳城》	人的精神与现实世界之间有着坚实的联系,人类可以用自己的智慧去证明真理的存在。(NE,Vol.Ⅴ,p.423)	《太阳城》有中译本。 普兰丁开始印制多语种《圣经》。

续表

人物及作品	西蒙兹点评	备注
马里诺 Giambattista Marino 1569—1625 《安东尼斯》	"与其过分花好桃好的、异想天开的感性化理想之美相对应,马里诺所使用的形式也过于丑陋。"(NE,Vol.Ⅶ,p.152)	马里诺身前褒扬身后贬抑的不同评价参见 Wilkins, p. 293。 科斯莫·德·美第奇创建托斯卡纳大公国。
卡拉瓦乔 Mechelangelo Merisi da Caravaggio 1569—1610 《圣母玛利亚之死》	他反对样式主义,是一个天然的现实主义者。(NE,Vol.Ⅶ,p.221)	
雷尼 Guido Reni 1575—1642 《参孙的胜利》	其作品纠结于戏剧效果与平和处理恐怖题材的矛盾之中。(NE,Vol.Ⅶ,p.218)	SH 认为雷尼的作品将诸多因素渗透到美之中。 1575 年,塔索《被解放的耶路撒冷》出版。 1592 年,庞贝遗址发现。 1600 年,布鲁诺受火刑。 1633 年,罗马宗教法庭判伽利略终身监禁。

附录Ⅱ　西蒙兹年表[①]

年代	生平、著述	备注
1834 年	父亲约翰·阿丁顿·西蒙兹博士（Dr.John Addington Symonds）和母亲希克丝（Harriet Sykes）结婚。	西蒙兹与其父亲、祖父同名同姓。为区别起见，学术界通常在西蒙兹父亲的姓氏前加"博士"头衔。西蒙兹自己未曾攻读过博士学位。
1834 年	西蒙兹姐姐艾迪斯·哈丽埃特·西蒙兹（Edith Harriet Symonds）出生。	后来嫁给卡夫（Cave）爵士。
1837 年	西蒙兹姐姐玛丽·伊莎贝拉·西蒙兹（Mary Isabella Symonds）出生。	后嫁给斯特劳切（Strachey）爵士。
1840 年 10 月 5 日	约翰·阿丁顿·西蒙兹（John Addington Symonds）出生在英国布里斯托城贝克莱广场 7 号。	《布里斯托及其名人》（S. Hutton, *Bristol and Its Famous Associations*, J. W. Arrowsmith, 1907）一书中的"文学名流"部分收入西蒙兹评传。
1842 年	西蒙兹妹妹夏洛特·西蒙兹（Charlotte Symonds）出生。	后嫁给思想家格林（Green）。西蒙兹就读哈罗学校与任职马格达伦学院时经常与妹妹通信。这些信件成为了解那个时代学校生活和西蒙兹内心世界的重要史料。

---

① 《西蒙兹书信集》（*The Letters of John Addington Symonds*, Ed. Herbert M. Schueller and Robert L.Peters）有一个较详细的西蒙兹"年谱"，本年表主要根据此"年谱"并参考其他相关著作编订而成。

续表

年代		生平、著述	备注
1844 年		西蒙兹母亲希克丝去世。	4 岁的西蒙兹给父亲写了人生的第 1 封信件。
1848 年		上小学。	念小学期间,西蒙兹的性倒错生理、心理倾向开始萌生。
1851 年 6 月		全家移居克利夫顿。	其居处名为"Clifton Hill House"(克利夫顿山庄),紧靠近代的克利夫顿大学。现为克利夫顿大学女子宿舍之一。
1854 年 5 月		就读哈罗学校。	哈罗学校在西蒙兹心灵中留有阴影,主要是学校的风气很糟糕。
1858 年		就读牛津大学巴利奥学院。	那时巴利奥学院的院长乔伊特(Benjamin Jowett)是希腊文化研究的专家,柏拉图全集的译者。正是在其任内出现唯美主义的思潮。西蒙兹自觉真正的生命开始了。
	4 月	与伙伴、裁缝之子戴尔(Willie Dyer)产生爱意互动。	
1859 年夏		与格林(T. H. Green)、罗森(A. O. Rutson)、普勒(C. Puller)、康宁顿(John Conington)一起参加惠特比(Whitby)读书会。	
1860 年	6 月 20 日	因诗歌《埃斯科里亚尔》获纽迪盖特英语韵文奖。	此奖是由马修·阿诺德(Matthew Arnold)推荐的。康宁顿曾经两次入围此奖,但均未果。这一年,布克哈特的《意大利文艺复兴时期的文化》发表,但西蒙兹最初动笔撰写《意大利文艺复兴》时自称尚未得此信息。布克哈特上书英文版于 1878 年面世。
	8 月	与姐妹一起游比利时;与父亲一起游柏林、布拉格、莎尔茨堡、慕尼黑。	
1861 年	3 月	与姨妈等一起游亚眠、巴黎。	西蒙兹后来协助编订克劳夫的文集。
	6— 7 月	与父亲一起首访意大利。	
	8 月	参加罗林森(Rawlinson)与斯蒂芬斯(W.R.W.Stephens)的读书会。	
	11 月	由乔伊特引导进入诗人克劳夫的诗歌世界。	

年代		生平、著述	备注
1862 年	6—7 月	与父亲等游慕尼黑、因斯布鲁克、威尼斯。	后来证明西蒙兹是清白的。
	10 月 27 日	成为马格达伦学院非正式研究员（至 1864）。	
	10—11 月	遭到学生肖亭（G.H.Shorting）的名誉攻击。	
1863 年	3 月	与斯蒂芬斯一起在比利时。神经衰弱症首次发作。	这篇获奖论文大致确立西蒙兹往后的文艺复兴史研究基本框架与主要内容。
	4 月	因有关文艺复兴的论文获学院奖。	
	6 月 17 日	离开牛津。	
	6 月 25 日—7 月	受父命前往瑞士。	
	10 月初	成为马格达伦学院正式研究员。	
	10—11 月	与赫特森一起游意大利比萨、佛罗伦萨、罗马。	
1864 年	1—2 月	与斯蒂芬斯一起在意大利罗马、那不勒斯、佩鲁贾、热那亚等地。	诺斯家族也是当时有文人风范的望族。凯瑟琳的妹妹玛丽安尼·诺斯是闻名遐迩的女旅行家、植物学家，与达尔文等有交往（参见本书第一章第一节二）。
	4 月	在伦敦研究法律。	
	8 月	追求凯瑟琳·诺斯（Catherine North）。与诺斯全家游威尼斯。	
	11 月	在哈斯廷斯克莱门特教堂与凯瑟琳·诺斯成婚。	
1865 年	1 月	首次在伦敦海德公园旁居住，随后移居诺福克广场 47 号。	
	2 月	在第 5 律师楼工作。	
	10 月 22 日	第 1 个女儿珍妮特（Janet）出生。	
1866 年	2 月	西蒙兹全家在父亲劝说下前往南欧沿地中海一带的里维埃拉。后游佛罗伦萨等地。	这段时期西蒙兹的律师生涯受挫。
	8 月	回诺福克广场 47 号。	

续表

年代		生平、著述	备注
1867 年	7 月 30 日	第 2 个女儿罗塔(Lotta, 即 Charlotte Mary)出生。	
	9—10 月	游法国第戎、意大利热那亚等地。	
1868 年	2—4 月	游尼斯、摩纳哥、科西嘉等。	
	12 月	在克利夫顿学院 6 度主讲希腊文学。	
1869 年	1 月	在克利夫顿学院妇女高等教育协会演讲。	玛格丽特的作品有:1)*Days Spent on A Doge's Farm*;2)*The Story of Perugia*;3)*Out of the Past*。与摩尔同性恋详情可参见《西蒙兹回忆录》第 13 章"诺曼"。家庭生活因此受到影响。
	1 月 15 日	第 3 个女儿玛格丽特(Margaret)出生。	
	1 月 27 日	与诺曼·摩尔(Norman Moor)"友谊"开始。	
	4 月	辅助岳父诺斯竞选下院议员。	
	7 月	与摩尔一起游法国与瑞士。	
1870 年 5—6 月		游瑞士、意大利、慕尼黑。	
1871 年	1 月	拟定有关意大利文学书稿的第 1 章。	同年由麦克米伦出版公司刊行。
	2 月	父亲(Dr.John Addington Symonds)去世。	
	3 月	为编辑父亲遗稿(*Miscellanies by John Addington Symonds, M. D.*)撰写"导论"。	
	10 月	开始落笔有关美国诗人惠特曼的文字。	
1872 年		《但丁研究导论》(*An Introduction to the Study of Dante*)发表。游瑞士、意大利。	《但丁研究导论》是西蒙兹公开发表的第 1 部著作。

续表

年代		生平、著述	备注
1873 年	春天	《希腊诗人研究》(*Studies of the Greek Poets*)出版。 游西西里、雅典。	
	10 月至 1874 年 1 月	游马耳他、突尼斯、那不勒斯、罗马、佩鲁贾、佛罗伦萨、坎宁等。	
1874 年		《意大利希腊游记》(*Sketches in Italy and Greece*)出版。	
1875 年	春天	《意大利文艺复兴》(*Renaissance in Italy*)第 1 卷"暴君的时代"(The Age of the Despots)出版。 游罗马、阿马尔菲、卡布里等。	凯瑟琳后来嫁给福斯(Furse)。写有自传:*Hearts and Pomegranates: The Story of Forty-five Years*, 1875 to 1920。
	11 月 23 日	第 4 个女儿凯瑟琳(Katharine)出生。	
1876 年		《希腊诗人研究第 2 系列》(*Studies of the Greek Poets, Second Series*)出版。	布朗著有《西蒙兹传》;皮尔森缩写、出版西蒙兹《意大利文艺复兴简史》。
	2 月	游圣雷莫等。	
	秋末	与好友布朗、皮尔森一起游瑞士瓦莱。	
	从秋天到 1877 年 3 月	谋求牛津大学诗学教授职位。	
1877 年		《意大利文艺复兴》第 2 卷"学术的复兴"(The Revival of Learning)和第 3 卷"美术"(The Fine Arts)出版。	
	4 月	游伦巴底。	
	5 月	竞争教授未果,回到克利夫顿。	
	8 月 7 日	在格林的邀请下,首次探访达沃斯,并在那里度过冬日。	

续表

年代		生平、著述	备注
1878 年		《米开朗基罗和康帕内拉十四行诗》(*The Sonnets of Michael Angelo Buonarroti and Tommaso Campanella*) 英译本出版。 韵文诗《情深意长》(*Many Moods*) 出版。 《雪莱传》(*Shelley*) 出版。	米开朗基罗诗歌部分后来出了单行本 *The Sonnets of Michael Angelo*, Thomas B.Mosher, 1897。
1879 年		《意大利游记、研究》(*Sketches and Studies in Italy*) 出版。	
1880 年		韵文诗《新与旧》(*New and Old: A Volume of Verse*) 出版。	
	夏天	游佛罗伦萨等。	
	9 月	永久迁居达沃斯。	
1881 年		《意大利文艺复兴》第 4、第 5 卷"意大利文学"(*Italian Literature*) 出版。	之后几乎每年去威尼斯。《西蒙兹回忆录》第 17 章详细记述与福萨托的关系。 德语 Am Hof 指花木簇拥的院落。
	春天	在威尼斯结识福萨托(Angelo Fusato)。	
	6—9 月	在达沃斯建造"Am Hof"。	
1882 年		《心灵的画像》(*Animi Figura*) 出版。	《心灵的画像》是一部反映同性恋内心世界的诗集。
	3 月	妹夫格林去世。	
	5 月	前往伦敦问症并撰写遗嘱。	
1883 年		《意大利侧记》(*Italian Byways*) 出版。 私人出版《希腊伦理问题》(*A Problem in Greek Ethics*)。	《希腊伦理问题》只私印 10 本。 从其姐姐的死因可知西蒙兹家族的肺病遗传问题。
	4—5 月	游威尼斯。	
	10 月 5 日	姐姐玛丽·伊莎贝拉·西蒙兹死于肺结核。 组织首个国际性滑雪橇比赛。	

年代		生平、著述	备注
1884 年		译文《美酒、女人与唱诵:中世纪拉丁文学生唱诵集》(*Wine*, *Women*, *and Song*: *Mediaeval Latin Students' Songs Now First Translated into English Verse With An Essay by John Addington Symonds*)出版。 《英国戏剧史上的莎士比亚先驱者》(*Shakespeare's Predecessors in the English Drama*)出版。	诗集中的《弃绝》等诗篇反映同性恋的内容。
	春天	诗集《漫游》(*Vagabunduli Libellus*)发表。 游圣雷莫、威尼斯、杰内罗索山等。	
1885 年		游威尼斯。	
1886 年		《菲利普·锡德尼传》(*Sir Philip Sidney*)出版。 《意大利文艺复兴》第 6、第 7 卷"天主教会的反应"(The Catholic Reaction)出版。 《本·琼生传》(*Ben Jonson*)出版。	
	9—11 月	翻译《切利尼自传》。 漫游瑞士。	
1887 年		译作《切利尼自传》(*Autobiography of Benvenuto Cellini*)出版。	《切利尼自传》在西蒙兹生前共出版 3 次。
	4 月 7 日	大女儿珍妮特因肺结核去世。	
	10 月	与女儿玛格丽特一起游威尼斯。	
1888 年		《切利尼自传》第 2 版面世。	
	春天	游威尼斯。	
1889 年		《切利尼自传》第 3 版面世。	
	3 月	完成《卡罗·高兹伯爵回忆录》的翻译。	《卡罗·高兹伯爵回忆录》的翻译准备大致前后用了近 4 年时间。动笔翻译 1 年完工。
	4 月	游威尼斯,并启动回忆录撰写的事宜。	

续表

年代		生平、著述	备注
1890 年		译作《卡罗·高兹伯爵回忆录》（*The Memoirs of Count Carlo Gozzi*）出版。 论文集《论文、思索与设想》（*Essays, Speculative and Suggestive*）出版。	
	4 月	游威尼斯。	
1891 年		私人出版《近代伦理问题》（*A Problem in Modern Ethics*）。 为撰写《米开朗基罗传》前往罗马等地搜集资料。	《近代伦理问题》只私印 50 本。
1892 年		与玛格丽特共同署名的《我们在瑞士高地的生活》（*Our life in the Swiss Highlands*）出版。	回忆录（*The Memoirs of John Addington Symonds：The Secret Homosexual Life of a Leading Nineteenth-Century Man of Letters*）直至 1984 年才得以面世。
	7—8 月	在英国牛津讲学。 开始撰写回忆录。	
1893 年		《米开朗基罗传》（*The Life of Michelangelo Buonarroti：Based on Studies in the Archives of the Buonarroti Family at Florence*）出版。 《蓝之抒怀与其他文论》（*In the Key of Blue and Other Prose Essays*）出版。 《沃尔特·惠特曼研究》（*Walt Whitman：A Study*）出版。 《希腊诗人研究》第 3 版。 《但丁研究导论》第 3 版。 《论文、思索与设想》出新版。	《米开朗基罗传》同年再版。 西蒙兹的灵柩在临近雪莱墓地处落葬。
	4 月 19 日	在罗马辞世。	

附录Ⅲ　参考文献

一、外文部分

（一）西蒙兹著述（专著、译著、编著、回忆录、书信、导读等，以出版年代为序）

1. Symonds, J. A., *The Escorial: A Prize Poem, Recited in the Theatre*, Oxford, June 20, 1860, T. and G. Shrimpton, 1860.

2. Symonds, J. A., *The Renaissance: An Essay Read in the Theatre*, Oxford, June 17, 1863, Henry Hammans, 1863.

3. *Miscellanies by John Addington Symonds, M. D.*, Selected and edited, with An Introductory Memoir by His Son., Macmillan & Co., 1871.

4. Symonds, J. A., *An Introduction to the Study of Dante*, Smith, Elder, & Co., 1872.

5. Conington, J., *Miscellaneous Writings of John Conington*, 2 vols., Ed., J. A. Symonds with A Memoir, II. J. S. Smith, Longmans, Green, and Co., 1872.

6. Symonds, J. A., *Studies of the Greek Poets*, Smith, Elder, & Co., 1873.

7. Symonds, J. A., *Sketches in Italy and Greece*, Smith, Elder, & Co., 1874.

8. Symonds, J. A., *Renaissance in Italy*, 7 vols., Smith, Elder, & Co. 1875-1886.

9. Symonds, J. A., *Studies of the Greek Poets*, Second Series, Smith, Elder, & Co., 1876.

10. Symonds, J. A., *Many Moods: A Volume of Verse*, Smith, Elder, & Co., 1878.

11. Symonds, J. A., *Shelley*, Macmillan & Co., 1878.

12. *The Sonnets of Michael Angelo Buonarroti and Tommaso Campanella*, Now for the First Time Translated into Rhymed English by J.A.Symonds, Smith, Elder, & Co., 1878.

13. Symonds, J.A., *Sketches and Studies in Italy*, Smith, Elder, & Co., 1879.

14. Symonds, J.A., *New and Old: A Volume of Verse*, Smith, Elder, & Co., 1880.

15. Symonds, J.A., *Animi Figura*, Smith, Elder, & Co., 1882.

16. Symonds, J.A., *A Problem in Greek Ethics*, Privately printed in 1883.

17. Symonds, J.A., *Vagabunduli Libellus*, Kegan Paul, Trench, & Co., 1884.

18. *Wine, Women, and Song: Mediaeval Latin Students' Songs*, Now First Translated into English Verse With An Essay by John Addington Symonds, Chatto & Windus, 1884.

19. Symonds, J. A., *Shakespere's Predecessors in the English Drama*, Smith, Elder, & Co., 1884.

20. Symonds, J.A., *Ben Jonson*, Longmans, Green, and Co., 1886.

21. *The Dramatic Works and Lyrics of Ben Jonson*, Selected with an Essay, Biographical and Critical by J.A.Symonds, Walter Scott, 1886.

22. Symonds, J.A., *Sir Philip Sidney*, Macmillan & co., 1886.

23. *Sir Thomas Browne's Religio Urn Burial, Christian Morals, And Other Essays*, Edited, with an Introduction by J.A.Symonds, Walter Scott, 1886.

24. *Christopher Marlowe*, Ed.Havelock Ellis, with A General Introduction on the English Drama during the Reigns of Elizabeth and James Ⅰ.By J.A.Symonds, Vizetelly & Co., 1887.

25. *Webster & Tourneur*, ed.Havelock Ellis, with An Introduction and Notes by J.A.Symonds, Vizetelly & Co., 1888.

26. *The Life of Benvenuto Cellini*, Tr.J.A.Symonds, 2 vols., John C.Nimmo, 1888.

27. *The Memoirs of Count Carlo Gozzi*, Tr.John Addington Symonds, 2 vols., John C.Nimmo, 1890.

28. Symonds, J.A., *Essays, Speculative and Suggestive*, Chapman & Hall, 1890.

29. Symonds, J.A., *A Problem in Modern Ethics*, Privately printed in 1891.

30. Symonds, J.A., and His Daughter Margaret, *Our life in the Swiss Highlands*, Adam and Charles.Black, 1892.

31. Symonds, J.A., *The Life of Michelangelo Buonarroti: Based on Studies in the Archives of the Buonarroti Family at Florence*, 2 vols., John C.Nimmo, 1893.

32. Symonds, J.A., *In the Key of Blue and Other Prose Essays*. Elkin Mathews & John Lane, 1893.

33. Symonds, J.A., *Walt Whitman : A Study*, John C.Nimmo, 1893.

34. *A Short History of the Renaissance in Italy : Take from the Work of John Addington Symonds*, by Lieut-Colonel A.Pearson, Smith, Elder, & Co., 1893.

35. Symonds, J.A., *On the English Family of Symonds*, Oxford : Privately Printed, 1894.

36. Symonds, J.A., *Giovanni Boccaccio : As Man and Author*, John C.Nimmo, 1895.

37. *Edward Cracroft Lefroy : His Life and Poems*, including a Reprint of Echoes from Theocritus, By Wilfred Austin Gill, with a Critical Estimate of the Sonnets by the late John Addington Symonds, John Lane, 1897.

38. Symonds, J.A., *Fragilia Labilia*, Thomas B Mosher, 1902.

39. Symonds, J.A., *Last and First——Being Two Essays : The New Spirit and Arthur Hugh Clough*, Nicholas L.Brown, 1919.

40. *Letters and Papers of John Addington Symonds*, Ed. Horatio F. Brown, John Murrsy, 1923.

41. *The Letters of John Addington Symonds*, Ed. Herbert M. Schueller and Robert L. Peters, Wayne State University Press, Vol. Ⅰ, 1967 ; Vol. Ⅱ, 1968 ; Vol. Ⅲ, 1969.

42. J.A.Symonds, *Male Love : A Problem in Greek Ethics and Other Writings*, Foreword by R.Peters, Edited by J.Lauritsen, Pagan Press, 1983.

43. *The Memoirs of John Addington Symonds : The Secret Homosexual Life of a Leading Nineteenth - Century Man of Letter*, Ed. and intro. Phyllis Grosskurth, Random House, Inc., 1984.

44. *Sexual Inversion : A Critical Edition*, Havelock Ellis and John Addington Symonds, Ed. Ivan Crozier, Palgrave Macmillan, 2008.

（二）关于西蒙兹生平、思想的研究著作（以下均以姓氏为序）

1. Babington, P. L., *Bibliography of the Writings of John Addington Symonds*, John Castle, 1925.

2. Brown, H.F., *John Addington Symonds : A Biography*, John Murray, 1903.

3. Brooks, Van W., *John Addington Symonds : A Biographical Study*, Grant Richards Ltd., 1914.

4. Buckton, O.S., *Secret Selves : Confession and Same-Sex Desire in Victorian Autobiography*, The University of North Carolina Press, 1998.

5. Croft-Cooke, P., *Feasting with Panthers : A New Consideration of Some Late Victorian*

Writers, Holt, Rinehart and Winston, 1967.

6. Fone, B.R.S., *Hidden Heritage: History and the Gay Imagination—An Anthology*, Avocation Publishers, Inc., 1980.

7. Furse, D.K. *Hearts and Pomegranates: The Story of Forty-five Years*, 1875 *to* 1920, Peter Davies, 1940.

8. Grosskurth, P., *The Woeful Victorian: A Biography of John Addington Symonds*, Holt, Rinehart and Winston, 1964.

9. Harrison, F., *John Addington Symonds*, Macmillan and Co., 1896.

10. *Recollections of a Happy Life Being the Autobiography of Marianne North*, 2 vols., Ed. Mrs.John Addington Symonds, Macmillan and Co., 1892.

11. Robinson, P., *Gay Lives: Homosexual Autobiography from John Addington Symonds to Paul Monette*, University of Chicago Press, 1999.

12. *Sexual Heretics: Male Homosexuality in English Literature from* 1850 *to* 1900, An Antholoogy Selected with an Introduction by B.Reade, Coward—McCann, Inc., 1971.

13. *Some Further Recollections of a Happy Life*, Ed.Mrs.John Addington Symonds, Macmillan and Co., 1893.

14. Shute, H.J.H., *A Study of the Critical Theory and Practice of John Addington Symonds*, University of California Libraries, 1903.

15. Symonds, M., *Days Spent on A Doge's Farm*, T.Fisher Unwin, 1893.

16. Symonds, M.and L.D.Gordon, *The Story of Perugia*, J.M.Dent & Co., 1900.

17. Symonds, M., *A Child of the Alps*, T.Fisher Unwin, Ltd., 1920.

18. Symonds, M., *Out of the Past*, John Murray, 1925.

19. Titlebaum, R., *Three Victorian Views of the Italian Renaissance*, Garland Publishing, Inc., 1987.

（三）关于西蒙兹生平、思想的研究论文

1. Cook, M., "'A New City of Friends': London and Homosexuality in the 1890s", *History Workshop Journal*, No.56(Autumn, 2003), Oxford University Press.

2. Dixon, J., "Havelock Ellis and John Addington Symonds, (1897) Sexual Inversion", *Victorian Review*, Vol. 35, No. 1 (Spring 2009), Victorian Studies Association of Western Canada.

3. Going, W.T. "John Addington Symonds and the Victorian Sonnet Sequence", Victorian

Poetry, Vol.8, No.1(Spring 1970), West Virginia University Press.

4. Heidt, S.J. "'Let JAS Words Stand': Publishing John Addington Symonds's Desires", *Victorian Studies*, Vol.46, No.1(Autumn, 2003), Indiana University Press.

5. Maxwell, C. "Whistlerian Impressionism and the Venetian Variations of Vernon Lee, John Addington Symonds, and Arthur Symons", The Yearbook of English Studies, Vol.40, No. 1/2, The Arts in Victorian Literature(2010).

6. Orsini, G.N.G., "Symonds and De Sanctis: A Study in the Historiography of the Renaissance", *Studies in the Renaissance*, Vol.11(1964).

7. Jolly, R., "Nympholepsy, Mythopoesis, and John Addington Symonds", *Victorian Review*, Vol.34, No.2(Fall 2008), Victorian Studies Association of Western Canada.

8. Pencak, W., "The Peirce Brothers, John Addington Symonds, Horatio Brown, and the Boundaries of Defending Homosexuality in Late-Nineteenth-Century Anglo-America", *Journal of the History of Sexuality*, Vol.16, No.2(May, 2007), University of Texas Press.

9. Remnant, P., "Symonds on Bruno-An Early Draft", *Renaissance News*, Vol.16, No.3 (Autumn, 1963), The University of Chicago Press.

10. Schueller, H.M., *John Addington Symonds as a Theoretical and as a Practical Critic*, University of Michigan Press, 1941.(此为博士论文。)

（四）其他外文参考文献

1. Armstrong, E., *Lorenzo de' Medici and Florence in the Fifteenth Century*, G.P.Putnam's Sons, 1902.

2. Arcangeli, A., *Recreation in the Renaissance: Attitudes towards Leisure and Pastimes in European Culture*, c.1425-1675, Palgrave Macmillan, 2003.

3. Asselineau, R., *The Evolution of Walt Whitman: The Creation of A Personality*, Harvard University Press, 1960.

4. Asselineau, R., *The Evolution of Walt Whitman: The Creation of A Book*, The Belknap Press of Harvard University Press, 1962.

5. Batiffol, L., *The Century of the Renaissance*, William Heinemann, 1921.

6. Barolsky, P., *Walter Pater's Renaissance*, the Pennsylvania State University, 1987.

7. Baron, H., *The Crisis of the Early Italian Renaissance*, Princeton University Press, 1966.

8. Becker, M. B., *Florence in Transition*, 2 Vols., The Johns Hopkins Press, Vol. Ⅰ,

1967；Vol. Ⅱ ,1968.

9. Bembo,P.,*History of Venice*,Ed.and trans.R.W.Ulery,Jr.,Harvard University Press, Vol. Ⅰ ,2007；Vol. Ⅱ ,2008；Vol. Ⅲ ,2009.

10. *Ben Jonson：A Collection of Critical Essays*,Ed.J.A.Barish,Prentice-Hall,Inc.,1963.

11. *Ben Jonson's Literary Criticism*, Ed. James D. Redwine, Jr., University of Nebraska Press,1970.

12. *Ben Jonson*,Ed.C.H.Herford and P.Simpson,Oxford University Press,1925 起分卷出版。

13. Bentley,G.E.,*Shakespeare and Jonson：Their Reputations in the Seventeenth Century Compared*,The University of Chicago Press,1965.

14. Berenson,B.,*The Study and Criticism of Italian Art*,George Bell and Sons,1901；Second Series,1902；Third Series,1916.

15. Berenson,B.,*The Italian Painters of the Renaissance*,Phaidon,1980.

16. Biagi, G., *The Private Life of the Renaissance Florence*, R. Bemporad & Son Publishers,1896.

17. Elliott-Binns,L.E.,*English Thought 1860-1900：The Theological Aspect*,Longmans, Green and Co.,1956.

18. Blodgett,H.,*Walt Whitman in England*,Russell & Russell,1973.

19. Blunt,A.,*Artistic Theory in Italy：1450-1600*,Oxford University Press,1962.

20. Boas,F.S.,*Sir Philip Sidney：Representative Elizabethan*,Staple Press Limited,1955.

21. Boase, T. S. R., *Giorgio Vasari： The Man and the Book*, Princeton University Press,1979.

22. Bourne,H.R.F.,*Sir Philip Sidney：Type of English Chivalry in the Elizabethan Age*, G.P.Putnam's Sons,1904.

23. Bouwsma, W. J., *The Waning of the Renaissance： 1550 - 1640*, Yale University Press,2000.

24. Bryan,M.,*A Biographical and Critical Dictionary of Painters and Engravers*,New edition by G.Stanley,H.G.Bohn,1865.

25. Bunsen,B.,*God in History,or the Progress of Man's Faith in the Moral Order of the World*,Tr.S Winkworth,3 Vols.Longman,Green,and Co.,1868.

26. Burckhardt,J.,*Die Kultur der Renaissance in Italien：Ein Versuch*,Benno Schwabe & Co.,1955.

27. Burckhardt, J., *Griechische Kulturgeschichte*, Band Ⅴ – Ⅷ, Benno Schwabe & Co., 1955-1957.

28. Burckhardt, J., *The Civilization of the Period of the Renaissance in Italy*, Tr.S.G.C. Middlemore, C.Kegan Paul & Co., 1878.

29. Burke, P., *The Italian Renaissance—Culture and Society in Italy*, Polity Press, 1987.

30. Buxton, J., *Sir Philip Sidney and the English Renaissance*, Macmillan, 1966.

31. Cassirer, E., Kristeller, P.O., and J.H.Randall, Jr., Eds., *The Renaissance Philosophy of man*, The University of Chicago Press, 1984.

32. Celenza, C. S., *The Lost Italian Renaissance: Humanists, Historians, and Latin's Legacy*, The Johns Hopkins University Press, 2004.

33. Chamberlin, E.R., *The World of the Italian Renaissance*, Book Club Associates, 1982.

34. Chastel, A., Kristeller, P. O. and others, *The Renaissance: Essays in Interpretation*, Methuen & Co.Ltd., 1982.

35. Clements, R.J., *Michelangelo's Theory of Art*, Gramercy, 1961.

36. Clements, R.J.and L.Levant, Ed.with introductions, commentary and translation, *Renaissance Letters: Revelations of a World Reborn*, New York University Press, 1976.

37. Cochrane, E., Ed. *The Late Italian Renaissance 1525 – 1630*, Macmillan and Co Ltd, 1970.

38. Cook, A., *Oedipus Rex: A Mirror for Greek Drama*, Waveland Press, Inc., 1982.

39. Cronin, V., *The Florentine Renaissance*, E.P.Dutton & Co., Inc., 1967.

40. Cronin, V., *The Flowering of the Renaissance*, Collins Clear—Type Press, 1969.

41. Crowe, J.A., and G.B.Cavalcaselle, *A New History of Painting in Italy, from the Second to the Sixteenth Century*, 3 Vols., John Murray, 1864-1866.

42. Dannenfeldt, K.H., Ed.with an introduction, *The Renaissance: Medieval or Modern?* D.C Heath and Company, 1959.

43. Davis, S.M., *The Life and Times Sir Philip Sidney*, Boston: 1859.

44. Dennistoun, J., *Memoirs of the Dukes of Urbino, Illustrating the Arms, Arts, and Literature of Italy, from 1440 to 1630*, 3 Vols., Longman, Brown, Green, and Longmans, 1851.

45. Dickens, A.G., *The Age of the Humanism and Reformation: Europe in the Fourteenth, Fifteenth and Sixteenth Centuries*, Prentice—Hall, Inc., 1972.

46. Dowden, E., *The life of Percy Bysshe Shelley*, Routledge and Kegan Paul, 1986

47. Duggan, C., *A Concise History of Italy*, Cambridge University Press, 1994.

48. Duppa, R., *The Lives and Works of Michelangelo*, Bell & Daldy, 1872.

49. Van Dyke, P., *Catherine de Medicis*, 2 Vols., Charles Scribner's Sons, 1923.

50. Eamon, W., *The Professor of Secrets: Mystery, Medicine, and Alchemy in Renaissance Italy*, National Geographic Society, 2010.

51. Elkins, J. and R. Williams, *Renaissance Theory*, Routledge, 2008.

52. Von Einem, H., *Michelangelo*, Tr. R. Taylor, Methuen, 1973.

53. Euben, J. P., Ed., *Greek Tragedy and Political Theory*, University of California Press, 1986.

54. Euben, J.P., *The Tragedy of Political Theory: The Road Not Taken*, Princeton University Press, 1990.

55. Rice, E.F., Jr., *The Renaissance Ideas of Wisdom*, Harvard University Press, 1958.

56. Ferguson, W.K., *The Renaissance in Historical Thought: Five Centuries of Interpretation*, Houghton Mifflin Company, 1948.

57. Ficino, M., *Platonic Theology*, 4 Vols., English translation by M. J. B. Allen with J. Warden, Latin text edited by J. Hankins with W. Bowen, Harvard University Press, 2001 –2004.

58. Fletcher, J.B., *Literature of the Italian Renaissance*, Kennikat Press, Inc., 1964.

59. Fergusson, J., *History of the Modern Styles of Architecture: Being A Sequel to the Handbook of Architecture*, John Murray, 1862.

60. Gersh, S. and B. Roest, Eds., *Medieval and Renaissance Humanism: Rhetoric, Representation and Reform*, Koninklijke Brill NV, 2003.

61. Gilmore, M. P., *The World of Humanism: 1453 – 1517*, Happer & Row, Publishers, 1962.

62. Godman, P., *From Poliziano to Machiavelli: Florentine Humanism in the High Renaissance*, Princeton University Press, 1998.

63. Gombrich, E. H., *Gombrich on the Renaissance*, Vol. I: *Norm and Form*, Phaidon Press Limited, 1985.

64. Gombrich, E. H., *Gombrich on the Renaissance*, Vol. II: *Symbolic Images*, Phaidon Press Limited, 1985.

65. Gombrich, E.H., *Gombrich on the Renaissance*, Vol. III: *The Heritage of Apelles*, Phaidon Press Limited, 1976.

66. Gombrich, E.H., *Gombrich on the Renaissance*, Vol. IV: *New Light on Old Masters*,

Phaidon Press Limited, 1986.

67. Gregorovius, F., *History of the City of Rome in the Middle Ages*, tr. A. Hamilton, 8 卷 13 册, 由 George Bell & Sons 自 19 世纪末分卷出版。

68. Grimm, H., *Life of Michael Angelo*, translated with the author's sanction by Fanny E-lizabeth Bunnett, 2 Vols., Little, Brown, and Company, 1865.

69. Hale, J., *England and the Italian Renaissance*, Fontana Press, 1996.

70. Hale, J., *The Civilization of Europe in the Renaissance*, Atheneum Macmillan Publishing Company, 1994.

71. *Handbook of Painting: German, Flemish, and Dutch Schools*, Based on the Handbook of Kugler, Re-modelled by the late Prof. Dr. Waagen, and thoroughly revised and in part re-writings by J.A.Crowe, John Murray, 1898.

72. Harford, J.S., *The Life of Michael Angelo Buonarroti, with Translations of Many of His Poems and Letters, also Memoirs of Savonarola, Raphael, and Vittorial Colonna*, 2 Vols, Long-mans, 1858.

73. Hartt, F., *History of Italian Renaissance Art*, Fourth edition, Harry N. Abrams. Inc., Publishers, 1994.

74. Hauser, A., *The Social History of Art: Renaissance, Mannerism and Baroque*, Rout-ledge, 1962.

75. Hay, D., *The Italian Renaissance in its Historical Background*, Cambridge University Press, 1962.

76. Hay, D., *Europe in the Fourteenth and Fifteenth Centuries*, Holt, Rinehart and Winston, Inc., 1966.

77. Hearder, H., *Italy: A Short History*, Cambridge University Press, 1990.

78. Hersey, G.L., *Alfonso Ⅱ and the Artistic Renewal of Naples: 1485-1495*, Yale University Press, 1969.

79. Holmes, G., *Renaissance*, Weidenfeld & Nicolson, 1996.

80. Holmes, G., *Florence, Rome and the Renaissance*, Clarendon Press, 1986.

81. Holmes, G., Ed., *The Oxford History of Italy*, Oxford University Press, 1997.

82. Hulme, E. M., *The Renaissance, the Protestant Revolution and the Catholic Reformation in Continental Europe*, The Century Co., 1923.

83. Horsburgh, E.L.S., *Lorenzo the Magnificent and Florence in Her Golden Age*, Methuen & Co., 1908.

84. Hyett, F. A., *Florence: Her history and Art to the Fall of the Republic*, Methuen & Co., 1903.

85. Jardine, L., *Worldly Goods: A New History of the Renaissance*, W.W.Norton & Company, 1998.

86. Johnson, P., *The Renaissance*, Weidenfeld and Nicolson, 2000.

87. Kekewich, L., Ed. *The Impact of Humanism*, Yale University Press with the Open University, 2000.

88. Kirshner, J., Ed. *The Origins of the State in Italy, 1300−1600*, The University of Chicago Press, 1995.

89. Klapisch−Zuber, C., *Women, Family, and Ritual in Renaissance Italy*, The University of Chicago Press, 1987.

90. Kohl, B.G., *Renaissance Humanism, 1300−1500: A Bibliography of Materials in English*, Garland Publishing Inc., 1985.

91. Kohl, B.G.and R.G.Witt, Edited with E.B.Welles, *The Earthly Republic: Italian Humanists on Government and Society*, University of Pennsylvania Press, 1978.

92. Kristeller, P.O., *The Philosophy of Marsilio Ficino*, Peter Smith, 1964.

93. Kristeller, P. O., *Renaissance Thought and Its Resources*, Columbia University Press, 1979.

94. Kugler, F., *Handbuch der Geschichte der Malerei*, Verlag von Duncker und Humblot, 1847.

95. Lanzi, L., *The History of Painting in Italy, from the Period of the Revival of the Fine Arts to the End of the Eighteenth Century,*, Tr.T.Roscoe, 6 Vols., W.Simpkin and R.Marshall, 1828; 3 Vols.New Edition, Henry G.Bohn, 1852.

96. Lemaitre, A.J.and E.Lessing, *Florence and the Renaissance*, Terrail, 1993.

97. Lhombreaud, R., *Arthur Symons: A Critical Biography*, The Unicorn Press, 1963.

98. *Life in Italy during the Renaissance*, Texts by Lia Pierotti−Cei, tr.Peter J.Tallon, Liber, 1987.

99. Lloyd, J., *The Life of Sir Philip Sidney*, Longman, Green, Longman, Roberts, and Green, 1861.

100. Logan, O., *Culture and Society in Venice 1470−1790: The Renaissance and Its Heritage*, Charles Scribner's Sons, 1972.

101. *Lorenzo de' Medici: Selected Poems and Prose*, Ed.J.Thiem, tr.J.Thiem and Others,

The Pennsylvania State University Press, 1991.

102. Manchester, W., *A World Lit Only by Fire: The Medieval Mind and the Renaissance*, Little, Brown and Company, 1992.

103. Von Martin, A., *Sociology of the Renaissance*, Routledge and kegan Paul Ltd., 1998.

104. Martin, J.J., *Myths of Renaissance Individualism*, Palgrave Macmillan, 2004.

105. Martines, L., *Savonarola and Renaissance Italy*, Pimlico, 2007.

106. Mates, J.and E.Cantelupe, Eds.*Renaissance Culture: A New Sense of Order*, George Braziller, 1966.

107. Mathews, N., *Francis Bacon: The History of a Character Assassination*, Yale University Press, 1996.

108. Mattingly, G., *Renaissance Diplomacy*, Penguin Books, 1955.

109. Mazzeo, J. A., *Renaissance and Revolution: the Remaking of European thought*, Secker & Warburg, 1965.

110. Mazzocco, A., Ed., *Interpretations of Humanism*, Koninklijke Brill NV, 2006.

111. Miles, R., *Ben Jonson: His life and Work*, Routledge and Kegan Paul, 1986.

112. Molho, A., Ed.*Social and Economic Foundations of the Italian Renaissance*, John Wiley & Sons, Inc., 1969.

113. Molmenti, P., *Venice: Its Individual Growth from the Earliest Beginnings to the Fall of the Republic*, tr.H.F.Brown, 6 Vols., John Murray, 1907.

114. Moore, E., *Studies in Dante, First Series*, Oxford University Press, 1896.Second Series, 1899; Third Series, 1903; Foruth Series, 1917.

115. Morelli, G., *Italian Masters in German Galleries, A Critical Essay on the Italian Pictures in the Galleries of Munich – Dresden – Berlin*, Tr. Mrs. L. M. Richter, George Bell and Sons, 1883.

116. Morelli, C., *Italian Painters, Critical Studies of Their Works: The Borghese and Doria–Pamfili Galleries in Rome*, Tr.C.J.Ffoulkes, with an introduction by A.II.Layard, John Murray, 1892.

117. Morelli, G., *Italian Painters, Critical Studies of Their Works: The Galleries of Munich and Dresden*, Tr.C.J.Ffoulkes, John Murray, 1893.

118. Mrs.Oliphant, *The Makers of Florence*, A.L.Bunting, Publisher, 1899.

119. Muller, K.O., *A History of the Literature of Ancient Greece*, 3 Vols., John W.Parker and Son, 1858.

120. Mure, W., *Critical History of the Language and Literature of Antient Greece*, 5 Vols., Longman, Brown, Green, and Longmans, 1854.

121. Murray, L., *The High Renaissance*, Praeger Publishers, 1967.

122. Murray, L., *The Late Renaissance and Mannerism*, Praeger Publishers, 1967.

123. Murray, P. and L. Murray, *The Art of the Renaissance*, Praeger Publishers, 1963.

124. Murray, L., *Michelangelo: His Life, Work and Times*, Guild Publishing, 1984.

125. Napier, H. E., *Florentine History, from the Earliest Authentic Records to the Accession of Ferdinand the Third, Grand Duke of Tuscany*, 6 Vols. Edward Moxon, 1846.

126. Nauert, Jr., Charles G., *The Age of Renaissance and Reformation*, The Dryden Press, 1977.

127. Nichols, J. G., *The Poetry of Sir Philip Sidney: An interpretation in the context of his life and time*, Liverpool University Press, 1974.

128. Painter, W., *Palace of Pleasure*, Ed. J. Jacobs, 3 Vols., David Nutt, 1890.

129. Panofsky, E., *Studies in Iconology: Humanistic Themes in the Art of the Renaissance*, Oxford University Press, 1939.

130. Panofsky, E., *Renaissance and Renascences in Western Art*, Almqvist & Wiksell, 1960.

131. Paoletti, J. T. and G. M. Radke, *Art in Renaissance Italy*, Harry N. Abrams, Inc., 2002.

132. Paston, G., *At John Murray's Records of A Literary Circle: 1843 – 1892*, John Murray, 1932.

133. Pastor, L., *The History of the Popes, from the Close of the Middle Ages*, B. Herder, 1906.

134. Pater, W., *The Renaissance: Studies in Art and Poetry*, Macmillan and Co., 1907.

135. Pater, W., *Greek Studies: A Series of Essays*, Macmillan and Co., 1908.

136. Pater, W., *Plato and Platonism*, Macmillan, 1909.

137. Pignotti, L., *Storia Della Toscana, Sino Al Principato Con Diversi Saggi Sulle Scienze, Lettere E Arti*, Niccolo Capurro, 1815.

138. Pignotti, L., *The History of Tuscany, from the Earliest Era; Comprising An Account of the Revival of Letters, Science, and Arts, Interspersed with Essays on Important Literary and Historical Subjects; Including Memoirs of the Family of the Medici*, Tr. John Browning, Young, Black, and Young, 1826.

139. Plumb, J. H., *The Italian Renaissance*, Houghton Mifflin Company, 1989.

140. Pocock, J.G.A., *The Machiavellian Moment: Florentine political thought and the Atlantic republican tradition*, Princeton University Press, 1975.

141. Rashdall, H., *The Universities of Europe in the Middle Ages*, Oxford University Press, 1895.

142. Von Reumont, A., *Lorenzo de' Medici, the Magnificent*, Smith, Elder & Co., 1876.

143. Reynolds, A., Ed. and trans. *Renaissance Humanism at the Court of Clement VII: Francesco Berni's Dialogue against Poets in Context / Studies*, Garland Publishing, Inc., 1997.

144. Rice, E.F.Jr., *The Renaissance Ideas of Wisdom*, Harvard University Press, 1958.

145. Robb, N. A., *Neoplatonism of the Italian Renaissance*, George Allen & Unwin Ltd, 1935.

146. Robinson, J. H., *Petrarch: The First Modern Scholar and Man of Letters*, Haskell House Publishers Ltd., 1970.

147. Roeder, R., *The Man of the Renaissance, Four Lawgivers: Savonarola, Machiavelli, Castiglione, Aretino*, The Viking Press, 1933.

148. Roover, R.De, *The Rise and Decline of the Medici Bank (1397–1494)*, Harvard University Press, 1963.

149. Roscoe, W., *The Life of Lorenzo de Medici, called the Magnificent, with the Poesie del Magnifico*, J M' Creery, J Edwards, 1795.

150. Roscoe, W., *The Life and Pontificate of Leo the Tenth*, 2 Vols., David Bogue, 1846.

151. Rospigliosi, W., *Writers in the Italian Renaissance*, Gordon & Cremonesi, 1978.

152. Rowse, A.L., *Homosexuals in History: A Study of Ambivalence in Society, Literature and the Arts*, Dorest Press, 1977.

153. Rubinstein, N., *The Government of Florence under the Medici (1434–1494)*, Oxford University Press, 1966.

154. *Sappho*, Memoir, text, selected renderings and a literal translation by Henry Thornton Wharton, David Stott, 1885.

155. Sarton, G., *Six wings: Men of Science in the Renaissance*, UMI, 1996.

156. Scaife, W.B., *Florentine Life during the Renaissance*, The John Hopkins Press, 1898

157. Schelling, F.E., *English literature During the Lifetime of Shakespeare*, Russell & Russell, 1973.

158. Schevill, F., *Medieval and Renaissance Florence*, Harper & Row, Publishers, 1963.

159. Schmitt, C. B. and Q. Skinner, Eds. *The Cambridge History of Renaissance*

Philosophy, Cambridge University Press, 2000.

160. *Sidney's 'The Defence of Poesy' and Selected Renaissance Literary Criticism*, Edited and with an Introduction and Notes by Gavin Alexander, Penguin Books, 2004.

161. *Sir Fulke Greville's Life of Sir Philip Sidney etc.*, *First Published* 1652, With an Introduction by Nowell Smith, Oxford University Press, 1907.

162. Sismondi, J.C.L., *History of the Italian Republics in the Middle Ages*, tr. W. Boulting, George Routledge & Sons, 1906.

163. Spens, J., *Elizabethan Drama*, Russell & Russell, 1970.

164. Spooner, S., A *Biographical History of the Fine Arts*, Leypoldt & Holt, 1867.

165. Symons, A., *Studies in Two Literatures*, Leonard Smithers, 1897.

166. Taine, H. A. *History of English Literature*, 4 Vols., Frederick Ungar Publishing Co., 1965.

167. Taylor, H.O., *Philosophy and Science in the Sixteenth Century*, Collier Books, 1962.

168. Taylor, R. A., *Leonardo the Florentine*: A Study in Personality, Harper & Brothers, 1929.

169. *The Collected Writings of Walt Whitman*, General editors, G. W. Allen and S. Bradley, New York University Press, 1961–1984.

170. *The German Novelists*, 4 Vols., Tr. T. Roscoe, Henry Colburn, 1826.

171. *The Italian Novelists*, 4 Vols., Tr. T. Roscoe, Septimus Prowett, 1825.

172. *The Italian Schools of Painting Based on the Handbook of Kugler*, Translated from the German of Kugler by A Lady, Edited with Notes by Sir Charles L. Eastlake, John Murray, 1851.

173. *The Letters of Michelangelo*, Translated from the original Tuscan, edited & annotated in two volumes by E.H.Ramsden, Stanford University Press, 1963.

174. *The Poems of Sir Philip Sidney*, Ed. W. A. Ringler, Jr., Oxford University Press, 1962.

175. *The Spanish Novelists*: A Series of Tales, from Earliest Period to the Close of the Seventeenth Century, 3 Vols., Tr. T. Roscoe, Richard Bentley, 1832.

176. *The Works of Ben Jonson*, With A Biographical Memoir by William Giffors, A New Edition, Phillips, Sampson, and Company, 1853.

177. Thompson, B., *Humanists and Reformers*: A History of the Renaissance and Reformation, William B. Eerdmans Publishing Company, 1996.

178. Tolnay, C.De, *Michelangelo*, 5 Vols., Princeton University Press, 1969–1971.

179. Tolnay, C. De, *Michelangelo : Sculptor, Painter, Architect*, Princeton University Press, 1975.

180. Toynbee, P., *Dictionary of Proper Names and Notable Matters*, Oxford University Press, 1898, revised by C.S.Singleton, Oxford University Press, 1968.

181. Trevelyan, J.P., *A Short History of the Italian People : From the Barbarian Invasions to the Present Day*, George Allen & Unwin Ltd., 1963.

182. Trollope, T.A., *A History of the Commonwealth of Florence*, 4 Vols., Chapman and Hall, 1865.

183. Ullmann, W., *Medieval Foundations of Renaissance Humanism*, Elek, 1977.

184. Vasari, Giorge, *Le Vite de' piu eccellenti Pittori Scultori e Architetti*, 14 Vols., Firenze : Le Monnier, 1855 ; Vasari, G., *De' Più Eccellenti Pittori Scultori E Architettori*, Instituto Geografico De Agostini, 1967 ; Tr. Mrs. J. Foster, Henry G. Bohn, 1852 ; George Bell & Sons, 1883 – 1885 ; Tr. E. H. And E. W. Blashfield, George Bell & Sons, 1894 ; Tr. G. DuC. De Vere, Philip Lee Warner, Publisher to the Medici Society, Limited, 1912 – 1915 ; Tr. A. B. Hinds, ed.W.Gaunt, J.M.Dent & Sons, Ltd., 1963 ; Tr.G.Bull, Penguin Books, 1987.

185. Verdon, T.and J.Henderson, Eds., *Christianity and the Renaissance－Image and Religious Imagination in the Quattrocento*, Syracuse University Press, 1990.

186. Villari, P., *Life & Times of Savonarola*, T.Fisher Unwin, 1889.

187. Villari, P., *The Life and Times of Niccolò Machiavelli*, Charles Scribner's Sons, 1891.

188. Villari, P., *The Two First Centuries of Florentine History : The Republic and Parties at the Time of Dante*, 2 Vols., T.Fisher Unwin, 1894.

189. Dr.Waagen, *Treasures of Art in Great Britain : Being An Account of the Chief Collections of Paintings, Drawings, Sculptures, Illuminated Mss*, 3 Vols., John Murray, 1854.

190. Weiss, R., *Humanism in England during the Fifteenth Century*, Basil Blackwell & Mott LTD, 1957.

191. Weiss, R., *The Spread of Italian Humanism*, Hutchinson University Library, 1964.

192. Welch, E., *Art and Society in Italy* 1350－1500, Oxford University Press, 1997.

193. Wellek, R., *A History of Modern Criticism : 1750－1950, Vol. Ⅳ, The Later Ninteeth Century*, Yale University Press, 1965.

194. *Western Political Theory Part Ⅱ : From Machiavelli to Burke*, Harcourt Brace Jovanovich, Inc., 1968.

195. *Whitman in His Own Time*, Ed.J.Myerson, University of Iowa Press, 1991.

196. Wilkins, E.H., *A History of Italian Literature*, Oxford University Press, 1954.

197. Williamson, H.R., *Lorenzo the Magnificent*, Michael Joseph, 1974.

198. Wilson, C.H., *Life and Works of Michelangelo Buonarroti*, John Murray, 1876.

199. Wohl, H., *The Aesthetics of Italian Renaissance Art: A Reconsideration of Style*, Cambridge University Press, 1999.

200. Woolfson, J., Ed. *Reassessing Tudor Humanism*, Palgrave Macmillan, 2002.

201. Yates, F.A., *Renaissance and Reformation－The Italian Contribution*, Routledge & Kegan Paul, 1983.

202. Young·C.B., Col.G.F., *The Medici*, Modern Library, 1930.

203. Zohpy, J.W., *A Short History of Renaissance Europe: Dances over Fire and Water*, Prentice-Hall, Inc., 1997.

204. Zouch, T., *Memoirs of the Life and Writings of Sir Philip Sidney*, J. Mawman, Poultry, 1800.

二、中文部分

（著、译、论文等，以音序排列）

1. 阿里奥斯托：《疯狂的罗兰》（王军译），浙江大学出版社 2018 年。

2. 埃尔顿主编：《新编剑桥世界近代史》，第 2 卷"宗教改革 1520—1559"（中国社会科学院世界历史研究所组译），中国社会科学出版社 2003 年。

3. 伯克：《意大利文艺复兴时期的文化与社会》（刘君译），东方出版社 2007 年。

4. 伯科维奇主编：《剑桥美国文学史》，8 卷本，中央编译出版社 2008 年。

5. 波特主编：《新编剑桥世界近代史》，第 1 卷"文艺复兴 1493—1520"（中国社会科学院世界历史研究所组译），中国社会科学出版社 1988 年。

6. 本内施：《北方文艺复兴艺术》（戚印平、毛羽译），中国美术学院出版社 2001 年。

7. 薄伽丘：《十日谈》（王永年译），人民文学出版社 1996 年。

8. 吕同六编选：《薄伽丘精选集》，山东文艺出版社 1999 年。

9. 布克哈特：《意大利文艺复兴时期的文化》（何新译），商务印书馆 1979 年。

10. 布克哈特：《意大利文艺复兴时代的文化——一本尝试之作》（花亦芬译），中国台湾联经出版事业股份有限公司 2007 年出版。该译本根据布克哈特 1869 年亲自校订的定本翻译。大陆学者经常使用的何新译本则是根据英译本转译的。该英译本初版于 1878 年（*The Civilization of the Period of the Renaissance in Italy*, Tr. S. G. C. Middlemore, C.Kegan Paul & Co., 1878），此为英译的权威版本。比对花亦芬译本与何新译本，会发现两者有诸多不同之处。例如，英译本、何新译本都将德文版书名（*Die Kultur der Renaissance in Italien*: *Ein Versuch*）中的副标题 "Ein Versuch"（一本尝试之作）略去。其实，Ein Versuch 恰恰是布克哈特用新的历史书写方法来传递文化史内容的提示，略去是不应该的。花亦芬本将其补上非常恰当。另外，布克哈特非常注意回到意大利文艺复兴时期的历史情境来阐释各种概念（如人文主义概念等），译者花亦芬慎重对待布克哈特此等历史观下使用的各个概念，例如将德语人文主义（Humanismus）概念译为 "人文学"，如此等等。这些要比何新译本考虑周到。最后，花亦芬博士长期留学德国，在布克哈特研究、艺术史研究等领域造诣颇深，因此译本对布克哈特其人、其思想观点及布氏著作中的诸多难点做了详细的评述、注解等，极大地方便了读者的理解。

11. 布洛克：《西方人文主义传统》（董乐山译），三联书店 1997 年。

12. 布鲁克尔：《文艺复兴时期的佛罗伦萨》（朱龙华译），三联书店 1985 年。

13. 但丁：《神曲》（田德望译），人民文学出版社 1990 年。

14. 但丁：《神曲》（黄文捷译），花城出版社 2000 年。

15. 但丁：《新生》（钱鸿嘉译），上海译文出版社 1987 年。

16. 但丁：《论世界帝国》（朱虹译），商务印书馆 1985 年。

17. 狄博斯：《文艺复兴时期的人与自然》（周雁翎译），复旦大学出版社 2000 年。

18. 弗里切罗：《但丁：皈依的诗学》，"西方传统：经典与解释丛书"，华夏出版社 2014 年。

19. 冯作民：《西洋全史》（七）"文艺复兴"，中国台湾燕京文化事业股份有限公司 1975 年。

20. 富尔：《文艺复兴》（冯棠译），商务印书馆 1995 年。

21. 贡布里希：《文艺复兴：西方艺术的伟大时代》（李本正、范景中编选），中国美术学院出版社 2000 年。

22. 古奇：《十九世纪历史学与历史学家》（耿淡如译），商务印书馆 1989 年。

23. 哈伊：《意大利文艺复兴的历史背景》（李玉成译），三联书店 1988 年。

24. 惠特曼：《草叶集》（李野光、楚图南），人民文学出版社 1987 年。

25. 加林主编：《文艺复兴时期的人》（李玉成译），三联书店 2003 年。

26. 加林：《意大利人文主义》（李玉成译），三联书店 1998 年。

27. 蒋百里：《欧洲文艺复兴》，东方出版社 2007 年。

28. 玛格丽特·L.金：《欧洲文艺复兴》（李平译），上海人民出版社 2008 年。

29. 卡洛尔：《西方文化的衰落：人文主义复探》（叶安宁译），新星出版社 2007 年。

30. 克利斯特勒：《意大利文艺复兴时期八个哲学家》（姚鹏、陶建平译），上海译文出版社 1987 年。

31. 克利斯特勒：《文艺复兴时期的思想与艺术》（刘君、邵宏译），东方出版社 2008 年。

32. 柯耐尔：《西方美术风格演变史》（欧阳英、樊小明译），中国美术学院出版社 1992 年。

33. 李野光：《惠特曼评传》，上海文艺出版社 1988 年。

34. 刘君：《近代欧洲艺术史典范的建构、传承与流变》，《历史研究》2018 年第 5 期。

35. 刘明翰主编：《欧洲文艺复兴史》，共 12 卷，由人民出版社从 2008 年起分卷出版。

36. 刘耀春：《"意大利文艺复兴美国造"的启示》，《世界历史评论》2014 年第 2 期。

37.《马基雅维利全集》，刘训练策划，吉林出版集团有限责任公司 2012 年。

38. 马基雅维里：《君主论》（潘汉典译），商务印书馆 1985 年。

39. 马基雅维里：《佛罗伦萨史》（李活译），商务印书馆 1982 年。

40. 尼古拉斯·曼：《彼特拉克》（江力译），中国社会科学出版社 1992 年。

41. 默雷：《古希腊文学史》（孙席珍、蒋炳贤、郭智石译），上海译文出版社 1988 年。

42. 佩特：《文艺复兴》（张岩冰译），广西师范大学出版社 2000 年。

43.《切利尼自传》（王宪生译），时代出版传媒股份有限公司、北京时代华文书局 2014 年。

44.《切利尼自传》（平野译），河北教育出版社 2002 年。

45. 桑迪纳拉编著：《冒险的时代》（周建漳、陈犀成译），光明日报出版社 1989 年。

46. 沈萼梅编：《意大利文学选集》，外语教学与研究出版社 2000 年。

47. 斯金纳：《近代政治思想的基础》（奚瑞森、亚方译），商务印书馆 2002 年。

48. 汤普森：《历史著作史》（孙秉莹、谢德风译），商务印书馆 1992 年。

49. 瓦萨利：《意大利艺苑名人传》（由"中世纪的反叛"、"辉煌的复兴"和"巨人的时代"3 卷 4 册组成，刘耀春等译），湖北美术出版社、长江文艺出版社 2003 年。

50. 王军、徐秀云编著：《意大利文学史——中世纪和文艺复兴时期》，外语教学与研究出版社 1997 年。

51. 王佐良、何其莘：《英国文艺复兴时期文学史》，外语教学与研究出版社 1996 年。

52. 沃尔夫林:《艺术风格学》(潘耀昌译),辽宁人民出版社 1987 年。

53. 沃尔夫林:《古典艺术:意大利文艺复兴艺术导论》(潘耀昌、陈平译),浙江美术出版社 1992 年。

54. 沃纳姆主编:《新编剑桥世界近代史》,第 3 卷"反宗教改革运动和价格革命 1559—1610"(中国社会科学院世界历史研究所组译),中国社会科学出版社 1999 年。

55. 锡德尼:《为诗辩护》(钱学熙译),人民文学出版社 1998 年。

56. 西蒙兹:《米开朗基罗传》(阿念译),江西教育出版社 2014 年。

57. 西蒙兹:《雪莱传——天才不只是瞬间完美》(岳玉庆译),江西教育出版社 2014 年。

58.《雪莱全集》(江枫主编),河北教育出版社 2000 年。

59.《雪莱政治论文选》(杨熙龄译),商务印书馆 1981 年。

60.《意大利文艺复兴时期短篇小说》(吕同六等译),花城出版社 2005 年。

61. 张世华:《意大利文学史》,上海外语教育出版社 1986 年。另有 2003 年的修订版。

62. 张椿年:《从信仰到理性——意大利人文主义研究》,浙江人民出版社 1993 年。

63. 周春生:《文艺复兴史研究入门》,北京大学出版社 2009 年。

64. 周春生:《马基雅维里思想研究》,上海三联书店 2008 年。

65. 周春生:《在诗情与史实之间——英国诗人历史学家约翰·阿丁顿·西蒙兹评介》,《史学理论研究》2015 年第 2 期。

66. 周春生:《"悲凉的维多利亚人"——英国诗人历史学家西蒙兹及其文化史研究》,《世界历史评论》2015 年第 2 期。

67. 周春生:《英国诗人历史学家西蒙兹的性格文化史研究——由〈米开朗基罗传〉〈惠特曼研究〉引出的历史思考》,《世界历史》2017 年第 1 期。

68. 周春生:《民族性格与文艺复兴:论英国诗人历史学家西蒙兹解答罗马难题的学术思路》,《上海师范大学学报》2018 年第 5 期。

69. 周春生:《一部沉寂两个世纪的文艺复兴史研究拓荒之作——皮尼奥蒂《托斯卡纳史》评介》,《史学理论研究》2018 年第 4 期。

70. 朱龙华:《意大利文艺复兴的起源与模式》,人民出版社 2004 年。

71. 朱伯雄主编:《世界美术史》,第 6 卷"文艺复兴美术",山东美术出版社 1990 年。

后　记

书稿终于与读者见面了。

因为自己在西蒙兹研究方面有些积淀，再说又是学术兴奋点，所以写作过程比较顺利。有时学术创作不免带着点自恋情结，其中存在的问题难以被发现并自我纠错。这些需要学界同仁的批评指正，我期待着……

本书是国家社科基金资助项目。2016 年立项，2019 年按规定结题。当时在立项书上说明写 30 万字，这从学术书的阅读效果来看是一个比较适中的容量，实际也大致按此规模进行创作。显然，要研究透西蒙兹这样一位身世复杂、著作等身的诗人历史学家，30 万字似乎捉襟见肘。因此，这个项目的最终成果只能算作初步的梳理资料、理清思路、勾出轮廓等，出版后起个抛砖引玉的作用吧，至少西方史学史和文艺复兴史研究领域的同仁不必为寻找西蒙兹的基本信息而费神。说到梳理，其难度一点不亚于正儿八经的评论。梳理就是将问题的来龙去脉搞清楚，其间需要做很多学术注释之类的烦琐工作。在目前国内学术界对西蒙兹还不甚了解的情况下，将其著作、思想的基本情状梳理出来，这些任务也许更为紧迫。为此，本书稿还特地在正文相应处醒目地嵌入西蒙兹重要文本的目录之类。可书稿用了"研究"之名，就必须评论。西蒙兹与那些长于系统理论分析的思想家不同，他的观点散见于各种文论和对历史现象的评述之中，并用诗性化的表达来传递内心的意思。例如就诗性智慧与文化创作的关系而言,西蒙兹并未撰写专著去论述。但西蒙兹的诗性人生和诗性创作就是上述关系的最好注解。有时候笔者不得不冒些学术之险"代"西蒙兹将某某观点总结出来。自我感觉是,对于那些必须加以概括之处笔者都给出了关键性的评论。此等评论也许展开得不充分,与更详尽的评论相比或许就是五十步与一百步的距离。这些是自己的学术自信。还需要说明的是,当时申请项目时的课题名称为《西蒙兹文化史观研究》。随着撰写和研究的展开,渐渐觉得"文化史观"不足以涵盖其中的内容,而"文化观"概念更为妥切。于是最后结题时改为《西蒙兹文化观研究》,而"文化史观"的字样随之消失在结题的稿子之中,取而代之的是"文化观"概念。

21世纪的阅读习惯和生活节奏远非往昔能比,读者花费1个时辰来阅览学术著作中的某一章已经是奢侈的事情了。这对任何一本大部头学术著作的设计包括章的设计都提出很高的要求。如果能设计出一个窥一斑而知全豹的完整的章,那么读者会高兴的。在这方面,本书做了一些技术上的考虑,甚至对两个附录亦周备统筹。其中花费的时间、心血不在正文之下,为的是让读者翻翻某一章,甚至附录表格中的文字便能产生大致了解的获益感。例如"附录Ⅰ 西蒙兹点评意大利文艺复兴时期重要人物、作品概览"就是一部简明的文艺复兴文学家、艺术家、科学家、政治家、思想家评点词典,甚至可以通过这个概览对西蒙兹意大利文艺复兴研究及那个时期的文化得到初步的印象。在语言表达形式上也要引人入胜,满足读者的阅读快感。

书稿付梓并非学术研究的一了百了,要做的事情还有很多。例如翻译就是一件任务繁重的棘手事情。好在学术界同仁已经认识到西蒙兹学术思想的重要性,开始组织人力、物力,准备把西蒙兹的几部主要著作先完整地翻译出来。相信若干年之后,经过更多学者的共同探讨和研究,一个完整的西蒙兹形象会呈现在学人的面前。

最后再次致谢国家社科基金的资助;人民出版社杨美艳女士对拙稿高度重视并引荐选题,这令人感动;上海师范大学世界史学科高峰高原项目为书稿

的出版伸出援手,本人会铭记在心;《西蒙兹文化观研究》项目结题评审过程
中各位专家给予学术肯定、批评和建议,此为永久的鼓励和鞭策。

周春生

2020 年 9 月 25 日

于松江寓所